前　　言

20 世纪 50 年代中期，瑞典人修建了世界上第一座斜拉桥，主跨径为 182m。我国第一座斜拉桥是 1974 年 3 月建成的重庆云阳汤溪河斜拉桥，跨径 35m + 76m + 35m，从此开始了修建斜拉桥的新时代。改革开放以后，我国修建斜拉桥的势头一直呈上升趋势，之初都以混凝土斜拉桥为主，近几年已发展到钢塔和钢主梁的斜拉桥及多种结构形式的斜拉桥。随之而来，斜拉桥跨度从以混凝土为主梁结构的 400 ~ 500m 发展到用全钢主梁的 1 000m。目前在建的斜拉桥，又发展到钢与混凝土的混合式斜拉桥以及钢和混凝土结合的斜拉桥，其中最典型的桥梁是已建成的武汉天兴洲公铁两用斜拉桥以及目前在建的武汉二七长江大桥。武汉天兴洲公铁两用长江大桥是主跨 504m 双塔三桁三索面斜拉桥，上层为公路、下层为铁路，也是当今世界同类型大桥中跨度最大、荷载最重的斜拉桥，是代表着国内外桥梁技术最高水平的标志工程。武汉二七长江大桥是一座主跨为 2 × 616m 的三塔斜拉桥，也是钢与混凝土结合的斜拉桥，其边跨为钢和混凝土的混合式斜拉桥。可以预计今后更大跨度和更为先进结构形式的斜拉桥将有更加宽广的发展前景。

本书收集了自 20 世纪 90 年代后期至今 10 多年中近 10 座超大型斜拉桥施工、监理的各项技术资料，整理和编纂了一本适合于广大从事斜拉桥施工和监理的工程技术人员阅读和参考的技术性文本，本书也可作为中高级相关的技术人员进行研究和进一步深化与发展的参考资料。

本书共分十章，包括斜拉桥的概述，桩基承台、索塔、主梁、斜拉索施工和施工控制的全部内容，各个章节都由浅入深、从理论到实践，从原材料入手到分部工程的完成，均有详实的介绍和经验总结。书中特别对斜拉桥的塔、梁和索三个重要结构的施工和监理进行详实讲解和说明，深入简出、图文并茂、通俗易懂，对初入门的斜拉桥建设者来说是一本很好的教科性读物；同时也对近期已完成的斜拉桥在施工和监理方面作了公正的评述和介绍，对今后的大型和超大型的斜拉桥施工和监理有一定的指导和参考作用。

在本书编写过程中，中铁武汉大桥工程咨询监理有限公司张河、杨锐等同志参加了部分编写工作，陈文进、卢小伟、王晶等同志进行了部分校核、修改工作，并提出了很好的意见和建议，在此对他们表示衷心感谢。书中还引用了国内已有的专著、论文、规范、工程课题研究报告成果，在此对其作者一并表示感谢。

由于斜拉桥施工技术复杂并处于不断创新和发展之中，且限于编者学术水平有限，书中难免出现疏漏或错误，请读者甄别并敬请批评指正。

作者

2010 年 8 月于武汉

目 录

第一章 概 述

第一节 斜拉桥发展

一、斜拉桥的发展概述

斜拉桥是一种桥面体系主要受压、索体系受拉的桥型，其主要由塔、梁、索三种基本构件组成。作为一种拉索支撑体系，斜拉桥比梁式桥有更大的跨越能力，而在技术方案合理的跨径范围内，斜拉桥比悬索桥有更好的经济性，更兼线条纤秀、构造简洁、桥型优美，因此，尽管它的建造历史远比悬索桥为晚，但发展极为迅速，已成为大跨度桥梁的最主要桥型。

斜拉桥型虽然很早就有，但近 50 余年才得到广泛应用。1955 年瑞典建成的主跨 183m 的斯特伦松德桥标志着世界现代斜拉桥修建的开始。纵观现代斜拉桥的发展历史，基本上分为两个阶段：①20 世纪 80 年代以前，由于结构分析方法和钢材性能的限制，以及钢拉索防腐技术工艺的不成熟，跨度突破不大，最大跨度是法国修建的圣—纳泽尔桥，跨径组成为 158m + 404m + 158m；②20 世纪 90 年代以后，随着结构分析方法的成熟和完善，以及高强度钢材的应用和拉索防腐技术工艺的提高，斜拉桥的跨度产生了质的飞跃，已建成的钢主梁斜拉桥跨度已超过千米（如苏通长江大桥和香港昂船洲大桥）。表 1-1 为世界目前跨度超过 500m 的斜拉桥情况。

世界斜拉桥排名　　表 1-1

序号	名称	主跨跨径（m）	地点	建成年代	序号	名称	主跨跨径（m）	地点	建成年代
1	苏通长江大桥	1 088	中　国	2008	15	武汉白沙洲大桥	618	中　国	2000
2	香港昂船洲大桥	1 018	中　国	2009	16	武汉二七长江大桥	616	中　国	在建
3	湖北鄂东长江大桥	926	中　国	在建	17	青州闽江大桥	605	中　国	1999
4	多多罗大桥	890	日　本	1999	18	上海杨浦大桥	602	中　国	1993
5	法国诺曼底桥	856	法　国	1995	19	上海徐浦大桥	590	中　国	1997
6	江西九江公路桥	818	中　国	在建	20	名港中央大桥	590	日　本	1998
7	荆岳长江公路大桥	816	中　国	在建	21	舟山桃夭门大桥	580	中　国	2003
8	仁川大桥	800	韩　国	2009	22	Roin - Antirion	3 ×560	希　腊	2004
9	福建夏漳大桥	780	中　国	在建	23	斯卡尔桑德桥	530	挪　威	1991
10	上海长江大桥	730	中　国	2009	24	汕头礐石大桥	518	中　国	1999
11	上海闵浦大桥	708	中　国	2009	25	安庆长江大桥	510	中　国	2004
12	南京长江三桥	648	中　国	2005	26	鹤见航道桥	510	日　本	1994
13	南京长江二桥	628	中　国	2001	27	武汉天兴洲长江大桥	504	中　国	2009
14	舟山金塘大桥	626	中　国	2009	28	荆沙长江大桥	500	中　国	2002

二、斜拉桥快速发展的原因

斜拉桥能快速发展的原因有以下几个方面。

(1)考虑挠曲影响的超静定结构设计计算理论发展很快。这种理论便于电子计算机计算。当其用于斜拉桥时不仅能正确进行结构设计计算,还能精确做出施工控制计算。

(2)考虑共同作用的轻型结构的发展。由于自动焊接技术的进步,使正交异性板获得了成功,现在正交异性板的设计计算及制造方法都达到了相当高的水平,给钢斜拉桥的发展创造了条件。

(3)上部结构是连续的。斜拉桥的上部结构在塔及跨中多是连续的,正因如此,即使地质条件不好,也可以采用斜拉桥这种连续梁结构。

(4)钢索材料、制造、锚固方式和各种防腐工艺的发展。

(5)模型试验技术的发展。由于斜拉桥是超静定次数较高的结构,且某些部位(如斜拉索的锚固区等)应力分布又较复杂,所以常常依靠各种静、动模型试验,来探求其设计参数和验证设计安全性。设计时,可根据静力模型试验,研究桥梁结构构件的大应力传递;根据动力模型试验和风洞试验,摸索其动力特性及抗地震、抗风振的能力;根据疲劳度试验,研究构件和锚固系统的疲劳强度;根据光弹模型试验,决定锚固区的应力分布。

(6)新结构形式的发展。斜拉桥最早以钢斜拉桥为主。从发展的观点看混凝土斜拉桥的最大跨度要比钢斜拉桥小,随着对斜拉桥研究的深化,钢与混凝土同时采用的结合梁斜拉桥和混合梁斜拉桥等新型结构也得到了广泛的采用。

在合理的跨径范围内,斜拉桥与跨越能力更好的悬索桥相比,在许多方面都存有一定的优势。首先,斜拉桥型在刚性、经济性及架设方面都比悬索桥优越;其次,斜拉桥的最大优点是不需要像悬索桥那样笨重的钢索锚固装置;另外,为了获得长大桥良好的抗风稳定性,斜拉桥的主梁采用扁平断面,这种断面结构减震能力相当高,所以在抗风稳定性方面比悬索桥优越;最后,斜拉桥可以用钢索来抵抗主梁的扭转振动,而悬索桥必须以加劲梁抵抗扭矩,这也是悬索桥的不及之处。

第二节　斜拉桥的结构体系和构造特点

一、斜拉桥的结构体系

斜拉桥是由上部结构的主梁、拉索、索塔及下部结构的桥墩、桥台四种基本构件组成的组合体系桥梁。斜拉桥的结构体系可以根据主梁、拉索、索塔和桥墩的不同组合构成四种不同形式的结构体系。

1. 塔墩固结、塔梁分离——飘浮体系

飘浮体系(图1-1)的特点是塔墩固结、塔梁分离。主梁除两端有支承外,其余全部由拉索作为支承,成为在纵向可稍作浮动的一根具有多点弹性支承的单跨梁。飘浮体系的主要优点是满载时,塔柱处主梁不出现负弯矩峰值,温度及混凝土收缩、徐变力内力均较小。由

于拉索不能对主梁提供有效的横向支承,所以对飘浮体系必须施加一定的横向约束,提高其振动频率以改善动力性能。

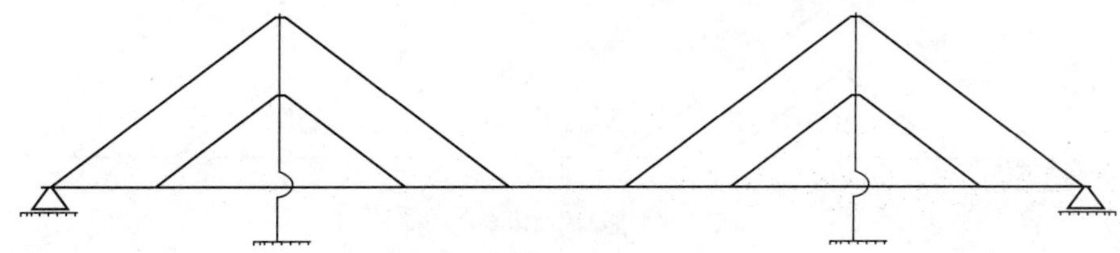

图 1-1 飘浮体系斜拉桥

飘浮体系的缺点是:采用悬臂施工时,塔柱处主梁需临时固结,以抵抗施工过程中的不平衡弯矩和纵向剪力。由于施工时不可能做到完全对称,成桥后解除临时固结时,主梁会发生纵向摆动。

国内采用飘浮体系的斜拉桥有:荆州长江公路大桥北汊桥(混凝土),主跨径 500m;上海长江大桥主通航孔(钢),主跨径 730m 等。

2. 塔墩固结、塔梁分离,在塔墩处主梁下设置竖向支承——半飘浮体系

半飘浮体系(图 1-2)的特点是塔墩固结,主梁在塔墩上设置竖向支撑,成为在跨内具有多点弹性支撑的连续或悬臂梁。主梁可布置成连续体系,也可在中跨跨中设剪力铰或简支挂孔。半飘浮体系的主梁内力在塔墩支承处出现负弯矩峰值。通常须加强支承区段的主梁,如在塔墩处设置可调节高度的支座或弹簧支承来代替从塔柱中心悬吊下来的拉索,并在成桥时调整支座反力。与飘浮体系相比,这种体系无论在经济上还是美观上都优于飘浮体系。

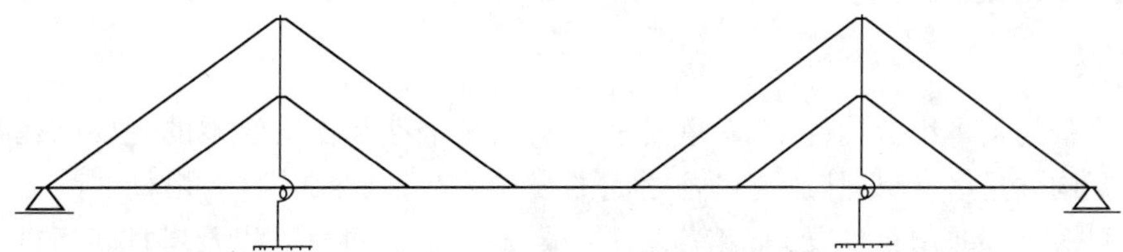

图 1-2 半飘浮体系斜拉桥

国内采用半飘浮体系的斜拉桥有:南京长江二桥南汊桥(钢),主跨径 628m;安庆长江大桥(钢),主跨径 510m 等。

3. 塔梁固结、塔墩分离——塔梁固结体系

塔梁固结体系(图 1-3)的特点是塔梁固结并支承在桥墩上,斜拉索变为弹性支撑,主梁相当于顶面用拉索加强的一种连续梁或悬臂梁。主梁和塔柱内的内力和挠度直接与主梁和塔柱的弯曲刚度比值有关。这种体系的优点是取消了承受很大弯矩的下塔柱部分,代之以一般桥墩,使主梁和塔柱的温度内力极小,并可显著减小主梁跨中段承受的轴向拉力。但当中跨满载时,由于主梁在墩顶处的转角位移导致塔柱倾斜,使塔顶产生较大的水平位移,因而明显增大了主梁的跨中挠度和边跨的负弯矩。这种体系上部结构的重力和活载反力均由支座传给桥墩,要求设置很大吨位的支座,所以一般仅用于小跨径斜拉桥。

国内采用塔梁固结的斜拉桥有:红水河铁路斜拉桥,48m + 96m + 48m;广东南海九江大桥,160m + 160m 等。

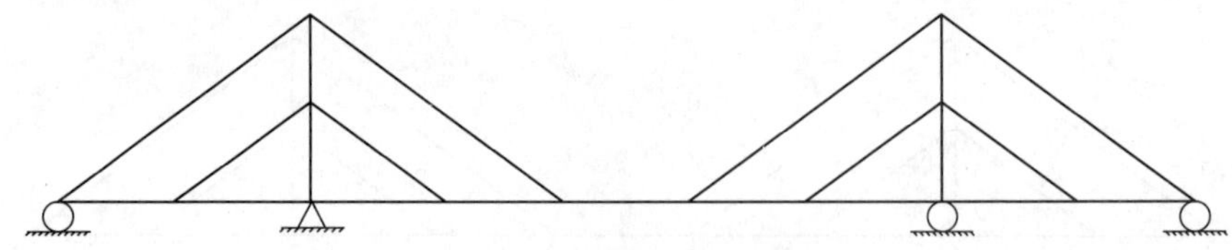

图 1-3　塔梁固结体系斜拉桥

4. 主梁、索塔、桥墩三者互为固结——刚构体系

刚构体系(图 1-4)的特点是梁、塔、墩固结,主梁成为在跨内有多点弹性支承的刚构。这种体系的优点是结构刚度大,主梁和塔柱的挠度小,最适合用悬臂法施工。但刚构体系动力性能差,在主梁、塔、墩固结处主梁负弯矩极大,此区段主梁截面必须加大。这种体系比较适合于独塔斜拉桥。

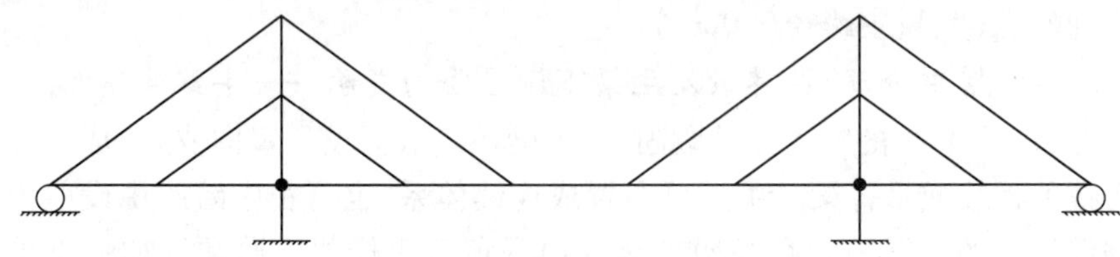

图 1-4　刚构体系斜拉桥

国内采用刚构体系的斜拉桥有:广东金马大桥(混凝土)、长沙湘江北大桥(混凝土)等。

二、斜拉桥的构造特点

1. 索塔

在斜拉桥的基本组成构件中,索塔是表达斜拉桥个性和视觉效果的主要结构物。组成索塔的主要构件是塔柱,另外还有塔柱之间的横梁或其他联结构件。塔柱之间的横梁一般可分为承重横梁和非承重横梁,前者为设置主梁支座的受弯横梁,以及塔柱转折处的压杆横梁或拉杆横梁;后者为塔顶横梁和塔柱无转折的中间横梁。索塔承受的荷载主要有塔身自重力、拉索传递的水平及竖直分力、风力、地震力等。

索塔的结构形式在顺桥向有柱形和 A 字形钢架两种。柱形在沿桥纵向的刚度一般较小,抵抗纵向弯矩的能力相对较低,而 A 字形钢架在顺桥方向刚度较大,有利于承受索塔两侧斜缆索的不平衡拉力。索塔在横桥向的布置主要有柱式、门式、钻石形、倒 V 形、倒 Y 形等,柱式塔刚度较小,一般适用于单索面的斜拉桥;门式塔横向刚度较大,可作为桥面宽度不大双索面斜拉桥的桥塔;倒 V 形和倒 Y 形索塔横向刚度较大,适用于大跨径的斜拉桥。

按照材料的不同,索塔的主要类型有混凝土索塔和钢索塔。混凝土索塔的塔身刚度相对钢塔而言要大,可塑性强,造价较低,且几乎不需要保养维修,近年来,世界各国大部分的斜拉桥多采用混凝土塔身;钢索塔抗震性能好,但造价高,运营期维修保养要求高,国外只有一些发达国家的部分斜拉桥采用钢索塔,我国只有 2005 年竣工的南京长江三桥的桥塔采用了部分钢结构(下塔柱为混凝土)。从施工的角度看,钢桥塔在架设过程中,由于桥塔上不安装施工机械，因而施工方便，精度易得到保证，而且施工进度较快，优势较大，以南京长江三桥为例：桥塔总高 215m，下塔柱高 35.2m，为混凝土结构，施工工期近 3 个月，中、上塔柱高为 179.8m，为全钢结构，北主塔安装工期为 3 个月，南主塔安装工期为 2 个月，如中、上塔柱为混凝土结构，按正常施工工期需 8 个月，钢塔施工能缩短桥塔工期一半以上。

2. 主梁

斜拉桥主梁的主要作用有三个方面：一是将恒载、活载分散传给拉索，梁的刚度越小则承担的弯矩越小；二是与拉索及索塔一起成为整个桥梁的一部分，主梁承受的力主要是拉索的水平分力所形成的轴向力，因而需有足够的刚度防止压屈；三是抵抗横向风载和地震荷载，并把这些力传给下部结构。

斜拉桥的主梁按材料不同，分为钢梁、混凝土梁、钢梁上加设混凝土桥面板的结合梁和钢梁与混凝土梁混合使用的混合梁四类。

(1)钢梁

钢主梁动力特性良好、质量轻、跨越性能优良，适用于超大跨度的斜拉桥。有关分析资料显示，当斜拉桥跨径大于 600m 时应采用钢主梁。

钢梁按其结构形式分为实腹梁和钢桁梁两类。实腹梁使用初期常采用双工字梁和多工字梁，其缺点是主梁抗扭刚度小。为了增加抗扭刚度，实腹梁逐渐发展了箱形断面，包括单箱和多箱，其中流线型扁平钢箱梁已广为大跨度斜拉桥采用，如主跨 1 088m 的苏通长江大桥。斜拉桥采用钢桁梁主要是由于布置双层桥面的需要，多用于双层桥面或公铁两用桥，如芜湖长江大桥。

(2)混凝土梁

混凝土主梁斜拉桥由于造价较低，在我国得到优先发展，我国是世界上建造混凝土斜拉桥最多的国家。混凝土梁与钢梁相比，其主要优点是：

①造价低，后期养护比钢桥简单便宜。

②刚度大，挠度小。在公路汽车荷载作用下，产生的主要挠度约为类似钢主梁的 60%。

③抗风稳定性好。这是因为混凝土结构振动衰减系数约为钢结构的两倍。

混凝土梁的缺点是跨越能力不如钢梁大，施工速度也不如钢梁快。混凝土梁的跨径一般在 500m 以内，如大于 500m，混凝土主梁的低造价难以抵消由于混凝土自重大而导致斜拉索和基础费用的额外增值。

(3)结合梁

结合梁是相当于上用预制混凝土桥面板代替钢箱梁的正交异性钢桥面板而形成的钢混结构，它除具有与钢梁相同的优缺点外，还能节约钢材用量且其刚度及抗风稳定性均优于钢主梁。除此以外，由于桥面板采用混凝土，从而使桥面铺装层的设计和施工变得比较容易，结合部位也不易破坏，增强了耐久性。

结合梁一般都采用双钢主梁，并只适用于双索面斜拉桥。结合梁斜拉桥跨径适宜在 300 ~ 600m 之间。我国上海的南浦大桥和杨浦大桥、武汉二七长江大桥(在建)均采用结合梁主梁。

(4)混合梁

混合梁斜拉桥是一种主跨大部分或全部为钢梁、边跨采用混凝土梁的桥型。混合式斜拉桥特别适用于边跨与主跨比值较小的桥型，在特大跨径斜拉桥的建设方面优势很大。

由于混合梁结合部位结构的突变，往往是混合梁最容易出问题的地方，为了减小过渡段受力的不利情况，一般应将结合部位选在弯矩和剪力都比较小的地方，另外，要从构造措施上保证传力。

结合梁斜拉桥的典型实例有法国诺曼底桥、日本多多罗桥、汕头礐石桥、武汉白沙洲长江大桥、武汉二七长江大桥（在建）等。

3. 拉索

拉索承受桥面传来的恒载、活载以及风载等，并将其传递到主塔上，它是斜拉桥的主要受力构件。根据已有斜拉桥的统计资料，边索的倾角，无论是双塔三跨式或独塔两跨式斜拉桥，宜控制在25°~45°，竖琴形布置较多取26°~30°，辐射形或扇形布置，倾角在21°~30°范围内，以25°最为普遍。

（1）拉索的形式

根据拉索在纵向的不同布置方法，可以分为以下四种形式：

①辐射式。这种布置方法是将全部拉索汇集到塔顶，使各根拉索都具有可能的最大倾角。由于索力主要根据垂直力而定，因此索力较小，这将减少拉索用钢量。缺点是：有较多数量的拉索汇集到塔顶，将使锚头拥挤，构造处理较困难；塔身从顶到底都受到最大压力，自由长度较大，塔身刚度要合格且满足稳定的要求。

②平行式。这种形式中各拉索互相平行，因此各拉索倾角相同，各拉索的锚固设备构造相同。塔中压力逐段向下加大，有利于塔的稳定性。缺点是这种形式拉索的用钢量最大。

③扇式。扇式是介于辐射式和平行式之间的形式，兼顾了以上两种形式的优点，因此有较多的斜拉桥采用这种形式。

④星式。星式虽在美观上具有突出之处，但将拉索集中在梁的一点上，使得构造复杂，同时不符合尽量将连接点沿梁纵向分开以减小跨径的原则。

拉索按其所组成的平面，通常分为双垂直平面、双斜面、单平面三种形式。

（2）拉索的构造

在近代大跨度的斜拉桥中，拉索的构造基本分为整体安装的斜索和分散安装的斜索两大类，前者的代表为平行钢丝索和冷铸锚，后者的代表为平行钢绞线索和夹片锚。为了提高拉索的耐久性，延长使用寿命，减少养护工作，在斜拉桥中对拉索的防护要加以重视。防护工作主要是防止拉索锈蚀，为此要求防护层有足够强度而不致开裂，有良好的附着性而不脱落，有良好的耐候性以延长使用时间。目前使用较多的是由复合材料制成的柔性索套。

（3）拉索的锚固形式

拉索与索塔的连接多采用在塔壁上设置锚固齿板或槽口、钢锚箱等形式。拉索与主梁连接，混凝土梁多采用两种形式：一种是在箱梁内设横隔板锚固或在梁底锚固；另一种是主梁处外侧伸出悬臂横梁锚固拉索。钢梁主要采用钢锚箱、耳板（锚拉板）、拉索钢套管穿过钢梁腹板等几种形式。

第三节　我国斜拉桥的发展

一、我国斜拉桥的发展阶段

我国自1975年四川云阳建成第一座主跨为76m的斜拉桥，至今已建成各种类型斜拉桥100多座，其中跨径大于200m的有60余座。从我国斜拉桥发展情况来看，大致分为以下三个阶段。

(1)从1975年建设第一座斜拉桥至1982年，是我国斜拉桥发展的起步阶段。这一阶段以1982年建成的主跨220m的山东济南黄河斜拉桥为代表，短短7年里，我国斜拉桥跨度增加了3倍，共建成11座斜拉桥，这标志着我国已基本掌握大跨度斜拉桥设计与施工技术。这一阶段修建的斜拉桥均为混凝土斜拉桥，多数跨度不大，主梁断面多为抗风稳定性稍差的矩形梁(箱)加桥面系的形式，门形塔，拉索多采用$\phi5$高强钢丝、未镀锌、稀索布置，拉索防护涂料多为耐久性差的防火涂料多层涂覆、玻璃钢防护层、钢丝网水泥壳套，钢、铝、塑料管套灌以水泥浆、黄油等。

(2)1983～1986年是我国斜拉桥发展的第二阶段。由于第一阶段已建成的斜拉桥的斜拉索防护要么层次多、成本高，要么过于简单，或处理不当而失败，以致有的斜拉桥建成3～4年后斜拉索防护就损坏，危及斜拉桥安全。这一阶段修建的斜拉桥不多，但对采用聚乙烯材料进行斜拉索防护工艺进行了研究和尝试，为下一阶段斜拉桥的持续发展作好了准备。

(3)20世纪80年代中期至今，随着世界斜拉桥技术的发展，也使我国斜拉桥进入技术发展鼎盛时期。这一阶段修建的斜拉桥跨度从200余米到1 000m以上，而且我国400m以上的长大斜拉桥大多在这一时期内修建。在已建桥梁中，钢斜拉桥、组合梁斜拉桥、主组合边混凝土混合式斜拉桥，均保持着相应桥型跨径世界第一的地位。据不完全统计，目前世界上已建和在建的跨度超过500m的斜拉桥中，我国占了75%，江苏苏通大桥(主跨1 088m)和香港昂船洲大桥(主跨1 018m)，首次将斜拉桥的跨径突破千米。这些大跨度桥梁的工程实践，使我国长大斜拉桥的发展和技术开发逐趋完善和成熟，并开始迈入世界先进行列。

二、结构类型的发展

1. 主梁设计的动向

(1)主梁材料和结构形式的多样化

由于桥梁跨径不断增大，为减轻主梁结构自重，其结构设计有趋于轻巧和更为柔性的发展动向，斜拉桥主梁的形式也从建设初期单一的混凝土斜拉桥发展到目前的钢斜拉桥、组合梁斜拉桥、主组合边混凝土混合式斜拉桥等多种类型。值得注意的是，近年来因制造质量易于保证，安装方便、快捷，正交各向异性钢箱梁在大跨斜拉桥中采用较多。

(2)总体布局及结构体系的多样化

根据不同桥梁的功能和结构特性，对斜拉桥的总体布局开发有双塔双索面、双塔单索面、独塔双索面、独塔单索面，还对多跨斜拉桥进行了探索和实践。在结构体系方面，开发的有上飘浮体系、支承体系、梁墩固结和钢构体系。

(3)多跨斜拉桥的实现

1998 年建成通车的香港汀九桥使多跨连续的斜拉桥得以实现,其为一座 3 塔 5 跨,主跨为 2×475m 的结合梁斜拉桥,它的成功为以后跨海工程中建造多跨连续斜拉桥开辟了一条新路,具有重要的意义。

2. 索塔的发展

(1)索塔的发展动向

早期斜拉桥索塔多采用钢结构,近年来却更多地采用混凝土索塔结构。现建的斜拉桥有独塔、双塔和三塔式;塔形有 H 形、倒 Y 形、A 形、钻石形等。因倒 Y 形或钻石形塔可使梁体获得较高扭转自振频率以提高其临界颤振风速,大跨斜拉桥多采用这两种类型的索塔。

(2)独塔斜拉桥

近年来,独塔斜拉桥的数量有明显增加的动向。独塔斜拉桥按其桥跨布置可分为独塔单跨式和独塔双跨式。单跨式斜拉桥的塔后斜拉索一般采用地锚形式,而双跨斜拉桥的桥跨布置有两跨完全对称和两跨不对称两种形式。一般来说,独塔斜拉桥的主跨双塔斜拉桥的主跨要小一些,所以较适宜于在中、小河流上建造。另外,独塔斜拉桥增多的原因有:①它能免去对岸的索塔,当对岸的地基条件不好时可较大地降低造价;②独塔斜拉桥在大多数情况下能与周围环境融合一致,增加结构造型和环境协调的景观美。

(3)矮塔斜拉桥

近年来,一些国家对矮塔斜拉桥在进行研究和发展。这是因为:斜拉桥的斜拉索由于应力变幅较大,设计中容许应力仅取钢丝抗拉标准强度的 40% ~45%;而矮塔斜拉桥主梁的跨高比值较一般斜拉桥小,介于斜拉桥与连续梁之间,这说明矮塔斜拉桥的整体刚度主要由梁体提供,斜拉索的刚度仅起加强作用,因而斜拉索应力变化幅度较小,设计中其容许应力与一般梁体内的预应力索相同,可取为钢丝抗拉强度的 60% ~72%。最早的矮塔斜拉桥应为瑞士山区的甘特(Ganter)桥,其混凝土箱形梁由预应力混凝土斜拉板悬挂在非常矮的索塔上,因其结构的优美且与瑞士群山完美结合、相互映衬,受到赞誉。较典型的实例是日本木曾川桥,其为 5 跨连续、单索面混合梁矮塔斜拉桥,跨径组成为 160m + 3 ×275m + 160m,桥面以上塔高仅 30m。另一著名的实例则是安徽芜湖长江大桥,跨径组成为 180m + 312m + 180m,桥面以上塔高也仅为 35m。因其为公铁两用桥,它以强大的双层桥面钢桁架为主,以部分斜拉的索为辅,成功地解决了公铁荷载作用下杆件内力和挠度过大的问题。

3. 斜拉索的发展

(1)密索体系的发展

20 世纪 50 ~70 年代中期,由于计算理论和计算技术等诸方面的限制,斜拉桥主要采用稀索体系。稀索体系在主梁上的间距一般为 30 ~60m(钢梁)及 15 ~30m(混凝土梁),梁以受弯为主,故梁的弯矩及剪力仍相当大而需要有较大的梁高。斜拉索的内力与截面相对来说也较大,因此给架设和施工带来较多困难。斜拉索锚固点的构造细节较复杂,其附近常需作大规模的补强,耗材也多。此后,随着设计理论的发展、计算机技术的日益发达、斜拉桥跨度增大,斜拉索多采用密索体系,且斜拉索长度和数量不断增大,梁的受力状态以受压为主,其截面有所减小。

(2)两种斜拉索系统的发展

经过数十年不断创新和淘汰,目前常用的斜拉索系统已集中为下列两种:①用热挤 PE 防腐的平行钢丝索配以环氧冷铸墩头锚系统;②用热挤 PE 防腐(或加强环氧涂层防腐)的单股钢绞线组成平行的绞线索,两端用不同于一般预应力钢绞线的特殊的夹片锚形成群锚系统。热挤 PE 防腐的平行钢丝索首创于日本,我国在修建山东东营黄河桥时,首次从日本进口了这种斜拉索。热挤防腐的平行钢绞线索首创于法国,其主要优点是可以较方便地进行单根钢绞线安装,最后再用小行程千斤顶进行调整。两种斜拉索系统各有优缺点,拉索吨位较小时,平行钢丝索较方便;吨位较大的斜拉索,可考虑采用平行钢绞线索。

三、主要施工技术的发展

1. 索塔锚固区采用箱形断面

斜拉桥在箱形塔内张拉和锚固,使索塔外形简洁、拉索锚固长度减短,克服了因交叉锚固斜拉索不在同一平面使得桥面宽度增加、锚头外露、换索及维修不便等缺点,增加了索塔结构的刚度。

2. 主梁施工工艺的成熟

混凝土斜拉桥主梁施工,一般采用支架现浇、悬臂浇筑、悬臂预制拼装、顶推和转动。目前大跨混凝土梁斜拉桥多采用挂篮悬臂浇筑法,且无平衡重轻型挂篮技术的发展,使斜拉桥施工实现索距 8m、主梁宽度 30m 的全断面一次浇筑混凝土成型,既保证了施工质量又缩短了工期。常用的挂篮有利用斜拉索作前支点的牵索式挂篮和无平衡重后支点挂篮。

钢箱和混合梁斜拉桥的钢箱采用正交异性板,工厂焊接成段,现场吊装架设。钢箱与钢箱的连接,一是高强度螺栓,二是全焊,三是栓焊结合。

结合梁斜拉桥主梁安装简单而迅速,用吊装设备安装主梁及边梁,然后安装预制桥面板,在预留接缝内接钢筋及安设剪力键,然后用混凝土封闭即成。

3. 斜拉索制索工艺实现专业化和工厂化

经过不断的开发、研制,斜拉索的制作、防护工艺日趋完善,并基本实现专业化、工厂化,保证了斜拉索的质量,提高了使用寿命。

4. 施工过程控制技术不断发展

1959 年德国莱昂哈特在为杜基尔多夫北莱茵河桥施工安装设计时,提出了倒退分析法(backward analysis),并获得成功,这是一座主跨为 260m 的钢斜拉桥。此后,德国一些钢斜拉桥施工中都采用这种施工控制方法。

1978 年,莱昂哈特公司在指导美国帕斯科—肯尼威克桥施工中发现了倒退分析法的结果和实测存在着较大的偏差。后分析认为帕斯科—肯尼威克桥是一座混凝土斜拉桥,混凝土桥面的重力不像钢桥面那样精确,混凝土的弹性模量如采用规范中用于计算变形的值则明显偏低,再加上混凝土徐变的影响,使倒退分析中采用的这些参数与实际情况不符,影响了控制的精度。

随着斜拉索跨径的不断增加,其结构非线性和抗风抗震性将更加突出,需要对其在施工阶段和运营阶段的动、静力性能进行更为精致、准确的分析,确保桥梁结构的安全性。近年来,国内外学者已经尝试把现代控制技术应用到斜拉桥施工过程控制中来,自适应控制法、无应力控制法等均是其发展方向。

第二章　钻孔桩施工监理技术

斜拉桥的基础设计，一般均采用大型沉井和钻孔桩形式。大直径钻孔灌注桩具有承载力大、刚度大、施工快、造价省的优点，我国特大型桥梁深水基础施工中普遍采用了这种基础形式。对特大型桥梁，根据结构受力计算，为承担承台、墩（塔）身和上部结构产生的巨大反力，钻孔桩通常设计成群桩基础，即在满足桩的最小间距和承台边距要求的条件下，由数十根桩共同组成桩群，形成群桩基础发挥共同效应。

由于地质原因，目前国内桥梁特大型深水基础用得比较多的是摩擦桩，其特点为：①大直径，最大直径已达 4.0m；②超深，最大深度已达 150m；③变截面，通常根据受力情况设计成上大下小的截面，如上海长江大桥主塔墩钻孔桩采用 2.5m/3.0m 变截面桩径；④多层钢筋笼，上面几节钢筋笼主钢筋层数一般为 2～3 层；⑤桩底压浆，以提高桩基的承载力。

第一节　水上施工平台的搭设

斜拉桥一般均为有通航要求的桥梁，它的特点是大跨度、高净空，其基础除了采用费用昂贵的大型沉井外，一般均采用的是大直径、超长度钻孔桩基础形式。对于远离陆地、毫无落脚点可言的水上，钻孔桩的施工必须搭建水上施工平台，而施工平台的搭建施工将受到施工水域诸多因素的影响，该施工技术已成为斜拉桥主墩基础建设的关键所在。

一、水上施工平台的作用与要求

1. 水上施工平台的作用

基桩施工平台的作用是布置钻孔施工设备、设施，并为施工操作提供作业工作面。斜拉桥施工时，其主墩的施工平台还须考虑为后续的承台、塔柱施工提供足够的操作空间，如发电机组的布设、电梯安装、塔吊安装、拌和站的布置、生产加工区的作业面和办公、生活区的安排等。

2. 水上施工平台的搭设要求

（1）有足够的空间和平面来布设施工设施、泥浆循环系统和进行施工作业。在远离陆地的水域，平台即是生产基地，还要考虑生活区的布设。

（2）平台应有足够的高度，使其能在设计的施工水位下进行正常的施工。

（3）对施工荷载，如钻机重力、钻机钻孔时的扭矩、钻孔的冲击、平台自重及其他施工荷载，必须要有足够的承受能力。

（4）对风荷载、水流冲击、施工船舶的撞击等有足够的承载能力。

（5）能抵抗水流冲刷而自身稳定。

3. 平台的结构荷载和设计

平台结构荷载主要包括以下各项：

(1)平台结构自重。包括基础支承结构、联结系、分配系和面板等。

(2)施工荷载。包括平台上施工机械、材料、人员等荷重,吊装设备应考虑冲击系数。

(3)波浪力。通常按20年(或30年)一遇洪水(或风暴潮)高水位时的波浪力,参照《公路工程水文勘测设计规范》(JTG C30—2002)计算。

(4)水流力。通常按5%频率垂线平均流速,参照《港口工程荷载规范》(JTS 144-1—2010)计算。

(5)风载。按平台设计最大风速进行计算。

平台结构设计须对上述荷载进行组合计算。目前常应用空间有限元分析计算软件建立模型,进行空间分析计算。计算模型须考虑平台基础冲刷影响,冲刷深度依据水文条件,通过水工模型试验、经验公式进行分析确定。

二、水上施工平台的结构形式

水上施工平台的结构形式根据施工工艺的不同,可分为以下四种:

(1)采用打入钢管桩作为支撑搭设平台的插桩平联法。

(2)采用打入的钢护筒和辅助钢管桩搭设平台的护筒支承法。

(3)两侧设钢结构导管架,中间采用钢围堰搭设平台的导管钢围堰法。

(4)采用钢浮箱浮运定位搭建平台的浮箱法。

根据桥位、桥梁基础以及自然环境的不同,选择相适应的施工工艺是非常重要的。借鉴近几年在江、海上搭设施工平台的经验,在水文、气候条件较好的水域,水深在20m以内,流速不大于3m/s时,宜采用插桩平联法或护筒支承法搭设施工平台;借鉴海上建立石油钻井平台的经验,在施工水域水文、气候条件复杂、恶劣,水深大于20m,覆盖层很浅或基本无覆盖层,流速快、波浪力大的地方,大型桥墩基础施工宜采用导管钢围堰法或浮箱法搭设施工平台。

三、水上施工平台的主要施工方法

1. 插桩平联法

插桩平联法是利用打桩船在GPS定位测量控制下逐根插打钢管桩,将钢管桩打入河床以下一定深度,并用小钢管等作为平联及斜撑将钢管桩相互连接,形成整体排架,然后在钢管桩顶上焊接牛腿,铺设贝雷梁、型钢分配梁及钢板平台面,从而形成施工平台。结构如图2-1所示。

图2-1　插桩平联法施工平台

2. 护筒支承法

护筒支承法是利用大型打桩船插打钻孔桩钢护筒,以钢护筒作为平台主要施工荷载的承重基础,并用钢管平联及斜撑将钢护筒连成整体,同时插打钢管桩用以加宽平台,然后在钢护筒和钢管桩上焊接牛腿,铺设型钢和钢板,从而形成施工平台。它与插桩平联法所不同的是,钢护筒不仅是钻孔桩施工用护筒,同时也是平台的主要承重支撑结构。结构如图

2-2所示。

3. 导管钢围堰法

导管钢围堰法采用导管架和双壁钢围堰相结合的施工工艺,即将承台施工所需的钢套箱模板做成双壁钢围堰,安装到位后,钢围堰底高程根据承台底高程确定,顶高程和钢平台的顶高程相同。两端采用导管架形式将钢围堰固定。导管钢围堰法对平台搭设、钢护筒振入、钻孔桩施工及今后桥墩承台施工等进行了综合考虑:其一,两端导管架既是限制固定墩位处钢围堰的先遣平台,又是平台上生产和生活设施的基地;其二,钢围堰在钢护筒振入阶段作为施工平台,围堰内套管又是钢护筒的定位装置;其三,钻孔灌注桩施工时钢围堰作为施工平台,在箱体内分隔成若干单元,作为今后钻孔灌注桩施工时的泥浆箱和平台上淡水储存箱;其四,承台施工时钢围堰可作为桥墩承台的模板及支撑结构。这样既提供了钻孔桩的临时施工平台,又满足了下一步承台施工时,钢套箱模板和支撑的需要。

图 2-2 护筒支承法施工平台图

(1)导管架的施工

在每个桥墩承台两边各设置 2 个导管架,每 2 个导管架组成一个海上施工平台,根据各自功能,每个桥墩承台两边的平台分别为生活区平台和生产区平台。平台由导管架、钢管桩、上部结构三部分组成,上部结构也就是最终形成的生产、生活平台面层。

导管架在陆地上制作完成后由驳船运输到现场沉放。根据导管架的重量,选用相应吨位的浮吊。沉放作业时间基本选在小潮汛期间的低平潮时,因为这个时间的海水流速、可作业时间等均是较佳的。在沉放前,进行海床高程的测量,确保导管架各点无明显高差。导管架安装定位,采用 GPS2RTK 实时定位控制。导管架下沉到位后,马上进行 4 根定位角桩的插桩和打桩作业,然后进行剩余钢管桩的插桩、打桩作业。桩打到高程后,马上进行桩和导管的连接作业。当导管架的定位桩全部施打好后,平台甲板层的安装就可进行,甲板层在陆上预先分块加工,用船运到施工现场后用浮吊将甲板层逐块吊装到位,然后在现场将分块的甲板层连接成整体,形成平台。导管架的施工如图 2-3 所示。

(2)钢围堰的施工

钢围堰选择在造船厂的船坞内制作，制作采用零件拼装、分段组装、船坞总装的工艺流程。钢围堰由拖轮拖运出海，运输至施工现场，需经过进档→定位→固定三大工序就位。钢围堰后，钢护筒打入完成并与钢围堰连接，即可进行钢围堰与导管架平台的连接。钢围堰与导管架平台的连接形式采用导管架上部甲板的结构形式，即纵横梁形式。至此，施工平台形成，可以进行钻孔灌注桩的施工，如图 2-4、图 2-5 所示。

a） b） c） d）

图 2-3 导管架施工图

图 2-4 钢围堰浮运

图 2-5 钢围堰进档

4. 浮箱法

浮箱法搭设施工平台是采用整体制作、整体浮运的方法。浮箱法对平台搭设、钢护筒振入、钻孔桩施工及今后桥墩承台施工等均进行了综合考虑：①两端半椭圆形防撞体既是将来防撞体施工套箱，又是施工阶段生产和生活设施的基地；②浮箱中部在钢护筒振入阶段作为施工平台，内套管又是钢护筒的定位装置；③钻孔灌注桩施工时浮箱作为施工平台，在箱体内分隔成若干单元,作为今后钻孔桩灌注时的泥浆箱和平台上淡水储存箱;④施工时浮箱可作为桥墩承台的模板及支撑结构。

(1)浮箱海上拖运

浮箱海上拖运应选择在小潮汛期间、6 级风以下进行,由数艘拖轮拖至施工海域。拖运时,浮箱上布置多个锚点组成的锚泊系统,可用于临时抛锚和定位。

(2)浮箱海上安装和固定

浮箱初始阶段的定位依靠浮箱自身的锚泊系统,随后由 4 根定位钢护筒、8 根定位防撞桩共同参与定位,定位桩打好后,再将其他防撞桩也全部打入并与浮箱焊接固定后,锚泊系统即可解除。

(3)浮箱高程的固定

涨潮时进行抽水起浮,当浮箱甲板顶住限位牛腿后,在舱内将承剪板与浮箱的构件和定位桩焊接在一起,先将甲板层用承剪板和桩焊接,待甲板层固定完毕后,利用低潮位将船底构件和桩进行连接,从而完成浮箱高程的固定。当完成浮箱上部平台搭设及生产、生活设施建设后,即可转入钻孔桩的施工。

第二节 试桩施工

钻孔桩正式施工前,通常要进行试桩,试桩数不少于群桩数量的 1%,一般每个斜拉桥的主墩至少要有一根试桩。试桩一般用非工程桩,按正式桩同等条件施工。如果进行对桩身没有破坏性的试验,也可以用正式桩进行试桩,但须经设计单位确认。

一、试桩的目的

(1)验证钻孔桩施工方案中各施工工序的可行性、合理性。主要是对钻孔桩泥浆级配、水下混凝土级配、成孔、成桩(清孔、下钢筋笼、二次清孔、灌混凝土)、后注浆法桩底压浆等施工工艺,进行检验和检测分析,以确定合适的施工机具设备,并确定钻孔灌注桩的施工工艺参数。

(2)确定适宜的桩基持力层,测定钻孔桩端阻力和侧壁分层摩阻力等参数。

(3)获得分级加载与卸载条件下对应的荷载—变形曲线,测定桩基沉降、弹性压缩及岩土塑性变形。

(4)通过试验得出桩侧的分层极限摩阻力和桩端极限端阻力,验证地质报告提出的相关数据,确定钻孔灌注桩注浆前后的单桩极限承载力,为验证、修正钻孔灌注桩的设计提供重要参数。

二、试桩承载力测试的基本方法

目前静载试验有三种方法,即传统的堆载法、锚桩法和 20 世纪 80 年代发展起来的自平衡法。

1. 堆载法

采用油压千斤顶在桩顶施加荷载,通过反力架上的堆重平衡所施加的荷载,存在的主要问题是必须解决几百吨甚至数千吨的荷载来源、运输、堆放问题。

2. 锚桩法

同样用油压千斤顶在桩顶施加荷载，通过反力架将反力传给锚桩，与锚桩的抗拔力平衡，存在的主要问题是必须设置多根锚桩及反力大梁，所需费用昂贵、时间较长。

3. 自平衡法

堆载法和锚桩法均易受承载力吨位和场地条件限制，前者目前国内试桩最大极限承载力仅达30 000kN，后者试桩最大极限承载力也不超过40 000kN，以致许多大吨位桩和特殊场地桩（如山地、桥桩）的承载力往往得不到准确数据，基桩的潜力不能合理发挥。为解决这一难题，20世纪80年代Osterberg在美国发明了自平衡测试法，后于1996年经东南大学研究开发，初次在我国运用。目前，通过使用自平衡测试法，国内试桩单桩最大承载力高达120 000kN，最大桩径达3m，最大桩长达125m。

自平衡测试法的主要装置是一种经特别设计可用于加载的荷载箱，它主要由活塞、顶盖、底盖及箱壁组成（图2-6）。顶、底盖的外径略小于桩的外径，在顶、底盖上布置位移棒。将荷载箱与钢筋笼焊接成一体后放入已成桩孔后，即可浇筑混凝土成桩。试验时，通过油泵逐级加压，荷载箱将同时向上、向下发生变位，促使桩侧阻力和桩端阻力发挥作用。荷载箱中的压力可用压力表测得，荷载箱向上、向下位移可用位移传感器测得。因此，可根据读数绘出相应向上和向下的力与位移关系曲线图，据此可判断桩基承载力、桩基沉降、桩弹性压缩和岩土塑性变形。

图2-6　自平衡法试桩用荷载箱

基桩自平衡试验开始后，荷载箱产生的荷载沿着桩身轴向往上、往下传递。假设基桩受荷后桩身结构完好，则在各级荷载作用下混凝土产生的应变量等于钢筋产生的应变量，通过量测预先埋设在桩体内的钢筋应变计，可以实测得到各钢筋应变计在每级荷载作用下所得的应力—应变关系，可以推出相应桩截面的应力—应变关系，因此相应桩截面微分单元内的应变量也可求得。由此便可求得在各级荷载作用下各桩截面的桩身轴力及轴力、摩阻力随荷载变化的传递规律。

三、试桩的具体步骤

（1）根据设计要求确定试桩的桩位。

（2）按照钻孔灌注桩施工方案确定的方法和工艺参数完成钻孔桩成孔施工。

（3）进行成孔检测。

（4）按照钻孔灌注桩施工方案安装钢筋笼，灌注水下混凝土。

（5）对桩基的完整性进行超声波检测，待混凝土强度达到设计强度并不少于成桩后20d，按照上述测试方法对试桩进行承载能力测试。

（6）桩端压浆后，待注浆达到设计强度并不少于压浆后20d，再次进行试桩承载能力测试,以确定压浆后对桩基承载能力的提高值。

四、试桩工艺总结及静载试验报告

试桩工艺总结及静载试验报告应提供以下主要内容。

(1)通过试桩总结施工经验,提出钻孔灌注桩施工工艺报告。

(2)提供灌注桩成孔试验资料,包括孔径、孔深、沉渣及垂直度等检测结果。

(3)提供钻孔桩护壁泥浆配合比试验结果。

(4)提供钻孔桩水下混凝土配合比试验结果(含原材料试验)及试块强度。

(5)提供注浆加强工艺有关参数(水泥浆配合比、压力、压浆量等)与试验结果。

(6)提供河床泥面处桩周局部冲刷的实测资料。

(7)提供灌注桩桩身质量检测与评定结果。

(8)提供灌注桩加载、卸载的荷载—沉降(p-s)曲线。

(9)提供试桩桩侧分层极限侧摩阻力、桩端极限承载力及分析推荐采用值。

(10)提供试桩的单桩极限承载力。

五、试桩测试结果分析

提出钻孔灌注桩试桩工艺总结和静载试验报告后,应由业主组织设计、施工、检测、监理单位召开专题会议,综合分析试桩成果,对钻孔灌注桩的设计与施工提出指导性意见。主要有以下几点:

(1)确认已经成熟的成孔施工工艺和技术参数、指标。

(2)提出必须补充、完善施工方案及施工工艺的内容。

(3)确认桩基的完整性、密实性和混凝土强度。

(4)分析单桩承载力组成,确认单桩极限承载力结果。

(5)做出是否调整、修改设计(如增、减桩长或桩数)的决定。

六、试桩过程的监理

(1)试桩工程的目的主要是验证设计参数和确定施工工艺,进行试桩工程可能需要1～3个月的时间,监理机构进场后即应提醒业主或督促承包人尽早做好安排,以免对标段工程进度产生影响。

(2)熟悉地质资料和设计对试桩的技术要求,审核试桩施工工艺。

(3)督促承包人按已批准的试桩方案进行施工,如实地记录施工过程中出现的问题、工艺的变化和施工工艺参数调整的情况。

(4)巡视成桩过程,对钢筋笼下放、水下混凝土浇注、桩底压浆和桩基承载力测试等工序进行全过程旁站。

(5)试桩成桩后针对成桩过程出具监理报告,对各施工工序的可行性、施工工艺参数的合理性以及施工设备进行评价,对过程中存在的问题提出建议。

(6)认真学习试桩的综合性分析报告,以便于在正式施工时更好地监理。

第三节 钻孔桩施工

一、钻孔桩的施工工艺流程

钻孔桩的施工工艺流程如图2-7所示。

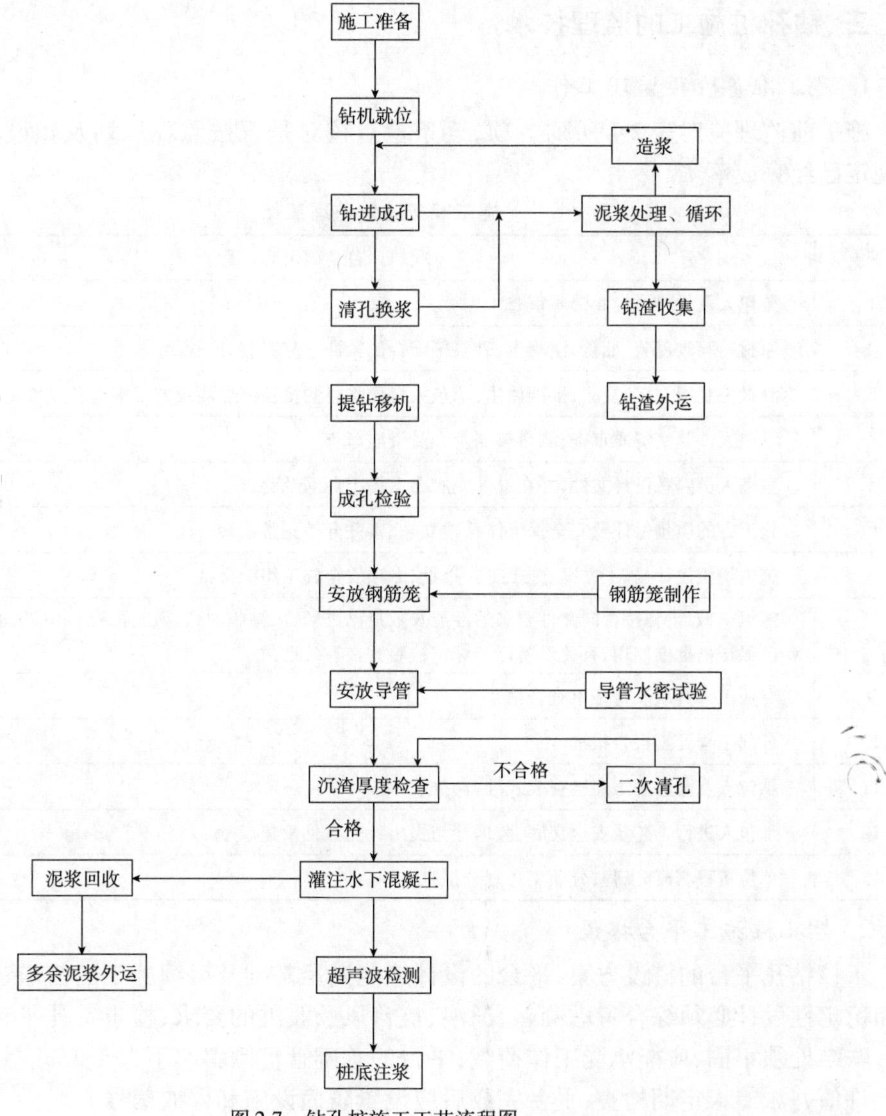

图2-7 钻孔桩施工工艺流程图

二、钻孔桩施工的主要控制点

(1)审查施工平台(筑岛)等大型结构的设计和施工方案、钻孔桩施工方案,落实开工前的准备工作是否就绪,要求承包人制订钻机操作规程并做好技术交底工作。

(2)控制好平台安装,护筒的直径、高度、倾斜度要求,孔位偏差,钻孔至不同土层时的泥浆指标要求;钻孔的深度、桩径、清孔、沉渣厚度、成孔检测、钢筋笼制造安装长度及连接、混凝土灌注质量、桩头处理等符合设计和规范要求。

(3)采用正、反循环钻孔均应采用减压钻进。

(4)处理孔内事故或因故停钻时,必须将钻头提出孔外,并保持孔内水位和要求的泥浆相对密度和黏度。

三、钻孔桩施工的监理技术

1. 施工准备阶段监理工作

施工前监理应对表 2-1 所列各项,逐条检查核对是否按监理规划及建设单位的施工管理规定已经完成落实。

施工准备阶段监理工作　　表 2-1

序号	项　目　名　称
1	分包人及材料供应商资质审查
2	原材料验收复验、抽验,混凝土、砂浆等配合比验证,焊接工艺试验等
3	测量控制网交接、复测、批准使用,承包人自建临时测量控制点测设方案审查及成果复测
4	承包人试验室资质审查、测量仪器及人员资质审查
5	监理人员熟悉设计文件,并在设计交底会上提出疑问及建议
6	施工方的质量保证及安全保证体系建立、完善并开始正常运转
7	施工组织设计、施工方案、施工工艺报批,专项安全施工组织报批
8	施工机械、设备按合同文件要求的性能及数量已进场,大型临时设施已完成并经检查合格,大型起吊设备已经试吊批准使用,有关设备已经标定校验并在有效期内
9	专业工人资质及持证审查合格
10	分部工程开工报告报批
11	承包人及监理用工序检查表式准备完成
12	承包人进行工艺及安全交底,监理参与提出补充意见及建议
13	单位工程、分部工程、分项工程划分报批

2. 钻孔桩施工平台搭设

审核钻孔平台的搭设方案,平台的设计应能满足基础及后续施工的需求;平台高程的设置和稳定性设计必须综合考虑潮差、涌浪、抗台风及渡洪的要求;检查钻孔平台的搭设情况,平台联结处须牢固,应能承受工作荷载;平台的基础管桩倾斜率不大于1%,桩周冲刷不得超过允许值并派专人定期检查;平台完成后应设置防撞设施和警戒信号。

3. 钢护筒的施工监理

(1)钢护筒材质、长度、直径、壁厚等按设计要求执行。设计如无要求,钢护筒内径宜比桩径大 200 ~400mm,钢护筒的壁厚应能承受受力要求。护筒的焊缝应经无损检测合格并确保不渗漏。

(2)钢护筒入土端宜设加强箍,加强箍上下口和钢护筒满焊,必要时在加强箍中部开小孔并与钢护筒焊接，使之形成整体。

(3)钢护筒的插打施工中，必须加设导向装置，并严格控制其垂直度和高程，一般平面允许误差为50mm，竖直线倾斜率不大于1%，潮水区钢护筒顶高程宜高出最高施工水位2m以上。

(4)钢护筒下沉时，控制下沉速度，振动锤先开至最低档，缓慢逐步加大并实行吊振，当有水面气泡上浮时，停止下沉，直至气泡消失后再继续下沉，下沉速度控制在1~2m/min。

(5)钢护筒埋深，应综合考虑地质条件、护筒使用功能和稳定要求。有冲刷影响时，应沉入局部冲刷线下1.0~1.5m，并不得小于设计图纸要求。钢护筒应按设计要求进行防锈处理。

4. 钻孔桩的泥浆控制

(1)督促承包人采用淡水泥浆，按《公路桥涵施工技术规范》(JTJ 041—2000)附录C及时对泥浆指标进行试验，应按钻进速度、钻入深度、进入不同地质采用不同频率的试验措施，以保证泥浆适用于施工，并符合工艺规定的要求，且适应于施工环境。

(2)直径大于2.5m的桩，宜采用丙烯酰胺(PHP)泥浆；钻孔泥浆应注意筒外水位涨落情况，稳定护筒内水头始终高出水面1.5~2.0m。

(3)钻孔平台须有足够的泥浆储存设施和足够的泥浆循环系统，并必须配备符合施工需求的泥浆净化系统，以利泥浆的循环利用，确保钻孔施工进度和成孔后的清孔质量。废浆排放需满足环保要求。

(4)各种环境下泥浆的性能指标详见表2-2所列。

泥浆性能指标要求　　表2-2

施工阶段	钻孔方法	地质情况	泥浆性能指标							
			相对密度	黏度(Pa·s)	含砂率(%)	胶体率(%)	失水率(mL/30min)	泥皮厚(mm/30min)	静切力(Pa)	酸碱度(pH)
钻进	正循环	一般地层	1.05~1.20	16~22	4~8	≥96	≤25	≤2	1~2.5	8~10
		易坍地层	1.20~1.45	19~28	4~8	≥96	≤15	≤2	3~5	8~10
	反循环	一般地层	1.02~1.06	16~20	≤4	≥95	≤20	≤3	1~1.25	8~10
		易坍地层	1.06~1.10	18~28	≤4	≥95	≤20	≤3	1~2.5	8~10
		卵石土	1.10~1.15	20~35	≤4	≥95	≤20	≤3	1~2.5	8~10
	推钻冲抓	一般地层	1.10~1.20	18~24	≤4	≥95	≤20	≤3	1~2.5	8~11
	冲击	易坍地层	1.20~1.40	22~30	≤4	≥95	≤20	≤3	3~5	8~11
清孔			1.03~1.10	17~20	<2	>98				

注：①地下水位高或其流速大时，指标取高限，反之取低限；

②地质状态较好，孔径或孔深较小的取低限，反之取高限；

③在不易坍塌的黏质土层中，使用推钻、冲抓、反循环回转钻进时，可用清水提高水头(≥2m)维护孔壁；

④若当地缺乏优良黏质土，远运膨润土也很困难，可按《公路桥涵施工技术规范》(JTJ 041—2000)附录C选取各种添加剂掺量改善泥浆性能。

5. 钻孔施工监理

(1)施钻工艺的制订、钻机的选型等,均应依据试桩工艺试验参数结合实际情况进行研讨,施工过程中监理应严格按批复的施工工艺进行控制。斜拉桥主塔的桩基一般直径大、桩身长,对钻机的扭矩及钻杆质量要求较高,因此宜选用技术性能先进、提升能力和配重较大的大型全液压钻机成孔。

(2)主塔基础群桩一般孔距较近,为防止钻孔、灌注、注浆时出现串孔,钻孔桩需要严格按隔孔施工的原则安排施工。

(3)钻机经找平、测量检查后,将其与平台进行限位,保证钻机在钻进过程中不产生位移,同时在钻进过程中加强校核。

(4)巡视检查成孔情况,注意捞取渣样与地质剖面图核对,并督促承包人做好钻孔施工记录。

(5)监理随时对泥浆指标、钻杆垂直度、钻进速度进行巡视抽查,检查承包人钻孔施工记录是否与现场情况一致。

(6)为了使桩身混凝土与护筒直接接触并保证桩身的有效直径,使护筒与桩身混凝土结合为整体,需采取有效措施对护筒内壁的泥皮以及淤泥进行清理。

(7)钻孔深度快达到设计高程时,应会同承包人质检人员旁站至最后,对进尺情况,孔深、孔径、垂直度等各项指标与承包人进行同步检验,符合要求后方可清孔。

6. 成孔检测

钻孔桩成孔后,建议采用超声波测壁仪检测。

7. 钻孔桩清孔

桩底沉渣厚度的控制是钻孔桩的关键环节,监理工程师应重点对清孔工序进行旁站监督,同时对沉渣厚度的测量方法也应进行研究。清孔工序控制的重点是对沉渣厚度及泥浆指标的控制,当沉渣厚度及泥浆指标不满足设计和规范要求时,监理工程师应要求继续清孔,旁站监督,再行量测直至合格为止。严禁用加深钻孔深度的方式代替清孔。

8. 钢筋笼加工

(1)严把钢筋原材进场检验关。钢筋使用前,应进行调直和清洁工作。钢筋端部如有弯曲、变形,则应对变形部分进行清除。

(2)钢筋笼的制作,应设专用胎架即钢筋加工槽,笼体成形宜在钢筋加工车间集中进行,为确保加工质量宜分节制造、同槽组拼。

(3)不同的钢筋机械接头,应具备相关技术标准和试验资料。如采用直螺纹接头,钢筋端部须打磨平整,无尖角、毛刺,以利连接,直螺纹螺口应有保护措施,确保运输、存放时不损伤。

(4)巡视承包人钢筋笼的制作过程,对钢筋的规格、数量以及钢筋笼的几何尺寸进行检查;在起吊设施允许的情况下,单节钢筋笼长度宜尽量放长,以减少孔口作业时间,骨架顶应设置吊环。

(5)检查钢筋笼的存放,钢筋笼应设在平整、干燥的场地上,做好防雨、防锈措施;存放时每个加劲箍与地面接触处都应垫上等高的木方,以免附上泥土;每根钢筋笼的各节段要排好次序,并挂上标志牌,注明桩号、节号、长度,连接方向做好标记。钢筋笼的运输和存放,应确保笼体不滚动、不变形。

(6)检查钢筋保护层厚度必须满足设计要求。钢筋保护层垫块，每隔1.5～2.0m的断面对称设置，横向圆周不少于4处。垫块采用砂浆垫块，需有不低于桩身的强度报告，产品需有产品出厂合格证及试验资料。

(7)允许偏差。钢筋笼的加工尺寸须满足设计和规范的要求。

9. 钢筋笼下放连接

(1)监理全程旁站钢筋笼下放安装，钢筋笼吊装时应无大的变形，检查其接头质量、声测管的安装位置及接头处理，发现问题及时纠正。

(2)钻孔桩钢筋笼主筋的连接建议采用直螺纹连接的方式，其连接方式具有施工速度快的优点，监理须重点检查直螺纹接头是否均匀拧到位。

(3)检查钢筋笼下放导向装置是否可行，防止钢筋笼上浮措施是否可靠。

(4)钢筋笼的下放安装，应配备足够的熟练专业队伍和专用工具，尽量缩短安装时间。

(5)声测管长度应高出钻孔平台高度，声测管接头顺直牢靠，为防止声测管和钢筋笼在运输、安装过程中出现相对位移而撕裂焊缝，根据以往施工经验将声测管与钢筋笼的主筋进行绑扎固定，安装期间检测管内注满清水，检测管上端口用丝口接头，堵头密封，下端按设计要求密封，严禁泥浆或水泥浆进入管内，确保混凝土灌注后管道畅通。

10. 二次清孔

混凝土浇注前应对孔内泥浆指标、孔底沉渣厚度再作检查，如超过规定，需进行二次清孔。符合要求后方可灌注水下混凝土。

11. 灌注水下混凝土

(1)灌注水下混凝土前，应检查承包人的主要设备及备用设备能力，应确保能在规定时间内(首批混凝土初凝时间)灌注完混凝土。混凝土运输过程中不应离析，吊车的作业半径符合现场作业要求。

(2)复核导管长度。导管在使用前应检查承包人的水密承压和接头抗拉试验，严禁用压气试压；控制初灌时导管设置深度和混凝土浇注量，复核承包人每次提管长度，以确保导管埋入深度在2～6m。

(3)检查集料斗体积、设置高度和隔水塞设置。初灌量的混凝土数量应能满足导管首次埋置深度不小于1m，导管底端距孔底应控制在0.4m左右。

(4)全程旁站水下混凝土灌注施工。混凝土到现场后应检查其均匀性和坍落度，符合要求方可灌注；首批混凝土下落后，应保证混凝土连续灌注；承包人在灌注混凝土过程中，仍应采取措施保持孔内水头；控制现场导管在混凝土中的埋置深度，以防导管提离混凝土面引起断桩或埋管过深引发质量事故。

(5)混凝土灌注将近结束时，应核对混凝土的灌入数量与灌注高度，而且灌注的桩顶混凝土高程应高出设计高程至少1m，以保证桩头凿除后的混凝土强度。

(6)当采用搅拌船拌制水下混凝土时，承包人要采取措施，防止船体发生走锚事件，同时要注意涨落潮对混凝土连续灌注的影响。在灌注过程中，孔内溢出的水或泥浆应引到适当地点处理，不得随意排放。

(7)督促承包人填写混凝土灌注施工记录。承包人每根桩抽验4组抗压试件，监理抽检

1组。监理应填写旁站记录。

(8)灌注中发生故障时,监理应督促承包人查明原因,确定合理处理方案及时处理,如间隔时间过长,可能导致断桩时,应召开专题讨论会确认处理方案。

12. 桩头处理

混凝土达到一定强度后进行桩头处理,接近桩顶设计高程50cm时,必须采用人工凿除。桩头处理完成后应及时进行无破损检测。

13. 桩基检测

(1)待桩基凿除桩头后,应对钻孔桩进行竣工检测,检查其平面中心位置是否满足规范要求。

(2)大直径、超长度的钻孔桩,应逐根进行超声波无损检测,以确定钻孔桩混凝土质量;桩基超声波检测应在桩基达到设计要求的强度后进行,监理应见证检测过程。

(3)如果桩在施工中遇到过非正常施工情况(如堵管、二次灌注混凝土等),经超声检测发生数据异常,怀疑桩有可能不符合规定要求(如断桩、夹层、离析等)时,应进行取芯测试,以确定桩的灌注质量。钻芯测试应在监理的监督下进行。

(4)测试结果如判断桩身有质量问题,按设计和业主认可的补救措施进行补救或予以报废。

第四节　钻孔桩桩底压浆施工

一、钻孔桩桩底压浆的工艺原理

斜拉桥的主塔基础普遍采用的钻孔灌注桩,对于持力层处在非岩层的摩擦桩来说,存在的最大问题就是桩底持力层松散且桩底沉渣多,桩端承载力小。为获得良好的桩端承载力,采用桩端后注浆技术可较好地解决这些难题。后注浆法适用于各种地层土性条件下的泥浆护壁钻、挖、冲孔灌注桩。

钻孔灌注桩后压浆技术是在钻孔灌注桩施工方法的基础上,作为改善孔底沉渣,恢复并提高被扰动和软化的土体强度,克服和弥补钻孔灌注桩施工方法不足的一种先进的技术方法。

钻孔灌注桩后压浆(桩基后注浆)利用预先装设于灌注桩底、桩侧的注浆系统和延伸至桩顶的注浆钢管进行高压注浆,通过劈裂、挤密桩底沉渣层,同时浆液沿桩侧向上泛浆,固结一定高度的桩侧泥皮。钻孔灌注桩后压浆技术的应用,能大幅提高桩侧向摩阻力和桩端承载力,相应减少桩基的沉降,使钻孔灌注桩单桩承载力获得较大幅度的提高,经实测,同等条件下可提高桩基承载30%~100%。

二、桩底压浆的工艺流程

工艺流程为:制作注浆管和专用阀门→随钢筋笼下注浆管→桩体混凝土浇注24h后注水开孔→桩基超声波检测→清水洗孔后二次循环压浆→达注浆压力或注浆量后结束→注浆管回填。

三、桩底压浆施工的控制要点

1. 注浆管的制作与安装

每根钻孔灌注桩可利用声测管进行注浆。在钢筋笼底部采用内径 $\phi 25 \times 2$mm 的钢管与声测管组成“T 形”结构压浆管路，压浆管路通过桩底∠75°角钢与 δ10mm 钢板圆环固定在钻孔桩钢筋笼上；压浆管的底高程与钻孔桩底高程相同，钢管位于桩底上方 50cm；每根压浆管上共布置 10 个注浆孔，其中钢管上布置 2 个，间距 10cm，孔口向上；声测管在 4 个方向共布置了 8 个注浆孔，每个方向 2 个，上、下注浆孔之间间距为 10cm；注浆孔直径为 ϕ8mm。为防止泥浆侵入，在每个注浆孔外套上厚 1.5mm、长 20cm 的橡胶管，再钉一枚图钉，外缠 4 层粘胶带，则注浆管制作完毕。

为了保证压浆之前不造成异物进入压浆管道（声测管），以及方便与注浆泵管道的连接，在压浆管顶部采用丝扣接头，并用专用堵头封好，保证不漏水，在开塞及压浆时旋下堵头连接压浆管进行压浆。

压浆管路和钢筋笼一起同槽预制，每节钻孔桩钢筋笼之间可采用承插式接头，桩底 50cm 长声测管与铁管利用三通管连接，注浆管（声测管）按设计要求的方向均匀绑扎在钢筋笼四周。

2. 压力注浆设备

压力注浆设备包括：水泥搅拌制浆机、滤网、储浆桶、注浆泵（设最大压力 20MPa 的压力表）、输浆管、变径头。

3. 开塞控制

开塞工作的主要目的是使压浆管路畅通，开启压浆孔，劈裂桩底混凝土，为压浆工作提供前提条件，所以开塞工作是桩底压浆成败的关键。

在混凝土浇注完毕 24h 后开始对管道进行高压注水，当压力达到最大值后突然下降，证明包裹压浆孔的高压胶布开裂，压浆孔冲开。在混凝土终凝之前的时间内，要经常用高压水冲洗，防止已经开塞成功的压浆孔重新堵塞。

4. 浆液制备的控制

浆液由水、水泥、膨润土、缓凝剂等组成。控制指标如下：

(1) 重度：17 ~ 18kN/m^3。

(2) 水灰比：0.45 ~ 0.6。

(3) 初凝：2 ~ 3h。

(4) 强度：7d 抗压强度不小于 5MPa，28d 抗压强度不小于 C30。

浆液制备后应放置 5min 后才能使用，以消除浆液中的空气。浆液应按每个循环使用量配置备用，使用前浆液应经过过滤，防止杂质堵塞压浆孔。

监理应对压浆配合比进行验证，对现场制备的浆液进行抽验。

5. 二次循环压浆

钻孔桩混凝土进行超声波无损检测之后，开始进行循环压浆，达到以下三者任一数值即可终止压浆：

(1)各压浆管的总压浆量达到要求。

(2)所有管道压力均达到8MPa。

(3)桩体上浮量达到15mm。

每次每个管路压浆完成后应使用自来水进行管路清洗,防止第二次压浆时管路堵塞。监理应旁站压浆的全过程。

6. 压浆记录

为达到精确记录注浆量和注浆压力的要求,在注浆的各个阶段应记录以下参数:

(1)各循环阶段开始和终止的日期和时间。

(2)注浆管编号。

(3)每个管路的注浆量以及累积总注浆量。

(4)在各循环阶段中各注浆管的压力,以及最终注浆压力。

(5)每次每个管路的持荷时间。

(6)各阶段的桩身上浮量,以及最终桩身总上浮量。

四、注浆过程中应注意的几个问题

1. 焊接质量和长度控制

在注浆管的制作过程中,钢管之间的焊接质量要严格保证,否则泥浆或水泥浆会从钢管接头处渗入,堵塞压浆管路,造成浆液无法注入;而且即使接头焊接密封,但如果焊接质量存在问题,一样会导致注浆失败,因为桩底压浆是采用高压力(8MPa)将浆液注入,在高压力下,浆液会从接缝处溢出,导致压力骤然变小,则注浆也无法进行。

注浆是通过注浆管管头将浆液注入桩底,以增加桩端承载力。若注浆管长度不够,则浆液无法到达桩基底部,桩底承载力得不到加强,这样也会导致注浆失败。

2. 开孔清水

开塞清水不宜过多,压力也不宜过大,以免桩身混凝土强度受到影响。注浆完毕,待压力稳定后应再注入大致等于输浆管容积的清水,以免浆液回流至注浆泵与注浆管之间的一段输浆管内。

3. 串孔现象

主墩一般采用群桩基础,由于存在地层空隙率及持力层裂隙,在A桩进行注浆时可能会有水泥浆从邻近B桩已开塞但未注浆的管中喷出,造成注浆管堵塞,致使B桩今后可能注浆失败。这种串孔扩散现象还可能引起周边土体固结,造成邻近桩机难以钻进,为避免因串孔而造成注浆失败,压浆宜采用分片开塞、分片注浆的施工流水作业。将施工场地按照钻孔施工顺序共分为若干片区域,依次完成全场注浆任务。

4. 注浆压力

在压力注浆的过程中,要时刻注意压力表的读数变化情况,压力数值的变化可以反映施工中出现的各种情况,根据现场压浆的实践经验,可以分为以下几种情况:

(1)压力逐渐上升,但达不到要求的压力,这可能是浆液在黏土中形成脉状劈裂、渗透或浆液浓度低、凝胶时间长,或部分浆液溢出。

(2)注浆开始后压力不上升,甚至离开初始压力值呈下降趋势,这可能是浆液外溢。

(3)压力上升后突然下降,这可能是浆液从注浆管周围溢走,或注速过大,扰动土层,或遇到空隙薄弱部位。

(4)压力上升很快,而速度上不去,表明土层密实或凝胶时间过短。

(5)压力有规律上升,即使达到容许压力,注浆速度也很正常(变化不大),这表明注浆是成功的。

(6)压力上升后又下降,然后再度上升,并达到预定的要求值,可以认为是空隙部位已被浆液填满,这也是注入成功的表现。

5. 压力损失

由于主塔基础的施工面积大,即使分片施工,也存在注浆泵与注浆管之间距离过大的问题,过长的输浆管会造成压力损失,导致桩孔口实际注浆压力达不到指定的要求压力值,从而造成注浆压力值失实。

为了避免此种情况的出现,实际施工过程中,可现场将制浆设备,如注浆泵、储浆桶、水泥搅拌机等统一摆放在一个小平台上,四周焊上吊耳,需要在哪个孔上进行压浆,就把整个平台吊到这个孔的旁边(图2-8)。这样既可以减少因为输浆管过长造成的压力损失,又可以保证现场施工环境的整洁,满足建设文明工地的要求。

图2-8　压浆平台

第五节　钻孔桩常见问题及处理

一、斜孔

在钻孔过程中发生钻孔偏斜,常由地质松软不均、岩面倾斜、钻架位移、钻机底座不平或遇探头石等原因造成。

斜孔的处理方法为:可在偏斜处吊住钻锥反复扫孔,使其正直;偏斜严重时回填黏质土、块石至偏斜处顶面,待沉积密实后重新钻孔。

斜孔的预防措施主要有:

(1)钻机底座牢固可靠,钻机不得产生水平位移和沉降。同时钻进过程中每接长一根钻杆、钻进时间超过4h和怀疑钻机有歪斜时,均要进行基座检测调平。

(2)采用大配重减压钻进。施钻时,始终采取重锤导向,减压钻进(钻压小于钻具重力的80%,即吊钻)、中低速钻进,严禁大钻压、高速钻进,以减小钻具的自由变形长度,使钻具在重力作用下始终垂直向下,保证钻孔垂直度。

(3)钻进过程根据不同的地层控制钻压和钻进速度,在土层变化的位置采用低压慢转施工。

(4)钻孔的垂直度偏差控制在1%之内,发现孔斜后及时进行修孔。

二、塌孔

由于孔壁土层受到扰动、护壁泥浆质量差、内外水头差保证不足或由于漏浆造成孔内水头迅速下降等,易造成孔壁土体坍塌。

塌孔的处理方法主要有:

(1)对于钻孔、清孔过程中的塌孔,应迅速提起钻头,对孔内补充泥浆保证内外水头差,对护筒内用黏土进行回填后重新钻进。如果钻头提不起来则发生埋钻事故,应插入吸泥导管清吸出孔内坍塌的土,用大吨位吊机或数台千斤顶提供上拔力,争取将钻头提起来,否则可能导致孔位报废。

(2)对于下放钢筋笼后或灌注混凝土过程中出现的塌孔,应立即停止混凝土灌注,用大吨位吊机或数台千斤顶提供上拔力,迅速将钢筋笼拔起,若拔不动则应用吸泥设备对孔内坍塌的土和混凝土进行清吸,争取将钢筋笼拔出,然后回填并加入泥浆,重新钻进成孔。若各种努力还是拔不出钢筋笼,则采取以下处理措施:

①割断上部钢筋笼,回填后用冲孔设备冲击成孔。

②另行补桩。

(3)若测出是在钢护筒下口处发生的塌孔,则应对钢护筒接高,用振动打桩机将护筒向下跟进,以封闭塌孔处,然后在护筒内重新注入泥浆,进行钻孔。对护筒的外侧则可采用压入水泥浆的方法进行封闭固结。

塌孔的预防措施主要有:

(1)选用优质泥浆护壁,钻孔施工中宜优先选用不分散、低固相、高黏度的PHP泥浆进行护壁,同时加强泥浆指标的控制,使泥浆指标始终在容许范围内,控制钻进速度,使孔壁泥皮得以牢靠形成,以保持孔壁的稳定。

(2)在施工过程中,根据不同的地层情况,选择合理的钻进参数。同时注意观察孔内泥浆液面的变化情况,孔内泥浆液面应始终高于江水面2m左右,并适时往孔内补充新制备泥浆。

(3)由具有丰富施工经验的技术工人参与施工,强调预防为主的指导思想,避免塌孔事故的发生。

(4)一旦发现塌孔现象,应立即停钻。如果塌孔范围较小时可通过增大泥浆黏度及相对密度的办法稳定孔壁;如果塌孔较为严重时,可对钻孔采用黏性土回填,待稳定一段时间后再重新钻进成孔。

(5)钻机、钢筋笼不与钢护筒发生关系,保证钢护筒不晃动;钢护筒有较大的、稳定的入土深度。

三、扩孔

扩孔多系孔壁小坍塌或钻锥摆动太大造成。

扩孔的预防措施主要有:

(1)钻机底座定位牢固可靠,钻机钻进时不得产生晃动,钻进过程中经常性地进行成桩检查和钻机基座检查。

(2)钻进过程根据不同的地层控制钻压和钻进速度,在土层变化的位置采用低压慢转施工。

(3)选用优质泥浆护壁,同时加强泥浆指标的控制,使泥浆指标始终在容许范围内,控制钻进速度,使孔壁泥皮得以牢靠形成,以保持孔壁的稳定。

四、缩孔

缩孔常因地层中含遇水能膨胀的软塑土或遇流塑状淤泥质亚黏土地层造成。

缩孔的处理方法是:保证泥浆性能和孔内水头满足要求,加大泥浆相对密度,将钻头加钢丝刷,放置于缩孔处,原位缓慢旋转进行扫孔,直到孔径满足要求。如遇流塑状淤泥质黏土,一般采用钢护筒穿过该层。

缩孔的预防措施主要有:

(1)使用与钻孔直径相匹配的钻头以气举反循环工艺钻进成孔,采用高黏度、低固相、不分散、低失水率的膨润土泥浆清渣护壁。

(2)在软塑状亚黏土层采用小钻压、中等转数钻进成孔,并控制进尺。

(3)根据工艺试桩或首根桩钻孔的钻进参数、孔径检测情况,适当调整钻进参数,以期达到设计要求。

(4)当发现钻孔缩孔时,可通过提高泥浆性能指标,降低泥浆的失水率,以稳定孔壁,同时在缩孔段注意多次扫孔,以确保成孔直径。

五、漏浆

护筒内泥浆外漏是因为地质不良、内外水头差而发生穿孔或串孔。

钻孔施工时,密切注意泥浆面的变化,一旦发现有漏浆现象,分不同情况及时采取控制措施:

(1)加大泥浆相对密度和黏度,停钻进行泥浆循环,补浆保证浆面高度,观察浆面不再下降时方可钻进。

(2)如果漏浆得不到控制,则需在浆液里加锯末,经过循环堵塞孔隙,使漏浆得以控制。

(3)如果在钢护筒底口漏浆,在采用上述措施得不到控制后,将钢护筒接长跟进。

(4)在采用上述措施后,若漏浆得不到控制,要停机提钻,填充黏土,放置一段时间后,再进行施钻。

六、掉钻

掉钻的主要原因是因为钻杆与钻杆或钻杆与钻头之间的连接承受不了扭矩或自重,使接头脱落、断裂或钻杆断裂所至。

掉钻的处理方法是:如果不慎发生掉钻事故,根据经验,如果钻杆较长(在5m以上,钻具倾斜),采用偏心钩打捞,速度快,成功率高;如果钻杆较短,采用特制的三翼滑块打捞器进行打捞,效率较高,成功率高。打捞要及时,不可耽搁,以免孔壁不牢,出现塌孔,故现场需备用好偏心钩和三翼滑块打捞器,以防万一。

防止掉钻措施主要有：采用大直径大刚度钻杆可有效地克服因钻杆刚度不足而造成的钻头摆幅过大，钻进效率低，钻杆易折断等现象，同时加强接头连接质量检查，加强钻杆质量检查，对焊接部位进行超声波检测，每使用一次就全面仔细检查一次，避免有裂纹或质量不过关的钻具用于施工中，钻进施工时要中低压中低速钻进，严禁大钻压高速钻进，减小扭矩。

七、沉渣过厚或清孔过深

预防沉渣过厚或清孔过深的主要措施有：

(1)距孔底高程差 50cm 左右，钻具不再进尺，采用大气量低转速开始清孔循环，泥浆进行全部净化，经过 2h 后，停机下钻杆探孔深，此时若不到孔底高程，差多少，钻具再下多少，此项工作在钻孔桩工艺试验中要得出钻具距孔底多少距离经过清孔达到高程的参数。通过以上工艺来保证孔不会超钻，不会清孔过深，导致出现沉渣少的假象。

(2)防止沉渣超标的一个重要方法是成孔后，孔内泥浆指标要达到规定要求，规范规定含砂率应小于 2%，但对于孔深大于 100m 时，经过近 30h 的静置，泥浆中的砂子沉淀下来 10% ~20%，如果钻渣厚度控制在 20cm 以内，则含砂率要降至 1% 以下，须采用泥浆净化装置循环去砂，降低含砂率，同时提高泥浆的胶体率，增加其悬浮能力。

八、声测管孔底堵塞、超声波检测不到位

声测管在每一节焊接完后，孔内要灌水，钻孔桩孔深超 100m 时，如果所灌水含泥量有 1%，则经过长时间的沉淀，声测管内就有 1m 多的探头下不到位，导致超声检测不到位。

预防措施有：施工时用来灌声测管的水不能直接用江水（尤其汛期江水含泥量高），如使用江水则要经过净化处理后才能用来灌声测管，防止出现声测管底部堵塞、超声波检测不到位的现象。声测管施工时接头焊接要牢固，不得漏浆，顶、底口封闭严实，声测管与钢筋笼用粗铁丝软连接，确保声测管根根能够检测到底。

九、混凝土浇注时堵管

堵管现象主要分为两种：一种是气堵，一种是物堵。

气堵产生的原因：当混凝土满管下落时，导管内混凝土（或泥浆）面至导管口的空气被压缩，当导管外泥浆压力和混凝土压力处于平衡状态时就出现气堵现象。

解决气堵现象的措施是：首批混凝土浇注时，在泥浆面以上的导管中间要开孔排气，当首批混凝土满管下落时，空气能从孔口排掉，就不会形成堵管。首批过后正常浇注时，应将丝扣连接的小料斗换成外径小于导管内径的插入式轻型小料斗，使混凝土小于满管下落，不至于形成气堵。

物堵产生的原因：混凝土施工性能不好，石子较多，或混凝土原材料内有杂物等，在混凝土垂直下落时，石子或杂物在导管内形成拱塞，导致堵管。

物堵现象的预防措施是：由于孔深较长，混凝土自由落至孔底时速度较大，易形成拱塞，要求混凝土有较好的流动性、不离析性能和丰富的胶凝材料，同时加强现场物资管理，使混凝土原材料中不含有任何杂物，并在浇注现场层层把关，确保混凝土浇注顺利。

堵管的处理方法是：当堵管已经发生时，可采取适当上下提升导管（保证最小埋深 1m），

用粗钢筋接长做成长杆捅孔等方法处理。如仍不能解决堵塞问题,则采取三种方法:一是提起导管进行二次插管灌注混凝土;二是当灌孔时间不长、堵管位置较低时,可拔出导管,用清吸设备清吸完混凝土后重新灌孔;三是拔起钢筋笼,重新钻孔。前两种方法有可能造成成桩质量下降,成桩后必须通过超声检测和钻芯取样,对堵塞时灌注区段桩身混凝土质量进行检验。

十、钻孔桩断桩

断桩产生原因主要是导管埋置深度不够,导管拔出了混凝土面(或导管拔断),形成了泥浆隔层。

断桩的预防措施主要有:

(1)对导管埋深进行记录,同时用搅拌站浇注方量校核测深锤测得混凝土面高程,始终保持导管埋深在2~6m,同时对导管要定期进行试压,并舍弃使用时间长或壁厚较薄的导管,确保导管有一定的强度。

(2)确保搅拌站的生产能力,确保钻孔桩混凝土浇注连续也是保证不发生断桩的必要条件。

断桩可按不同位置进行处理。若断桩发生在钢护筒内,则可以抽干护筒内的水,人工凿除浮浆和松散混凝土,清洗后采用干法浇注混凝土,加强振捣可保证桩身混凝土质量;若断桩发生在钢护筒以下,则处理较为困难,主要采取以下方法:①钻小孔进行注浆,以加固桩身薄弱部分的混凝土;②用冲孔机冲砸重新成孔;③补桩。

第六节　特殊地层的处理

一、承压水

承压水是充满于上下两个稳定隔水层之间的重力水。上下两个隔水层分别称顶板和底板。承压水最重要的特征是含水层顶面承受静水压力。当钻孔揭穿隔水层顶板时,承压含水层中的水,在静水压力作用下沿钻孔桩上升,直到某一高度才能静止下来,可见承压水的初见水位与静止水位是不一致的。静止水位又称承压水位或测压水位。某点处的静止水位高出隔水层顶板底面的距离,称为该点的承压水头。承压水位高于地面时,承压水头称正水头,反之称负水头。

承压水的形成主要决定于地质构造条件。向斜构造、构造盆地和单斜构造是适合于承压水存在的最有利地质条件。

承压水对钻孔桩基础施工的影响主要体现在:群桩基础施工过程中,由于地基土在承压水的反复作用下含水率增加,强度降低,不断弱化,致使孔壁稳定性变差,严重时还可能因孔内外压力差使砂土液化穿孔而发生塌孔现象,增加了施工的难度,且影响工期。

对承压水的预防措施主要有:

(1)施工前仔细核对地质资料,了解承压水的分布范围、埋置深度、承压水头压。

(2)当钻机钻到接近承压水时,应减速慢钻,同时加大泥浆相对密度。

(3)在钻机通过承压水层时,注意观察孔内水位变化,增加泥浆相对密度检测频率,保持孔内泥浆相对密度稳定。如出现塌孔应及时处理。

二、浅层天然气

中铁大桥勘测设计院有限公司在杭州湾大桥地质勘探作业中,发现存在较普遍的浅层天然气,部分研究成果简述如下,可以应用于具有类似地质情况的地区。

浙江沿海平原区第四系上更新统—全新统普遍发育了一套陆相—海陆交互相—滨岸浅海沉积物,丰富的有机质和较好的生储盖组合配置关系,使其成为较有利的含气层系。气藏主要分布在河流下切形成的入海古河道、支叉河道、溺谷中。杭州湾大桥正好处在钱江古深槽内,全新统海相层(气源岩)特别发育,同时又有疏松、渗透性好的砂层作为储集场所,因此本场区浅层气特别发育。

1. 对钻孔桩施工的影响

采用钻孔桩时,首先需要顺利成孔。成孔过程本质上是一个卸荷过程,即随着成孔深度的增加,孔内上覆土层不断清除。成孔至含气砂层时,由于卸荷作用,当上覆压力小于浅层气的气藏压力时,浅层气会从孔内逸出;当压力差较大且浅层气逸出通道连续时,甚至会出现强烈井喷,孔周泥沙会向孔内涌入,造成塌孔,轻则埋钻,重则造成施工平台下陷,甚至发生灾害,严重威胁施工人员的安全。因此,在高压浅层气地层采用钻孔桩桩型,如事先不采取工程处理措施,施工将难以顺利实施。

2. 防治对策措施

(1)施工前仔细核对地质资料,了解浅层天然气的分布范围、埋置深度、压力及储量大小。

(2)积极主动地控制放气对策。采用积极主动的控制放气措施是预防浅层气对桩基施工与承载性能不利影响的有效措施。浅层气释放总体方案应遵循以下原则:

①根据浅层气对基础施工的影响选择放气区域。

②浅层气的释放应在可控制条件下实施。浅层气的释放速率应以不致对周围地层产生显著扰动为原则,以满足安全施工为前提。此外,以放气过程中不带走泥砂为标准。需借鉴油气井先期防砂,如绕丝筛管砾石充填防砂等技术的经验和控制措施。

③释放浅层气应在施工前预先进行。预先排气是确保桥梁施工安全的前提,高压浅层气区的超前放气时间,应超过1.5个月,在控制条件下缓慢释放。

④排气孔位设置应保持与基础一定距离。设置排气孔位应根据含气层的位置与分布情况进行,合理的距离界限取决于气压的高低、气囊的连通性。在浅层气连通较好、气压较高的情况下,排气点位置距基础的距离应超过30m。

(3)增大端阻力与发挥桩侧阻力增强效应的对策。从桩基工程质量出发,宜将桩基穿过含气层并延伸一定深度,除能预防由于浅层气喷发扰动土层而影响桩基承载力外,还能增大侧阻力和发挥端阻的潜能。此外,通过对钻孔灌注桩采用孔底压浆施工工艺处理,提高桩基承载力。

(4)桥梁施工安全措施。适当增加钻孔桩作业平台高度,增大泥浆水头和相对密度,以平衡浅层气压力,防止气体喷出,同时加强施工期间的监测。

第三章　承台施工监理技术

在大跨径桥梁深水基础中,普遍采用群桩基础承台结构,以承受和传递上部结构荷载。为满足通航安全和美观要求,承台底面高程均在常水位或更低的水位高程以下,且其体积一般较为庞大,设计方通常要求承台混凝土在无水的状态下采用现浇的方法施工,因此施工时要设计挡水结构。深水环境中大型承台的挡水结构常采用双壁钢围堰和钢套箱。本章主要介绍采用有底钢套箱形式的大型水中承台的施工方法和监理技术要点。

第一节　承台主要施工方法

一、钢套箱施工方法概述

水中承台钢套箱一般在工厂预制,整体浮运至现场后利用浮吊起吊下放(或分块预制,在现场分节组拼,采用垂直吊装方法分次下放),利用钢套箱的支承体系使套箱固定在所需要的位置上;水封混凝土并抽水后凿除桩基多余混凝土,清理套箱内杂物后在钢套箱里内设模板,利用平台上的起重设备绑扎承台钢筋、安装劲性骨架、塔柱预埋钢筋,布设大体积混凝土施工的温控设施,采用水上搅拌船进行承台混凝土浇筑施工。

二、钢套箱施工的基本要求

1. 钢套箱结构设计的要求

(1)在形状空间上满足承台施工的要求,并能作为承台的侧模和底模。

(2)能够承受承台浇筑时的浇筑重力和其他施工荷载。

(3)可在其内抽水形成一定深度的无水空间。

(4)可承受抽水所造成的水头差的压力。

(5)吊装运输时不变形,不失稳。

2. 钢套箱的设计工况

钢套箱设计应考虑以下几种工况:

(1)工况一:钢吊箱下水(局部结构强度验算)。

(2)工况二:钢吊箱浮运(抗倾覆稳定性验算)。

(3)工况三:钢吊箱吊装阶段结构强度验算。

(4)工况四:钢吊箱封底阶段结构强度验算。

(5)工况五:抽水工况结构强度验算。

(6)工况六:承台混凝土浇筑阶段结构强度计算及封底混凝土承载力计算。

三、水中承台施工的基本流程

方案设计、审核→钢套箱制作、运输→利用桩基施工平台、基桩护筒以及成桩作为支撑，实施钢套箱安装→底板、钢护筒侧壁及吊箱侧壁清理→潜水员水下堵漏→封底平台搭设→布设导管、中心集料斗→浇筑水下混凝土封底→混凝土养护→在套箱内抽水→护筒割除、桩头混凝土凿除→封底混凝土顶面找平→安装劲性骨架、承台钢筋、塔柱预埋筋、防雷接地施焊→布置温控水管和测试元件→浇筑承台混凝土→混凝土养护。

第二节　钢套箱的施工

一、钢套箱的基本构造和支撑体系

1. 钢套箱的基本构造

钢套箱由壁板、底板、内支撑、吊装吊耳、安装支承系统及封堵板六大部分构成，其中壁板和底板是挡水结构。钢套箱一般视水深可采用双壁钢套箱和单壁钢套箱，双壁钢套箱可承受更大的水头压力，且还可自浮下沉到水下要求的深度。双壁钢套箱壁体结构由外壁板、内壁板、纵向次梁、水平环板、水平横撑、钢箱梁、隔舱板等部分组成；钢套箱底板结构由底板面板、次梁、主梁、加强梁等部分组成。

为了增加承载能力，一般可在套箱内分层设置横撑结构。横撑结构有时可能被埋入承台混凝土内。在这种情况下，横撑最好为型钢构成的桁架结构或型钢，因为这样可使混凝土将型钢裹住而不会在混凝土结构中形成空心。底板也应为带加劲肋或加劲梁的钢板，以能承受封底混凝土的重力。套箱底板上应留有套入基桩或基桩护筒的开孔，并设计制作吊环。

2. 钢套箱的支承系统

钢套箱需要一个支承体系，以便套箱可以固定在所需要的位置上。由于底板需要承受水下封底混凝土和承台混凝土的重力，因此套箱必须有一个布置合理和强大的支承体系。一般可采用从底部支承，或从顶部吊承，或两种形式联合的支承方式。

(1)底部支承方式

可以支承在基桩施工平台的钢管桩上，或专门打设的钢管桩或基桩护筒上，或基桩自身等结构的壁上设置水下牛腿等结构，作为套箱箱壁和套箱底板的支承，该方式套箱箱壁支撑点需加固，套箱底板的刚度要求较大，水下牛腿的安装一般需要进行潜水作业，施工相对较困难，质量较难保证，目前很少使用。

(2)顶部吊承方式

可以在基桩施工平台，或专门打设的钢管桩，或基桩护筒，或基桩自身等结构的水面以上部分上设置支承结构。在支承结构上安装吊杆，吊杆吊在套箱箱壁上及底板上，通过吊杆的受力使套箱得到支承。吊杆常采用型钢，也有采用精轧螺纹钢筋作为吊杆。该方式操作方便，受力明确，是深水环境中大型承台的施工首选。

二、钢套箱施工

1. 钢套箱常用的施工方法

目前国内特大型钢套箱常用的施工方法主要有以下几种。

(1)平台组拼法。在钻孔桩施工结束后,在钻孔平台上搭建钢套箱拼装平台,然后在平台上组拼钢套箱,钢套箱组拼完毕,采用浮吊或千斤顶等设备将钢套箱整体下放到位,如苏通桥主桥4号主墩基础钢套箱施工。

(2)平台组拼法。为部分减少主线施工时间,钢套箱在现场大型驳船上分几大块制作,然后在钻孔桩施工结束后再利用钻孔平台搭设吊箱拼装平台,将几大块组拼成整体,再采用大型浮吊或卷扬机整体下放就位,如润扬大桥悬索桥北塔钢套箱施工、南京三桥北塔基础钢套箱施工等。

(3)浮平台(驳船)组拼、整体吊装法。钢套箱在大型船舶拼装成整体,船运至施工现场,现场采用大型浮吊整体吊装就位,如金塘大桥钢套箱施工。

(4)工厂制作、整体吊装法。钢套箱在工厂内整体制作,利用气囊或滑道下滑入水、自浮,用拖轮浮运至施工现场,现场采用大型浮吊整体吊装就位。整体制作,水上浮运,对壁板隔舱的密封性能和压载平衡均要求较高,如上海长江大桥主墩基础钢套箱施工。

2. 几种施工方法的比选(表3-1)

国内几种钢套箱施工方案的比选　　表3-1

方案	施工方案简述	适用范围	整体工期	作业安全	质量控制
平台组拼法	(1)工厂化分块制作; (2)现场搭设施工平台分区分块安装; (3)千斤顶联动整体下沉或浮吊吊放下沉; (4)自浮接高下沉	(1)首节较重,国内无合适的起重浮吊; (2)非明显腐蚀环境,波高较小	现场组拼为关键线路,整体工期较长(3~4个月)	吊箱块体受风面积大,现场拼装时间长,需增加起重设备,作业安全风险较大	现场拼装、焊接、涂装条件差,质量保证难度大
浮平台组拼、整体吊装法	(1)工厂化分块制作; (2)驳船组拼成浮平台,组拼钢套箱; (3)拖轮帮拖运至现场; (4)大型浮吊整体起(抬)吊安装	(1)工期紧; (2)施工水域附近无合适的大型船台滑道; (3)整体制作的浮运距离较远,安全风险大	组拼不为关键线路,提前施工,可缩短工期	同上,同时台风来时,组拼驳船避风困难,现场作业风险较大	同上
工厂制作、整体吊装法	(1)工厂化整体制作; (2)船台滑道下滑入水或气囊顶升入水; (3)拖轮帮拖浮运至现场; (4)大型浮吊整体起(抬)吊安装	(1)国内合适的起重量浮吊较多; (2)施工水域附近有较多合适的码头或船台滑道; (3)运距较近	工厂制作、浮运至现场,可缩短工期	现场作业时间短,根据气象预报,可择日吊装,现场作业风险小	钢吊箱工厂制作,焊接、涂装、形体尺寸质量易保证

三、钢套箱施工的监理要点

1. 钢套箱制作监理

(1)制作场地选择

钢套箱制作除应具备相应的钢结构加工资质条件外,制作场地还要满足钢套箱的平面尺寸要求和运输的方便需求,如采用整体制作,同时还必须具备从制作场地下滑入水、自浮的条件。

(2)底板制作监理

钢套箱底板的制作工艺为:胎架搭设→主梁定位→主梁焊接→次梁定位→次梁焊接→安装焊接底板面板。

①胎架搭设。底板的支点应保证套箱施工时不下沉、不变形,同时满足套箱施工的精度要求;支点沿底板主梁长度方向布置;支点制作应进行测量放线,确保底板所有支撑点处在同一个平面上,如顶面由于制造误差不平整时,各支点通过垫薄铁板进行高度调整。

②主梁定位。由于钢护筒施工时,不可避免地与实际位置存在一定的偏差,为确保主梁不与护筒发生冲突,套箱底板主梁定位前,测量出所有护筒的实际位置,根据护筒的实际位置,进行底板主梁定位。

③底板开孔。为使钢吊箱底板能够顺利套到钢护筒上,钢吊箱底板需按钢护筒的实际位置在钢吊箱底板的对应位置进行开孔,开孔时应尽可能地减小底板与钢护筒之间的缝隙,以便于缝隙的封堵,同时保证封底的质量。

(3)壁体制作监理

①平台搭设

a. 胎架的支撑点必须有足够的承载力,确保在使用过程中不发生沉降。

b. 胎架必须有足够的刚度,避免在使用过程中变形。

c. 胎架必须用水平仪测平确保胎架的整度。

d. 每批立体段下胎后应重新对胎架进行复测,确认合格后方可进行下一批组装。

②壁体制作

钢套箱壁体节段制作,必须采取合理的焊接顺序施焊,以控制焊接变形。制作时宜优先采用 CO_2焊,以减小焊接变形;采取对称施焊,防止立体段变形。壁板是主要传力构件,壁板与底板、顶板、隔板间的转角处焊缝,都是重要焊缝,在焊接时应予以特别重视。

(4)钢套箱总拼监理

钢套箱壁体与底板的组装(或焊节)安装,应从中间向两边对称进行,将钢吊箱长边方向两端的尖角段(或转角处)作为合龙段。合龙段加工时加工尺寸应比理论尺寸略长,合龙段安装时,根据实际情况进行修割。套箱的组拼,应有防渗漏措施,钢套箱制作完毕需做渗水试验,对钢套箱检验合格后方可进行安装。

(5)浮平台组拼钢套箱监理

①施工难点

组拼浮平台必须具有较好的锚碇系统、避风港湾(或锚地)和方便拖运等条件。同时钢套箱并非匀质体,重量主要集中在四周壁体,不妥善处理势必会造成对浮平台刚度和平衡的考验。另外浮平台的测量控制技术、底板抄平控制、壁体安装测量控制、成型钢套箱整体尺寸控制难度较岸上大。

②监理控制要点

a. 浮平台拼装

选用两艘足够吨位的甲板驳,编组驻位后,采用压舱方法调整驳船干舷高度,使两艘驳船顶面底面保持平齐(图3-1),并用型钢骨架连接形成一整体。型钢骨架要有足够的强度和刚度,确保钢套箱拼装过程中两艘驳船为一统一的整体。拼装浮平台施工中应注意以下几点:

图3-1　钢吊箱拼装驳船底板支撑抄平

a)两条驳船的船型应相同,龙骨的间距应一致。

b)驳船压载仓分隔灵活,便于有效调整船体局部吃水深度以利调平。

c)龙骨的具体位置要具体从内反馈到船体外侧,画线标示,船体钢板较薄,型钢连接前,应设置传力钢板过渡。

d)尽可能少压载,或在顶面联系到位后在高潮位将驳船托运至退潮搁浅水域,待退潮后进行下层联系连接,保证横向联系的抗弯刚度。

b. 浮平台测量控制

海上拼装浮平台是采用两条平板驳船牢固连接组成,在浮平台上找出相对平面,是控制钢套箱制造质量的重点。

底板抄平可利用经纬仪的光学靠尺作用及三点定面原理进行控制。先通过3个支撑点确定一个平面ABC,在BC线上选取一点O,然后在A点架设经纬仪,调节角度使仪器视线平行AO,在AO连线或延长线上确定支撑点D,其他支撑点亦通过此方法加密。连接各点,即可形成相对平面。

c. 壁体分块安装控制

两条驳船连接体系相对船体本身是个薄弱环节,刚度较小。钢套箱属于非匀质体系,周边重量远大于中间区域。如果对一个下部布设多个弹性简支体系的面板周边集中堆放分散荷载建模,计算发现面板将产生倒锅底现象。这样就说明,如果不采取有效措施,当局部壁体的荷载加载在底板上后,将造成周边船体的相对下挠,带来的后果是抄平平面的扭曲,以及未加载壁体处底板与支撑的脱离。

解决问题的办法:先对称安装中间对应的两片壁体,壁体与底板的测量控制采用勾股定理来确定壁体的空间定位。经测量达到要求后,将底板与壁体进行临时连接。同步进行中间对应壁体间支撑管的连接,改支撑管为拉杆,通过拉杆的长度来控制钢套箱顶口的尺寸,可保证钢套箱只大不小。通过拉杆的刚度来削减四周壁体对浮平台周边的压力。钢套箱成形后会存在中间偏高的状况,但起吊后会产生下部挠曲自动平衡。

d. 钢套箱整体拼装测控

钢套箱制作整体验收阶段的重点工作:一是核查整体外形尺寸、平整度指标等,以便合格出场;二是核查开孔中心与吊箱中心线的相对位置关系,与现场钢护筒的实体偏位进行比较,以便钢套箱安装间隙满足要求;三是测量换算出纵横挑梁的外边相对吊箱中线坐标,在索塔基础施工平台上相对理论桥轴线放样导向点,施焊导向三角板,以便于精确控制吊箱的整体偏位。采取光学靠尺找平及支撑管加强处理后,可在过程中随时复测钢套箱各项控制指标。出厂前根据现场钢护筒的实际偏位数据,利用全站仪在钢套箱顶面做复测完成对钢套箱的出场检验。

2. 钢套箱安装监理

(1)利用滑道钢套箱整体下水

①需核算钢套箱强度及刚度是否满足此下水方式。

②滑道要有足够的长度,确保钢套箱在合适的潮位时利用自身的浮力自浮。滑道的表面和侧面应光滑、平顺,并加涂石蜡和黄油,使用前须安排潜水员进行专项检查。

③滑道与钢套箱要有足够的接触面,同时还应保证:滑道受力时不破坏、钢套箱的接触面不变形;钢套箱下滑时滑道上还须设置防偏离设施,如在箱底和滑道间对称放置 L 形滑板。

④当吊箱近水端开始上浮时,钢套箱会以近岸端壁体下端为圆心旋转,该接触面处受力较大,必要时应进行加固。

⑤钢套箱如遇尾浮受阻时,可利用预先就位的浮吊进行起吊协助顺利下水。

(2)利用气囊钢套箱整体下水

①气囊的选择。根据钢套箱的出运宽度选择单根气囊的长度,再确定出运高度,由此而计算出承载面积并按气囊的许用压力,计算出单根气囊所能承受的压力,最后根据套箱的总重确定气囊根数及摆放位置。

②供气系统。应采用集中供气方式,各个气囊须同时充气,保证气压基本一致。

③控制系统。为控制钢吊箱下滑速度,需在钢套箱背水向中部设置一备用拉缆(拉缆牵引力计算确定)。同时,为确保钢套箱顺利下滑,在向水方向钢套箱两侧设置牵引系统。

④钢吊箱陆域移运前,应清扫出运道路及检查清理钢套箱底部尖锐物。施工时,控制系统应统一指挥,同步进行。

(3)钢套箱浮运监理

①考虑到构造物体积庞大、重量重、运输距离远、航道复杂等因素,钢套箱的整体浮运,须向监理上报水上运输专项方案和应急预案。

②施工前承包人应就水上运输、构造物停放点、起吊安装对通道航道的影响等问题,事先与当地海事部门取得联系,相关方案得到海事部门认可后方可实施。

③考虑到钢套箱运输的特殊性，为保证运输过程中的安全，宜选用功率大，操作性能好，导航设施齐全，安全稳定，调度灵活的拖轮浮运。

④为了防止在航行中突遇大风、大浪、大雨、大雾等各种天气或其他情况而在途中抛锚的需要，浮运船队须配备一艘抛起锚艇，以备船舶在运行过程中应急使用，保证安全运输要求。

⑤为了保证大型钢套箱的浮运安全，浮运前要事先对航道情况进行勘察，确定航行的路径，另外咨询气象部门及时掌握天气趋势，避开不利天气的影响。

(4)钢套箱起吊与安放监理

①施工前，要依法办理好"水上水下作业许可证"。

②浮吊的选择。精确计算钢吊箱起吊时总重力。根据钢套箱的平面尺寸、结构特点及钢套箱的重力，确定钢吊箱吊装采用单台还是两艘浮吊进行抬吊就位；钢套箱起吊所选用的浮吊，应综合考虑起重重力、起吊的风载、涌浪、水流及起吊后绞锚移动浮吊等综合因素来选定，监理还须审核：浮吊吊臂的长度以及起吊角度与吊重关系、实际操作时所确定的起重臂的角度以及钢吊箱与浮吊之间的水平距离等浮吊资料，确保起重设备能满足施工需求。

③吊点和吊具。钢套箱吊点的设置和吊具的选择必须保证钢套箱起吊时不变形，这也是钢套箱进行方案设计时应复核的重点之一。起吊前应对钢吊箱的吊耳焊缝进行无损检验，确保焊缝质量合格后方能起吊。监理还须注意吊点、吊具在现场安装的可操作性，应有措施确保现场施工的顺利。

④导向装置的设置。为保证钢吊箱能够顺利套进钢护筒内，须在外围钢护筒顶安装导向装置，导向系统必须具有足够的强度和刚度，并且要求垂直。常规的导向装置结构见图3-2。

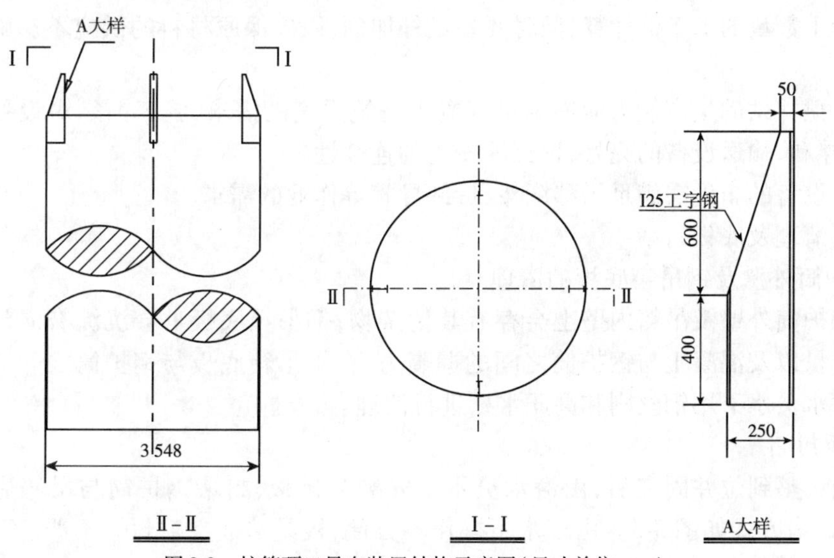

图3-2　护筒顶口导向装置结构示意图(尺寸单位:mm)

⑤起吊和下放

起吊前，起重指挥人员应检查吊点的连接情况和吊索的垂直度，同时各船专职人员检查锚缆情况，均无问题后方可正式起吊。起吊时，施工现场须统一指挥，且通信方式保障畅通，应注意克服水对钢套箱底板的吸附力，钢套箱下放应尽量选择在平潮时进行。如采用两台浮吊抬吊，需确保两台浮吊同步协调作业。钢套箱就位时要求设置下拉缆，以方便对钢套箱平面位置的调整。当钢套箱下放到高程后，利用手拉葫芦、下拉缆、钢套箱壁体水位调节等因素来调整钢套箱的平面位置和高程；当平面位置和高程达到要求后，及时用多台电焊机将钢套箱和导向架焊接定位，并及时与钢护筒焊接牢靠，然后再按照设计要求，焊接钢套箱拉杆体系。

如采用平台组拼下沉方案时，首节下放、自浮至要求的位置后，开始第二节钢吊箱壁体的安装。接高安装时，应执行对称安装的原则。钢吊箱的注水下放，应对称进行，防止钢吊箱倾斜。

⑥钢套箱吊、安施工宜在平潮时进行，监理人员需旁站施工的全过程。

3. 钢套箱封底施工监理

(1)封底混凝土的性能要求

大面积水下封底混凝土施工时，为确保封底一次成功，应依据混凝土灌注方量、所需时间等因素，对混凝土的性能作如下要求：

①抽水(一般5~7d)时，强度不小于20MPa。

②混凝土初始坍落度18~22cm，4h后坍落度不小于15cm。

③混凝土应具有较长的初凝时间，以满足施工需求。

④混凝土拌和物的和易性、流动性良好，且符合泵送及水下混凝土浇筑的施工工艺要求。

(2)施工准备监理

①封底混凝土量较大，耗用的水泥、砂石料多，要求一次性备足所有材料，材料的储备按照封底混凝土数量的1.2倍计算，同时要备足外加剂，以确保原材料的供应不影响混凝土的正常灌筑。

②水上搅拌站的生产能力应能满足混凝土浇筑强度的需求，施工前须对设备进行专项维修，确保拌和、输送设备的完好，保证混凝土的连续性。

③起吊设备的布设需满足吊移漏斗、拆卸导管等作业的需求。

④吊箱清理及底板封堵

a. 钢护筒外壁及钢吊箱底板的清理

由于钢护筒外壁及吊箱内壁上会存有其他杂物，钢吊箱底板上会沉淀有淤泥。为了保证混凝土质量以及混凝土与钢护筒之间的握裹力，在钢吊箱底板与钢护筒之间缝隙的封堵之前需要潜水员水下用钢丝刷和高压水枪进行清理。

b. 底板封堵

钢吊箱调整到位并固定后，由潜水员水下安装哈佛板，封堵钢护筒与吊箱底板间的间隙，常用的封堵方式如图3-3。由于水下操作不方便，极易造成空隙封堵不严、不实，因此在封底混凝土浇筑前，要安排潜水员水下检查，发现问题及时处理。值得注意的是：在计算封底混凝土握裹力时，应扣减封堵底板对握裹力的影响。

(3)浇筑平台的搭设

进行封底混凝土浇筑时，需要接高部分钢护筒(接至+7.0m)，架设支撑中央集料仓用的桁架钢平台，钢平台的搭设应满足设置浇筑平台、测量平台、泵管通道、布置溜槽等的需求，钢平台的高度应根据浇筑平台高程、最远处导管至分料槽口的水平距离、溜槽坡度来确定，且须满足封底混凝土超压力的需要。

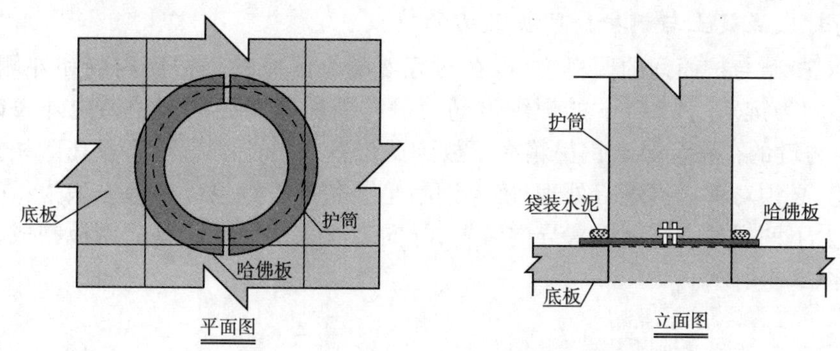

图 3-3　吊箱底板与钢护筒之间缝隙封堵的简图

(4)导管与中央储料仓

封底时应采用满布导管施工工艺，导管的布设半径一般为 4～5m，且不留死角，单根导管需配 0.50m 短节导管 2 根，以便提管拆除时使用，导管安装时要严格检查密封圈的密封情况，防止漏水，每根导管的长度、编号、底高程均要有详细的记录。为保证首批混凝土封口筑堆成功，在平台上宜设置中央储料仓，容积需保证首封导管埋深大于 0.5m，储料仓与导管之间布设溜槽作为混凝土的通道。

(5)封底混凝土浇筑

①在浇筑前再次对钢吊箱底部的沉积泥沙进行察看，如果有沉积泥沙，则应用高压水枪对其冲洗，以确保混凝土与钢吊箱的紧密结合，防止渗水情况出现。

②封底混凝土灌注应由四周向中间的顺序、分批分期地开始浇筑。每根导管在其临近导管浇筑的混凝土流至其底口前必须开浇筑，必要时可通过提升导管来控制，以免埋住导管底口。

③封底混凝土施工时按每 $10m^2$ 布置一个测点，定人、定点各负其责，做好记录，并及时向负责人报告。

④混凝土的顶面高程控制在 0～+10cm，要求测量人员加大测量的频率及测点的数量，尽量真实地反映混凝土顶面高程的情况。

⑤最后一根导管灌注前要用泥浆泵将挤至导管外的泥浆或杂物清除，然后才能进行混凝土浇筑。

⑥混凝土浇筑临近终了时，全面测出混凝土面高程，重点检查导管作用半径相交处、护筒周边、吊箱内侧周边等部位，根据结果对高程偏低的测点附近导管增加灌注量，力求封底混凝土顶面平整，以及厚度达到要求。

⑦监理人员需旁站封底混凝土施工的全过程。

(6)封底混凝土的渗漏处理

抽水后如发现有渗漏现象，根据严重程度不同，一般可以采取如下措施处理：①在缝内塞橡胶止水带等，再将侧模压紧混凝土侧壁。②在缝内塞棉絮等并用压浆机压浆封堵。③挖暗渠集排水法，即凿小沟渠引水，上盖足以承受一层承台混凝土的钢板，将水引至集水井,在集水井处竖向放置一钢护筒,护筒内用水泵将水排到外面。

四、钢套箱施工阶段的几点建议

1. 提高封底混凝土与钢护筒间握裹力的建议

为提高混凝土与护筒间的握裹力,可在封底混凝土区域的钢护筒内侧和外侧设置环形剪力键,环形剪力键采用⌀32mm的螺纹钢筋沿护筒周长方向焊接在护筒内外表面,纵向间距30cm。剪力键的存在会导致钢吊箱在下放到此位置时可能与吊箱底板孔壁相挂,影响吊箱下放,因此,必须对剪力键进行处理,确保钢吊箱顺利下放到位。处理方法为:在最上一层剪力筋顶和上下两层剪力键间设置导向装置,导向装置采用20mm厚的钢板制成,导向装置具体结构如图3-4所示。

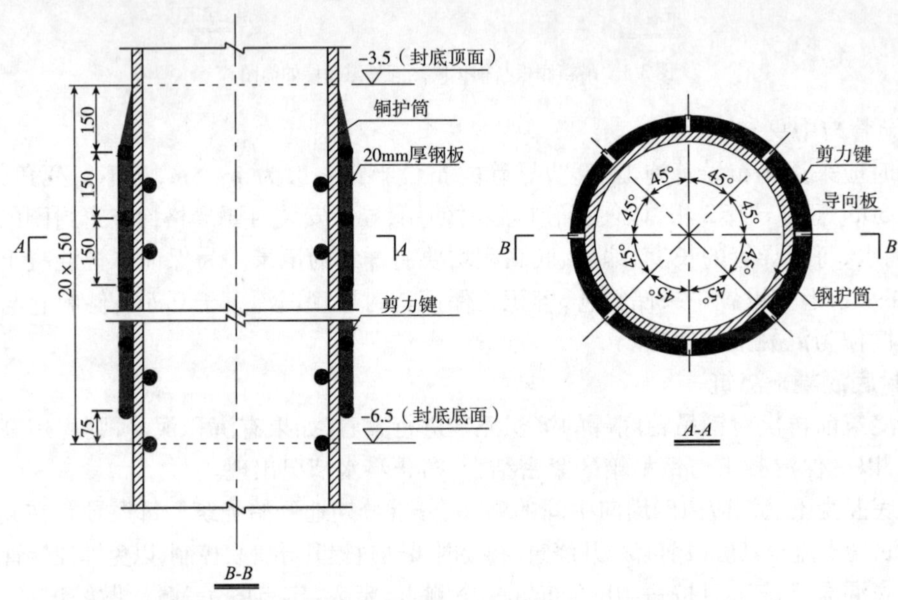

图3-4　封底混凝土区域导向装置结构图(尺寸单位:cm;高程单位:m)

导向装置必须在钢护筒制作过程同步完成,同时,导向钢板边缘应用砂轮机打磨光滑。

2. 钢吊箱锚固体系采用精轧螺纹钢筋作吊杆的建议

钻孔桩施工过程中,对于已经成桩的孔可在钢护筒上进行钢吊箱抽屉式精轧螺纹钢筋锚固体系的安装,该套锚固体系是二航局在上海长江大桥施工中的最新发明,已获得国家专利。该套体系的原理是:在钢吊箱下放前,钢吊箱的锚固牛腿缩回至护筒内部,从外面看,护筒表面没有任何附属物,如图3-5所示。钢吊箱下放至锚固体系下方后,将牛腿从护筒内推出,并用销轴进行固定。待钢吊箱下放到位后,将精扎螺纹钢筋也就是吊箱的拉杆通过螺母锚固在牛腿上,实现钢吊箱固定。此套装置的另外一个优点是通过螺母进行固定,同时也可通过螺母调节各拉杆受力,能够保证各拉杆受力均匀。

3. 中央集料斗使用的建议

采用的中央集料斗供料、满布导管推进法施工工艺有以下优点:

①混凝土供应系统可以不间断地生产混凝土,直接泵送至中央集料斗中,节省了时间。

②设备、人员投入少。整个封底混凝土施工可以只利用塔吊作为起重设备，且每班作业工人需用的人数较少。

a）

b）

图3-5　钢吊箱锚固体系

③操作简单，降低了工作强度。每根导管的混凝土灌注只需打开相应的出料口即可；并且几根导管可以同时补料。

④容易控制混凝土的平整度。由于是满布导管，所以若发现有的地方混凝土面较低，只需对该点附近的导管进行补料即可。

第三节　承台混凝土施工的温度控制

一、温控的必要性

大跨径斜拉桥的承台、塔座基础等结构的大体积混凝土施工过程中，容易出现施工裂缝，其主要原因是：大体积混凝土凝结时的水化热引起的温度变化、混凝土内部温差、混凝土结构外部的支承及约束对温度产生的变形的限制、混凝土受到限制的收缩变形等。

混凝土浇筑以后，由于水泥水化热产生的混凝土温度很高且不易失散，从而造成混凝土内部温度急剧上升引起混凝土膨胀变形，此时混凝土弹性模量很小，升温引起受基础约束的膨胀变形产生的压应力很小，但在日后温度逐渐降低混凝土收缩变形时，弹性模量比较大，降温引起受基础约束的变形会产生相当大的拉应力，当拉应力超过混凝土的抗拉强度时，就会产生温度裂缝，对混凝土结构产生不同程度的危害。此外，在混凝土内部温度较高时，外部环境温度较低或气温骤降期间，内外温差过大在混凝土表面也会产生较大的拉应力而出现表面裂缝。

由于混凝土的开裂很可能影响混凝土结构的耐久性甚至承载力，所以应引起高度重视。解决的主要办法是控制温度，以使混凝土相应的温度应力尤其温度拉应力受到控制，防止开裂。

二、混凝土温度及温度应力特点

1. 混凝土温度的基本规律

根据有关资料，大体积混凝土内部的最高温度由浇筑温度、混凝土凝结过程中水泥水化热引起的温度和混凝土的散热温度三部分组成。由水泥水化热引起温度的升高,虽然要延续到较长的时间,但内部温度峰值一般发生在龄期2~5d以内。在大体积混凝土内部,升温阶段温度沿厚度方向的变化是近似于抛物线形状的,即越靠近构筑物中心,混凝土温度越高。大体积混凝土内部的温度随着混凝土龄期的增长而不断变化,最后与外界的平均气温基本接近。

2. 温度应力的特点

大体积混凝土浇筑后会出现两种不利的应力状况:

第一种是初期升温阶段。表面散热较快,中心散热慢,形成温度梯度。表面因受到内部的膨胀影响而受拉。由于初期的混凝土强度很低,表面可能出现拉应力超过容许应力而开裂的情况。按国内外的实践经验,只要使混凝土表面温度与中心最高温度之间的温差不超过20~30℃,拉应力就不会超过容许拉应力,混凝土就不会开裂。

第二种是混凝土的降温阶段。由于混凝土的冷缩及混凝土硬化过程中本身的收缩,这两种收缩受到结构本身及边界条件约束而产生的拉应力,可能引起混凝土断面产生贯穿性裂缝。如果这些拉应力小于混凝土本身的抗拉强度,就能防止混凝土在全断面内出现贯穿性裂缝。

三、混凝土原材料及配合比设计参数对裂纹的影响

上海长江大桥主通航孔主墩承台施工前,大桥指挥部曾委托上海市政研究院的孙家瑛博士对大体积承台混凝土的抗裂机理展开研究,现摘录部分研究成果,介绍混凝土原材料及配合比设计参数对裂纹的影响。

1. 水泥品种对塑性开裂的影响(表3-2)

水泥品种对塑性开裂的影响　　表3-2

水泥品种	开裂权重(mm)	相对开裂权重(%)
P·O 32.5	711.5	100
P·O 42.5	863.5	121.4
P·I 52.5	1 067.0	150.1

由表3-2可知,随水泥强度等级的提高,水泥混凝土收缩开裂总权重增大。这就意味着采用高强度等级水泥存在着易塑性收缩开裂的危险。

2. 活性掺和料品种对塑性开裂的影响(表3-3)

活性掺和料品种对塑性开裂的影响　　表3-3

膨胀材料品种	开裂权重(mm)	相对开裂权重(%)
基准混凝土	141.8	100
掺10%硅灰混凝土	719.2	507
掺20%(I)矿渣混凝土	461.8	325
掺30%(I)粉煤灰	148.9	105

由表3-3结果可知,在内掺10%情况下,硅灰可使塑性开裂总权重提高5倍以上,而I级粉煤灰使塑性开裂总权重基本没有变化,因此粉煤灰掺入可以降低高性能混凝土开裂风险。

3. 砂率对塑性开裂的影响(表3-4)

砂率对塑性开裂的影响

表3-4

种 类	砂率(%)	相对开裂权重(%)
1号混凝土	38	100
2号混凝土	40	125.8
3号混凝土	45	143.7
4号混凝土	48	205

由表3-4数据可见,随混凝土配合比中砂率的下降,混凝土的塑性开裂总权重减少了约100%。这结果可以粗略估计以粗集料代替细集料可减少水泥材料的塑性收缩开裂可能性,即混凝土比砂浆不易塑性开裂,只是由于当粗集料取代部分细集料后,集料的比表面积将进一步减少,也就是可供蒸发的水量进一步增加,从而使系统塑性开裂性能进一步减小。

4. 水泥用量对塑性开裂的影响(表3-5)

水泥用量对塑性开裂的影响

表3-5

水泥用量(kg/m^3)	开裂权重(mm)	相对开裂权重(%)
380	437.5	100
360	320.5	73.0
320	189.8	43.0

由表3-5可知,随着水泥用量提高,水泥混凝土收缩开裂总权重值增大,这就意味着采用高水泥用量存在着易塑性开裂的风险。

5. 水灰比对塑性开裂的影响(表3-6)

水灰比对塑性开裂的影响

表3-6

水灰比 W/C	开裂权重(mm)	相对开裂权重(%)
0.30	378.4	166
0.40	227.8	100.0
0.50	321.5	140
0.55	543.6	238

由表3-6可知,随着混凝土水灰比增大,水泥混凝土收缩开裂总权重增加,当水灰比从0.40提高到0.55,开裂风险增加138%以上,此外,水灰比过小也有可能提高混凝土的开裂风险,这是由于混凝土自收缩引起的。

6. 加入纤维试验

(1)纤维材料:选用市面上常用的五种聚丙烯(聚丙烯腈)纤维,即西安博赛特纤维、东华大学纤维、北京海达纤维、深圳海川纤维、博凯超纤维。

(2)试验条件:采用平板法在温度22℃±1℃,湿度20%±5%的苛刻环境下试验。

(3)试验原理及步骤:采用ASTM 1579方法对混凝土开裂进行评估,混凝土配合比采用原设计配合比,将纤维与集料干拌30s后再倒入其他材料搅拌后成型,成型后立即用平长木条沿试模长边快速刮平试件表面。迅速打开位于试件长边的风速为5m/s的电风扇,和位于试模上方 1.5m 处的 1 000W 碘钨灯。光照 4h 后关灯，风吹 6h 后关电扇。然后测量试件表面的开裂面积。

(4)试验结果及分析：在分别掺入 0.1% 和 0.2% 体积掺量下，不损失混凝土力学性能的前提下，对混凝土塑性开裂起到显著的抑制作用。其中掺 0.9kg/m^3 博凯超纤维，混凝土抗裂能力可以提高 94%，效果最好。

四、主要温控措施

混凝土早期裂缝的生成，一般不是直接作用的结果，大部分可归结为温度变形和收缩变形等间接作用的效应。根据国内外的资料统计，工程实践中结构物的裂缝属于由温度变形、收缩引起的约占 80%。

为防止大体积混凝土温度裂缝的产生，主要从两方面着手：一是主动控制，通过选择合适的材料和最佳配合比减少水化热、控制混凝土塑性变形，提高混凝土材料本身的抗裂特性；二是被动控制，通过改善施工工艺和施工环境，加快内部水化热散发速度，从而控制混凝土内外温差，避免产生温度裂缝；同时加强外部保温和养护，防止和减少危害性裂缝产生。

1. 混凝土配合比设计及原材料选择

为使大体积混凝土具有良好的抗侵蚀性、体积稳定性和抗裂性能，混凝土配制应遵循以下原则：

①选用低水化热和含碱性量低的水泥，避免使用早强水泥和高 C_3A 含量的水泥。

②降低单方混凝土中胶凝材料及硅酸盐水泥的用量。

③选用坚固耐久、级配合格、粒形良好的洁净集料。

④尽量降低拌和水用量，使用减水率高、凝结时间长、性能优良的高效减水剂，以最大限度地减少水泥用量，降低水化热。

⑤有抗渗要求的钢筋混凝土应采用较大掺量矿物掺和料的低水胶比混凝土，单掺粉煤灰的掺量宜在 25% 左右。

2. 混凝土浇筑温度的控制

降低混凝土的浇筑温度对控制混凝土裂缝非常重要。相同混凝土，入模温度高的温升值要比入模温度低的大许多。混凝土的入模温度应视气温而调整。在炎热气候下不应超过 28℃，冬季不应低于 5℃。在混凝土浇筑之前，通过测量水泥、粉煤灰、砂、石、水的温度，估算浇筑温度。若浇筑温度不在控制要求内，则应采取相措施。

(1)夏季降低混凝土入仓温度的措施主要有：

①水泥使用前应充分冷却，确保施工时水泥温度≤60℃。

②搭设遮阳棚，堆高集料、底层取料、用水喷淋集料。

③避免模板和新浇筑混凝土受阳光直射，入模前的模板与钢筋温度以及附近的局部气温不超过 40℃。为此，应合理安排工期，尽量采用夜间浇筑。

④当浇筑温度超过 28℃，应采用拌和水加冰措施。

⑤当气温高于入仓温度时，应加快运输和入仓速度，减少混凝土在运输和浇筑过程中的温度回升。混凝土输送管外用草袋遮阳，并经常洒水。

⑥混凝土升温阶段，为降低最高温升，应对模板及混凝土表面进行冷却，如洒水降温、避

免暴晒等。

(2)冬季施工如日平均气温低于5℃时,为防止混凝土受冻,可采取拌和水加热及运输过程的保温等措施。

3. 控制混凝土浇筑间歇期与分层厚度

如混凝土分层施工,各层混凝土浇筑间歇期应控制在7d左右,最长不得超过10d。为降低老混凝土的约束,需做到薄层、短间歇、连续施工。如因故间歇期较长,应根据实际情况在充分验算的基础上对上层混凝土层厚进行调整。

4. 养护过程内部温度控制

尽管通过前面所提到的选择合适的材料和配合比的方法可以降低混凝土的水化热,但其在凝固过程中的水化反应产生的热量是不可避免的,其体积越大,内部热量集聚越多,内部温度上升越快,内外温差就越大,由此产生的裂缝可能性就越大,甚至严重影响混凝土的外观和使用寿命。施工时常采用埋设冷却水管的措施控制大体积混凝土内部温度。

(1)埋设冷却水管

冷却水管的布设须结合承台的具体形状、高度和内部温度分布特征进行,冷却水管常采用ϕ25~40mm的薄壁钢管,大体积承台施工一般要埋设多层,每层水管之间间距为1~1.2m,层与层之间交叉方向布置,以达到与混凝土产生最大接触面积。每层水管成“S”形回路,单层内间距1.0m,单根回路水管最大长度≤200m,进水管和出水管应集中布置并接高延伸至套箱顶部以利于统一管理。

(2)冷却水管使用及其控制

①冷却水管使用前进行压水试验,防止管道漏水、阻水;每根冷却水管进水口安装一个阀门,可调节进水流量大小。

②混凝土浇筑到各层冷却水管高程后开始通水,各层混凝土峰值过后应停止通水,通水流量应达到30L/min,为防止上层混凝土浇筑后下层混凝土温度的回升,采取二次通水冷却,通水、停水时间根据测温结果确定。

③严格控制进出水温度,在保证冷却水管进水温度与混凝土内部最高温度之差不超过30℃条件下,尽量使进水温度最低,施工中冷却水直接使用深层江水。

④待通水冷却全部结束后,采用同强度等级水泥浆或砂浆封堵冷却水管。

为保证冷却水的初期降温效果,施工时应成立专门班子,专人负责,选择合理水泵,并准备1~2台备用水泵,保证冷却系统正常工作。施工时,根据温度记录情况,及时开启和关闭冷却水阀门。

5. 内表温差控制

对于大体积混凝土,由于水化放热会使温度持续升高,如果气温不是过低,在升温的一段时间内应加强散热,如模板洒水降温等。当混凝土处于降温阶段则要保温覆盖以降低降温速率。

混凝土在降温阶段如气温较低或突遇寒潮,内表温差大于25℃或气温低于混凝土表面温度超过20℃,必须对大体积混凝土进行保温养护。混凝土的拆模时间不仅要考虑混凝土强度,还要考虑混凝土的温度和内外温差,以免突然接触空气时降温过快而开裂。拆模后应涂刷养护液并及时覆盖保温。

6. 养护

混凝土养护包括湿度和温度两个方面。结构表层混凝土的抗裂性和耐久性在很大程度上取决于施工养护过程中的温度和湿度养护。目前工程界普遍存在的问题是湿养护不足，对混凝土质量影响很大。湿养护时间应视混凝土材料的不同组成和具体环境条件而定。对于低水胶比又掺用掺和料的混凝土，潮湿养护尤其重要。湿养护的同时，还要控制混凝土的温度变化。根据季节不同采取保温和散热的综合措施，保证混凝土内表温差及气温与混凝土表面的温差在控制范围内。

7. 施工控制

为确保大体积混凝土施工质量，提高混凝土的均匀性和抗裂能力，必须加强对每一环节的施工控制，混凝土施工严格按照《公路桥涵施工技术规范》（JTJ 041—2000）执行，并特别注意以下方面：混凝土拌至配料前，各种衡器请计量部门进行计量标定，称料误差符合规范要求，严格按确定的配合比拌制。

混凝土按规定厚度、顺序和方向分层浇筑，在下层混凝土初凝前浇筑完上层混凝土，混凝土分层布料厚度不超过30cm。

严格按设计和规范要求进行各层间和各块间水平和垂直施工缝处理，设计如无要求，建议各水平施工缝间铺设金属扩张网，侧面混凝土表面布设防裂金属网，防止表面裂缝的产生。

五、混凝土温控施工现场监测

1. 温度测试内容

根据温度计算成果，为做到信息化施工，真实反映各层混凝土的温控效果，以便出现异常情况及时采取有效措施，应在混凝土中布设温度测点。测点的布置应有代表性，在竖面上，上、中、下、底、表均应有测点，在平面上，中、边、侧也应有测点，根据结构的对称性和温度变化的一般规律，可在中心线对称的一侧布设测点。在检测混凝土温度变化的同时，还应监测气温、冷却水管进出口水温、混凝土浇筑温度等。

2. 温控监测流程

在混凝土浇筑前完成传感器的选购及铺设工作，并将屏蔽信号线连接到测试棚，各项测试工作在混凝土浇筑后立即进行，连续不断。温控监测流程详见图3-6所示。

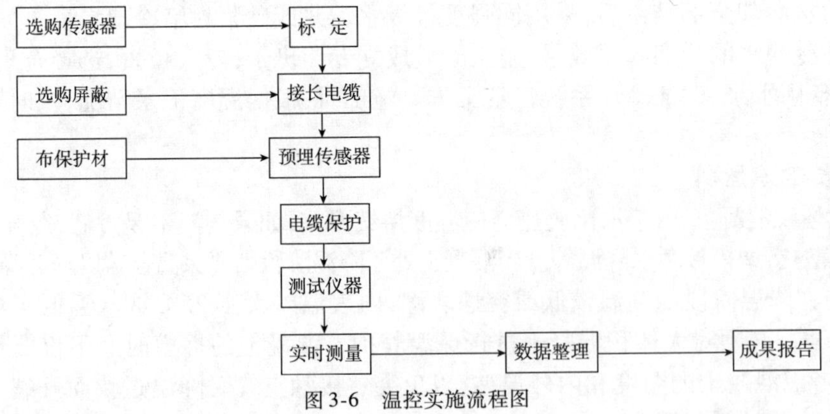

图3-6　温控实施流程图

3. 监测元件的埋设

监测元件的埋设参照《混凝土坝安全监测技术规范》（DL/T 5178—2003），并根据桥梁大体积混凝土的特点加以改进，由具有埋设技术和经验的专业人员操作。为保护导线和测点不受混凝土振捣的影响，用∠30×30×3mm 角钢及减振装置进行保护。监测元件埋设示意如图3-7所示。

4. 现场测试要求

关于混凝土的测温时间，目前尚无具体的规定。建议：混凝土施工过程中，每4h 测量一次原材温度、拌和温度、环境温度；混凝土浇筑后的温度测试，峰值以前每2h 监测一次，峰值出现后每4h 监测一次，持续5d，然后转入每天测2次，直到温度变化基本稳定。

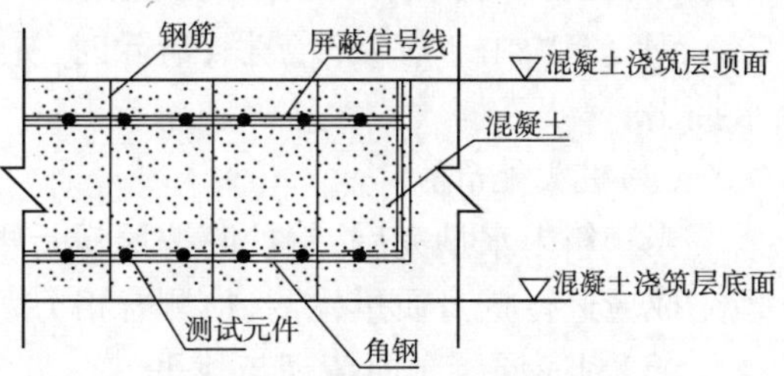

图3-7　监测元件埋设示意图

第四节　承台施工

一、承台施工的工艺流程

承台施工的工艺流程见图3-8所示。

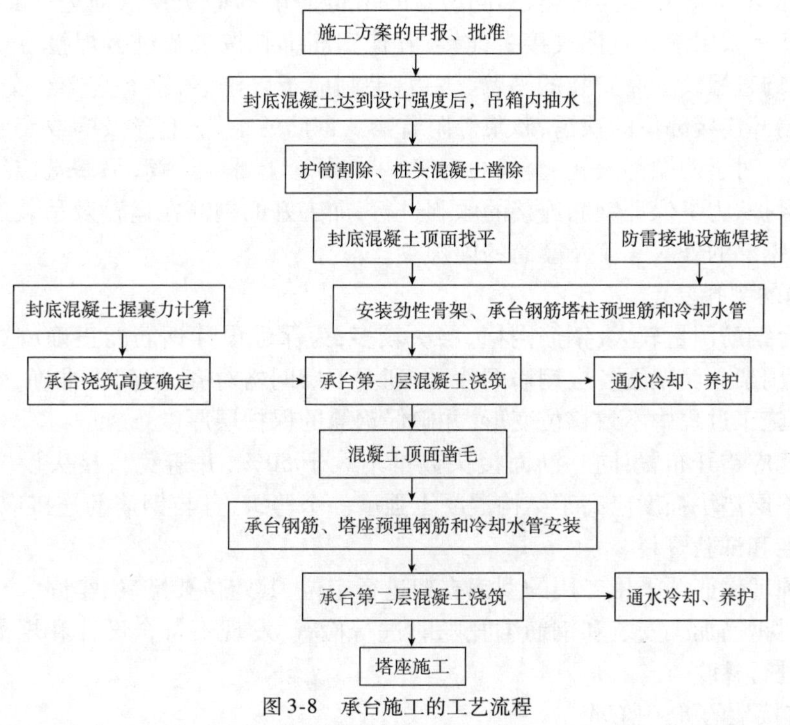

图3-8　承台施工的工艺流程

二、承台的施工监理

1. 施工准备阶段的监理

(1)钢套箱内抽水与清淤

当钢套箱封底混凝土施工完毕，并且封底混凝土强度达到设计强度后，潜水员水下封堵钢套箱侧壁连通管,开始钢吊箱内抽水。抽水过程中,随时观察钢套箱结构变形情况,同时套箱内水面每降低1m时,暂停15min,通过观察水面是否上涨来判断封底实施效果,若水面不上涨,证明封底效果较好,可以继续抽水,反之要分析原因,经处理后方可继续抽水。

钢套箱内由于有泥沙淤积,清除时,先利用高压水枪冲洗,然后用泥浆泵和砂石泵将泥水抽出。

(2)桩头处理

当套箱内水抽完后,钢护筒按照设计要求进行割除,然后进行桩头混凝土凿除,桩头处理完成应进行桩身质量检测,检测合格方可进行承台施工。桩头的凿除严禁采用爆破方式。

(3)封底混凝土面清理与找平

承台钢筋绑扎前,清理封底混凝土表面,对局部高点进行凿除,对低处用砂浆进行回填,使钢筋绑扎场地平整。

2. 承台钢筋施工监理

(1)钢筋加工监理

钢筋使用前,应进行调直和清洁工作,承台钢筋一般在后场加工成半成品,运至现场绑扎。由于大型承台钢筋型号较多,钢筋长度变化不一,每一种型号量都很大,因此绑扎施工前必须做好标识,同时对不同种类、不同型号的钢筋应分区域、分层次地进行堆放。

承台主筋宜采用滚轧直螺纹接头连接,其他钢筋绑扎按规范进行焊接或搭接。钢筋端部应平直,影响直螺纹套筒安装的马蹄、飞边、毛刺应予以修磨,钢筋直螺纹套筒连接之前,应清除钢筋端部连接部位的铁锈、砂浆等附着物。钢筋的滚轧、套丝及螺纹套筒的一端套接均在后场完成,对于两端都滚轧、套丝的钢筋,一端可套上螺纹套筒,另一端应用塑料包裹套对端头进行保护,为了保证钢筋连接的顺利进行,加工好的钢筋在运输及吊装过程中要加强保护,尤其是钢筋的外露螺纹及套筒的内螺纹。

(2)钢筋的绑扎要点

由于承台钢筋用量较大,钢筋网格、层次较多,为保证设计钢筋能正确放置和混凝土浇筑质量,应采用架立筋架立各层钢筋网片,做到上下层网格对齐,层间距准确,架立筋骨架应牢靠可靠,在施工过程中不致移位变形,并确保钢筋的保护层厚度。

钢筋绑扎应错开布置,同一断面接头数量不大于50%,并避免将接头设置于最大应力处。钢筋保护层垫块强度应高于结构混凝土强度一个等级,且与钢筋的连接应稳固,并具备相关技术标准和试验资料。

塔柱的预埋钢筋须采用专用的型钢支架进行定位,其定位要准确、牢固。

监理要对钢筋加工安装和钢筋绑扎随时进行检查,发现不符合设计和规范要求的及时要求承包人进行整改。

(3)防雷接地的施工监理

接地钢筋定位准确,检查防雷接地线是否设置,焊接是否牢靠,并旁站其接地电阻检测(一般设计要求小于1Ω)发现问题及时补接,导电通路位置应用标记标识,避免钢筋加工中对接地钢筋造成损伤。

(4)冷却水管施工

冷却水管安装时,应将其按设计位置固定在支架上,并做到管道通畅,接头可靠,不漏水、阻水。冷却水管的接头应绑扎牢固、不漏水，冷却水管进出口集中布置，做好标记。冷却管进口采用每管一阀，每阀单独控制流量。

(5)温度测试元件的施工

应安排专人负责并采取可靠措施确保温度测试元件不损伤、不破坏。

(6)预埋件的施工

在承台顶面埋设的施工预埋件有：塔吊基础底座、下塔柱主动水平支撑立柱、零号块钢箱梁安装支架底座、混凝土搅拌系统底座和沉降观测点等埋件。通常埋件采用低于混凝土顶面5cm左右埋设钢板和地脚螺栓，埋件钢板面积较大时，为了确保埋件下不至于有空洞，在埋件上开孔排气，用角钢点焊在钢板四周挡住侧面混凝土，确保埋设质量。埋件应作防腐处理，避免施工阶段污染承台表面。当所有埋件完成其使命后，需将埋件表面清理干净，用与混凝土同强度等级砂浆将埋件覆盖至承台顶面相平或按设计要求进行处理。

3. 承台混凝土施工监理

(1)混凝土浇筑前的准备

①承台施工前督促承包人结合温控要求做好高性能混凝土设计的研究工作。

②浇筑混凝土前，应检查承包人的主要设备及备用设备能力，材料储备需满足灌注总量要求，同时督促承包人分层次做好技术交底。

③砂石料的级配应该相对稳定，在规范允许的范围内不能有太大的波动，同时应该严格控制其含泥量、含水率，特别是清仓砂、石料等。

④外加剂是影响混凝土质量的一个重要因素，所以要随机地从送至施工现场的外加剂中取样，检测其稳定性。同时每次还从送至施工现场的水泥中取样，与砂石料、外加剂进行试拌，以检测水泥、外加剂的相容性。

⑤脱模剂也是影响混凝土外观质量的重要因素之一，所以要求在混凝土施工之前对多种配合比及脱模剂进行交叉混凝土浇筑试验，优选出混凝土外观质量最好的配合比及脱模剂组合。

(2)混凝土的浇筑监理

①混凝土开盘前严格检查各环节是否按拟订方案落实，否则不准开盘，待消除隐患后，方能开盘。

②混凝土的生产由水上拌和船进行，混凝土搅拌时间要适当延长，以使混凝土搅拌的更加充分，监理要加强对混凝土入仓之前的质量检查。

③承台混凝土浇筑采用布料杆进行布料，混凝土分层浇筑、分层振捣。混凝土的入仓、分层厚度及振捣严格按照规范要求进行，同时还应该注意避免混凝土直接冲击模板，以防止将模板表面上的脱模剂损坏，影响混凝土表面的光洁度。

④由于是泵送的混凝土，坍落度较大，振捣后在混凝土表面上形成的浮浆较多，对多余的浮浆要从模板内清除，在混凝土初凝前，要对混凝土表面进行多次收浆、压光、抹平，防止混凝土表面出现收缩裂纹现象。

⑤混凝土浇筑时，如混凝土表面泌水较多，应在不扰动混凝土状况下将其排除，且应查明原因，采用措施，减少泌水；混凝土浇筑时，应有专人检查模板、钢筋和预埋件的稳定情况，发现变形、松动、移位时应及时处理。

⑥监理人员应全程旁站混凝土浇筑施工过程，混凝土到现场后应检查其均匀性和坍落度，符合要求方可浇筑；首批混凝土下落后应保证混凝土的连续浇筑，施工混凝土时需控制混凝土落差不大于2m，串筒出料口下混凝土堆积高度不超过1m。

⑦浇筑中发生故障时，监理应督促承包人查明原因，确定合理的处理方案及时处理，如间隔时间过长应召开专题讨论会进行处理方案。

⑧督促承包人填写混凝土浇筑施工记录，承包人、监理按频率做混凝土抗压试件，并在施工过程中做坍落度检验，监理人员填写旁站记录。

(3)混凝土施工缝的处理

大型承台混凝土的浇筑常分层进行，分层时混凝土施工缝必须按设计要求进行，设计如无要求时，建议参照某斜拉桥承台混凝土施工缝的处理方案实施，具体如下：

①在承台上下两层混凝土之间设置剪力钢筋，剪力钢筋伸入上下两层混凝土中各50cm，剪力钢筋采用HRB335 ⌀32mm 钢筋，钢筋纵横间距为1m，设置在架立钢筋中间，以保证承台水平方向抗剪强度。

②在第二层混凝土与第一层混凝土之间铺设一层 HRB335ϕ12mm 钢筋网片，间距200mm×200mm。

③浇筑第二层混凝土前，在第一层承台混凝土表面四周40cm 范围涂装 D-16 水泥基渗透结晶型防水材料，确保承台四周施工缝处混凝土密实，无海水渗入承台，腐蚀承台钢筋。

(4)承台混凝土的养护与保温

为确保承台表面坡度及平整度，可在承台顶面顶高程处每隔4m 沿坡度方向设置一道角钢，角钢顶高程与承台顶高程齐平，承台顶层找平时将刮尺沿角钢顶面找平，待表面抹光后拆除角钢并修补接缝。

为防止承台表层混凝土开裂，必须对混凝土的养护采取周密措施。建议先在混凝土表层湿水后盖一层塑料薄膜，将混凝土表面覆盖、密封严实，以达到保温效果；然后在薄膜表面覆盖10cm 厚黄砂，避免后续施工对承台的污染或损伤。

第五节　水中桥墩的防撞措施

一、防撞保护系统的设置

1. 设置的必要性

随着交通运输事业的发展，跨越江、海的大型桥梁越来越多，同时船舶的数量、吨位和航速也在不断增加，船舶撞击桥梁导致桥塌船毁的重大海损事故日益增多。据有关统计，造成船撞的原因较多，其中人为错误居第一位，设备故障居第二位，由于恶劣气候造成的事故占第三位。因此，船撞事故不是航道部门通过控制能完全避免的。

船撞事故除了经济损失巨大外，人员伤亡、环境污染等因素更会对社会造成较大的负面影响。因此社会各界对船撞桥的问题越来越重视，在大跨度桥梁设计时，设置桥梁的防撞保护系统，以缓冲船舶的撞击力，使桥梁和船舶的损失程度降到最小已形成共识。

2. 影响船舶与桥梁撞击力的因素

大跨径桥梁确定船舶对桥梁的撞击力是很复杂的,这是因为碰撞事故除与碰撞环境——风浪、气候、水流等因素有关外,还与船舶及桥梁结构本身的特性等因素有关。另外,还与碰撞力的偏心率以及驾驶员的反应等因素有关。

大跨径桥梁撞击力理论建立在动量守恒定律和能量守恒定律上。船舶与桥墩撞击分析涉及许多因素,诸如船舶类型、航行速度、撞击角度、航道水深、流速及潮汐变化、桥墩及基础的稳定性等。大量的碰撞实例调查和模型试验表明,问题的焦点集中在船舶的撞击动能、船舶与桥墩或防护系统的形变势能等几个方面。

3. 防护设施的分类

世界上有多种类型的桥墩防撞设施,但其基本原理都是基于能量吸收、动量缓冲而设计的,每种防撞设施都有其特点和使用条件。

按冲撞能量吸收方式和设置场所的不同,各种防撞设施的分类如下:

(1)按船舶冲撞能量吸收方法分类

根据船舶碰撞时冲撞能量的吸收方法分为:弹性变形型,即因弹性变形吸收冲撞能量;抗压变形型,即因压缩压屈、弯曲破坏等来吸收冲撞能量;变位型,即利用重力或浮力产生的还原力吸收冲撞能量三种类型。

(2)按设置场所分类

根据桥墩防撞设施设置的场所分为直接构造(设施与桥墩相连安装)和间接构造(距离桥墩安装)两种方式。

根据上述分类,各种方式的防撞设施见表 3-7 所示。

各类防撞设施　　表 3-7

直接方式	弹性变形型——缓冲材料方式、绳索方式
	抗压变形型——缓冲工事方式
	变位型——重力方式
间接方式	弹性变形型——桩方式
	抗压变形型——沉箱方式、人工岛方式
	变位型——浮体系泊索方式

防撞设施一般要求满足以下性能:

(1)对船舶的冲撞能量有优良的吸收性能。

(2)防护设施的规模要尽可能小,使之对船舶航行水域的影响不大。

(3)设施的制作、设置、施工、维护以及管理既经济又简便。

4. 防撞保护系统的设计原则

设置防撞保护系统的目的是防止桥梁因船舶撞击超过桥墩的承受能力而遭受破坏。采用不同形式的防护系统可以阻止船舶撞击力传到桥墩,或者通过缓冲消能延长碰撞时间,减小船舶撞击力,保护桥梁安全。

防护系统的设计应根据桥墩的自身抗撞能力、桥墩的位置和结构形式、通航船舶的类型和碰撞速度、桥区水文地质情况等因素进行,设计时应遵循以下原则:

(1)对碰撞的船舶能量进行消能缓冲,使船舶不能直接撞击桥墩,或使船舶碰撞力控制在安全范围内。

(2)防护设施的构造形式和几何形状,须使船只损伤最小,以避免造成航道堵塞或环境污染。

(3)应保证桥梁下部结构在船撞时不发生严重损伤,如应防止船艏凸出部分直接撞击塔柱或墩身。

(4)防护设施不能影响航道的通航,占用航道范围尽量少。

(5)根据桥墩承台的水平承载能力,可以考虑其承受由防护系统传递来的一定量残余撞击力,以使设计更经济合理。

(6)在一定条件下,允许防护系统受破坏,但应考虑破坏后便于迅速修复。

(7)对使用年限大、抗腐蚀性能要求高的桥梁,要充分考虑其环境适应性——海水环境中构筑物生存条件较恶劣,波浪、潮差、潮流流速均较大;防护系统遭轻微破坏在所难免,增加了抗腐蚀的难度。

(8)综合考虑桥梁的所处环境,防护设施应采用便于安装施工和便于快速修复的结构形式。

二、常用的防护系统和分析

1. *护舷方式*

(1)种类

护舷方式中常用于桥墩防船撞的是橡胶护舷,它属于直接构造弹性变形型防撞装置,主要有圆筒形、V 形、TTV 形、鼓形和橡胶浮筒。根据用途一般可分为两种:①作为防撞设施直接用于抵抗船舶撞击;②作为其他防撞设施的辅助设施,主要起缓和小型船舶撞击和大型船舶初期撞击的作用。

(2)特点及适用场合

优点:①规格种类繁多,分别对应不同的力学性能,适用于不同的缓冲需要;②安装方便,耐腐蚀,寿命长,长期维护费用低;③被撞后修复简易,可以反复使用。

缺点:①对于中等或高能量碰撞事件无效;②初始造价比较高。

适用场合:①对环境的适应性较好,不受波浪、水流等的影响;②安装在承台侧面,可用于抵挡大型船舶低速、小角度的撞击;③安装在承台正面,可用于抵挡小型船舶(1 000DWT 级以下)在一定速度下的撞击;④安装于防撞设施与承台之间,主要起缓冲和均匀分布撞击力的作用;⑤安装于防撞设施外部,用于减小船舶和设施自身的损坏程度。

2. *绳索方式*

绳索方式属于直接构造弹性变形型防撞装置,是将钢丝绳在桥墩附近水面水平地展铺,当船舶冲撞时,由钢丝绳的弹性变形吸收冲撞能量。这种方式对于吸收大型船舶冲撞所产生的大冲撞能量不理想,作为小型船舶冲撞的防护设施或者安装在大规模防撞设施周围作为第一次能量吸收的效果较好。

3. *混凝土结构*

混凝土结构从受力机理上可以分为两种:第一种为预应力混凝土箱式结构,安装在承台周围，是靠混凝土箱的压溃变形来吸收能量的，因此属于直接构造压坏变形型。通过改变混凝土箱的尺寸、箱壁厚度、箱内部的几何布置，其吸收能量的能力会发生很大的改变。第二种为混凝土套箱式结构，安装在承台周围，在承台与桥墩之间安装大量的橡胶件，受到船舶撞击时，主要靠船艏的塑性变形和橡胶件的弹性变形吸收能量，从受力来看，应该属于直接构造弹性变形型。

4. 钢结构

钢结构防撞装置一般安装在承台或桥墩周围，主要是靠钢材的塑性变形和破损来吸收撞击能量，属于直接构造压坏变形型防撞装置，钢结构防撞装置可以通过采用橡胶或钢丝绳防撞网等防撞吸能元件作为辅助装置来改善其防撞性能。这种防撞装置与水深和地质条件关系不大，而且吸能范围较大，一般能用来抵挡500t 级到50 000t 级船舶的撞击，是使用非常广泛的防撞设施之一。

(1)固定套箱消能防撞设施

防撞设施安装在承台上，由桥墩承台支承，不随水位变化移动，防撞设施主要由钢板和型材以及橡胶件制成，对钢结构进行防腐处理。钢结构主体由板架和栅架结构组成。内围壁上设置的橡胶件可改善防撞设计与桥墩承台的接触性能。在考虑船体破损、防撞设施穿透情况下，船体不触及桥墩。该设施有以下特点：

①为了安装防撞设施，需要在承台周围安装预埋件。

②为了适应水位变化，保护桥墩，需要加大套箱高度。

(2)浮式消能防撞设施

浮式消能防撞装置是由钢箱型防撞装置演变而来的，从使用场合来看，钢箱型防撞装置一般固定在桥墩承台上，而浮式消能防撞装置具有一定的浮力，在无事故发生时可以随水位的变化而上下浮动，因此适用于桥区水位落差较大的桥墩防撞。

浮式消能防撞装置是在主墩周围安装套箱或浮箱，利用钢结构和橡胶进行消能。设施主要由钢结构及橡胶件组成，浮式消能防撞设施可在浮力作用下，沿桥墩上下移动，刚结构的主体由甲板、平台、底板、纵横舱壁、内围壁、外围壁等组成。由内外围壁形成多个水密舱室，可作为压载水舱，内围壁上设置的橡胶件可改善防撞设计与桥墩承台的接触性能。其特点是：

①对桥墩外形光滑度、几何尺寸误差要求较高。

②能适应水位变化，保护桥墩的范围较大。

③潮水涨落过程中，设施与承台接触部位容易磨损，维护量大。

④在水位较低时，浮箱在承台上搁浅，承台需承受额外的压力。

因此采用该种防撞设施对桥墩外形，承台高度都有要求。

5. 重力式

重力式防撞设施属于直接构造变位型，可利用摩擦阻力或重力产生复原力的方式来吸收撞击能量，也可同时借助流体效应，靠防撞装置周围水的运动来吸收撞击能量。

(1)结构形式

典型的重力摆式防护系统主要有两种。

第一种方式的主要构件是一沉重的钢筋混凝土块，此钢筋混凝土块由固定在支承结构上的锚链或缆索悬挂起来，钢筋混凝土块作为重力摆，其迎船面装有充分柔韧的软木或橡胶作为摩擦面,以保证船舶与防护系统相撞时不擦伤船体。当船舶撞击时,摩擦面将来自船舶的撞击能量传递给钢筋混凝土重力摆,重力摆通过较长距离的位移耗散大量的撞击动能。此外,木材纤维之间的挤压和橡胶的变形也将提供一部分附加的能量吸收能力。

第二种典型形式是圆筒重力摆防护系统,重力摆悬挂在支承结构上。不仅靠重力摆本身的重力作用原理来吸收撞击能量,同时还借助于流体效应,来提高这种结构的抗冲击能力和吸收能量的能力。根据设计的船舶撞击力,设计者可以确定重力摆没入水中的深度,当其受到船舶撞击时,重力摆就在自身运动的同时推动其背面的流体同时运动,从而能够极大地提高这种结构抗衡撞击的能力,并能吸收更多的能量。

(2)特点及适用场合

重力摆式防撞保护系统的尺寸一般是较大的,宜设在较开阔的水域,抵抗中型船舶的冲击。重力摆有时也可直接安置在桥墩的承台上,这时防护能力要相应降低。

这种防护系统有一个明显的缺点,就是体积较大,建造费用高昂,维修养护有一定的困难。一旦受到撞击损坏,其修复工作常需要重型起重设备,更换相当复杂。此外,结构的悬挂体系不仅有机械的磨耗,而且还受到水的侵蚀的影响。当将它设在海峡或江河入海口的桥址处时,海水对悬挂体系的影响更加严重,因而养护费用也相当高。如果在大风大浪中,则重力摆的振颤也可能使支承结构的悬挂系发生故障。

6. 集群桩

集群桩防护系统属于间接构造弹性变形型,也是较为常见的一种防撞装置。包括从廉价而常见的原木梅花桩(仅适用于使低能量船只偏离)到用刚性梁连接在一起的大直径桩群。集群桩可与桥墩完全无关,也可以被支撑在桥墩上。

集群桩防护系统的优点有:①运用广泛的桩系统能吸收中等撞击能量;②若选择合适的防护板形状,可使漂浮的船只偏向或转向,仅对桥墩有中度损伤。

该防护法的主要缺点如下:①对高能量碰撞无效;②构建成本相对昂贵;③仅在中等水深(如 12 ~ 15m)中有效;④在重大碰撞事件后进行修复的成本相对较高。

7. 防撞墩

(1)原理和种类

防撞墩可以独立于墩身布置,一般设置在桥墩的上游和下游位置;也可以附着于承台上,与承台共同承担船撞力。桩可以采用木桩、混凝土桩、钢管桩等。柱顶通过钢筋混凝土结构连接,共同抵抗船舶撞击。钢筋混凝土外围一般安装原木或橡胶缓冲设施,用于抵抗小型船舶或漂流物的撞击,避免与钢壳船体发生摩擦。

按照其刚度来划分,防撞墩可以分为柔性和刚性两种。柔性防撞墩一般采用钢管桩或钢管混凝土柱,这种防撞设施会发生较大的变形,对船只的破坏较小。刚性防撞墩一般采用预应力混凝土桩或钻孔灌注桩,主要靠船首变形吸收撞击能量。

(2)特点及适用场合

防撞墩的优点有:①能抵挡较大的撞击能量;②可以与主墩承台选用一样的桩基形式,减少了施工难度;③耐久性好,基本不需要进行维护;④承台若做成流线型,能够拨转船头,这样船舶的动能大部分还保留在船上,不用参与交换。防撞墩的缺点是:①对船舶的损伤程度较大;②构建成本较昂贵,要完全抵挡船舶的撞击,则规模一般与主墩承台相当;③仅在中等水深条件下(12～15m)适用;④河床冲刷对其防撞性能影响较大。

8. 薄壳筑砂围堰

(1)种类与原理

薄壳筑砂围堰外壳一般采用圆柱形结构,内部用混凝土或松散的材料填充。根据外壳的不同可分为刚性薄壳结构和柔性薄壳结构。刚性薄壳结构外壳一般采用类似双壁钢围堰的结构,两壁内填充混凝土。柔性薄壳结构常用钢板桩构成,也可以用钢筋混凝土薄板桩构成,它与刚性薄壳结构的最大不同之处,在于壳体不是一个整体,而是由平板形的薄板桩沿着薄体的圆周打入河床基底而组成。

①刚性薄壳围堰。这是国内采用比较多的一种防撞形式。这种结构由于刚度较大,主要靠船艏的变形来吸收撞击能量,为了减小船只的损坏,以及从经济角度出发,可以利用二次撞击的理论,即下部采用双壁钢围堰,上部采用混凝土围堰或钢筋混凝土围堰,上部与下部之间设置一道薄弱面,上部结构能承受普通船只的撞击,当撞击力较大时,顶圈破坏,此时将吸收大部分的能量,这时钢围堰发挥作用,它将承受第二次撞击,从而确保桥墩的安全。

②柔性薄壳围堰。柔性围堰与刚性围堰的受力机理有所不同,当受到船舶撞击时,由于撞击力的作用,锚固在河底的钢板桩(或钢筋混凝土板桩)被拔出,内部的填充材料外溢,船体与高摩阻的填充材料充分摩擦,从而达到大量吸收能量的目的。

(2)特点及适用场合

围堰式防撞装置的主要优点有:①能抵挡较大的撞击能量;②在中等水深(12～15m以下)场合下是一种比较经济的防撞设施;③长期维护成本相对较低。

其主要缺点有:①对船只的损伤较大,特别是刚性围堰,撞击能量基本靠船艏变形吸收;②在重大碰撞事件后的修复成本相当高;③防撞性能受河床冲刷的影响较大。

9. 双壁钢围堰

双壁钢围堰是大型深水基础工程理想结构物,既可起到基础工程施工时的围水与施工平台作用,又可参与部分结构受力。利用双壁钢围堰充作永久性防撞设施,是一种经济可行的方案。双壁钢围堰可以与桩基及承台分离,这样是为了不增加桩基的附加重量,同时避免船舶撞击对桩基的影响;也可以采用复合基础,当船撞击防撞设施时,防撞岛和钢围堰将带动岛内和堰内填砂一起产生强迫位移,填砂作为弹性变形介质对群桩基础产生侧向压力,从而与桥墩基础共同承担船舶撞击。

10. 人工岛

环绕桥墩的人工岛或桥墩前的人工沙洲提供了高效的防船撞保护。岛通常用砂或石做芯,并用厚的块石铺砌外层加以保护,以防波浪、水流和冰的作用。人工岛的轮廓一般采用流线型,且顺水流方向较长,四周都有较平缓的斜坡。

人工岛一般能够抵挡较大型船舶的撞击。人工岛防护系统一般适用于河床基础较好、水深较小的港湾,能够抵抗较大型船舶的撞击。但是对于海峡交叉口的典型深水域和横截面有限的河流则不能运用此防护系统。

人工岛防护系统的优点是:①能吸收很大的动能;②限制船只损坏;③施工简便,常可利用基础施工时构筑的砂岛改建,造价低廉;④在重大碰撞事件后的修复成本低;⑤长期维护成本低。其缺点是:①构建成本随水深增大而大幅增加;②占去的航道位置较多,会压缩过水断面,增加流速,加剧河床的冲刷。

11. 浮体系泊索

采用浮体系泊索方式防止船舶撞击,在桥墩所处位置水深很大的情况下是非常经济的。这种防护措施对船只的损坏很小,但是船舶需要很大的缓冲位移才能被止住,因此设置浮体系泊索防护措施需要很大的空间。

漂浮防护系统的运用性有限,因为其他一些系统对于大多数情况,尤其是在河道或港湾用途中,更具优点。然而,漂浮防护系统对于保护在非常深水港湾的交叉口中的桥梁也许是唯一可行的选择。该防护方法的优点是:①能吸收很大的动能;②船只损伤有限,或许极小;③该系统能在深水,甚至很深的水中予以安装和工作。其主要缺点是:①船艏如果比较尖锐,则水中部分缆索易被切断;②在桥墩周围占用空间相当大;③在水域中的耐久性成问题;④在重大碰撞事件后的修复成本可能较高;⑤长期维护成本明显地取决于防腐措施的范围和效果。

三、我国常用的几种防撞保护系统的比较

我国桥梁在进行防撞设计时,讨论比较多的主要有钢结构、独立防撞墩、群桩和浮体系泊防撞方案。表3-8是对不同防撞方案特性的比较。从表中可以看出,相对于其他防撞设施,钢结构防撞装置在防撞范围、减小船舶损伤程度、撞损后的修复费用等方面都具有较为明显的优势。从表3-9我国几座大桥防撞方案的比选情况可以看出,钢结构防撞装置在造价和工程量上要小于其他的防撞装置。此外,钢结构防撞装置还可与施工钢套箱共用一部分费用,因此钢结构防撞装置是目前我国使用最多的一种防撞设施。

不同防撞方案特性的比较 表3-8

防撞方案		钢结构防撞	独立防撞墩方案	群桩防撞方案	浮体系泊防撞方案
消能特点		钢结构局部破损消能,减小传递到桥的碰撞力	防撞墩变形破损消能	群桩变形	浮箱破损、拖动锚锭沉块消能
河床冲刷相互影响		小	大,需防冲刷保护	大,需防冲刷保护	有
防撞范围		各角度撞击	有限防撞角	有限防撞角	有限防撞角
建造工艺特点		船台建造,水上安装	水上施工	水上施工	船台建浮箱,水上安装
对航道净宽影响		小	小	有	有
对承台要求		有	无	无	无
水位变化影响		小	小	小	有
撞击不同部位时抗撞效果		小	有	有	有
对桥整体景观影响		小	小	有	有
日常维护费用		小	小	小	小
撞损后修复费用		小	大	大	小
撞击船舶损伤度		较小	较大	较小	较小
采用防撞措施后主墩防撞力变化	横桥向	约 -10% ~30%	约 -30% ~50%	约 -30% ~50%	约 -30% ~50%
	顺桥向	约 -10% ~30%	0	0	0

国内几座特大桥防撞方案比选情况　　表3-9

<table>
<tr><th colspan="2">桥　　名</th><th>防撞船舶及设计船速</th><th>可选方案</th><th>造价或工程量</th><th>推荐方案</th></tr>
<tr><td colspan="2" rowspan="3">珠江特大桥</td><td rowspan="3">5 000DWT,
满载9 100t,
撞击速度5m/s</td><td>钢箱型防撞装置</td><td>1 200 万元</td><td rowspan="3">钢箱型防撞装置</td></tr>
<tr><td>独立防撞墩</td><td>7 000 万元</td></tr>
<tr><td>集群桩</td><td>3 600 万元</td></tr>
<tr><td colspan="2" rowspan="4">湛江海湾大桥</td><td rowspan="4">50 000DWT,
满载62 500t,
撞击速度</td><td>钢围堰</td><td>钢材3 000t
混凝土3 874m^3
砂80 000m^3</td><td rowspan="4">柔性吸能
防撞设施</td></tr>
<tr><td>独立防撞墩</td><td>7 303.6 万元</td></tr>
<tr><td>浮式消能防撞装置</td><td>1 800 万元</td></tr>
<tr><td>柔性吸能防撞装置</td><td>1 200 万元</td></tr>
<tr><td rowspan="6">上海长
江大桥</td><td rowspan="3">主通航孔
（近期防撞）</td><td rowspan="3">5 000DWT,
满载9 000t,
撞击速度3.7m/s</td><td>钢箱型防撞
装置</td><td>钢材942t,
防腐面积24 000m^2</td><td rowspan="3">钢箱型防撞装置</td></tr>
<tr><td>浮式消能防撞装置</td><td>钢材976t,
防腐面积24 866m^2</td></tr>
<tr><td>自身加强</td><td>混凝土1 624m^3 钢筋</td></tr>
<tr><td rowspan="3">辅通航孔</td><td rowspan="3">3 000DWT,
满载5 000t,
撞击速度4.8m/s</td><td>自身加强</td><td></td><td rowspan="3">钢箱型防撞装置</td></tr>
<tr><td>钢箱型防撞装置</td><td></td></tr>
<tr><td>独立防撞墩</td><td></td></tr>
</table>

第四章　索塔施工监理技术

索塔是全桥的主要承重构件,它具有造型多样、建筑高度大、空间结构复杂等特点。索塔要承受巨大的竖向轴力,还要承受部分弯矩。根据斜拉桥的构造要求和受力特点,对成桥后索塔的几何尺寸和轴线位置的准确性要求都很高。

塔柱施工过程中受施工偏差、混凝土收缩徐变、基础沉降、风荷载、温度变化等因素影响,其几何尺寸、平面位置可能会出现偏差,如果控制不当,则会造成缺陷,不仅影响其外观质量,还会给斜拉索的布置、张拉和调整带来困难,甚至影响桥梁结构的安全性。因此,加强索塔的施工质量控制,确保塔柱的施工精度是监理单位的工作重点。

第一节　索塔施工概述

一、索塔的组成与形式

1. 斜拉桥索塔的类型与组成

较大跨径斜拉桥的索塔一般均采用空心截面,用钢结构或钢筋混凝土制作。

斜拉桥的索塔由塔座、塔柱、横梁和塔冠几部分组成。塔座位于基础承台之上,是塔柱生根的部位。斜拉桥塔柱根部受力复杂,不但承受强大的竖向力和水平力,同时还要承受强大的弯矩作用,因此,对于大跨径斜拉桥,塔座的设置非常重要。

塔柱分为下塔柱、中塔柱和上塔柱。根据索塔的结构形式,有些塔柱的中塔柱和上塔柱合二为一。下塔柱大部分为钢筋混凝土结构;上塔柱为拉索锚固区,多采用预应力混凝土结构或钢结构,是塔柱施工的重点控制部位。

横梁是联系双塔肢塔柱两个塔肢的水平梁。其作用为增加塔柱的整体刚度,使两塔肢在纵桥向不平衡荷载及风荷载等作用下变形接近,结构受力安全,结构处于稳定平衡状态。

塔冠系塔顶的装饰性建筑,它包括塔柱避雷针、塔顶栏杆、航空障碍灯、塔顶人洞等设施。

2. 斜拉桥塔柱的形式与特点

塔柱的结构形式,应根据斜拉索的布置、桥面宽度以及主梁跨度等因素决定。顺桥向有柱形和A字形两种;横桥向塔柱的布置主要有单柱形、双柱形、门形、A形、倒Y形、钻石形等。

单柱形适用于桥面较宽,设有中央分隔带的公路桥,其优点是外形简洁、结构经济;缺点是要求主梁有较高的抗扭刚度。

A形、倒Y形和钻石形桥塔,横向刚度较大,适用于大跨径的斜拉桥,其缺点是需要一个宽度很大的承台以支撑塔肢。

门形桥塔特别适用于桥面较窄的桥梁,如铁路桥,其优点是横向刚度较大。

二、索塔施工的难点

1. 从作业环境分析

索塔一般地处宽阔水域设计预留的通航孔处,施工受桥位环境的影响较大,直接影响施工的环境有风速、雨情、可见度、温度和湿度等,影响因素复杂,施工的安全隐患多。其具体表现在:

(1)在江面上施工,受风、雨、雾等的环境影响较大。

(2)高空作业是索塔施工的特点之一,安全隐患多,施工难度大。

(3)施工场地狭小,塔柱作业面单一且历时时间长。

(4)水上运输条件困难,包括人员的运输、材料的运输以及水、电等。

(5)施工人员的施工过程均在露天作业,容易受到大风、暴雨、酷热和寒流等恶劣天气的影响。

(6)施工对桥位处水域的通航安全以及过往船舶对施工的安全影响大。

2. 从结构特点分析

(1)塔柱线形复杂,截面变化大,模板的制作及安装施工难度大。

(2)塔柱高度高,混凝土泵送难度大。

(3)高空恶劣环境下塔柱混凝土施工质量控制难度大。

(4)高空大型吊装作业多(如钢锚梁、箱安装,钢塔吊装等),安全风险大。

(5)随着桥梁宽度设计的增加,塔柱支腿的跨度随之增大,塔柱横梁的跨度也越来越大,施工难度越来越高。

(6)塔柱结构的精度要求高,施工控制困难。

3. 塔柱施工所需施工设施复杂

(1)大型施工临时设施,包括主塔墩施工平台、塔身横梁施工支架、水上搅拌站、发电机平台、临时生活设施等。

(2)大型施工设备,包括塔吊、液压爬模、施工电梯、混凝土输送泵、塔顶起升设备等。

(3)大型起重吊装,包括钢锚箱(梁)吊装、钢塔柱安装等。

三、索塔施工的主要控制点

1. 钢筋混凝土索塔施工

(1)施工设备合理的选择和布置是索塔顺利施工的基础。

(2)塔柱施工方法和模板的设计是保障索塔施工精度和质量的根本。

(3)塔柱钢筋和劲性骨架的施工是控制重点之一。

(4)塔柱施工的支撑系统是确保索塔施工线形的关键。

(5)塔柱混凝土的施工,应重点关注混凝土配合比的设计、高塔混凝土的泵送、混凝土的高空养护、混凝土的外观控制和成品保护等。

(6)横梁的施工支架系统,应有足够的刚度和稳定性,并消除其非弹性变形。

(7)拉索锚固区是塔柱受力最复杂的部位,施工应确保其精度和质量。

(8)A 形塔柱和倒 Y 形塔柱在施工过程中要重点把握好倾斜度较大的塔肢的抗倾覆措施。

2. 钢塔施工

(1)安全是钢索塔架设的关键。

(2)钢索塔架设的精定位是确保钢索塔架设精度的关键。

(3)高强螺栓的连接是钢索塔架设的主要工序。

(4)端面金属接触率是确保钢索塔接触传力的前提,应重点控制。

(5)线形、高程及斜拉索锚固部中心距的控制是钢塔架设几何精度的主要指标,需高度重视。

四、索塔主要的施工方法

1. 混凝土索塔施工

索塔是斜拉桥的重要组成部分,一般由塔座、塔柱、横梁、塔冠等几部分组成。索塔的施工主要包括起步段施工、塔柱施工、横梁施工及斜拉索锚固区施工等。

(1)起步段施工

塔座施工一般采用定型钢模进行,在塔座混凝土浇筑的同时,应连带部分下塔柱一起施工,该段下塔柱将作为后期塔柱施工的起步段,起步段的模板安装可充分利用下塔柱的劲性骨架对模板进行水平拉结和固定。

(2)塔柱施工

塔柱的施工方法主要有:滑模法、翻模法、爬模法等。翻模法因成本较高、高空作业安全度低、接缝处理不易等因素所以应用较少;滑模法因模板提升要求在混凝土凝结时间不长的时间内进行,此时混凝土强度较低,不适应于斜塔和变截面塔柱的施工,应用也不大广泛。目前国内高塔施工常采用爬模法。爬模工艺又分为有爬架爬模、无爬架爬模和液压自动爬模三种。表 4-1 是对这三种工艺在操作性、安全、工效、外观等方面的比较。

有爬架爬模、无爬架爬模和液压自动爬模的性能比较 表 4-1

项目	有爬架爬模工艺	无爬架爬模工艺	液压自动爬模工艺
模板系统	采用钢模,质量重,刚度大,周转次数多,需塔吊配合	采用钢模,质量重,刚度大,多节模板交替提升,周转次数多,用塔吊进行安装提升	面板采用木模,质量轻,模板提升用爬架上悬挂系统
爬架	爬升采用葫芦和塔吊配合,速度较快,操作人员多	无爬架,操作平台附在模板围檩上;或利用整体脚手架作为操作平台	采用液压系统爬升,速度快,操作人员少
操作性	操作较复杂,工人操作环境较好,工效较高	操作复杂,操作环境一般,工效较差;对工人技术要求高	操作方便,施工工效高,工人操作环境好
外观质量	混凝土外观较好	施工缝易于处理,外观较好	外观质量好
适应性	能适应一般高塔施工	只适合直塔和高度不高的塔柱施工	能适应斜度较大的塔柱施工
安全性	安全性较好	安全性较差	安全性好

(3)横梁施工

横梁一般采用落地支架作为支承体系,两次浇筑混凝土一次张拉预应力工艺进行施工。横梁的支架可用大直径钢管支撑加贝雷梁或万能杆件桁架两种形式,为保障索塔的整体性,同时便于支架搭设和横梁预应力施工,横梁应于该段索塔同时施工。

(4)斜拉索锚固区施工

目前国内外拉索锚固区一般有钢锚箱、钢锚梁及环向预应力三种形式,三种形式的施工方法和特点对比详见第七章。

2. 钢塔柱施工

钢桥塔一般采用工厂分段预制,运至工地起吊安装的办法施工,为了保证现场安装的顺利,一般将预制的梁段在工厂进行试拼装,钢索塔的节段连接常采用高强度螺栓连接、焊接、栓接和焊接混合连接等方式。钢桥塔的安装方法一般有浮吊法、爬升式起重机法和塔吊法。

五、索塔的质量目标

根据施工合同、设计文件、施工技术规范的要求,在工程质量方面应控制好线形调整,临时固结、模板制作安装,钢筋加工安装,混凝土浇筑养生,混凝土的密实度和体系转换的各个施工环节。使直线段和斜面变坡段的线形满足设计要求,混凝土的密实度和强度达到设计的规定值,其直线段与变坡段的外形尺寸、纵、横向轴线偏差均在规的规定的限差范围内。外观光滑、顺直、平整、没有受力裂纹出现,经工程质量检验评定达到优良等级标准。

第二节　钢筋混凝土索塔施工监理

一、混凝土索塔的施工工艺流程

以舟山大陆连岛工程金塘大桥为例,介绍混凝土索塔的施工工艺流程。

金塘大桥主通航孔桥为77m+218m+620m+218m+77m=1 210m五跨连续钢箱梁斜拉桥,采用半飘浮结构体系。大桥的索塔为钻石形,其一般构造如图4-1所示。塔柱顶高程210.00m,索塔总高204.00m(包括塔座2.5m);其中上塔柱高68.50m,中塔柱高92.00m,下塔柱高41.00m;下塔柱横桥向外侧面的斜率为1/7.735 8,内侧面的斜率为1/5.256 4;中塔柱横桥向外侧面的斜率为1/6.323 0,内侧面的斜率为1/7.049 8。索塔在桥面以上高度为152.363m,塔底塔柱中心间距23.00m。塔柱采用空心箱形断面,上塔柱塔壁厚度为1.00m,中间设19节钢锚梁;中塔柱塔壁厚度为0.90m;下塔柱塔壁厚度为1.0m。为了增加索塔的景观效果,塔柱外侧均设1.50m×0.50m的倒角。索塔设置一道横梁,横梁顶高程+53.50m,采用等截面箱形断面,为预应力混凝土结构。索塔顶部设置塔冠,塔冠高2.50m。索塔上塔柱、中塔柱一侧设有电梯,另一侧设爬梯;下塔柱两侧均设爬梯。

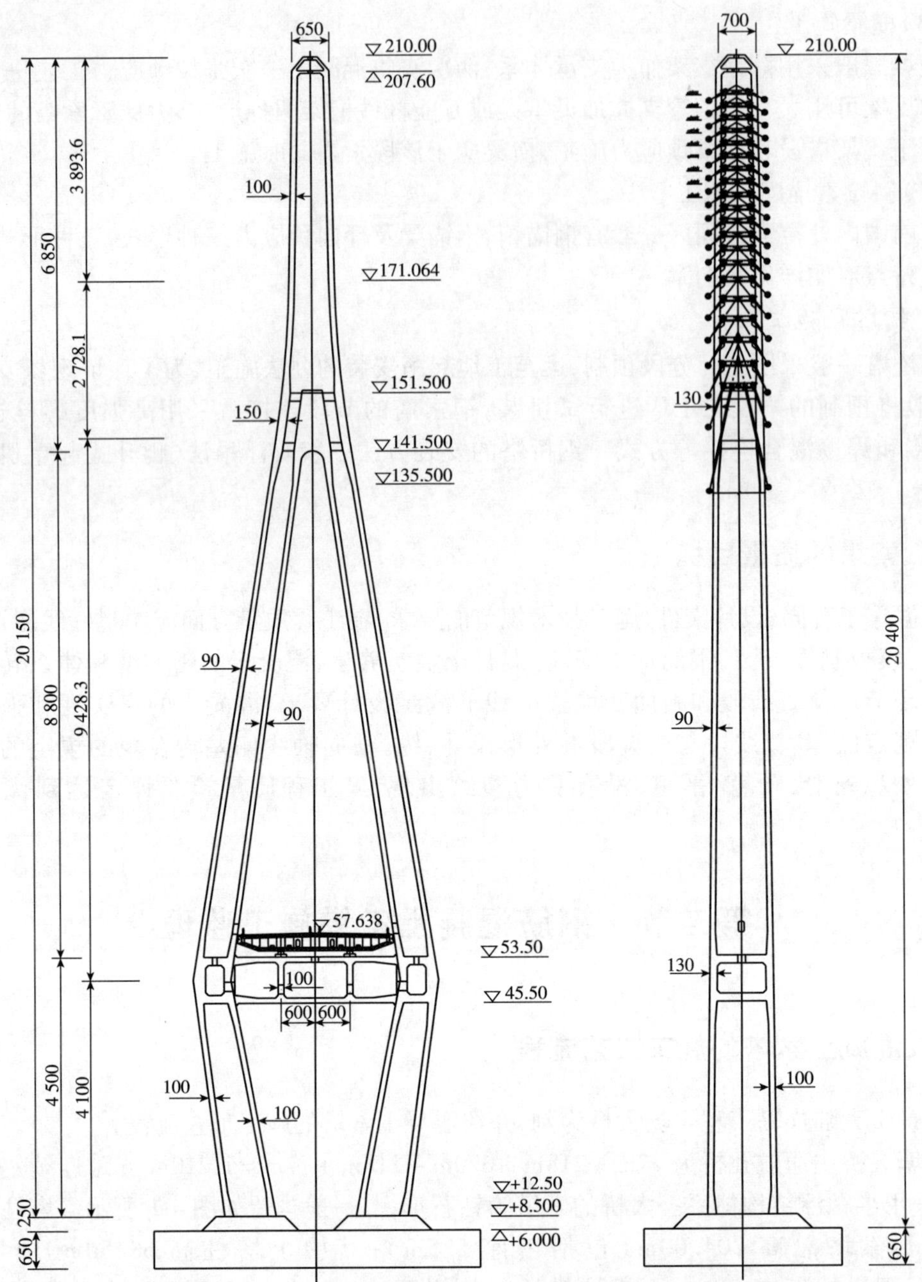

图 4-1 塔柱与横梁一般构造图(尺寸单位:cm;高程单位:m)

塔柱采用分段浇筑法施工,共分成 46 个节段进行施工,塔柱施工标准节段高度 4.5m。下塔柱起始 2 个节段采用支架翻模施工,塔冠采用支架立模施工,其余各节段均采用液压爬模施工工艺。在索塔施工过程中,下塔柱设置 2 道水平拉杆,中塔柱设置 5 道水平横撑使两塔柱固结成整体。横梁与第 9 节段与 10 节段塔柱采取同步施工,采用支架分两次浇筑。

塔柱施工工艺流程如图 4-2 所示。

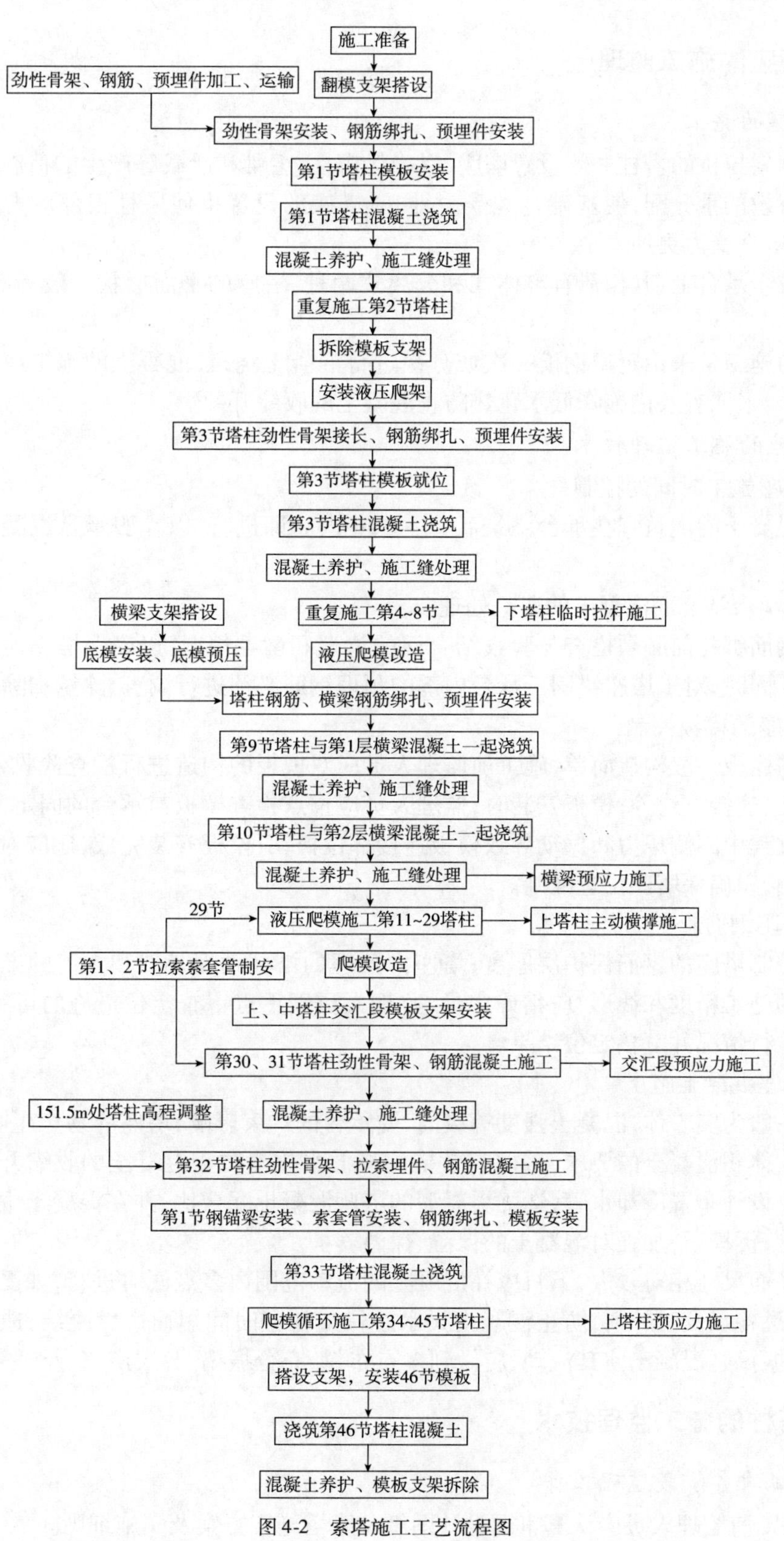

图4-2　索塔施工工艺流程图

二、塔座的施工监理

1. 塔座的施工

大跨度斜拉桥的塔柱一般设置塔座,以确保塔柱、主梁和活载等产生的荷载效应能在承台上进行有效的重分配,使基础合理受力,同时塔座的设置也使塔柱根部应力扩散范围加大,从而使塔柱受力更加安全。

塔座位于承台上,其构造有整体式和分离式两种,塔座的平面形状一般为圆形、矩形和哑铃形。

塔座的施工常采用定型钢模一次或分次进行混凝土浇筑,混凝土的施工应按大体积混凝土的要求,采取有效措施降低水化热防止混凝土的收缩开裂。

2. 塔座的施工监理技术

(1)塔座施工时间的控制

塔座混凝土的浇筑宜在承台浇筑后 10 ~ 15d 内立即进行,以克服承台混凝土对塔柱的约束影响。

(2)与承台结合面混凝土的凿毛处理

塔座钢筋绑扎前必须检查与验收结合面的清理和凿毛情况,以确保塔座混凝土与承台结合良好。同时,对于塔座锚固于承台内部的预埋钢筋必须进行调直、除锈和除污处理。

(3)塔座的模板控制

塔座的模板一般构造简单,施工前监理人员应对模板的构造进行检查验收,重点检查模板的平整度、连接方式等;模板安装时,监理人员应重点检查模板与承台的固定方法,防止混凝土浇筑过程中因侧压力和振动导致模板连接部位松动;模板安装完成,还应对模板定位进行测量复测,以确保塔座位置准确。

(4)塔座钢筋施工

严格控制塔座的钢筋保护层厚度;塔座内预埋的塔柱劲性骨架和主筋的准确性直接影响下塔柱的施工精度和线形,应精确定位,监理人员须重点审查定位措施的可行性,检查定位措施的执行情况并复核定位结果。

(5)塔座混凝土施工

塔座一般为实心体,混凝土强度等级高,受承台的约束影响,塔座容易产生收缩裂纹,施工中应按大体积混凝土的要求,采取有效措施降低水化热防止混凝土的收缩开裂。施工时可根据温控设计布置冷却水管,选配缓凝型的塔座混凝土配合比,并在混凝土中掺入一定量的防裂纤维;拆模后,加强对混凝土的保湿、保温养护。

塔座平面尺寸相对较大,下料应在混凝土的流动范围内多点同时进行,如受浇筑设备的限制,应注意各点及时补料,防止混凝土失水过快或初凝时间短而产生凝结,造成混凝土分层;不能用振捣赶混凝土使其流动,应做到多点布料、充分振捣、分层浇筑、及时补料。

三、塔柱的施工监理技术

1. 施工准备阶段监理工作

(1)施工前监理人员应认真审阅设计图纸和索塔施工方案及实施细则。

(2)审核承包人材料、机械设备及劳动力的落实情况。

(3)索塔施工前,承包人应编制详尽的附着式塔式起重机、脚手架、爬模架、模板工程的专项施工组织方案上报监理人员审批。

(4)检查承包人质保体系、特殊施工人员的培训和持证情况。

(5)检查原材料出厂合格证和复试报告。

(6)完成各种原材料的取样和抽检试验,把好原材料质量关。

(7)审核复试混凝土配合比。

(8)根据斜拉索套管的位置和锚梁的施工特点,分析施工中每道工序的技术要求和控制要点,制定监理在施工过程中的控制方法。

(9)审核承包人的施工组织设计、施工方案、技术措施是否能有效地确保设计和规范要求。

(10)审核承包人的测量交桩记录和放样控制方案,监理人员应对其水准基点、平面坐标控制点以及加密点进行必要的复核。

2. 施工设备的选择与要求

(1)塔吊

塔吊的选择原则:①塔吊的吊高应满足塔柱施工需求;②塔吊的最大吊重须满足施工需求(一般考虑钢锚箱的最大重量和拉索安装的需求);③塔吊位置的设置不能影响主梁的安装;④塔吊的作业效率应满足施工工期的要求;⑤塔吊的基础和附墙件应安全、可靠;⑥塔吊的顶升操作应便捷、安全;⑦塔吊使用的安全性能可靠;⑧塔吊的使用不能影响塔柱的施工精度。

(2)模板系统

模板系统的选择原则:①要能满足塔柱的线形要求;②满足施工工期的要求;③模板系统的安全度高、使用便捷,可操作性强;④模板系统的维修和更换方便;⑤承包人对该工艺的熟练程度高;⑥模板系统能适应施工区域的环境和气候影响。

(3)混凝土搅拌系统

设置原则:①生产的混凝土质量满足设计对塔柱混凝土的要求;②生产混凝土的工作性能可靠,并能满足施工需求;③混凝土的生产效率满足施工需求;④材料储备应能满足塔柱最大一次浇筑方量的需求;⑤设备可靠度高。

(4)混凝土泵

混凝土泵的选用原则:①可靠度高;②满足塔柱的施工高度需求;③泵管的配置和安装应保证塔柱的全过程施工。

3. 塔柱施工模板的监理

模板体系的控制是塔柱施工质量和安全的根本,监理人员应高度重视,慎重对待。

(1)审查塔柱施工模板系统的设计方案,检算模板系统的整体强度、刚度和稳定性、模板的连接方式、收分模板的构造,对于复杂结构,可要求承包人委托有资质的第三方进行复核。

(2)对模板系统的施工线形质量进行预评估,并对施工进度进行全面分析。

(3)督促承包人编制模板系统的施工安全专项方案,并组织有关专家对方案进行评审。

(4)模板制作安装应满足结构尺寸和相互位置的正确,模板表面应平整光滑,无明显错台、竖向和横向接缝基本一致。

(5)模板使用前应进行预拼装,符合设计和规范要求后方可投入使用。

(6)模板安装前须检查板面的清理情况和脱模剂的涂抹质量,模板的接缝应严密,不漏浆,并保证钢筋保护层的厚度要求。

(7)为确保塔柱结构尺寸的精确,塔柱施工时模板的安装定位应采用施工坐标法进行,即对拟施工节段的各主要断面变化点在施工前计算好坐标,待钢筋等安装完成后,进行模板的安装定位,并对各主要控制点进行跟踪测量,精度达到要求后对模板予以固定。模板的定位须注意修正温度对立模位置的影响。

(8)模板安装完成后,承包人应进行自检,合格后由结构和测量监理负责模板的检查验收,其值应符合《公路工程质量评定检验标准》(JTG F80/1—2004)的有关要求。

(9)关于液压爬模

液压爬模体系主要由爬升装置、移动模板支架、组合模板、外爬架、液压系统组成。组合模板一般由胶合板、木工字梁和背部钢围檩三部分组成,面板与木工字梁通过铁钉或木螺丝固定,钢围檩与木工字梁之间通过夹具连接,三者有机固结成一整体。

①在已完工节段上安装爬架时,在爬模上按要求作静载试验,检查合格后正式投入使用。

②使用前对爬架的各关键受力部位的功能进行检查调试,发生问题及时整改。

③爬模的安装须设置防倾覆设施,保证灌注时不位移,不变形。

④爬模提升前应安排专人检查爬升的液压系统和安全保险装置是否完善可靠,检查内容详见表4-2。

⑤爬模爬升到位后须派专人对爬模的就位情况进行检查,检查内容详见表4-3。

⑥爬模的安装位置应正确,纵、横轴线应与结构轴线重合,并应确保钢筋的保护层厚度。

⑦高塔施工中的液压爬模常采用木模板,为保证模板能长期循环使用,应高度重视模板的维修和保养工作,高质量的模板是高品质外观的基础,建议:a. 木模板在切割和钻孔后必须采用含丙烯酸成分的防水油漆进行封边;b. 拆模后必须立即对模板进行清理,混凝土黏结块的清除不得使用钢质工具,清理干净后刷涂专用脱模剂;c. 模板的缺陷损坏部分无论程度大小,一经发现及时修补;d. 高空混凝土养护时应尽量避免模板直接接触养护水。

4. 塔柱钢筋的施工监理

(1)钢筋使用前的检查

①钢筋进场使用前,应按规范要求进行检查和抽验,合格后方可使用。

②核对各类结构所用钢筋的材质、规格、型号、校核钢筋详图尺寸位置,与结构的构造图尺寸位置是否一致,保护层厚度是否满足规范要求。

③钢筋应平直,无局部弯折,表面应洁净,无油渍、渍皮,鳞锈等杂物。

④检查现场钢筋堆放和保护措施是否落实,现场标示是否清楚正确。

(2)钢筋的机械连接

斜拉桥索塔主筋设计较多采用直径 32mm 热轧带肋钢筋，目前大直径的带肋钢筋连接除常采用等强度滚轧直螺纹接头。对直螺纹接头的质量控制，除按相关技术规范对加工成品进行检查验收外，还应注意对接头加工前的准备工作加强控制，加强预控的目的是尽量避免出现成批的加工成品不合格现象，大量的返工将给质量控制工作带来极大的困难。

液压爬模系统爬升准备工作检查表　　表 4-2

第____次爬升　　第______次检查　　由第________节爬升至第____节

天气情况：

序号	准备工作内容	实施负责人	检查情况	检查人	检查时间
一	导轨爬升准备工作				
1	爬升悬挂件安装到位，高强螺栓紧固到位				
2	上部爬升锚板和爬靴实际位置与理论位置是否一致				
3	清洁所有导轨并在导轨表面涂上机油				
4	改变上下爬箱中复位机构摆杆的状态，使其一致向上				
5	液压装置操作人员、现场施工负责人、船机部、安全人员是否到场				
6	混凝土强度是否达到 20MPa 以上				
7	液压系统各部件和控制系统技术状态是否处于良好状态				
8	通信设备（对讲机）协调到位				
二	爬架爬升准备工作				
1	清除爬架上不必要的荷载（如钢筋头、氧气乙炔空瓶等）				
2	抬起爬升导轨底部支撑脚，并旋转伸长使其垂直顶紧塔身混凝土面				
3	完全松开支架下方的支撑脚				
4	改变液压油缸上下顶升弹簧装置状态，使其一致向下				
5	检查爬架长边与短边的连接（如电线）等是否已解除及安全保护绳是否已套牢				
6	检查塔吊至爬架主电缆的悬挂长度，保证爬架爬升时电缆有足够的长度				
7	液压操作由专人操作，现场施工负责人、船机部、安全员必须到场				
8	检查下节段混凝土修补是否已符合要求				
9	检查确认液压系统各部件和控制系统技术状况是否处于良好状态				

工段负责人：________　　安全监理：________

________年________月________日　　________年________月________日

说明：爬架爬升前必须按本表各项进行检查，并由相关人员签字，确认准备工作完全充分后方可进行爬升

液压爬模系统爬升后安全检查表　　表 4-3

第____次爬升;第________次检查;安第____节爬升至第________节

序号	工 作 内 容	实施负责人	检查情况	检查人	检查时间
1	爬架爬升到位后,承重销及安全插销是否插上到位				
2	爬架爬升到位后,所有平台的滚轮是否顶紧混凝土面				
3	爬架固定后,安装锚固螺栓是否拧紧				
4	爬架各层操作平台四周安全网,是否到位				
5	爬架固定后,安全绳是否收紧牢靠				
6	爬架四周转角安全防护措施是否到位				
7	各操作层杂物是否清除干净				
主墩负责人:　　____年____月____日					
安全监理:　　____年____月____日					
说明:爬架爬升到位后必须按本表各项进行检查,并有相关人员签字,确认安全无误后,施工人员方可上爬架作业					

①钢筋应先调直后再下料,钢筋切口应垂直于钢筋的轴线,不得有马蹄形(可能造成连续断牙和丝扣部分牙齿缺陷)或翘曲端头(加工的牙形不匀,连接困难)。

②不允许用气割进行钢筋下料,钢筋端部毛刺须打磨干净(会严重影响接头质量)。

③套丝时注意钢筋的轴线要水平顺直。

④标准型接头丝头有效螺纹长度应不小于 1/2 连接套筒长度,丝头加工完毕经检验合格后,应立即带上丝头保护帽或拧上连接套筒,防止装卸钢筋时损坏丝头。

⑤连接接头的质量检验

a. 外观质量。丝头表面不得有影响接头性能的损坏及锈蚀。

b. 外形质量。丝头有效螺纹数量不得少于设计规定;牙顶宽度大于 $0.3P$ 的不完整螺纹累计长度不得超过两个螺纹周长;标准型接头的丝头有效螺纹长度应不小于 1/2 连接套筒长度,且允许误差为 $+1P$;其他连接形式应符合产品设计要求。

c. 丝头尺寸的检验。用专用的螺纹环规检验,其环通规应能顺利旋入,环止规旋入长度不得超过 $3P$。

⑥钢筋套丝丝头的检验频率

a. 施工方自检由现场质检员随即抽样进行检验,监理人员旁站。以一个工作班加工的丝头作为一个检验批,随机抽检 10%,且不小于 10 个。

b. 现场丝头的抽检合格率不应小于 95%。当抽检合格率小于 95% 时,应另抽取双倍数量的丝头重新。当两次检验的总合格率不小于 95% 时,该批产品合格。若合格率仍小于 95% 时,则应对全部丝头进行逐个检验,合格者方可使用。

(3)钢筋的绑扎施工

①绑扎施工时应随时用线垂检查钢筋骨架的垂直度,并及时调整,严格控制保护层厚度,防止部分弯勾筋向外挑出,与模板相抵,避免混凝土浇筑后出现露筋。

②钢筋的间距符合规范要求,箍筋的绑扎应严格按照相关规范要求进行,勾筋应与相应主筋相连接,防止出现漏勾、错勾。

③在钢筋施焊或利用气割时,应特别注意不能伤及模板表面的脱模剂涂层。脱模剂涂层被毁坏后,将造成混凝土表面的颜色不均或出现黏模现象。由其在施焊过程中,焊渣依附于模板上,使混凝土浇筑后产生表面污染。

④塔柱内部主筋应和内部水平筋绑扎到位,防止内部主筋松动偏位。

⑤钢筋绑扎的过程应采用梅花形绑扎,绑扎需牢固保证钢筋绑扎后扎丝头向内。

⑥钢筋在施工过程中主筋的局部调整应采用冷弯而不应采用热弯。

⑦主筋留进入通道时,应每节作相应的调整。避免始终使用一个通道。

⑧所有焊工要配备一只装有少量水的铁桶,以便随时收集电焊头、割掉的钢筋头。严禁随意丢弃。

⑨模板拉杆连接受劲性骨架阻碍时,应适当调整拉杆和钢筋的位置而不应破坏劲性骨架的完整性。

⑩突出的定位钢筋应及时割除,以免影响保护层厚度,妨碍模板支护。

(4)钢筋的保护层控制

保护层厚度应满足设计图要求;保护层垫块按梅花形合理布置,并与钢筋捆紧;垫块宜采用梅花形,垫块的强度应不小于塔柱混凝土的强度,垫块制作时应根据加工批次制作试块检查其混凝土的质量。

(5)预埋件的监理

预埋件位置应准确、牢固,数量要齐全;非设计指定的预埋件,承包人应事先征求设计单位的意见,不能随意设置,而且承包人应制定有效措施,防止形成腐蚀通道。

索塔主筋直径粗、间距密,遇到较大的预埋构件时调整困难,应提前考虑处理措施,如锚固区索套管的直径常为主筋间距的2~3倍,在一节施工段内(一般高度为4.5m)调整钢筋间距让出索套管的位置几乎不可能,应当在征得设计同意的情况下提前调整钢筋位置来满足施工要求。

塔柱施工前,监理人员应会同承包人的技术人员一起对塔柱的附属设施和预埋件进行分类、统计和汇总,并根据塔柱施工的分节情况分段注明,确保无一漏置。

塔柱施工时的预埋件有:爬梯及电梯、检修平台、电缆、航空障碍灯预埋件、照明设施、主梁施工临时锚固、主梁抗风支座、下横梁埋地变压器安装平台、阻尼器预埋件、避雷设施、排水设施、栏杆、通风设施、爬模施工埋件、施工用升降机支架、塔吊附墙支架、交通工程、桥梁健康监测系统、景观工程等。

(6)钢筋安装结束后,承包人必须进行自检,合格后报监理人员专检,签认后,方可进行下一道工序作业。

(7)钢筋安装实测检查项目应按《公路工程质量检验评定标准》(JTG F80/1—2004)表8.3.1-1进行检查验收。

(8)塔柱的防震接地极为重要,监理人员必须认真检查防雷接地是否按设计位置设置,焊接是否牢固,发现问题(测试电阻 >1Ω)时,应及时补接,为便于检查识别各层导电通路位置是否准确,应用明显标记标识。

5. 劲性骨架的施工监理

为满足塔柱高空、倾斜状况下施工中钢筋定位的需要,同时方便测量放线,塔柱施工时设置劲性骨架。为方便安装,劲性骨架采用矩形小断面桁架结构,在后场分榀分节段加工,船运至现场塔吊吊装,用型钢连成整体。

(1)劲性骨架设计中须考虑以下几点:

①主筋接长时稳定的需要。

②劲性骨架在倾斜工况条件下自身稳定性以及刚度要求。

③满足在规范允许范围内精确定位钢筋需要和模板调整的需求。

④方便劲性骨架加工、运输以及现场吊装。

(2)检查劲性骨架的加工精度。

(3)劲性骨架在运输过程中不得产生变形。

(4)安装过程

①检查劲性骨架的安装位置是否符合设计要求。

②检查劲性骨架及连接处的强度、刚度是否符合设计要求。

③检查劲性骨架是否保证套管空间定位的精度要求。

④检查劲性骨架是否与模板脱离,以避免偏载,造成索套管偏位。

⑤劲性骨架的自由伸臂长度不宜太长,在倾斜的塔柱内,骨架将会发生水平位移,造成模板安装困难,影响索塔的线形,施工时,可根据实际情况,采取预偏的方法来保证劲性骨架受力后线形满足索塔施工要求。

6. 塔柱施工的支撑系统监理

下塔柱施工时,斜率较大,应采用措施,防止塔根部内侧因受拉而导致开裂。为克服模板和混凝土在重力作用下产生的倾覆力矩,一般采用的措施是在模板调整定位后,用手拉葫芦连接钢丝绳或用精轧螺纹钢筋通过拧紧螺母,把上、下游肢塔柱模板对拉,浇筑混凝土养生达到80%设计强度时,再松开对拉系统。

中塔柱施工时,为减少水平分力的影响须设置支撑,支撑的方式有三种:同步搭设竖向的满堂支架;采用横向水平支撑;采用横向主动撑。目前国内建成的几座特大桥,均采用第三种方法:采用主动支撑,该方法的优点在于通过安装横向支撑,利用构件本身较大的刚度和强度,用千斤顶向中塔柱内壁施加顶推力,变被动支撑为主动支撑,克服中塔柱施工过程中因自重和施工荷载而引起的应力和位移。

水平横撑设计时须保证:①施工过程中,主要荷载组合工况下塔柱各截面拉应力不超过1MPa;②水平支撑拆除后,成塔线形和弯矩与设计基本一致。

水平横撑设计原则为:下塔柱根部混凝土截面应力是控制水平支撑设计的关键因素;水平横撑间距是下塔柱和悬臂施工过程中,在混凝土自重、施工荷载及风荷载作用下,塔柱不产生裂缝(并有足够安全储备)的最大悬臂高度,同时应满足施工工艺和施工空间要求。

塔柱支撑系统的设置(设置部位、支撑系统的结构和主动力的大小等)应取得设计单位的认可,支撑系统的主动轴力依靠千斤顶进行施加,主动支撑与塔肢的接触面应密贴(一般采用支撑系统和塔肢预埋件焊接的方式进行),支撑系统上应有监控措施,如在水平横撑上设置应力测试传感器,安排专人随时观测水平横撑的挠度和塔肢的变形情况,并比较实际受力与理论计算的差别,出现问题及时汇报、处理。

7. 塔柱混凝土的施工监理

(1)塔柱混凝土配合比的设计

设计要求的塔柱混凝土常为高性能混凝土，强度一般都大于C45。在塔柱施工中，为了确定塔柱配合比，应采用多种材料进行混凝土配比试验，并对混凝土试块进行绝对升温试验，选择满足强度和抗渗等级要求、低水化热、施工性能良好的配合比，同时进行混凝土收缩试验。

混凝土配合比的设计原则建议如下：

①强度。考虑到施工单位的试验经验、现场设备情况和技术管理水平等因素，根据配合比设计规程建议取 $\sigma = 6.0$。为保证塔柱混凝土的色泽均匀，配合比综合考虑季节的施工因素，原则上可考虑只用一个配合比。

②耐久性。高性能混凝土与普通混凝土的最大区别在于其耐久性要求大大高于普通混凝土。混凝土抗氯离子渗透性是耐久性检验的关键技术指标，而高性能混凝土与普通混凝土的主要区别就是体现在氯离子渗透系数这个微观的技术指标上。

③泵送性。高性能混凝土配合比采用了双掺技术，混凝土材料中使用了比表面积比水泥大的优质粉煤灰和磨细矿粉等矿物掺和料，使拌制的混凝土黏性较大，另外又受低水胶比的影响，使海工混凝土的泵送效果不是很好。合理地确定混凝土的工作性能，使配合比既满足耐久性要求，又有利于高塔泵送，是保证塔柱顺利施工的关键之一。

④水化热。索塔常设计为薄壁结构，混凝土在施工中极易产生裂缝。虽然混凝土裂缝的产生是综合原因所致，但在配合比设计中尽量采用低水化热的水泥、掺加粉煤灰和矿粉等矿物掺和料，降低混凝土水化后产生的热量，可以极大地降低混凝土裂缝产生的风险。

(2)混凝土原材料的选择

①胶凝材料。胶凝材料应采用双掺技术，即胶凝材料应由水泥+粉煤灰+矿渣组成，水泥宜采用低碱水泥。

②砂石集料。高性能混凝土对集料的选择除了要满足规范所明确的物理、化学和力学性能外，粗集料要求级配良好、空隙率小、最大粒径不宜大于25mm。这样在达到相同流动性时，水泥浆的用量低，混凝土的自收缩变形小，水化热低，体积稳定性好。

③外加剂。外加剂的选取是配制高性能混凝土的关键之一。聚羧酸类高效缓凝减水剂具有优异的水化热性能，混凝土的体积稳定性好、内部缺陷少，抗裂性好，是高性能混凝土的首选。外加剂的最终选取须进行大量的试配、反复研究，尤其需要注意的是：通过试配解决外加剂和胶凝材料的相容适应性问题。

(3)塔柱混凝土的泵送控制

塔柱混凝土泵送施工的最大难点：一是塔座混凝土属高空泵送，且施工时间跨越长；二是因泵送距离太长导致混凝土内水分的流失，造成混凝土工作性能的下降和堵管。根据经验的分析，水分散失的原因主要有：①因为泵送高度太大，先施工混凝土由于重力作用导致一部分水分损失；②先施工混凝土要不断湿润导管壁也会导致水分损失；③高温天气致使泵管温度过高，导致混凝土水分减少。

常用的施工控制措施为：①选择性能可靠的高压泵；②混凝土泵送前先施工掺加相同外加剂的水泥砂浆1m^3，然后进行泵送施工，混凝土泵送施工过程中随时根据混凝土拌和物性能、泵送高度、泵送控制压力调整拖泵的工作压力，使拖泵在泵送过程中控制压力小于高压；当不能连续进行混凝土泵送时，需每间隔一段时间进行点动反泵——泵送作业，防止管道内混凝土出现黏管、漏浆、离析现象，保证混凝土泵送的正常顺利；高温天气浇筑混凝土时，要用水泵定时打水喷洒在泵管外面冷却泵管温度,减少由于高温产生的混凝土水分损失。

(4)塔柱混凝土的施工控制

①塔座、塔身、横梁混凝土浇筑前,承包人必须将使用的施工配合比连同钢筋、模板检查表一并书面报送监理人员,检查合格后,方可开盘浇筑。

②灌注过程中,应严格按监理人员批复的配合比拌制混凝土,监理人员应对混凝土浇筑进行全过程旁站检查,及时发现灌注中的异常情况并做好记录。并按15%~20%的抽检频率制作混凝土试件。

③承包人要合理布置混凝土输送泵管,按规范要求,避免混凝土产生离析,自由下落大于2m,应在流动范围内布设下料串筒。

④根据规范要求,严格控制混凝土的搅拌时间;在灌注过程中,承包人、监理人员均应按各自的抽检频率对混凝土的坍落度进行抽检,制取混凝土强度、氯离子扩散系数,电通量试验试件。

⑤混凝土应分层浇筑,其分层厚度≤30cm,振捣时要避免过振或漏振,避免过振发生浆液流失,其养生保湿应不低于14d。

⑥选择性能良好的脱模剂。混凝土浇筑时尽量避免水泥浆溅到未浇部分的模板上,溅到部分则及时清理,以免破坏脱模剂涂层,造成混凝土表面颜色不均;各层混凝土浇筑应做到面层平整,以使施工缝整齐美观。

⑦结构、试验监理人员应对混凝土浇筑的全过程进行跟踪检查,及时总结,分析和解决高性能混凝土施工中出现的问题。

⑧承包人应根据自身的施工特点,编制相应的冬季、夏季施工方案,特别是高性能的混凝土配合比对混凝土的和易性、坍落度、强度要求较高,因此,一般要进行多次重复试配验证,承包人应向监理人员提出配合比设计详细内容,经监理人员批准后实施。

⑨混凝土灌注过程中,承包人应采取有效措施,降低塔柱和横梁内部温度,调整内外温差,避免高性能混凝土因收缩徐变产生裂纹。

⑩严格控制混凝土的浇筑,根据天气变化情况,采取措施控制混凝土入模时的温度,遇雨雪天气,气温偏低时应严禁浇筑混凝土工作。

⑪混凝土试件达到设计强度后,督促施工单位,做好收集各类测试资料,真实填写分项工程质量检验单,报监理签批。

⑫混凝土浮浆的处理。高性能混凝土经高空泵送、振捣后,表层易出现较厚的浮浆,塔柱节段混凝土浇筑完成后,必须安排专人对该层浮浆进行专门清理,混凝土接缝处的凿毛必须处理见到新鲜混凝土面。

⑬索塔预抬量的问题。塔柱施工时,根据索塔混凝土试验参数对索塔压缩变形进行分析计算,并设置相应的预抬量(主要针对拉索锚固区),预抬量的设置须考虑基础沉降量的因素,同时还应注意斜拉索长度的相应调整。预抬量最终须经设计人员确认。

⑭塔顶人洞的预留。塔顶一般均设计有进人洞,考虑到塔顶设施的布置、钢锚箱等的设置,塔顶人洞常设在顶部的一侧。承包人在进行后续的斜拉索体系的施工时,常需要在塔顶的正中部位留有预留孔以方便施工,能否将二者协调合一,须在塔柱施工阶段与设计方提前沟通。

(5)塔柱混凝土的养护控制

塔柱的施工工期一般较长（近一年时间），需经历季节变化，塔柱混凝土属于高性能混凝土，且塔柱壁厚柱高，水化热大，为防止混凝土表层出现裂纹，混凝土的养护措施及其重要。混凝土的高空养护一直是斜拉桥主塔施工的难点之一，下面以上海长江大桥塔柱施工为例，介绍高塔混凝土的养护措施。

上海长江大桥主塔由中交二航局四公司施工，塔高超过200m，主塔施工时设计了一套防风、喷雾养护系统，索塔混凝土在外界温度高于10℃时采用喷水雾保湿养护，低于10℃时采用覆盖保温养护，养护时间不小于8d。

①防风保温系统。采用双层防风防火油布，中间夹有棉纱，沿爬模系统内侧挂设，随爬模系统爬升。防风布设置高度为9m（两节塔柱高度）。

②索塔喷雾养护系统。由供水系统、定时喷水装置组成，供水系统包括高压水泵、供水管路、喷水管路和加热水箱。

a. 高压多级水泵。选择理论扬程为370m，排量为12～20m^3/h的高压多级离心泵，每个索塔配置1台。

b. 供水管路。整个供水管路分垂直管路系统和喷水管路系统。垂直管路水管采用ϕ50mm无缝钢管，管路耐压4.0MPa左右，管路从上、下游塔肢沿拖泵泵管走向并排布置至浇筑段，在出口处通过软管进入放置液压爬模施工平台上的水箱。

c. 喷水管路。分竖向和水平管组成，竖向管采用ϕ50mm无缝钢管，布置在水箱附近，与水箱通过管阀连接；水平管采用直径2cm的自来水管，固定在爬架主平台和修饰平台内侧，管路四个转角处采用橡胶管连接；喷头顺水平管在塔柱四周密集布置。

d. 加热水箱。水箱容量设计为1.0m^3，置爬布架主平台上，每个塔肢布置1个水箱，水箱内布置有加热管和温度计，每次开水养护前将水加热到35～40℃，水箱设高水位、低水位保护，进水高压水泵和喷射水泵连锁，防止水箱溢出或干烧。

养护水温度控制对混凝土养护效果极为重要，混凝土3d拆模后外表温度在39～42℃之间，养护水温度与混凝土外表温度差可控制在15℃以内。混凝土养护系统如图4-3所示。

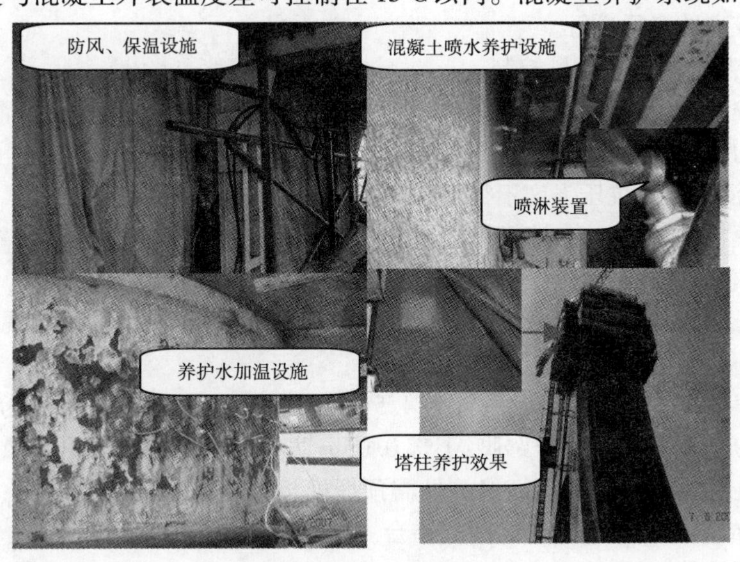

图4-3　混凝土养护系统

(6)塔柱混凝土的裂纹控制

因为索塔高性能混凝土的特性和恶劣的施工环境影响,索塔混凝土容易出现裂纹。塔柱混凝土裂纹控制应该从掺加优质活性矿物掺和料和高性能减水剂等综合技术措施入手,同时在施工中加强工艺控制,细化技术措施,从而达到控制混凝土裂缝的目的。

①优化混凝土配合比,调整混凝土中胶凝材料的用量,并增加矿粉、粉煤灰的用量和减少水泥的用量,降低混凝土水化热,进而达到控制混凝土裂缝的开展。

②选用聚羧酸类高效缓凝减水剂,减小混凝土水化热。混凝土的体积稳定性对混凝土的内部缺陷影响很大,混凝土中的微裂缝主要是由于水泥的收缩引起的,混凝土也会因表里湿度和温度的差别而产生内应力和裂缝。聚羧酸类高效缓凝减水剂具有优异的水化热性能,混凝土的体积稳定性好、内部缺陷少,抗裂性好。

③设置专一的保温、养护系统,真正做好高塔混凝土的养护工作。

④控制混凝土保护层厚度。塔柱混凝土的耐久性要求混凝土保护层有一定的厚度,当保护层厚度过厚时,由于混凝土材料本身的脆性和收缩会导致混凝土保护层出现裂缝,反而削弱其对钢筋的保护作用,施工过程中对钢筋保护层厚度控制应严格按设计要求进行。

⑤在实体段大体量混凝土中布设温控水管,进行温差控制,同时掺加防裂纤维,减少表面微裂纹的出现。

⑥交接面同步设榫头。塔柱可先预浇筑30cm,预浇与塔座同时进行,以减少二者间因混凝土收缩不同而产生混凝土内部应力,从而导致塔柱裂纹产生。

⑦延长混凝土拆模时间。延长混凝土拆模时间与施工进度相对立的。在冬节施工时,当遇到恶劣气候或气温较低的天气时,适当延长混凝土拆模时间以减少混凝土表层收缩裂纹的产生。

⑧合理选择拆模时机。施工过程中,拆模时混凝土表层温度较高,与外界温度相差较大,拆模过程中混凝土保温措施难做到位,因此合理选择混凝土拆模时机很重要,宜尽量控制在白天温度较高的时候进行。

(7)塔柱混凝土的外观质量控制

①模板运输及安装过程中,轻起轻放。模板安装前,仔细检查其表面是否干净,涂抹的脱模剂是否均匀。

②拆模时,混凝土的抗压强度不得低于2.5MPa,以避免对混凝土的破坏。

③拆下的模板应及时检查,清理模板表面。模板表面应避免重物碰撞和敲击,严禁用尖利的硬物刮刻木模表面。

④在索塔正式施工前,做混凝土外观的对比试验和缩尺模型试验,确定混凝土配合比和施工工艺。

⑤塔柱节段的基本浇筑高度常设计为4.5m,建议大面积模板设计高度为4.7m,其中下部0.15m作为新旧混凝土面的压踏脚,上部0.05m防止混凝土浆水溢出污浊混凝土表面和工作平台,混凝土浇筑时在距顶面0.1m处需预埋模板拉杆,用于下节混凝土浇筑时固定模板下口,以减少或消除新老混凝土之间的错台。

⑥混凝土浇筑前,对接缝表面进行检查清理;混凝土浇筑过程中,观察模板与下节段混

凝土面的贴紧情况，接缝两侧的混凝土应充分振捣，使缝线饱满密实。

⑦索塔各部外露面均保证无蜂窝、麻面、收缩裂缝，索塔各部混凝土颜色保持一致性，表面光洁无油污，确保混凝土振捣密实。

（8）塔柱混凝土的成品保护

①索塔施工期间，制定混凝土成品保护责任制，对已完成的混凝土表面进行规范化管理。

②不得用重物随便撞击及敲打混凝土面，尤其刚拆模的混凝土面。

③不得在混凝土表面乱写乱画，不得用尖利的硬物刮刻混凝土面，严禁用污物擦抹混凝土面。

④对于塔柱下部，由于人员、施工设备及材料的影响，其混凝土外表面极易被污染，采取措施重点防护，如实心段混凝土外表面用土工布或其他材料覆盖保护，人员上下、进出人孔的爬梯及混凝土泵管尽量不靠近混凝土表面，钢材不在塔肢附近堆存等。

⑤拆模后的混凝土表面若黏有浮灰及留有模板痕迹，立即用细砂纸打磨，直到浮灰及模板痕迹清除干净、混凝土表面色泽一致为止。

⑥浇筑混凝土时，采取措施防止浆液污染已浇混凝土面；混凝土表面一旦出现浆液及其他污物，立即清洗干净。

⑦采取措施防止电梯、塔吊及其他机械设备用油污染混凝土面，易污染处预先用麻袋、土工布或其他材料围护。

⑧塔吊和电梯附着、临时用爬梯及其他易锈蚀的铁件在使用期间进行防锈处理，并定期进行检查。

⑨经常检查混凝土表面，发现问题及时处理。

四、横梁的施工监理

横梁主要为增强双塔肢塔柱的刚度而设。横梁不但作用重要，而且受力复杂，容易产生变形和开裂。在高空进行大跨度、大断面现浇高强度预应力混凝土横梁施工，难度很大。

1. 横梁支架设计原则

（1）在横梁自重及施工荷载、风载等的作用下，其强度、刚度、稳定性必须满足要求。

（2）支撑系统的弹性变形、非弹性变形及支撑部分的不均匀沉降都要控制在规范允许范围内。

（3）下塔柱与钢支撑系统不同的线膨胀系数、日照温差对混凝土与钢支撑所产生的不同效应，造成不均匀变形要控制在允许范围内。

（4）横梁分两次浇筑时，在浇筑上层混凝土过程中，支架要有足够强度和刚度，确保第一层混凝土不致因为支架刚度不足而产生裂缝。

（5）横梁支架宜采取整体落地结构形式，方便现场的安装与拆除。

2. 横梁支架结构形式

横梁支架系统一般由钢管支撑、平联、纵梁、钢落架、横梁、分配梁、钢桁架及面板组成。

在横梁支架系统的施工中，根据桁架的挠度、立柱的弹性、非弹性变形等因素最终确定底模板的底高程预抬值及预拱度。

3. 横梁的施工监理

(1)对横梁施工方案的审查

①对承包人提交的横梁支架方案进行审核,重点审查支架与操作平台的强度、刚度、稳定性和安全度的验算,检查支点处的承载力和变形控制,必要时可要求承包人委托有资质的第三方对支架方案进行复核。

②为使索塔整体性好,同时便于支架搭设和横梁预应力施工,横梁均应与该段索塔同时施工。

③对横梁高度超过3m的混凝土浇筑方案,原则上应按两次分层施工,以减小支架系统的荷载,有利于施工过程的变形控制。

④塔肢与横梁结合部位的钢筋绑扎和精确定位措施。

⑤预应力系统的精确定位措施和管道防漏浆措施。

⑥大体积混凝土的温控措施、混凝土的浇筑顺序和混凝土的养护方法。

⑦横梁施工的安全保障措施。

(2)支架施工监理

支架系统是横梁施工重要的临时工程,确保支架系统的受力安全和变形控制,是横梁施工质量的保障基础。

①督促承包人编制支架系统的施工安全专项方案,并组织有关专家对方案进行评审,方案完善后方可施工。

②督促承包人严格按已批准的支架系统设计图进行施工。

③钢立柱的安装应有确保稳定的措施,立柱就位须有测量人员配合。

④钢立柱与塔座(或承台)之间的锚固连接是监理人员检查的重点。

⑤平联、纵梁、横梁、分配梁等部位的焊缝必须安排专人进行验收,重要部位的焊缝应探伤检查,做好检查记录,并留下影像资料。

⑥支架安装完成后,必须在底模上按1.1倍混凝土重量堆载作静载试验,以消除构架的非弹性变形,同时对支架的预压进行全过程的观测。

⑦支架施工完成后,承包人应组织有关人员对支架系统进行验收,监理人员参与验收过程。

(3)横梁施工监理

①模板。横梁底模安装时,必须综合考虑模板支撑系统的连接间隙压缩、弹性变形,支撑的不均匀沉降变形以及日照温差对混凝土和钢构件的不同时间效应产生的不均匀变形等的影响,合理设置预拱度,同时在安装底模后,通过预压重方式消除非弹性变形。

②钢筋。横梁的跨距较大,断面尺寸也较大,主筋直径较粗,控制钢筋骨架处于同一平面,使钢筋在结构中受力合理应是监理人员的监控重点。监理人员应督促承包人设置足够数量和刚度的支撑钢筋,杜绝钢筋骨架的翘曲变形,特别是侧面和顶面的钢筋骨架。根据以往经验,为解决横梁钢绞线穿束的困难,可在安装波纹管时将钢绞线穿入管中,在浇筑过程中,应派专人在两端抽动钢绞线,并用压力水冲洗,以免波纹管局部漏浆时"裹死"钢绞线。

③混凝土。选择合理的施工时机,减少钢管立柱与混凝土的温差,减小因温差引起

的变形影响;严格控制横梁混凝土的浇筑次序,避免浇筑过程中支架的不平衡变形;安排专人对支架系统进行观测,有异常情况及时汇报;旁站混凝土的浇筑过程,加强振捣控制,特别是预应力锚固区的混凝土振捣;二次混凝土浇筑前,严格检查混凝土接合面的凿毛处理,确保上下层结合良好;根据混凝土方量,按规范要求,做好混凝土试件的取样工作。

④预应力。横梁的预应力监理详见本书的有关内容。

五、索塔预应力体系的施工监理

索塔的预应力体系一般采用钢绞线的预应力束和精轧螺纹钢筋两种,预应力束常用于塔座、横梁及索塔交汇段等部位,精轧螺纹钢筋则常用于上塔柱的加固。

1. 预应力材料的保护

(1)预应力材料必须保持清洁,在存放和搬运过程中应避免机械损伤和有害的锈蚀。如进场后需长时间存放时,必须安排定期的外观检查。

(2)预应力筋和金属管道在仓库内保管时,仓库应干燥、防潮、通风良好、无腐蚀气体和介质;在室外存放时,时间不宜超过6个月,不得直接堆放在地面上,必须采取垫以枕木并用苫布覆盖等有效措施,防止雨露和各种腐蚀性气体、介质的影响。

(3)锚具、夹具和连接器均应设专人包管。存放、搬运时均应妥善保护,避免锈蚀、沾污、遭受机械损伤或散失。临时性的防护措施应不影响安装操作的效果和永久性防锈措施的实施。

2. 预应力筋加工

(1)预应力筋的下料长度应通过计算确定,计算时考虑结构的孔道长度及施工工作长度。

(2)钢绞线、精轧螺纹钢筋的切断,宜采用切断机或砂轮锯,不得采用电弧切割。

3. 预留孔道施工

(1)预应力筋预留孔道的尺寸与位置应正确,孔道应平顺,端部的预埋钢垫板应垂直于孔道中心线。

(2)钢筋安装过程中,承包人应采用定位钢筋固定其安装好的预应力管道符合设计位置,在混凝土浇筑期间不产生位移。固定各种成孔管道用的定位钢筋的间距,对于钢管不宜大于1m;对于波纹管不宜大于0.8m;对于胶管不宜大于0.5m;对于曲线管道宜适当加密。定位钢筋之间和定位钢筋与普通钢筋之间均应采用点焊连接,以保证定位准确、稳定。

(3)金属管道接头处的连接管宜采用大一个直径级别的同类管道,其长度宜为被连接管道内径的5~7倍。连接时应不使接头处产生角度变化及在混凝土浇筑期间发生管道的转动或移位,并应缠裹紧密防止泥浆的渗入。波纹管在施工过程中可能有伤洞、裂缝和变形,为防止其漏浆,应在波纹管固定好后穿入一比波纹管内径小1cm胶管。待混凝土浇完后初凝前抽出胶管,如有漏浆马上清除。穿束前采用空气压缩机清除管道杂质。套筒外缘距塔柱外侧表面有一定距离,施工塔柱时应预先用泡沫塑料封堵套筒,防止施工时混凝土进入套筒内。

(4)所有管道均应设压浆孔,还应在最高点设排气孔及需要时在最低点设排水孔。压浆管、排气管和排水管应是最小内径为20mm的标准管或适宜的塑性管，与管道之间的连接应采用金属或塑料结构扣件，长度应足以从管道引出结构物以外。

(5)管道在模板内安装完毕后，应将其端部盖好，防止水或其他杂物进入。

(6)精轧螺纹钢筋及套管在钢筋绑扎时予以安装，应设置定位架立钢筋，严格按照设计要求定位，确保钢筋位置准确及套管不变形。当预应力钢筋与斜拉索套管位置有冲突时，可适当调整预应力钢筋位置；当预应力钢筋与塔柱普通钢筋、劲性骨架位置有冲突时，可适当调整塔柱普通钢筋、劲性骨架位置。

4. 预应力筋安装

(1)预应力筋可在混凝土之前或之后穿入管道。穿束前应检查锚垫板和孔道，锚垫板应位置准确，孔道内应畅通，无水和其他杂物。

(2)预应力筋安装后的保护

①对在混凝土浇筑及养生之前安装在管道中但在下列规定时限内没有压浆的预应力筋，应采取防止锈蚀或其他防腐蚀的措施，直至压浆。

不同暴露条件下，未采取防腐蚀措施的力筋在安装后至压浆时的容许间隔时间如下(或按设计要求执行)：

空气湿度大于70%或盐分过大时:7d。

空气湿度40% ~70%时:15d。

空气湿度小于40%时:20d。

②在预应力筋安装在管道中后，管道端部开口应密封以防止湿气进入。

③在任何情况下，当在安装有预应力筋的部位附近进行电焊时，对全部预应力筋和金属件均应进行保护，防止溅上焊渣或造成其他损坏。

(3)对在混凝土浇筑之前穿束的管道，力筋安装完成后，应进行全面检查，以查出可能被损坏的管道。在混凝土浇筑之前，必须将管道上一切非有意留的孔、开口或损坏之处修复，并应检查力筋能否在管道内自由滑动。

5. 混凝土浇筑过程的控制

(1)浇筑混凝土时，宜根据结构的不同形式选用插入式、附着式或平板式等振动器进行振捣。对预应力筋锚固区以及其他钢筋密集部位，宜特别注意振捣。

(2)浇筑混凝土时，对后张结构应避免振动器碰撞预应力筋的管道、预埋件等。并应经常检查模板、管道、锚固端垫板及支座预埋件等，以保证其位置及尺寸符合设计要求。

(3)混凝土浇筑完成并初凝后，应立即开始养护。

6. 施加预应力的准备工作

(1)对力筋施加预应力之前，必须完成或检验以下工作：

①施工现场应具备经批准的张拉程序和现场施工说明书。

②现场已有具备预应力施工知识和正确操作的施工人员。

③锚具安装正确，混凝土已达到设计要求(强度和弹性模量)。

④施工现场已具备确保全体操作人员和设备安全的必要的预防措施。

(2)实施张拉时，应使千斤顶的张拉力作用线与预应力筋的轴线重合一致。

7. 张拉应力控制

(1)预应力筋的张拉控制应力应符合设计要求。

(2)预应力筋张拉实行设计拉力与相应伸长量双控,实际伸长量与理论伸长量的允许差为 ±6%,并应注意实用预应力筋的截面积和弹性模量而应进行的伸长量修正。

$$\Delta_{实} = (A_{设} \cdot E_{设})/(A_{实} \cdot E_{实}) \cdot \Delta_{设} \tag{4-1}$$

(3)预应力筋的理论伸长值 ΔL(mm)可按下式计算:

$$\Delta L = (P_p L)/(A_p E_p) \tag{4-2}$$

式中:P_p——预应力筋的平均张拉力(N),直线筋取张拉端的拉力,两端张拉的曲线筋,计算方法见《公路桥涵施工技术规范》(JTJ 041—2000)附录;

L——预应力筋的长度(mm);

A_p——预应力筋的截面面积(mm^2);

E_p——预应力筋的弹性模量(N/mm^2)。

(4)预应力筋张拉时,应先调整到初应力 σ_0,该初应力宜为张拉控制应力 σ_{con} 的 10% ~ 15%,伸长值应从初应力时开始量测。力筋的实际伸长值除量测的伸长值外,必须加上初应力以下的推算伸长值。

预应力筋张拉的实际伸长值 ΔL(mm),可按下式计算:

$$\Delta L = \Delta L_1 + \Delta L_2 \tag{4-3}$$

式中:ΔL_1——从初应力至最大张拉应力间的实测伸长值(mm);

ΔL_2——初应力以下的推算伸长值(mm)。

(5)必要时,应对锚圈口及孔道摩阻损失进行测定,张拉时予以调整。

(6)预应力筋的锚固,应在张拉控制应力处于稳定状态下进行。锚固阶段张拉端预应力筋的内缩量设计如无规定,建议不大于表 4-4 所列容许值。

锚具变形、预应力筋回缩和接缝压缩容许值　　表 4-4

锚具、接缝类型		变形型式	容许值 ΔL(mm)
钢制锥形锚具		力筋回缩、锚具变形	6
夹片式锚具(用于预应力钢绞线)		力筋回缩、锚具变形	6
镦头锚具		缝隙压密	1
JM15 锚具	用于预应力钢丝时	力筋回缩、锚具变形	3
	用于预应力钢绞线时		6
粗钢筋锚具(用于精轧螺纹钢筋)		力筋回缩、锚具变形	1
每块后加垫板的缝隙		缝隙压密	1
水泥砂浆接缝		缝隙压密	1
环氧树脂砂浆接缝		缝隙压密	1

(7)预应力筋张拉及放松时,均应填写施工记录。

8. 张拉

(1)对力筋施加预应力之前,应对构件进行检验,外观和尺寸应符合质量标准要求。张拉时,构件的混凝土强度及弹性模量应符合设计要求(强度和弹性模量)。

(2)预应力筋的张拉顺序应符合设计要求,采取分批、分阶段对称张拉。

(3)应使用能张拉多根钢绞线或钢丝的千斤顶同时对每一钢束中的全部力筋施加应力,但对扁平管道中不多于4根的钢绞线除外。

(4)预应力筋张拉端的设置要求:

①预应力钢束均为两端张拉,一次张拉完成。

②塔柱精轧螺纹钢筋为一端张拉,采用张拉应力与引伸量双控。精轧螺纹钢筋应逐根张拉,且须反复张拉两次以减少回缩量。钢筋张拉结束后,需在露出锚具3.5cm处割断钢筋,涂环氧树脂,然后进行压浆封锚。

(5)后张预应力筋的张拉应符合设计要求。

(6)预应力筋在张拉控制应力达到稳定后方可锚固。锚固完毕严禁撞击锚头并经检验合格后应切割断头多余的预应力筋,严禁用电弧焊切割,强调用砂轮机切割。预应力筋锚固后的外露长度不宜小于30mm,锚具应用封端混凝土保护。

9. 后张孔道压浆

(1)预应力筋张拉后,预应力管道应在张拉完成后在设计要求的时间内进行压浆,压浆须采取真空辅助压浆。

(2)孔道的准备。压浆前,应对孔道进行清洁处理。对抽芯成型的混凝土空心孔道应冲洗干净并使孔壁完全湿润;金属管道必要时亦应冲洗以清除有害材料;对孔道内可能发生的油污等,可采用已知对预应力筋和管道无腐蚀作用的中性洗涤剂或皂液,用水稀释后进行冲洗。冲洗后,应用真空泵试吸真空,当真空度检测达到要求的标准后,方可开始真空辅助压浆。

(3)水泥浆自拌制至压入孔道的延续时间,视气温情况而定,一般在30~45min范围内。水泥浆在使用前和压注过程中应连续搅拌。对于因延迟使用所致的流动度降低的水泥浆,不得通过加水来增加其流动度。

(4)压浆时,对曲线孔道和竖向孔道应从最低点的压浆孔压入,由最高点的排气孔排气和泌水。压浆顺序宜先压注下层孔道。

(5)压浆应缓慢、均匀地进行,不得中断,并应将所有最高点的排气孔依次一一放开和关闭,使孔道内排气畅通。较集中和邻近的孔道,宜尽量先连续压浆完成,不能连续压浆时,后压浆的孔道应在压浆前用压力水冲洗畅通。

(6)对掺加外加剂泌水率较小的水泥浆,通过试验证明能达到孔道内饱满时,可采用一次压浆的方法;不掺外加剂的水泥浆,可采用二次压浆法,两次压浆的间隔时间宜为30~45min。

(7)压浆应使用活塞式压浆泵,压浆应达到孔道另一端饱满和出浆,并应达到排气孔排出与规定稠度相同的水泥浆为止。为保证管道中充满灰浆,关闭出浆口后,应保持不小于0.5MPa的一个稳压期,该稳压期不宜少于2min。

(8)压浆过程中及压浆后48h内,结构混凝土的温度不得低于5℃,否则应采取保温措施。当气温高于35℃时,压浆宜在夜间进行。

(9)压浆后应从检查孔抽查压浆的密实情况,如有不实,应及时处理和纠正。压浆时,每一工作班应留取不少于3组的70.7mm×70.7mm×70.7mm立方体试件,标准养护28d,检查其抗压强度,作为评定水泥浆质量的依据。

(10)对需封锚的锚具,压浆后应先将其周围冲洗干净并对梁端混凝土凿毛,然后设置钢筋网浇筑封锚混凝土。封锚钢筋网应牢固,封锚混凝土与结构混凝土结合应严密平整,防止出现明显错台。封锚混凝土的强度应符合设计规定,长期外露的锚具,应采用防锈措施。

六、拉索锚固区的施工监理

上塔柱的拉索锚固区是塔柱受力最复杂的部位,它将拉索锚固的集中力传递到主塔塔壁内。而巨大的拉索锚固力直接作用到塔壁上,容易出现开裂,所以在构造上一般布置有锚固钢横梁或者环形预应力。锚固区的特殊功能要求各种构件、预埋件的空间位置和角度必须始终保持准确,混凝土必须达到充分密实。

1. 锚固区的钢筋施工

锚固区的钢筋施工前应充分分析钢筋、锚固区的预应力体系、索套管、预埋件以及钢锚箱等的剪力键之间的相互位置关系,合理地确定安装顺序,相互有干扰时,提前通过设计进行调整,尽量减少在施工过程中现场处理,施工时严禁随意切割钢筋或移动预应力管道。

2. 锚固区的混凝土施工

锚固区的混凝土施工除了按第4章第二节中的相关内容进行控制以外,还应注意:

①锚固区的钢筋及预埋件较多,混凝土的布料和振捣困难,因此施工前在构件密集处须提前设置布料和振捣的预留通道,施工时浇筑过程中加强振捣,浇筑完成后及时覆盖、洒水养护。

②浇筑混凝土前,要求将预埋索套管两端临时封堵,防止混凝土流入孔道。

③混凝土施工过程中要注意对锚固设施及管道的保护。

3. 拉索管道(套管)施工

(1)管道施工包括管道的制作和管道的安装定位。要求管道顺直,不变形、不渗漏,定位准确、固定牢靠。

(2)套管制作一般是将钢管焊接在锚板上,要确保钢管与锚板圆孔同心,锚固面与钢管垂直,出口端的内侧须磨成圆弧倒角。

(3)索套管预埋应依据图纸明确的预埋钢管与塔柱内外壁交点的上下端口坐标,严控安装,塔柱混凝土浇筑前,应再次校核预埋钢管的上下端口控制点坐标。

(4)索套管定位包括套管上下口的空间位置、套筒倾斜度的高程等,定位的具体控制详见“斜拉桥测量监理”中的相关内容。

(5)如预埋钢管过长,跨两个节段时,可考虑分节安装,节段分界点坐标应根据上下端口坐标内插获得,但在上下节段施工连接时,应确保接口平顺连接,不允许有弯折。

4. 钢锚箱和钢锚梁的施工

钢锚箱和钢锚梁施工的重点在于:钢结构的制作质量;大吨位构件的高空吊装方法;塔

柱中心空间有限,安装精度要求高、定位难度大。钢锚箱和钢锚梁的施工监理详见第七章内容。

第三节　钢索塔施工监理

钢索塔以它具有工厂化加工、体积小(相对混凝土而言)、自重轻、施工进度快、外形美观、环保等特点,在日本、美国及欧洲各国得到广泛应用。由于钢桥塔建设成本高、运营期维修保养要求高,我国只有2005年竣工的南京长江第三大桥和在建的泰州长江大桥采用了钢索塔,但钢塔柱具有100年后可回收及钢塔柱安装施工工效远高于混凝土塔柱施工等特点,其社会效益和经济效益更加明显,在今后的桥梁建设中预计将会被广泛采用。

一、钢索塔的施工方法和工艺流程

1. 钢索塔的施工方法

钢桥塔一般采用工厂分段预制,运至工地起吊安装的办法施工,钢索塔的节段连接常采用高强度螺栓连接、焊接、栓接和焊接混合连接等方式。钢桥塔的安装方法一般有浮吊法、爬升式起重机法和塔吊法。

(1)浮吊法。利用浮吊将桥塔整体一次或分次安装的方法,具体的吊装节段由浮式起重机的吨位和高度确定。

(2)爬升式起重机法。首先在塔柱侧面安装护轨,安装可沿其爬升的起重机逐段起吊安装塔身,这种方法要求严格控制桥塔的垂直度。

(3)塔吊法。安装和钢塔柱完全独立的塔吊进行桥塔架设,由于桥塔上不安装施工机械,因而施工方便,精度易得到保证,但设备费用较高。南京长江第三大桥的钢塔就是采用这种方法进行的安装,并在施工中不断摸索,最终形成了比较成熟的钢塔柱安装施工工法。

2. 钢索塔的施工工艺流程

(1)钢索塔施工主要工艺流程

施工准备→首节节段安装→标准节段吊装→横梁安装→主动横撑施工→阻尼器安装。

(2)钢塔安装工艺流程

①钢塔在制造场地内的准备工作:安装支架→安装工作平台及钢梯→栓合部分拼接板→安装吊耳→安装接口微调装置(仅在调整接口)→配置接口高强螺栓→配置工具、设备→拼接板捆扎、包装→装船、运输。

②钢塔下塔肢在桥位处的安装流程:钢塔柱节段运输→运输船就位→缆风绳安装→浮吊起吊塔柱节段→吊钩角度调整及就位→下放构件、确认端面对准架设位置→对接、打入冲钉、拧紧临时安装用螺栓→塔肢节段金属接触面验收→测量两塔肢节段垂直度、平面位置、平整度→调整直至符合要求。浮吊安装钢塔肢如图4-4所示。

③钢塔标准节在桥位处的安装流程:接口接触面的检查、清洁→高强螺栓接触面的检查、清洁→微调系统→高栓、冲钉、工具、照明的准备→吊装初定位→吊装精定位→栓合四壁

板拼接板→冲钉定位→一次检测接触率→四边高栓初拧、复拧→拆除角部匹配件定位装置→栓合、冲钉定位角壁板拼接板→二次检测接触率→初拧、复拧四角壁板高强螺栓→终拧壁板所有高强螺栓→栓合、冲钉定位腹板拼接板→三次检测接触率→初拧、复拧、终拧腹板高强螺栓→栓合、冲钉定位纵肋拼接板→四次检测接触率→初拧、复拧、终拧纵肋高强螺栓→拆除吊耳。塔吊安装标准节如图4-5所示。

图4-4　T1节段吊装

图4-5　钢索塔节段吊装

二、钢索塔制造的监理技术要点

1. 钢索塔制造概述

(1)钢索塔制造的主要工艺流程

钢板表面预处理→切割下料→板件→板单元→块体→节段→端面机加工→预拼装→表面处理、涂装→发运。

(2)钢索塔制造的主要工艺要点

①数控(自动)切割下料(保证下料尺寸精度)。

②胎架划线装配(实现尺寸精度控制)。

③焊接。反变形胎焊接(减少矫形量和内应力);加固控制变形(解决焊后不易矫正的难题);翻身焊(尽量采用平位焊,避免仰焊,保证焊缝质量)。

④平台矫形。以火焰热矫为主,辅以外力(效果明显)。

⑤分阶段采用组→焊→矫(如板块、板单元、块体、节段分别组→焊→矫,保证外形,减少内应力)。

⑥隔板、腹板单元采用先组焊肋板,矫形后再切(机加工)边及坡口(可避免焊接、矫形对尺寸精度的影响)。

(3)钢塔制造的主要监理内容

从对原材料供应商的资质审查,原材料进厂复验,板材表面预处理,下料,零件加工,板件,板单元,块体,节段的装配、焊接、矫形,钢塔节段划线、端面机加工,节段预拼装,节段表面防腐处理、涂装,编号、包装,吊运,装船等制造加工的全过程监控。

2. 钢塔制造准备阶段的监理

制造准备阶段的质量控制是制造质量的基础,是质量控制的重要环节之一,监理人员不可轻视,应该认真审查、监督,一丝不苟。

(1)审核施工组织设计

主要审查项目部的机构、人员构成,项目经理、总工的职称、简历;制造总体工艺布局和工艺流程(包括作业有效面积,设备配置,作业环境等);制造总体方案;突出制造的难点、重点及其工艺措施;项目部的质保体系及主要保证措施;项目部的安全保证体系及主要保证措施。

(2)制造规则的审核

主要审查:各主要工序的加工制造的要点和规定;各主要工序的质量标准;焊缝等级,无损检测要求,焊接产品试板的数量、试验项目、项目标准等是否科学、合理、全面;并应满足招标文件和设计技术要求。

(3)审核制造工艺方案

主要审查:制造的总方案及其工艺流程,制造的难点、重点及其工艺措施;主要构件的工艺及其要点等是否科学、合理、全面,能满足质量指标的要求。

(4)工艺评定任务书的审核

主要审查:工艺指导书、评定选用的材料,评定项目,项目的判定标准是否满足设计要求。

(5)焊接、切割、涂装工艺评定

主要审查:评定项目与已批准的评定任务书的一致性。评定材料的质量指标,评定实施的记录,试验结果的分析,评定结论等符合有关技术要求,手续齐全,并经承包单位技术主管领导批准。

(6)主要工序的工艺审核

主要审查:工艺详细、具体、可操作性强,符合制造方案和工艺评定要求。

(7)制造质量检验计划的审批

主要审查:项目部的产品质量检验机构、制度、人员配备,满足质量控制的要求。质量检验的方法、手段,检验频数,质量停止点的设置,质量检验项点,检验标准、检测仪器等符合有关规定。

总包、分包、施工队的质量管理程序明确,符合要求,杜绝以包代管。制定科学、合理的检验规程,并明确相应的质量检验用表。

(8)检查投入的设备规格、数量能否满足制造的需求,其性能现状能否达到技术标准的要求。

(9)分包单位资质的审批

主要审查:分包也包括劳务分包(施工队)。分包单位的有关资质证书是否符合要求,营业执照上的范围包括承包的内容,有无质量认证,企业的技术水平,生产能力及其资质能否满足任务承包。分包的内容、工程量符合有关规定。

(10)电焊工、无损检测等人员资质的检查

主要审查:电焊工是否持有焊工证,并经过培训、考试合格,上岗证上指定的操作内容与考试合格的项目一致,培训内容能否体现本工程实际并符合焊接工艺评定的要求。无损检测人员必须持有Ⅱ级以上的资质证书。

(11)开工前必须由项目的技术负责人对所有施工人员进行工艺技术交底,讲清制造的重点、难点、操作要点。

(12)明确监理质量停止点的检验

监理人员为有效地控制制造加工全过程的质量,钢塔制造时设置:钢材、焊接材料、涂装材料、高强螺栓等材料质量停止点;板单元制造质量停止点;边块体制造质量停止点;节段制造质量停止点;节段端面机加工质量停止点;预拼装质量停止点;节段表面除锈质量停止点;节段涂装质量停止点;节段编号、包装、装船质量停止点等9个停止点。未经监理人员确认的停止点备件,不得随意进入下工序。

3. 制造过程的监理控制

制造过程是产品质量形成的过程,它是制造准备质量控制之后的又一个质量控制的重点。过程质量控制中第一个制造循环过程以及第一循环过程中的首件控制是过程控制的关键。过程控制中焊接质量控制、预拼装质量控制和高强螺栓连接面涂装的质量控制是工序控制的重点。

(1)制造的监理控制流程(图4-6)

(2)原材料复验监理

①审查材质证明书和项目部的复验报告

钢材:同一厂家、同一材质、同一厚度、同一出厂状态,每10个炉批号且总重量不大于600t,抽一组试件,复验化学成分、机械性能。材质证明书和复验报告中的项目、指标符合《桥梁用结构钢》(GB/T 714—2008)标准。

焊接材料:同一厂家、同一牌号、规格,首批复验化学成分和熔敷金属机械性能;续批仅复验化学成分。材质证明书和复验报告中的项目指标符合设计、业主和相关标准。

涂装材料:按批复验。材质证明书和复验报告中的项目指标符合设计、业主和相关标准。

②监理人员旁站、抽验:复验取样、试验过程旁站;钢材按制造方复验数量的20%随机抽样,进行检验。

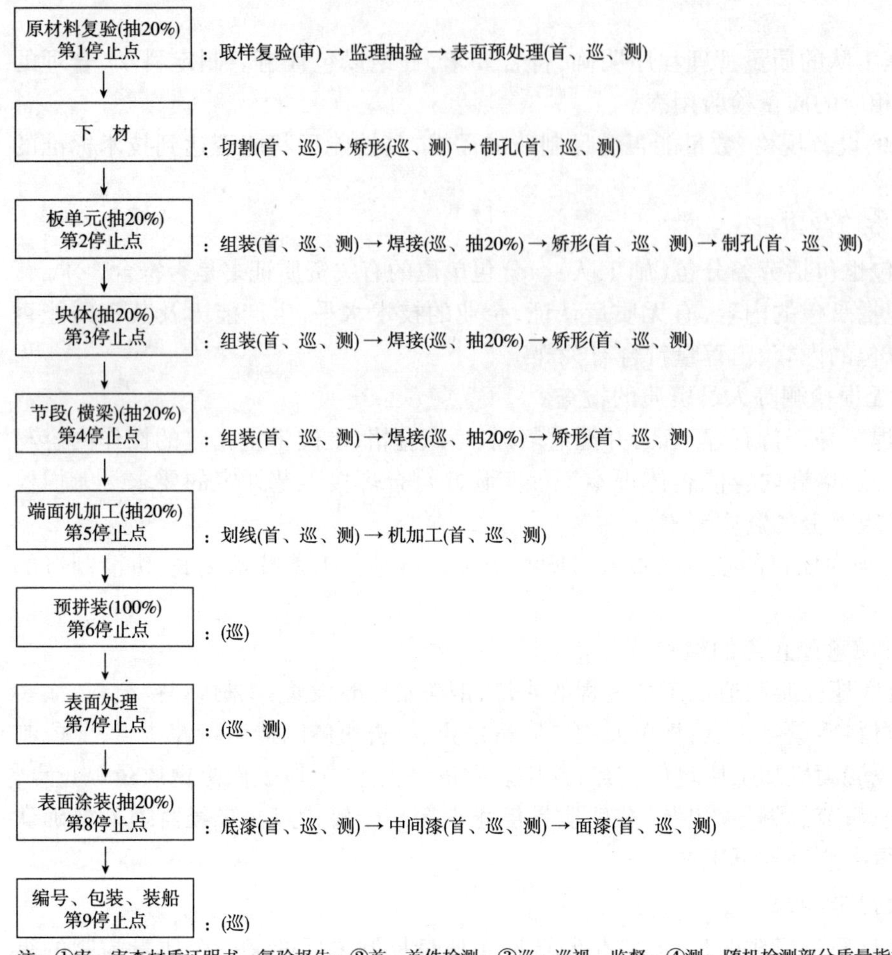

注：①审：审查材质证明书、复验报告；②首：首件检测；③巡：巡视、监督；④测：随机检测部分质量指标；⑤抽20%：随机抽验20%，做抽验记录(报告)；⑥100%：100%检测。

图4-6 制造的监理控制流程

(3)板单元制作监理

①审查原始质量资料

主要零件的材质追溯记录;主要焊缝的施焊记录;板单元的质量检测记录;焊缝无损检测记录;焊接产品试板的检验报告等。质量资料齐全,符合要求。

②检验:焊缝监理抽测20%合格;产品试板的焊接、试验经监理人员旁站确认。监理人员接到报验申请单,到现场对报验的所有板单元的外观、焊缝外观进行100%的目测检查,并确认自检、专检的标识。

随机抽验20%的板单元。检验其宽度、侧向弯曲、纵肋间距、垂直度、平面度、高强螺栓孔径、孔距等质量指标符合技术要求,做好检验记录。经对外观和抽验确认合格,监理人员在报验单上签字。

(4)边块体、节段、横梁参考板单元的控制要点。

(5)端面机加工监理

①审查端面机加工检测记录满足技术要求。

②检验:随机抽验20%的节段,检验其长度、端面平面度、垂直度、表面粗糙度等质量指标符合技术要求,做好检验记录。抽验合格,监理人员在报验单上签字。

(6)预拼装监理

①审查预拼装检测记录,满足技术要求。

②检验:每个预拼装监理都检测:拼装长度(高度),两向垂直度,端面接触率,壁板、腹板、纵肋等错边,板层间隙,高强螺栓孔过孔率,扭曲等质量指标符合技术要求,并做好检测记录。经监理人员检测合格,监理在报验单上签字。

(7)防腐涂装监理控制

①涂装前

a. 制定专项工艺。以涂装工艺评定为依据,编制工地涂装最后一道面漆的工艺,指导现场施涂。

b. 对已摩擦、碰撞而损坏的涂装,按有关规定进行预处理,并按底漆、中间漆、面漆的顺序进行补涂,要注意各层漆重涂时限要求和涂层错开。

c. 对厂内已涂装的面漆表面,在涂漆前进行拉毛处理,保证外层面漆的附着力。

②涂装过程

a. 涂装环境。环境温度通常在5~40℃,具体依涂料说明书为准,待涂装表面温度高于露点3℃,相对湿度在80%以下,注意风对涂装的影响,风太大应停止涂装。

b. 施涂的油漆一定达到熟化期,严禁超过混合使用期涂装。

③涂层检验

a. 外观。涂层厚度均匀、无流挂、漏喷、干喷、橘皮、色泽一致。

b. 漆膜厚度。测值必须满足设计和规范要求。每10m^2取5个基面,每个基面测3点。

c. 附着力:用划格法,须达到0级。

(8)节段编号、包装、装船监理

核对节段编号的正确性。编号在明显、易查找之处。端面包装保护的有效性、可行性。吊点的牢靠、安全性。存放场地排水通风、不能随便码放。

装船起吊设备的能力满足要求;设备的安全使用证有效性;设备、吊绳、吊钩的现状可靠。吊装作业周围空间的安全范围。节段装船的整体稳定性(整体稳定系数,抗风、抗浪性)。支架的刚度、稳定性,捆绑的安全性,对节段不产生损害和变形。航运的天气预报满足水上运输要求。

(9)主要工序的控制要点

①切割下料

火焰切割优先采用数控、自动切割。手工切割和剪切只用在有机加工的边缘。火焰切割应满足切割工艺评定的要求,如切割面硬度≤HV350,切割面不应有超标的崩坑、沟槽等缺陷。切割尺寸满足工艺要求。主要零件应作材质跟踪记录。

横隔板的长、宽、对角线、边的垂直度、过肋孔位置等尺寸的精度。

②矫形

应优先采用矫平机矫平,冷矫温度>-5℃,热矫温度为600~800℃,严禁过烧。钢板冷却到室温之前,不得浇水和锤击。矫形面要平,边(棱)要直,角度要满足要求。箱型件扭曲的矫形。

热矫正应先矫焊接角变形,再矫边缘和中部变形的原则。

③制孔

控制孔径,孔中心距,孔群中心间距,孔边距。

④画线、装配

胎架基准线、基点精度。画线依据基线、基点,尤其注意纵肋等有连接关系定位线的精度。画定位线应尽量避免偏差累积的影响,装配位置尺寸,装配间隙。注意焊接矫形后,基线做必要的修正。

板单元纵肋位置尺寸应与横隔板的过肋孔位置尺寸一致。

塔柱节段组装时端口尺寸、纵肋位置等应与连接节段端口匹配一致。

⑤焊接

钢塔柱的焊接是十分重要的质量控制点。它是钢结构各件的连接,它对结构的强度、刚度、稳定起着关键性的作用,必须全面、严格控制。

焊工持证上岗,除日常巡视之外,还要不定期的集中检查:焊接材料必须是经监理确认同意使用的,并按规定烘干、保存、使用。焊条在保温筒内存放,焊剂离开烘干箱应立即使用,不得放置时间过长,否则应配置现场保温筒。

焊接设备,运行正常,状态优良,仪表正常有效、贴有检定标识。焊接环境温度≥5℃,相对湿度≤80%。风力≥5 级,雨、雪天气露天不宜焊接。

认真执行焊接工艺,按规定控制:预热,控制层间温度,焊接电流、电压、焊接速度以及焊道层数。

采用合理的焊接顺序,应对称、同时、同向施焊,减小焊接变形。必要时采用工艺板控制焊接变形。

焊接产品试板必须按规定连体拖带,同材质,同坡口,同工艺,同一焊工施焊,真正能代表焊缝的内在质量。

焊前除锈、去污满足要求,严禁在非焊接区打火引弧,埋弧自动焊应在引弧板上引弧、熄弧。返修焊和马板部位易出现表面裂纹,应严格控制。

焊缝质量的检验主要有:

a. 焊缝外观

质量停止点应对焊缝外观进行全面检查,如焊缝宽度、焊波高低、焊角尺寸、气孔、夹渣、未熔合等在标准规定之内,并检查确认制造方自检、专检合格的标识。

b. 焊缝无损检测

焊缝一般焊后24h(板厚$\delta \geqslant 30$mm时,48h)制造方才能进行无损检测,检测合格可以快报的形式报平行检验,经监理人员平行检验合格,方能进行下道工序的制造。

c. 焊接产品试板试验

焊接产品试板试验结果是检测焊缝机械性能的手段。试板的试验项目、试验结果符合有关技术要求,否则不得随便转入下工序。

⑥箱型扭曲

箱型扭曲很难矫正,应采取一系列的综合工艺措施,如下料尺寸、组装焊接顺序、矫形的位置等。

⑦节段画线、机加工

画线、定位、机加工尽量减小温差对其精度的影响,使其在标准范围之内。加工过程中注意加工面与基线的一致性。主要控制加工面平面度、垂直度、尺寸精度。

⑧预拼装

预拼装的目的是检验制造质量,为工地安装满足设计要求创造条件。重点检验节段的接触率、过孔率、拼板间隙、节段的垂直度。

⑨节段表面处理、涂装

表面除锈的清洁度,粗糙度,涂层的膜厚、附着力,表面质量;控制除锈后到涂装、各层重涂等时限规定;涂装环境的温度、相对湿度、表面露点温度等符合规定。雨、雪、大风(≥5级)天气不得随便施涂;破损面的补涂必须符合技术要求;高强螺栓连接面抗滑移系数≥0.55,方能出厂。

(10)旁站要点

①旁站的内容

原材料取样;钢材复验;焊接材料取样、复验;涂装材料复验;焊接工艺评定的焊接过程和试验;切割工艺评定的切割过程和试验;涂装工艺评定的涂装过程和试验;焊接产品试板的焊接过程和试验过程;高强螺栓抗滑移面涂装、试验过程;

②旁站的要点

施焊、施涂的环境条件、工艺、试板编号,产品试板与构件的一致性;取样的部位、方向、数量;试件制备的方法、位置、尺寸、数量、精度;试验方法、项目、指标;试验设备在鉴定有效期内等。

(11)成品的出厂控制

节段成品出厂前,经项目部质检部门作全面质量检测合格,填报制作质量检验报告,主要包括:主要零件材质跟踪记录;主要焊缝的施焊记录;无损检测报告;焊接产品试板试验报告;节段预拼装记录;制作质量检验记录。还须填报节段涂装质量检验报告,主要包括:表面除锈检验记录;涂装检测记录;抗滑移系数试板试验报告。监理人员审查后,对逐个节段实物进行外观检查,并按20%的比例随机抽验,作检验记录,监理人员确认合格应在质量检验报告单上签字,未经监理人员签认的节段不予以出厂。

三、钢索塔节段吊装的监理技术要点

钢塔柱由工厂分段制造,通过水路运输至施工现场,吊装就位。下塔柱节段及下横梁常使用水上吊船吊装,上塔柱节段及上横梁使用塔吊安装。

1. 吊装前准备工作监理

(1)方案审查

监理人员审查承包人编制的“钢塔柱吊装施工组织设计”、“钢塔柱吊装施工专项安全方案”及“开工申请”并报建设单位审批,必要时要求承包人组织专家评审。

(2)吊装安全的准备

钢塔节段吊装属大件、重载、高空作业,安全风险很大,保证吊装作业的安全是监理要点的首位。作业前应分解作业的全过程,从中找出存在安全风险的要素,作为监控的重点,并查实施工安全设施的完好,如电梯、爬梯、脚手、栏杆、安全网、施工用电、夜间照明及施工人员的防护穿戴等是否符合要求。

(3)吊装质量的预控点

控制塔柱吊装质量有两点:一是塔柱节段拼装连接的质量;二是塔柱拼装线形。

在吊装阶段影响塔柱线形的有如下几个因素:一是首节节段安装到位;二是节段调节段的调节到位;三是吊装阶段塔柱倾斜引起自重变形的控制。

在节段连接采用节段壁板端面精密接触的方式时,节段线形吊装时将无法调整,塔柱的整体线形由制造控制的。

塔柱吊装实际线形要用测量方法随时有效地监测,监测结果要及时提供给制造单位,以便在调节段制造时作出调整。测量作业要避开塔柱周边温度不均和大风的影响。

(4)施工环境

承包人要做好气象和水文信息的搜集并及时通报监理人员,选定良好的环境进行吊装作业。

(5)起吊设备的控制

①水上吊船和安装塔吊等起吊设备必须具备合法的机构颁发的允许使用许可证。

②要有完备的保证起吊设备正常运转和安全操作的规章制度和管理体系,保证设备运转和操作的安全。

③塔吊的附墙结构要求塔吊供应单位提供设计资料。制造和安装必须符合设计要求,确保塔吊使用安全。

④承包人要根据塔吊供应单位提供塔吊底部固定的限制性要求,设计塔吊底部锚固结构并正确安装就位。

⑤起重钢丝绳宜应采用“不缠绕”钢丝绳,吊钩的设计须能抵抗较大的旋转扭矩。

⑥吊具的设计必须具有足够的刚性,以抵抗吊装水平力;吊具还须具备调节塔段角度的功能。承包人要对起吊节段的吊具进行试吊后方可使用。

(6)参加吊装作业的人员必须具备国家规定机构颁发的特种作业操作证,施工前承包人应对所有施工人员进行安全、技术交底和岗前培训。

(7)承包人要根据设计单位提供的在塔柱吊装过程中为调整塔柱结构变形和保证塔柱结构安全,在塔柱特定位置进行施顶的要求,做好施顶设备和支架的设计和安装,并在规定的时间进行施顶。

(8)组织协调

节段的制作和运输应满足安装的需要,监理人员须做好制造和安装的协调工作。桥位的水文环境、塔柱的方向、起吊设备的能力等因素,决定了节段装船的位置和方向,因此节段发运时必须依据吊装方案装载节段同时注意节段装船时的位置及方向。

2. 首节段(D0)安装监理要点

(1)复测锚固螺栓的实际位置,有不符要求的必须予以处理;督促承包人对承台塔座支承面进行清洁处理。

(2)在D0段支承板范围内放置按照设计高度的支承垫块(垫块必须是可以调整高度的),以及用以D0段高度和平面位置的调整设施。施工前须对所布设的调整设施进行检查,确认其是否有效。

(3)吊装D0节段就位,插入锚螺杆,支承在支承垫上。根据测量的要求,调整D0节段平面位置,倾角及高程均在允许误差的范围内。D0节段安装检测位置以节段顶口为准。

(4)将锚固螺栓临时固定(防止压浆时D0段移动)。

(5)做好支承段底板下压浆准备工作。塔座顶面与D0段底板间的封堵工作、注浆筒及注浆管的固定、砂浆拌和和输送均按批准的施工组织设计要求办理。

(6)进行支承段底板下压浆。检查压浆过程浆液情况,进浆、出浆情况,压浆时间、数量、漏浆情况,设计用浆数量和实际压浆数量比较,确认是否正常。压浆应选择天气晴好时进行。

(7)以实际压浆数量和理论压浆数量和底板上预设置的检查孔判定压浆的饱和度。

(8)压浆完成后,按设计要求对锚固螺栓预拉固定好。

3. 钢塔节段吊装的监理要点

(1)确认当时气象条件是否允许起吊。超过规定允许起吊的风力、大雨、大雪、起雾、雷电等气象条件下坚决不允许起吊,尽量避免夜间起吊。

(2)检查由船上运来的节段编号是否有错,复核附带拼接板、脚手架、设备等的重量加节段本身的重量(经制造厂称重),吊重不能超过吊机的允许重力。

(3)检查运输船舶是否停靠在符合起吊要求的位置上,船舶的锚碇设施是否安全、可靠。

(4)在吊装节段的拼接位置要设置便于操作、安全可靠的脚手平台及节段上、下交通的爬梯。

(5)检查节段外观涂装及端面加工是否有损,严重时要向指挥部报告,请求处理。

(6)检查吊具是否完好,连接是否可靠,节段的方向是否符合要求。所有检查符合要求后才允许起吊。

(7)吊装节段接近至连接面位置时要听取拼装人员的指挥,直至就位。

(8)在确认连接稳妥后(根据不同节段确定冲钉上足的数量),吊机才能松钩。

(9)挂吊具、接触包装、拆除风缆、拆除底架等作业不能损伤、污染接触面、摩擦面和涂装面。

(10)监理人员应对钢塔节段吊装的全过程进行旁站。

4. 调节段安装监理

塔柱节段制造和吊装可能存在误差,累计至一定高度可根据设计要求,利用调节段予以调节。

(1)调节段全部为高强螺栓连接,为保证塔柱整体线形和调整接口处拼接板连接的精确性连接面一端螺栓孔应根据前端塔柱的偏差,采取后配孔的施工工艺进行调整钻孔。

(2)为了保证调整接口处的顶面高程,在调整接口处通过塔吊组拼定位后,再配合微调整装置使调整接口的高程达到预期的高程,同时将调整量返回制造厂并用计算机模拟,为后续节段的安装提供依据。

(3)调节段的吊装控制可参照"钢塔节段吊装的监理要点"。

5. 主动横撑安装的监理要点

钢塔的架设线形与索塔架设过程中的施工应力有很大关系,施工时须通过主动横撑来调整。

(1)应按照设计要求在一定塔柱高度位置设置水平顶撑,以调整塔柱因自重导致的变形和增加塔柱结构安全。

(2)塔柱支撑系统的设置(设置部位、支撑系统的结构和主动力的大小等)应取得设计单位的认可,支撑系统的主动轴力依靠千斤顶进行施加。

(3)检查施顶设备和支撑杆是否安全有效,数值是否正确。

(4)支撑系统上应有监控措施(如设置应力测试传感),安排专人随时观测水平横撑的挠度和塔柱的变形情况,出现问题及时汇报、处理。

(5)施顶到设计要求的数值后,随即牢靠地予以锁定(施顶数值以塔柱实际变形予以校正)。

6. 横梁吊装的监理要点

横梁的安装是钢塔柱安装的重点工序,是控制塔柱线形的要点之一。

(1)要预先测定塔柱两端连接的位置(节段间的间距和横梁接头处高程)是否在安装横梁可行的范围内,否则要利用水平支撑上的顶升设备予以调整。

(2)横梁吊装要避免在阳光下吊装(塔柱可能产生扭曲,横梁的上顶板也可能伸长),塔柱避免受不均匀温度的影响,也要避免在大风情况下吊装。

(3)吊点和吊具的设置必须消除因起吊引起横梁的变形而产生的端面转角,避免横梁与塔柱的伸出段端面不匹配的情形。

(4)横梁的定位精度要求较高,横梁拼接板应采取后配孔的施工工艺,即根据横梁与塔段预拼装和横梁处钢索节塔架设后的检测尺寸进行对照,据此确定其拼接板的配孔尺寸,以保证横梁顺利架设。

(5)横梁的安装,对已安装塔柱的结构体系存在一定的影响,因此在横梁安装后应由安装单位精确检测与横梁连接的节段顶部和底部的空间位置,检测结果返回厂内并用计算机模拟,为后续节段的安装提供依据。

(6)监理人员应对横梁安装的全过程进行旁站。

7. 钢塔吊装临时支架施工监理

塔柱吊装临时安装支架分为下塔柱安装支架、上塔柱安装支架、下横梁和上横梁安装支架。上塔柱安装支架和上横梁安装支架两者是结合使用。使用临时支架的目的是控制塔柱安装过程由倾斜度而引起的塔柱变形和增加塔柱安装过程的安全度。

(1)项目部编制的安装支架设计图要经监理和指挥部审查批准。

(2)监理人员根据图纸,检查支架的预埋件位置及连接质量,支架杆件的材质、制造尺寸及焊接质量,支架安装位置及安装连接质量。

(3)对钢塔吊装临时支架的监理内容可参照第四章第二节的支架监理部分。

四、钢索塔节段拼接的监理技术要点

钢塔柱节段的分段有横向分段和竖向分块，横向分缝采用竖向壁板、腹板、加劲板精密接触和高强螺栓连接共同受力；竖向接缝采用高强螺栓连接。

1. 钢塔节段拼接前准备工作监理

（1）钢塔节段进场后，监理人员应检查塔柱出厂检验合格证、工厂试拼资料、高强度螺栓栓接板面出厂时的摩擦系数试验资料和摩擦系数工地试验的板件。

（2）对塔柱外观进行检查，重点检查杆件在运输和装卸过程中有无损伤或变形，杆件表面是否存有缺陷，杆件表面的油漆和高强度螺栓摩擦面有否缺损和污染，如遇有损伤或缺陷，要按修补工艺进行修补。

2. 高强螺栓施工监理

（1）高强螺栓连接副进场检验

①高强螺栓连接副应由生产厂商按批配套供货，并须有按批提供的出厂合格证及产品质量检验报告（含扭矩系数）。

②高强螺栓连接副入库时应按包装盒上注明的批号、规格分类保管，室内架空存放，堆放不宜超过五层。保管期内不得任意开箱，防止生锈和污染。入库后要建立明细库存表和发放登记表。

③高强螺栓连接副进场后，应按批对外形尺寸、形位公差、表面缺陷、螺纹参数、标记和包装等进行检查，对机械性能、脱碳层、扭矩系数等进行复验，同批最大数量为3000套。复验合格的产品才能投入使用。

④建立未经检验和已检验合格的高强度螺栓连接副分别管理的制度，检验不合格应及时退场处理。

（2）高强螺栓扭矩系数试验的监理

①扭矩系数是控制高强螺栓预紧力，保证高强螺栓施拧质量的关键数据。高强度螺栓施拧前，按生产厂商提供的批号，每批不少于8套，分批测定其扭矩系数，该批扭矩系数平均值要在0.11～0.15范围内，其标准偏差不小于0.01。同时记录测试环境温度和湿度。

②每批高强度螺栓的终拧扭矩应由下式计算确定：

$$T_0 = K \times P_0 \times d \tag{4-4}$$

式中：T_0——终拧扭矩（N·m）；

K——由扭矩系数试验确定的高强螺栓连接副的扭矩系数平均值；

P_0——高强螺栓施工预拉力，为设计预拉力的1.1倍（kN）；

d——高强度螺栓直径（mm）。

（3）扭矩扳手的监理

①高强螺栓采用扭矩法施工，其初拧、终拧均应使用定扭矩扳手。定扭矩扳手使用前必须进行标定，其扭矩误差不得大于使用扭矩的±5%。标定后的扭矩扳手均应编号，建立履历表，详细登记。

②定扭矩扳手每班操作前与操作后均必须进行校正，校正结果填入履历记录表中，并由校正人签认。定扭矩扳手上班前的校正，其误差不得超过±3%，超过±3%的扳手应停止使

用。下班后进行扭矩校正时,其误差不得超过 ±5%,如果发现其误差超过 ±5%,则对该工班用该扳手终拧的高强螺栓全部用检查扳手进行检查,对欠拧的补拧,超拧者更换螺栓后重新拧紧。未经检验的扳手不得使用。

③扭矩扳手应与控制仪配套使用,并应独立供电及配置稳压电源,不得混杂,不得随意调节控制仪旋钮。扭矩扳手和控制仪应统一标定、保管和发放。施拧工班应在上班前校正后领取,下班后交回校正,不得自行保管。

(4)高强螺栓的安装监理

①高强螺栓、螺母、垫圈须按生产厂商提供的批号配套使用,多家生产厂商提供同规格的高强度螺栓不准混用。领用高强螺栓必须严格按拼接接头图上实际所需规格使用,并不得以短代长或以长代短。

②塔柱节段拼装前,应除去毛刺、飞边、焊接飞溅物,并用细铜丝刷、干净棉丝除去栓接板面和栓孔内的脏物。对沾有油污处,应用汽油或丙酮擦净。栓接板面必须干燥,不应在雨中作业。

③节段拼装时,每个接头应穿入 40% 的冲钉和 60% 的螺栓并初拧,螺栓和冲钉应均匀交叉排列,逐步将冲钉更换成螺栓进行初拧,再将全部螺栓终拧。

④高强螺栓的穿入方向,要以施拧及维修方便为原则,全塔宜方向一致,壁板上应螺栓头朝外。高强螺栓组装时,螺栓头一侧及螺母一侧应各置一个垫圈,垫圈有内倒角的一侧应朝向螺栓头、螺母支承面。

⑤一个面高强度螺栓群施拧顺序应该从螺栓中心开始向四面展开。

⑥强螺栓连接副用扭矩法施拧,施拧分初拧和终拧。初拧扭矩为终拧扭矩的 50%。初拧和终拧应在同一工作日内完成。

⑦高强度螺栓初拧后,应用油漆划线,标记螺栓与螺母,垫圈与钢钣的相对位置,并要用 0.3kg 小锤敲击螺母对边的一侧,用手指紧按住螺母对边的另一侧进行检查,防止漏拧。

⑧终拧时,施加扭矩必须连续、平稳,螺栓、垫圈不得与螺母一起转动。终拧完成后应用与初拧不同颜色的油漆在螺母上做标。

(5)高强螺栓终拧后的检查

①终拧扭矩检查,要在终拧后 4~24h 之内进行。项目部应设有专职人员进行终拧扭矩的检查,监理人员进行抽检,作出相应的检查记录。

②检查前,要对使用检查的扭矩扳手进行标定,扭矩误差值不大于检查扭矩值的 ±3%。

③检查数量为连接处螺栓群数的 5%,不少于 5 套,监理人员抽检数为项目部检查数的 20%。

④高强螺栓终拧扭矩用紧扣法检验,测得螺母与螺栓刚发生微小相对转角时的扭矩,应在 0.9~1.1 紧扣检查扭矩范围内。紧扣检查扭矩由试验确定。

⑤每个栓群或节点检查的高强度螺栓,不合格者不得超过抽检总数的 20%,超过者,则继续抽查直至累计总数到 80% 的合格率为止,对欠拧者补足扭矩,超拧者,更换螺栓后重新拧紧。

3. 节段支承端面金属接触率检查

(1)钢塔架设是再现工厂制造精度的过程,其核心问题就是要采取有效技术措施恢复工厂匹配制造时相连节段的相对几何位置和相连节段端面的金属接触率。节段间的金属接触率对保证钢塔连接质量至关重要，监理人员应严格按照设计要求的塔柱安装以后的金属接触率进行控制。

(2)在落下待安装节段后，用高强螺栓、冲钉定位的同时，检测接触率，如有低于规定值，则须通过多打冲钉逼近的方式，使其密贴。

(3)为了保证金属接触率检测的准确性，减少温度等外界因素对金属接触率的影响，现场金属接触率的检测应在节段壁板、腹板温度和外界温度差在2℃以内的时段进行(即和垂直度测量同时进行)。

(4)检查方法

以0.04mm的塞尺不能插入两节段的接触面或双面插入深度总和不超过板厚的1/3为密贴，插入深度综合超过板厚的1/3为不密贴；同时，在任何部位0.2mm塞尺不得插入。

$$\text{金属接触率}=\frac{\text{0.04 的塞尺不能塞入的测量点数}}{\text{测点总数}}\times 100\%$$

检测点的位置及数量由设计确定。监理人员抽检数量为项目部检测数量的20%。

4. 桥位的涂装监理

桥位涂装主要内容有：连接接口拼接板范围；高强螺栓的外露表面；节段运输和安装过程中的污染、损坏部位。桥位涂装前首先需对金属接触率检查孔、临时螺栓孔、接口拼接板以外等部位实施封堵后再进行涂装作业。

(1)封堵位置及要求

外侧接缝拼接板以外的部分采用开坡口的封闭焊接进行封堵；外侧拼接板上检查金属接触率的开孔部分采用闷钉封填(Q235)进行封堵；内侧拼接板上检查金属接触率的开孔部分采用腻子封填；内侧拼接板以外的外露部分采用腻子封填；钢索塔上的所有连接孔采用圆头高强螺栓封堵(圆头朝外)。

(2)封堵的顺序

外侧拼接板上检查金属接触率的开孔→外侧接缝拼接板以外的部分→内侧拼接板上检查金属接触率的开孔→内侧拼接板以外的外露部分→钢索塔上的所有连接孔。

(3)闷钉封填

①在所有高强螺栓施拧结束后，并且接触率、线形均满足要求的情况下，用闷钉对外侧拼接板上检查金属接触率的开孔进行填封。

②手工除锈、清除检查孔内的杂质，用电吹风烘干孔内的潮气，使孔内干燥。

③闷钉的加工要与检查公差匹配，用0.3kg手锤打入闷钉。先轻打，后加力打入，确保打入深度和孔边密切。

④用角磨砂轮磨平闷钉表面。

(4)焊接封堵

①接缝坡口须进行除锈、清理杂质。

②焊接部位必须干燥，按照焊接工艺进行封闭焊缝的焊接。

③焊缝应进行修磨平顺，烧坏的油漆部位需打磨干净，以便于补涂油漆。

(5)腻子封堵

封堵部位须清理干净，并进行干燥处理，确保无潮气；腻子要均匀，拌和比例适当，按顺序依次进行。

(6)桥位涂装

桥位架设完成后,对拼接部位、临时连接孔部位及损伤部位等须按设计要求进行涂装或补涂装。

①待涂装表面应进行除油、除锈、清洁处理。

②对于需要补涂的部位,要清除已涂装的涂层,清除部位要延伸到损坏部位以外50cm。

③涂装应依次进行涂装,涂层时间间隔符合要求,每涂完一层必须检查漆膜厚度。

④当环境温度、湿度超标时,尤其是下雨、下雪或钢板表面结露时不进行涂装作业,晚上由于光线不好也不进行涂装作业。

五、钢索塔节段拼装的测量监理

钢索塔节段拼装的测量监理详见第十章中相关内容。

第五章　主梁施工监理技术

斜拉桥主梁直接承受车辆荷载,它的主要作用有三个方面:一是将恒、活载分散传给拉索,梁的刚度越小则承担的弯矩越小;二是与拉索及索塔一起成为整个桥梁的一部分,主梁承受的力主要是拉索的水平分力所形成的轴向力,因而需有足够的刚度防止压屈;三是抵抗横向风载和地震荷载,并把这些力传给下部结构。主梁在施工过程中内力要经过多次转变与重分配,最终变成多支点弹性梁体系。因此,做好主梁施工过程的质量控制工作,真正实现设计意图,是斜拉桥施工监理环节的重点之一。

第一节　斜拉桥主梁概述

大跨度斜拉桥的主梁类型主要有钢主梁、混凝土主梁、钢—混凝土结合梁和钢—混凝土混合梁。混凝土主梁斜拉桥由于造价较低,在我国得到最优先发展,我国是世界上建造混凝土斜拉桥最多的国家;钢主梁动力特性良好、质量轻、跨越性能优良,适用于超大跨度的斜拉桥,有关分析资料显示,当斜拉桥跨径大于600m时应采用钢主梁;结合梁斜拉桥是指钢主梁的上翼缘与设置其上的混凝土桥面板之间用剪力键结合共同受力的梁体结构,一般只适用于双索面斜拉桥;钢—混凝土混合梁斜拉桥是一种主跨大部分或全部为钢梁,边跨采用混凝土梁的桥型,混合式斜拉桥特别适用于边跨与主跨比值较小的桥型,在特大跨径斜拉桥的建设方面优势很大,其典型实例有法国诺曼底桥、武汉白沙洲长江大桥等。

一、主梁的选择类型与特点

1. 钢主梁

超大跨度的斜拉桥常采用钢主梁。斜拉桥钢主梁以钢桁架和实腹梁为主要结构形式。斜拉桥采用钢桁梁主要是由于布置双层桥面的需要,多用于双层桥面或公铁两用桥,如芜湖长江大桥;实腹梁使用初期常采用双工字梁和多工字梁,其缺点是主梁抗扭刚度小。为了增加抗扭刚度,实腹梁逐渐发展了箱形断面,包括单箱和多箱,其中流线型扁平钢箱梁已广为大跨度斜拉桥采用,如主跨1 088m的苏通长江大桥。

钢箱梁的特点为:梁体采用正交各向异性桥面板,其整体作用体系能够提供足够的强度以抵抗与竖向和侧向弯矩共同作用的压力,提供较好的抗扭刚度以抵抗不对称活载荷风力,并有助于改进主梁空气动力稳定性。钢箱梁在设计和施工时须注意,构造上不能有可以聚集和保留水分的小坑和凹槽。

采用钢主梁时,斜拉桥的跨径常常大于600m。

2. 混凝土主梁

混凝土梁与钢梁相比主要优点有:

(1)造价低,后期养护比钢桥简单便宜。

(2)刚度大挠度小。在公路汽车荷载作用下,产生的主要挠度约为类似钢主梁的60%左右。

(3)抗风稳定性好。这是因为混凝土结构振动衰减系数约为钢结构的2倍。

混凝土梁的缺点是跨越能力不如钢梁大,施工速度也不如钢梁快。混凝土梁的跨径一般在500m以内,如大于500m,混凝土主梁的低造价难以抵消由于混凝土自重大而导致斜拉索和基础费用的额外增值。

3. 钢—混凝土结合梁

钢—混凝土结合梁斜拉桥是在钢主梁上用预制混凝土桥面板代替正交异性钢桥面板,结合梁的组合形式有两种:一种是钢—混凝土箱形结合梁,即用混凝土桥面板代替钢箱梁的顶板;另一种组合为:由钢主梁、钢擶梁、小纵梁、钢人行道横梁组成的平面刚构架以及混凝土桥面板组成结合梁。

基于结合梁的构造特点,其主梁形式有以下三个方面的优点:

(1)能节省钢材用量。

(2)其刚度和抗风稳定性优于钢梁。

(3)桥面铺装工艺成熟简单,质量易于保证。

结合梁斜拉桥目前得到越来越广泛的应用。结合梁的桥面板多采用钢筋混凝土实心板。结合梁斜拉桥架设的主要方法与一般钢梁相类似。结合梁斜拉桥跨径适宜在350~600m之间。

4. 钢—混凝土混合梁

混合梁斜拉桥是一种主跨大部分或全部为钢梁,边跨采用混凝土梁的桥型,混合式斜拉桥特别适用于边跨与主跨比值较小的桥型,在特大跨径斜拉桥的建设方面优势很大。

在实际应用中,混合梁斜拉桥较单一的钢梁斜拉桥或混凝土梁斜拉桥有许多的优点,主要体现在:

(1)主跨的跨越能力比一般的斜拉桥要大,而边跨与主跨比值相对较小。

(2)中跨采用自重较轻的钢梁,边跨采用自重和刚度较大的混凝土梁,增加了边跨主梁的重量和刚度,又由于混凝土梁具有良好的锚固和压重作用,从而避免了边跨的桥墩上浮,减小了主跨梁体的内力和变形,降低甚至消除了边跨端支点的负反力,从而加大了斜拉桥的跨越能力。

(3)混合梁斜拉桥采用密边跨可大大减小边跨挠曲对中跨的影响,使结构受力更接近于弹性支撑连续梁。

(4)混合梁斜拉桥边跨与中跨是一种锚固与被锚固的关系,这种锚固并不像悬索桥那样是集中锚固,而是分散于整个边跨,因此,既使中跨跨越能力大大提高,又使边跨不必做得非常强大。

(5)密边跨和沉重的混凝土边跨提供的稳固支撑降低了活载引起的拉索力变化幅度,减小了疲劳影响。

(6)主塔和边跨预应力混凝土梁可同时施工,边跨混凝土梁容易架设。主塔和边跨施工完成后,主梁钢箱梁也可较容易地从主塔侧开始用悬伸法连续架设,加快施工进度。

(7)有效地发挥了钢与混凝土材料的特性,减少全桥钢梁长度,节约造价。

需要注意的是，由于混合梁结合部位结构的突变，往往是混合梁最容易出问题的地方，为了减小过渡段受力的不利情况，一般应将结合部位选在弯矩和剪力都比较小的地方，另外，要从构造措施上保证传力。

二、斜拉桥主梁的常规施工方法

1. 混凝土主梁施工

斜拉桥混凝土主梁常用的施工方法有支架法、平转法、悬臂浇筑法、悬臂拼装法等。对大跨度斜拉桥而言，比较适用的是悬臂浇筑法和拼装法，有时也辅以支架法。

(1)悬臂浇筑法

斜拉桥主梁的悬臂浇筑均采用挂篮施工，施工的主要步骤为：支架上立模浇筑0号和1号块→拼装联体挂篮→对称浇筑2号梁段→挂篮分解前移→对称悬浇梁段并挂索张拉→依次对称悬浇各梁段混凝土并挂索张拉→合龙→必要时调索。

斜拉桥主梁施工采用的挂篮形式很多，各有特色，但常用挂篮形式归纳起来可以分为3种：

①后锚点挂篮。其特点为：在浇筑一个阶段混凝土过程中，挂篮结构和索塔结构无直接关系，挂篮的定位和一个节段的混凝土浇筑过程不需要调索，施工工艺简单。但挂篮需承受全部施工荷载，使浇筑节段长度受到限制，且主梁在施工过程中为悬臂受力，要求有较大的刚度。

②劲性骨架挂篮。该挂篮利用斜拉索吊挂主梁中的劲性骨架，减少挂篮所受荷载，施工安全可靠，进度快，但钢材用量大。

③前支点挂篮。其特点为：充分利用斜拉索的作用，在浇筑混凝土过程中，采用对斜拉索分批调索的方法，使其参与受力，因而增大了节段划分长度，减轻了挂篮自重。并且针对三维空间索，施工单位还研究了空间转动锚座和水平止推装置，这种挂篮是目前使用较多的新型挂篮，其缺点是浇筑一个节段混凝土过程中要分阶段调索，工艺较复杂，挂蓝及斜拉索套管定位难度大。

(2)悬臂拼装法

悬臂拼装法是一种主梁采用预制方式，经运输至现场，利用吊装设备进行主梁拼装的工艺，其拼装方式根据吊装所用设备的不同分为悬臂吊机、缆索吊机、大型浮吊及各种自制吊机拼装法。对于小跨径斜拉桥，当构件重量不大时，可采用缆索吊装；大型浮吊主要是根据施工区域的水流、水深、梁段重量梁段下河条件等要求进行选择；选用悬臂吊机时应注意起吊设备需遵循自重轻、稳定性好的原则。

2. 钢主梁施工

钢主梁的横断面形式主要有加劲桁梁和箱形梁，钢桁梁多用于双层桥面或公铁两用桥，而流线型扁平钢箱梁是目前大跨度斜拉桥中最常见的钢梁截面形式。大跨度斜拉桥钢箱梁一般采用平衡悬臂安装并辅以支架拼装的工艺进行施工。钢箱梁在工厂分段制作，运到桥位通过桥面吊机逐段吊装，节段之间全断面焊接或螺栓连接，跨中合龙。

钢箱梁的安装一般分为边跨及辅助跨、无索区0号块、标准梁段、合龙段施工。

(1)边跨及辅助跨钢箱梁安装

如施工区域的水深情况满足浮吊的吊装要求，可利用大型浮吊起吊待装梁段临时搁置于边墩或辅助墩的墩旁托架上，待以后延伸过来的桥面吊机起吊拼装；如施工区域水浅，运梁船和浮吊不能达到施工点，则需在边、辅墩外增设适当临时墩，布设临时排架和移梁轨道，利用浮吊起吊待装梁段至临时排架上搁置，利用移梁轨道纵移梁段至待架部位，待桥面延伸过来后起吊拼装。

(2)无索区梁段安装

在索塔处搭设无索区梁段支承托架，并在其上铺设移梁轨道，布置移梁设施和定位设施，采用浮吊起吊待架梁段搁置于托架上，利用移梁设施和定位设施进行纵、横移位和精确定位。

(3)钢箱梁标准梁段的悬拼

在完成桥面吊机的安装，试吊和第一对斜拉索的张拉并拆除0号块与支承托架间的支承钢楔块后，即可开始对称悬拼标准梁段。标准梁段的施工程序为：前一梁段斜拉索安装→斜拉索第一次张拉→桥面吊机前移→斜拉索第二次张拉并检验→起吊拼装钢箱梁→钢箱梁定位→钢箱梁连接→本梁段斜拉索安装→循环施工。

(4)钢箱梁合龙段施工

钢梁的合龙常用的工艺为自然合龙和强制合龙。

强制合龙一般用于边跨合龙，它是在合龙段位置上事先留出稍大于合龙段钢梁的距离，先行吊装合龙段，然后用千斤顶将尾段钢梁向已安装好的合龙段顶进，最终采用这一工艺，可以避免产生因季节、昼夜温度变化使钢梁涨缩带来的确定合龙段钢梁尺寸的困难，并且可根据现场施工进度等条件适时选择合龙时间。但必须进行计算分析和专门设计。

自然合龙又称降温合龙，即先设定一个合龙的温度，然后根据各种边界条件计算此温度下的合龙段钢梁加工长度，施工时，当准备工作就绪后，待大气温度上升或降低到预先设定的要求时，即将钢梁安装就位。自然合龙成功的关键是合龙温度和合龙段钢梁长度的确定，合龙温度应选在气温变化较稳定的阴天或夜晚，并要在温度急剧变化前留有足够时间以完成主梁间节点的连接和梁塔临时固定装置的解除。

3. 钢—混凝土结合梁施工

(1)箱形钢梁与混凝土桥面板结合的结合梁施工

箱形钢梁与混凝土桥面板组合时，其连接方式一般采用高强螺栓。箱形钢梁在工厂分节段制作完成后，按计划轮次运输到预拼装胎架上进行线形调整和桥面板混凝土浇筑施工，待桥面板预应力张拉完成后实施结合梁预拼装，对栓接连接板进行钻孔、对梁段进行涂装。

结合梁运到桥位后采用悬臂拼装法施工。0号节段、辅助墩顶及边跨梁端节段利用浮吊吊装，标准节段运至桥下由梁上吊机起吊安装。安装时先进行钢结构拼装，再浇筑桥面板接缝混凝土。当钢结构完成一定拼接板安装、具备足够承载能力时即可进行桥面板浇筑。由于现浇接缝混凝土仅限面板且数量有限，所需作业时间短，质量也易保证。由于混凝土板在截面上缘，斜拉索张拉将对上缘产生压应力，故接缝混凝土1~2d养护时间达到的强度即可满足挂索张拉施工要求，这对加快工期十分有利。根据有关的施工统计，每节段安装所需时间为4~5d。

除去现浇接缝混凝土和相应的纵向预应力施工，结合梁安装的其他工艺，如：无索区0

号块安装、边辅墩梁段安装、标准梁段、合龙段施工等的施工方法和控制与钢箱梁相同。

(2)平面刚构架与混凝土桥面板组成结合梁的施工

钢梁在工厂加工,运到现场利用桥面吊机进行吊装,用高强螺栓连接成刚构架后安装桥面板。钢筋混凝土桥面板由预制板和现浇缝组成。其架设方法,有悬臂对称架设,也有边跨支架架设、中跨悬臂架设,具体可参照箱形结合梁的施工。

4. 钢—混凝土混合梁施工

钢梁部分采用双悬臂悬拼工艺,边跨混凝土梁采用支架现浇法施工;混合梁的结合部是一个非常重要的部位,结合段与混凝土梁先期结合,经过一段时间,待完成混凝土的收缩徐变后,与钢梁进行边跨合龙,最后合龙中跨。

钢梁的臂悬拼装施工可参照钢箱梁安装工艺。

三、主梁施工的关键控制点

1. 混凝土主梁施工

(1)塔、梁连接处构造复杂,根据结构设计的形式有固结、设置支座以及漂浮方式等不同连接方式,在悬臂施工过程中,为了抵抗可能出现的不平衡等弯矩和水平剪力,须将主梁0号块与主塔下横梁临时刚固结,并能在中孔合龙后顺利解除。

(2)拉索锚固区是结构的重点部位。拉索在主梁上的锚固方式与构造,使锚固点和主梁产生局部应力,除了拉索产生的局部应力外,还受有主梁弯曲和剪切力的作用,加上断面形状和锚固方式的不同,锚固区梁段的受力状态十分复杂。另外,拉索锚固端构件的安装定位精度要求也十分严格。

(3)边跨及中跨合龙段

(4)纵、横、竖向预应力体系

2. 钢主梁施工

(1)钢梁制造的各项几何尺寸偏差以及焊接变形的严格控制是梁段间精确匹配的基础。

(2)钢锚箱与钢箱梁腹板的熔透焊缝是钢主梁最关键的传力焊缝,其焊缝质量控制尤为关键。

(3)梁段间的连接接头是结构的薄弱部位,梁段间的匹配精度及连接(焊接和栓接)施工质量是钢主梁线形控制和主梁施工质量的关键。

(4)合龙段的施工质量影响结构内力的分配、桥面线形以及主梁结构的安全,合龙方案及质量控制至关重要。

3. 钢—混凝土结合梁施工

桥面板与钢梁的连接主要靠抗剪连接件,即抗剪焊钉。抗剪栓钉在钢梁上的熔焊工艺,若控制不当,会在结合处产生焊接疲劳,要求进行严格的工艺试验和评审。

混凝土桥面板是结合梁的重要部分,其预制安装质量和现浇连接缝混凝土的浇筑质量关系到主梁整体断面的受力性能和桥面的平整度及耐久性。桥面板四周搁置在钢梁上,须与钢梁密贴,对其平整度要求特别高,且应采用收缩徐变小的混凝土配合比。

其他施工关键点同钢箱梁。

4. 钢—混凝土混合梁施工

钢—混凝土的接合部,是预埋在混凝土箱梁端部,与边跨合龙段的连接过渡段钢梁,属于主梁体系转换的一部分。该部分施工难度较大,要引起足够重视。

边跨混凝土箱梁施工的预应力体系和支架体系也是施工关键点。

第二节 钢箱梁的施工监理技术

一、钢箱梁制作的主要工序和工艺流程

1. 钢箱梁制造的主要工序

(1)样杆、样板的制作

样板可采用薄钢板制作,其精度应满足加工要求。样杆、样板应注明工号、图号、零件号、数量及加工边、坡口部位、弯折线和弯折方向、孔径和滚圆半径等。样杆、样板应妥善保存,直至工程结束后方可销毁。

(2)号料

核对钢材规格、材质、批号,并应清除钢板表面油污、泥土及赃物。号料方法有集中号料法、套料法、统计计算法、余料统一号料法 4 种。

(3)画线

利用加工制作图、样杆、样板及钢卷尺进行画线。目前已有一些先进的钢结构加工厂采用程控自动画线机,不仅效率高,而且精确、省料。

(4)切割

钢材的切割包括气割、等离子切割类高温热源的方法,也有使用剪切、切削、摩擦热等机械力的方法。要考虑切割能力、切割精度、切剖面的质量及经济性。

(5)边缘加工和端部加工

方法主要有铲边、刨边、铣边、碳弧气刨、气割和坡口机加工等。

①铲边。有手工铲边和机械铲边两种。铲边后棱角垂直误差不得超过弦长的 $l/3\,000$,且不得大于 2mm。

②刨边。使用的设备是刨边机。刨边加工有刨直边和刨斜边两种。一般的刨边加工余量 2 ~ 4mm。

③铣边。使用的设备是铣边机,工效高,能耗少。

④碳弧气刨。使用的设备是气刨枪。效率高,无噪音,灵活方便。

⑤坡口加工。一般可用气体加工和机械加工,在特殊的情况下采用手动气体切割的方法,但必须进行事后处理,如打磨等。现在坡口加工专用机已开始普及,最近又出现了 H 型钢坡口及弧形坡口的专用机械,效率高、精度高。焊接质量与坡口加工的精度有直接关系,如果坡口表面粗糙有尖锐且深的缺口,就容易在焊接时产生不熔部位,将在事后产生焊接裂缝。又如,在坡口表面粘附油污,焊接时就会产生气孔和裂缝,因此要重视坡口质量。

(6)制孔

在焊接结构中,不可避免地将会产生焊接收缩和变形,因此在制作过程中,把握好什么

时候开孔将在很大程度上影响产品精度。特别是对于钢梁的工程现场连接部位的孔群尺寸精度直接影响钢结构安装的精度,因此把握好开孔的时间是十分重要的,一般有以下 4 种情况:

①在构件加工时预先划上孔位,待拼装、焊接及变形矫正完成后,再画线确认进行打孔加工。

②在构件一端先进行打孔加工,待拼装、焊接及变形矫正完成后,再对另一端进行打孔加工。

③待构件焊接及变形矫正后,对端面进行精加工,然后以精加工面为基准,划线、打孔。

④在画线时,考虑了焊接收缩量、变形的余量、允许公差等,直接进行打孔。

机械打孔有电钻及风钻、立式钻床、摇臂钻床、桁式摇臂钻床、多轴钻床、NC 开孔机。

气体开孔,最简单的方法是在气割喷嘴上安装一个简单的附属装置,可打出 ϕ30mm 的孔。

近年来数控钻孔的发展更新了传统的钻孔方法,无需在工件上画线,打样冲眼,整个加工过程自动进行,高速数控定位,钻头行程数字控制,钻孔效率高,精度高。

制孔后应用磨光机清除孔边毛刺,并不得损伤母材。

(7)组装

钢结构组装的方法包括地样法、仿形复制装配法、立装法、卧装法、胎模装配法。

①地样法。用 1:1 的比例在装配平台上放出构件实样,然后根据零件在实样上的位置,分别组装起来成为构件。此装配方法适用于桁架、构架等小批量结构的组装。

②仿形复制装配法。先用地样法组装成单面(单片)的结构,然后定位点焊牢固,将其翻身,作为复制胎模,在其上面装配另一单面结构,往返两次组装。此种装配方法适用于横断面互为对称的桁架结构。

③立装法。根据构件的特点及其零件的稳定位置,选择自上而下或自下而上的顺序装配。此装配方法适用于放置平稳,高度不大的结构或者大直径的圆筒。

④卧装法。将构件放置于卧的位置进行的装配。适用于断面不大,但长度较大的细长构件。

⑤胎模装配法。将构件的零件用胎模定位在其装配位置上的组装方法。此种装配方法适用于制造构件批量大、精度高的产品。

拼装必须按工艺要求的次序进行,当有隐蔽焊缝时,必须先予施焊,经检验合格方可覆盖。为减少变形,尽量采用小件组焊,经矫正后再大件组装。

组装的零件、部件应经检查合格,零件、部件连接接触面和沿焊缝边缘约 30 ~ 50mm 范围内的铁锈、毛刺、污垢、冰雪、油迹等应清除干净。板材、型材的拼接应在组装前进行;构件的组装应在部件组装、焊接、矫正后进行,以便减少构件的残余应力,保证产品的制作质量。构件的隐蔽部位应提前进行涂装。

为了保证钢箱梁梁段之间达到匹配的目的,目前国内钢箱梁的预拼装都是采用“1 + N 匹配制造”的方法。“N”是指每次拼装钢梁梁段的个数,“1”是指每次拼装后,留下一个梁段参加下一轮梁段的拼装,以达到匹配的目的。

(8)焊接

焊接是钢结构加工制作中的关键步骤。钢箱梁制造目前国内主要使用三种焊接方法：手工电弧焊、CO_2气体保护焊和自动埋弧焊。手工电弧焊是用手工操作焊条进行焊接的一种电弧焊，是钢结构焊接中最常用的方法；CO_2气体保护电弧焊，是目前最广泛使用的焊接法，特点是使用大电流和细焊丝，焊接速度快、熔深大、作业效率高；埋弧焊是电弧在可熔化的颗粒状焊剂覆盖下燃烧的一种电弧焊。

(9)摩擦面的处理

高强度螺栓摩擦面处理后的抗滑移系数值应符合设计的要求(一般为0.45～0.55)。摩擦面的处理可采用喷砂、喷丸、酸洗、砂轮打磨等方法，一般应按设计要求进行，设计无要求时施工单位可采用适当的方法进行施工。采用砂轮打磨处理摩擦面时，打磨范围不应小于螺栓孔径的4倍，打磨方向宜与构件受力方向垂直。高强度螺栓的摩擦连接面不得涂装，高强度螺栓安装完后，应将连接板周围封闭，再进行涂装。

(10)涂装、编号

钢构件表面的除锈方法和除锈等级应符合设计和规范的规定，构件表面除锈方法和除锈等级应与设计采用的涂料相适应。涂料、涂装遍数、涂层厚度均应符合设计的要求。构件涂装后，应按设计图纸进行编号，编号的位置应符合便于堆放、便于安装、便于检查的原则。

2. 钢箱梁制作的工艺流程

钢箱梁的制作一般划分为板单元制作和梁段制作两个阶段。钢箱梁制造的总体工艺流程如下：钢材入厂预处理→板单元制造→各梁段连续匹配装焊及预拼装胎架上同步完成→梁段下胎→风嘴及部分附属件的装焊→梁段表面处理、涂装→梁段出厂。

(1)钢材预处理工艺流程

赶平→抛丸除锈→喷漆→烘干。

(2)板单元制造工艺流程

钢箱梁的板单元按制造特点常划分为四类：顶、底板；腹板(含锚箱)；纵、横隔板；风嘴。

①顶、底板单元制造工艺流程：数控切割机下料(一端留二次切割量)→矫形→画线→U肋装配→反变形胎CO_2焊接→矫形→划纵、横基线→包装。

②横隔板单元制造工艺流程：数控切割机下料→矫形→画线→筋板及人孔加强环装配→焊接(CO_2焊)→矫形→数控二次切周边及过U肋孔→矫形。

③腹板和锚箱单元制造工艺流程：数控切割机下料→矫形→机加工各组件→组焊锚箱、组焊腹板→矫形→组焊腹板和锚箱单元。

④风嘴制造工艺流程：风嘴板单元制造：下料→矫形→画线→反变形胎CO_2焊接→矫形；风嘴制造：胎型装配→焊接→矫形。

(3)梁段组装工艺流程

板单元及部件制造完成后，在总装场地进行多梁段连续匹配组焊和预拼装。梁段组装的顺序为：底板→横、纵隔板→腹板→顶板→风嘴。

二、钢箱梁制作的监理技术

1. 钢箱梁制作的质量控制要点

钢箱梁结构复杂，腹板钢板厚度大，熔透焊缝和坡口焊缝多，所产生焊接变形和残余应力较大，制造过程中控制难度大。钢箱梁制作阶段的质量控制要点主要有：①原材料的质量；②钢板预处理；③钢板下料；④钢板矫平；⑤钢板边、孔的加工；⑥U形肋压制成型；⑦构件（板单元）的组装；⑧构件的焊接；⑨焊缝的检验；⑩板单元的矫形；⑪焊钉的施焊；⑫梁段的预拼装；⑬梁段的防腐处理、涂装；⑭梁段的成品检验等。

2. 钢箱梁制作准备阶段的监理工作

钢箱梁制造开工前，监理人员应对制造方提出的表5-1所列内容进行审查，并对制造现场进行全面了解落实，确实具备开工的条件，方可签发开工报告，并经业主、总监批准后开工。

审查内容　　表5-1

序号	项目内容	钢结构监理	总监	业主
1	制造规则	审查	审核	审批
2	施工组织设计	审查	审核	审批
3	焊接工艺评定	审查	审批	备案
4	其他工艺评定	审查	审批	备案
5	施工工艺图	审查	审批	备案
6	构件典型工艺（或原则工艺）	审查	审批	备案
7	加工作业计划	审查	审核	审批
8	产品质量检验计划	审查	审批	备案
9	原材料质量	审核		
10	制造设备	审核		
11	专业人员资质	审核		
12	供应单位、试验单位资质	审核		
13	工艺技术交底	参加		
14	分包单位及其资质	审查	审核	审批

（1）制造规则

指按合同的约定或业主的指令，由制造方编写的钢梁制造规则。

①技术要求。主要构件的规定、原材料的检验及质量跟踪、零件加工、零件矫形、构件装配（组装）、构件的焊接（焊缝等级无损检测的规定、焊接产品试板等）、构件矫形梁预段拼装、表面处理、涂装、梁段包装、发运等整个工艺过程的技术要求。

②质量标准。零件加工、构件装配（组装）、焊各类焊缝、构件矫形、梁段拼装、表面处理，涂装、成品等主要工序和成品的质量检验标准。

（2）施工组织设计

①主要内容

施工组织设计应包含的主要内容有：工程概况、项目部机构及人员、总体工艺布局、制造工艺方案、拟投入设备、项目质保体系、总体作业计划、安全措施。

②审查要点

a. 项目部机构及人员

项目经理，技术负责人的简历，技术职称等，人员中主要是技术人员的专业、职称，生产、安全等管理人员。

b. 总体工艺布局

项目整个工艺流水线，作业面积、作业环境设备布置，起吊设备等。

c. 制造工艺方案

突出制造的重点、难点，采取的针对性工艺措施。

d. 拟投入的设备

拟投入设备的型号、性能、现状、数量，应满足制造的需要。

e. 项目质保体系

主要包括材料管理、生产管理、设备工装管理、技术管理、及各部门按管理中的有关质量控制的内容，质量目标、方针，质量管理的机构、人员制度等。

f. 总作业计划

总作业计划满足合同工期的要求，依据投入设备、人员按定额编制计划，应留有一定的余地。

g. 安全措施

根据制造场地的具体作业环境，作业特点，制定出具体安全保证措施，并要落到实处。

(3)焊接工艺评定

①主要内容

焊接工艺评定项目计划，试板用母材，焊材的炉批号，试板焊接记录，焊缝金属的试验报告，工艺评定报告。

②审查要点

a. 评定项目计划中应包括设计接头的形式，焊接方法、焊接位置、连接件的覆盖厚度。

b 焊接试板所用母材，焊材附有复验报告并材质合格。

c. 焊工持有相应的(焊接方法、焊接位置)焊工证。

d. 试板的焊缝满足了技术条件要求的无损检测。

e. 试板焊接记录内容齐全。应有试板板厚，坡口形式、尺寸、焊接材料品种规格、预热温度、焊接方法、焊接位置，焊接电流、电压、焊接速度等参数、焊接道数、清根。

f. 试验项目(表5-2)

试验项目 表5-2

序号	试验项目	试验数量	对接接头	T形熔透	T形接头
1	接头控制试验	1	√		
2	焊缝金属拉伸试验	1	√	√	√
3	接头侧弯试验	1	√		
4	接头硬度试验	1	√	√	√
5	接头断面酸蚀试验	1	√	√	√
6	低温冲击试验	各3	√	√	

注：①焊缝金属拉伸；

②侧弯：$D=3a$，180°；T形熔透接头的顶板厚度≥30mm；

③冲击缺口V形，开在焊缝中心和熔合线外1.0mm处。

g. 试验结果制定标准，见《铁路钢桥制造规范》（TB 10212—2009），或满足设计提出的技术标准。

h. 焊接工艺评定报告，符合《铁路钢桥制造规范》（TB 10212—2009）。

（4）其他工艺评定

①主要内容

精密切割工艺评定，高强螺栓抗滑系数工艺评定，焊钉（剪力钉）焊接工艺评定，涂装工艺评定。

②审查要点

a. 精密切割设备的型号，切割嘴号码，切割参数，切割所用气的强度和压力等应记录。

b. 切割面制定的标准，粗糙度≤25μm，硬度≤HV35C。

c. 抗滑移系数试板尺寸：宽 120 ~ 150mm，长度由控制和试验机的情况而定，厚由试验的最大拉力而定。

d. 抗滑移系数试板数为每种规格（同一栓径、同一栓数、同一试板厚度、同一材质、同一表面处理涂装工艺）做三套（二芯板、二拼板为一套）。

e. 抗滑移系数试验时试验用螺栓的轴向拉力达到设计值。三套试件的抗滑移系数均不得小于规定值。出厂抗滑移系数≥0.55。

f. 焊钉焊接试验时，记录所用焊接设备规格型号焊钉、瓷环的批号、焊接参数。

g. 焊工除有焊工证外，还应经过焊钉焊接的专门培训，并持有上岗证。

h. 焊顶焊接评定内容，焊缝外观经检查合格 3 ~ 5 个焊钉，从原轴线弯曲 90°（或弯曲 30°反复弯曲）断裂不发生在焊缝区，3 ~ 5 个焊钉做轴向拉伸试验，拉力达到规定值，弯曲试验和拉力试验都合格，焊钉焊接工艺评定合格。

i. 涂装工艺评定主要解决高强螺栓摩擦面的摩擦系数≥0.55，涂层结合力（附着力）>12MPa（或设计要求）。涂装记录应包括：试件的材质、涂装材料的牌号、施涂方法、施涂的参数、涂装前表面处理的方法、表面清洁度、粗糙度、涂装的环境、温度、湿度、层间的时间间隔、涂层厚度、涂层表面的粗糙度（喷涂）等。为制定涂装工艺提供参数。

（5）施工工艺图

①主要内容

零件或构件的工艺详图：工艺及工艺装备设计图，预拼装简图，构件安装部位简图，包装发运简图等。

②审查要点

a. 上述工艺图由制造方绘制，应符合技术要求，并经项目技术负责人签批有效。

b. 预拼装简图应有拼装位置，拼装拱度值等，线形尺度等。

c. 构件安装部位简图，应标出构件的编号，安装位置及安装说明等内容，供架梁安装时参考。

（6）构件典型工艺（或原则工艺）

①主要内容

有代表性各类主要构件的全过程的加工工艺和操作要点，应包括：主要零件加工工艺、构件组装工艺、构件焊接工艺、构件的拼装工艺、构件的涂装工艺。

②审查要点

a. 工艺内容要与工艺评定的内容一致,如焊接工艺中的焊接工艺参数必须与焊接工艺评定的内容一致。

b. 工艺内容和要求必须满足钢梁制造技术要求(或制造规则),若满足技术要求有困难必须办理变更手续,批准后方可改变,并按批准的技术要求重新进行工艺评定试验,批准后按评定意见制定实施工艺。

c. 针对钢梁预拼装工艺的审查

梁段预拼装是对设计图和钢梁制造工艺合理性的验证,也是工地顺利架梁的基础。拼装应在合格的胎架上进行,应明确拼装顺序和操作要点。拼装结果的检测应包括:拼装的纵向、横向的线形(坡度、拱度)、直线度、拼装长度、宽度、对角线(可以用垂直度保障);吊点位置;两轮拼装间应有过渡梁段,保持每轮拼装间连续性;梁段接口的平顺(板和封口肋)的接口;对接坡口尺寸和纯边满足焊接工艺的要求。预拼装过程中应对架梁现场反馈的信息应采取适当的纠偏措施,满足架梁的质量要求。

(7)加工作业计划

审查要点:总作业计划必须满足合同工期的要求,当月的作业计划必须与目前的设备,人员、作业面积相适度。

(8)产品质量检验计划

①主要内容

a. 项目部的产品质量检验机构和产品质量检验制度、检验依据。

b. 专职检验人员配置、人数、专业及简历。

c. 产品质量控制点的设置。

d. 产品质量指导书。

e. 质量分级、检验方式。

f. 产品质量检验用表。

②审查要点

a. 产品质量检验制度要突出质量控制要素,即不合格的原材料不能使用,不合格的半成品,不进行下道工序,不合格的成品,不包装,更不能出厂。

b. 产品质量检验机构和人员一定要落实,尤其是专职检验人员,不能兼职。

c. 产品质量检验指导书中明确检验项目,检验质量标准,使用的检测工具、量具、检测操作要点等内容。

d. 产品质量检验用表应包括:主要零件的材质跟踪记录表,焊接材料烘干记录表,主要构件主要焊缝的施焊记录表,主要构件装配检验记录表,主要构件矫形检验记录表,构件涂装检验刻录表,梁段拼装检验刻录表,成品质量检验刻录表,焊缝外观检验刻录表,焊缝无损检测刻录表(报告单)。

(9)原材料质量

①主要内容

a. 原材料包括钢材、焊材、涂装材料、焊钉、高强螺栓。

b. 质量资料包括材质证明书(合格证)复检报告,外观质量检验记录。

②审查要点

a. 工厂复检频率。钢材按同一厂家,同一材质同一规格,同一出厂状态,每10炉批号抽验一组试件。焊接材料和涂装材料,暂按同一厂家,同一材质,同一规格牌号和第一批抽验一组试样(件),对以后各批,根据质量情况再定。高强螺栓,每批抽8套进行复验,复验的项目和检验标准按有关标准执行。

b. 材质证明书。若为复印件,应有直接供料单位的红印章。材质证明书和复验报告中的检验项目,检测数值应适合技术要求。

(10)制造设备

①主要内容

数控切割机,钢板矫平机,钻床刻(洗)边机,划线装配,矫形用平台,交直流电焊机,烘干箱,构件矫形设备(压力机、工形矫正机等),除锈、涂装设备、无损检侧设备、钢材予处理设备、试验设备、检测仪器、起重设备等。

②审查要点

主要审查设备的规格型号是否齐全,其能力能否满足钢梁加工制造的需要。如钢板矫平机矫平有效厚度,割边机加工长度,直流电焊机的功率应满足钢梁加工的需要。

(11)专业人员的资质

①主要内容

包括电焊工、无损检测人员、试验人员等。

②审查要点

a. 电焊工除有有效的焊工证外,还应依本项目焊接的母材焊接材料、焊接参数、焊接方法、焊接位置等具体情况进行培训,经考试合格,持有本项目的焊工上岗证,在指定的范围内施焊。

b. 无损检测人员必须持有射线、超声、磁粉探伤Ⅱ级以上的等证书者,才能独立操作和签发检测报告。

c. 试验人员经过培训并持有本专业的上岗证,方能进行试验的操作。

(12)供应单位、试验单位资质

①主要内容

供应单位应有制造或经营本产品的营业执照。试验单位应有国家试验室认证或本地区省市有关部门颁发的许可证和CMA计量认证。

②审查要点

审查证书的有效性,批准单位、有效日期、营业范围。

(13)工艺技术交底

交底内容应突出制造的重点、难点、采取的工艺措施、操作的要点等关键内容,尤其说清楚本项目独有的技术要求;介绍有代表性的主要构件加工工艺和技术要求。交底应由项目总工主持,参加人员应包括有关管理人员、专职质量检验人员、第一线操作人员中的骨干。

(14)分包单位及其资质

分包的内容和分包单位应经过业主、总监认可。钢结构监理还应对分包单位的营业执照、资质等级证书进行审核,并对现场的生产能力、技术水平、制造业绩进行考察、确认。对于确实不具备分包能力的分包单位,应向总监提出不予分包的建议。

3. 钢箱梁制作过程的监理重点

产品质量是制造出来的,钢梁制造的过程就是钢梁质量形成的过程。监理人员对制造过程的质量控制是实质性的、大量、长期的工作。钢结构监理人员在实施制作质量控制时应做好4个方面的工作:①严格原材料的质量控制。原材料的质量是保证钢梁制造质量的基础之一,必须保证投入的钢材、焊材、涂装材料的质量指标满足设计提出的要求;②对重要工序和主要部件实施首件检测制,对钢梁制作过程设置质量检查停置点,并加强过程检查;③焊接是钢梁制造中的重要工序,对焊接工序须重点控制;④对焊缝的质量进行全面检测控制。钢箱梁制作实施阶段钢结构监理可分4个专业进行监理工作,即结构监理、焊接监理、无损检测(NDT)监理及涂装监理。钢箱梁制作过程中各工序的监理要点如下:

(1)钢材的存放要求

①钢材储存的场地条件。钢材的储存可露天堆放,也可堆放在有顶棚的仓库里。露天堆放时,场地要平整,并应高于周围地面,四周留有排水沟;堆放时要尽量使钢材截面的背面向上或向外,以免积雪、积水,两端应有高差,以利排水。堆放在有顶棚的仓库内时,可直接堆放在地坪上,下垫楞木。

②钢材堆放要求。钢材的堆放要尽量减少钢材的变形和锈蚀,同时要方便吊装和运输;材料堆放之间须考虑留有一定宽度的通道以便运输。

③钢材的标识。钢材端部应树立标牌,标牌要标明钢材的规格、钢号、数量和材质验收证明书编号;钢材端部根据其钢号涂以不同颜色的油漆;钢材的标牌应定期检查。

④钢材的检验。原材进场后,承包人应向监理人员提交正式的出厂证明、质量保证书及相关技术标准文本,同时进行外观检查,按业主招标文件规定的比例进行复验,抽样和复验须通知监理旁站见证。

承包人在材料复验后向监理人员报送原材的复验报告,监理人员对报告的审查按照第五章第二节中原材料质量控制的相关内容进行,同时监理人员须根据业主招标文件中所确定的频率对原材进行独立抽验,确认合格的原材料方可投入使用。

(2)制造胎架的要求

①胎架纵向各点高程按桥梁合龙时的线形设计;横向应考虑焊接变形和重力的影响。

②胎架基础必须有足够的承载力,确保在使用过程中不发生沉降。胎架还要有足够的刚度,避免在使用过程中变形。

③胎架满足施工人员方便和安全要求,胎架应满足运梁台车进出方便和安全的要求。

④在胎架上设置纵、横基线和基准点,以控制梁段的位置和高度,确保各部尺寸和立面线形。胎架外设置独立的基线、基点,以便随时对胎架进行检测。

⑤每批次梁段下胎后,应重新对胎架进行检测,做好检测记录,确认合格后方可进行下一批次的组拼。

(3)钢板预处理

预处理表面清洁度达Sa2.5级。涂装表面、平整、无漏底、拱皮等缺陷,涂层均匀,厚度20~30μm。

(4)钢板切割

主要指钢板的精密切割。下料不宜用剪切(加工边除外);火焰切割应优先采用数控切割机、自动切割机、等离子切割,切割参数应满足火焰切割工艺评定的要求。切割面硬度不超过 HV350、焊接边的切面及坡口应除掉氧化皮,切割面不应有崩坑、沟槽等缺陷。切割面垂直度≤0.5L且不大于2.0mm。外露边两侧倒棱,倒棱半径为0.5~2.0mm。

切割面若有切口或崩坑,其深度小于2mm可磨顺,若超过2mm应磨出坡口,预热(>50℃)补焊、磨平。对受拉边缘还应进行磁粉探伤检测。

主要构件的主要零件应做好材质跟踪记录。

(5)钢板矫形

若表面质量满足不了质量要求,钢材应进行矫正,钢板矫平应采用钢板矫平机,超厚钢板可采用火焰矫平方法。矫平标准一般1mm/μm,矫平矫直按技术要求执行。

火焰矫形温度控制在600~800℃,严禁过烧,冷却到室温前不得水冷和锤击。

矫正后的钢材表面,不应有明显的凹面和损伤,表面划痕深度不得大于0.5mm,且不应大于该钢材厚度负允许偏差的1/2。

(6)钢板加工(边孔)

主要受力构件的自由边应刨(铣)边,边缘加工深度≥3mm,表面硬度≤HV350,加工面粗糙度≤25μm。磨光顶紧边应采用铣边,加工面粗糙度<12.5μm,板边垂直度小于1%T且不得大于0.3mm。

高强螺栓孔应用机械样板(模样板)钻孔。相邻孔中心距<0.5mm,孔群中心距<0.8mm。

若画线卡样板,画线应在平台上进行。画线作业场地要在不直接受日光及外界气温影响的室内,最好是开阔、明亮的场所。画线应用钢划针,画针可用砂轮磨尖,粗细度可达0.3mm左右,画线偏差≤0.3mm,最大不超过0.5mm。当进行下料部分画线时要考虑剪切余量、切削余量。

(7)U型肋压制成型

U型肋的断面尺寸、角度、直线度、扭曲等应严格控制,以适应U形肋组装的需求,尤其是U型肋的接口形状、尺寸须重点检查和控制。

(8)构件装配

①构件装配应在平台或胎架上进行,装配时不得随便焊马板。

②组装用胎型的刚度、尺寸精度应满足装配的要求,胎架的胎型须定期检测,并确保满足组装公差的要求。

③接料应在装配前完成,接料的长度、宽度限制满足技术条件,一般长度>1m,宽度>0.2m,相邻接缝错开>0.2m,接缝错开孔中心>0.1m,对接平面交底差<0.5mm。

④定位焊缝不得有开裂、夹碴、飞溅、弧坑等缺陷;焊角不宜过大,否则对焊缝成型影响较大。

⑤装配前焊缝区应除锈、油漆等,埋弧自动焊应组装孔熄弧板,孔熄弧板有焊接产品试板的焊缝,也应同时组装试板。对接焊缝与肋板和孔间的距离满足10~12倍的板厚。

⑥不等厚钢板对接时厚板应刨成1∶8过渡坡,构件有连接关系的筋板间距,接口的高

宽，对角线等尺寸应严格控制，装配间隙<1mm。

⑦板单元的制造质量直接影响梁段的几何形状和尺寸精度，在制造中应重点控制。由于顶板、底板厚度不大，采用火焰修整焊接变形较为困难。因此，如何控制焊接变形和准确预留焊接收缩量至关重要。

⑧板单元的存放、吊装、运输须确保构件不变形。

(9)构件焊接控制

①焊工应持有本项目的上岗证，并在上岗证上指定的焊接方法，焊接位置范围内施焊。

焊接设备及议表在鉴定的有效期内。焊丝、焊剂、电条的规格符合焊接工艺评定的要求，并按技术要求烘干，焊条使用过程中应保存在保温筒内，取出超4h，应再烘干方能使用。

②焊缝的施焊必须在除锈24h内焊定，焊接时间若超过24h或表面有浮锈、污染等，采取有效措施，除锈、去湿，满足要求再焊。

③定位焊的焊缝长度、间距、焊面尺寸等应符合技术要求；定位焊不得有裂纹、气孔、夹渣、焊瘤等缺陷；定位焊时应按技术要求预热。

露天作业不宜用CO_2气体保护焊施焊。起弧熄弧应在引弧板上80mm之外处。焊接完毕应采用气割切除引弧熄弧板，不得用锤击落，并修磨平整。

④低合金钢的焊接环境温度≥5°C，低碳钢的焊接环境温度≥0°C。相对湿度>80%、焊接表面潮湿、雨、雪天、不宜施焊，风速超过或等于8m/s(CO_2保护焊风速>2m/s)，应采取挡风措施。

⑤焊接方法、焊接位置、焊接材料、焊接坡口、焊接电流、电压、焊接速度、预热温度、焊道的层间温度，应与焊接工艺评定一致。若超出工艺评定10%应重新做焊接工艺评定。

⑥埋弧自动焊的施焊过程中不宜断弧。若出现断弧必须在停弧处刨成1:5坡，并塔接50mm以上，焊后磨顺。

⑦多层焊接宜连续施焊，每一层焊道焊完后应及时清理并检查，如发现焊接缺陷应清除后再施焊，焊道层间接头应平缓过渡并错开。

⑧焊缝坡口和间隙超差时，不得采用填加金属块或焊条的方法处理。

⑨对接和T形接头要求熔透的组合焊缝，当采用手弧焊封底，自动焊盖面时，反面应进行清根。

⑩严禁在非焊接区引弧打火。对母材伤击处应进行打磨清除伤，必要时还应对该部位进行磁粉标伤检测，确保无裂纹存在。焊缝返修不宜超过2次。

⑪对板厚≥30mm的焊接，焊前应预热，并控制层间温度，预热温度和层间温度应在100~150℃之内。预热区在焊道两侧，其宽度应各为焊件厚度的2倍以上，且不少于100mm，环境温度低于0℃时，预(后)热温度应通过工艺试验确定。

⑫栓钉焊接前应用角向磨光机对焊接部位进行打磨，焊后，焊接处未完全冷却之前，不得打碎瓷环。

⑬应按技术要求的无损检测方法、检测频率、检测标准进行检测。检测应在焊后24h后进行。对厚度大于40mm的焊料，应在48h后检测。

⑭焊缝外观、焊角尺寸以及需修磨、锤出的焊缝应符合技术要求。一般横向对焊接缝的余纹需磨平，打磨方向与受力方向一致。咬边超过1mm时，应补焊，磨平顺。

⑮返修焊采用埋弧自动焊、半自动焊时,必须将清除部位的焊缝两端刨成不陡于1:5的斜坡再进行焊接;返修后的焊缝应随即铲磨平顺,并按原质量要求进行复验。

⑯主要构件的主要焊缝应在指定的部位打上施焊者的钢印,并做好记录。

(10)构件焊接质量的检验

①焊缝外观的检验

各类焊缝的外观检验标准按照设计文件对钢结构加工的要求执行,如设计无明确要求,可按如下要求进行:

a. 顶板对接焊缝和顶板U肋的焊缝是直接受疲劳控制的焊缝;主箱梁底板对接焊缝和梁内锚箱承压板与钢梁腹板的焊缝是横向受拉焊缝。上述焊缝的气孔、咬边不允许存在,对接焊缝余高应磨平,焊角尺寸(+2.0,-0)mm。

b. 全熔透和部分熔透焊缝(Ⅰ级):气孔$\phi<1.0$mm、每米长内不多于3个、孔间距大于20mm,咬边深(0.3~0.5)mm,对接余高磨平,角焊缝应打磨平顺,焊角尺寸(+2.0,-1.0)mm。

c. 剩余焊缝(Ⅱ级):气孔$\phi<1.5$mm、每米长内不多于3个,孔间距长于20mm,咬边深<1.0mm,焊角尺寸(+3.0,-1.0)mm;

d. 焊波<2.0mm/25mm。焊缝不得有裂纹、未熔合、夹碴、未填满孤坑和焊瘤。

e. 焊钉施焊质量检测:目测焊钉360°均有飞边;焊钉轴线与板面垂直;30°弯曲试验。

②焊缝的无损检测

钢结构的无损探伤主要有磁粉探伤、射线探伤和超声波探伤。磁粉探伤(MT)是利用焊件在磁化后,在缺陷的上部会产生不规则的磁力线这一现象来判断焊缝中缺陷位置。射线探伤(RT)是检验焊缝内部缺陷的准确而可靠的方法,当射线透过焊件时,焊缝内的缺陷对射线的衰减和吸收能力与密实材料不同,使射线作用在胶片上,由于射线强度不同,胶片冲洗后深浅影像不同,而判断出内部缺陷。超声波探伤(UT)是利用频率超过20kHz的超声波在渗入金属材料内部遇到异质界面时会产生反射的原理来发现缺陷。

焊缝的无损检测,应在焊后24h后进行。对于板厚>40mm的焊缝应在焊后48h后进行。无损检测应在焊缝外观检查合格后进行。

无损检测的具体要求和频率须根据设计文件和业主招标文件中的规定进行。

经检测有缺陷的焊缝必须进行返修,焊缝返修不宜超过2次。

③焊接产品试板

焊接产品试板是对焊缝金属机械性的检验,又是对焊接工艺评定的验证。

焊接产品试板应是与所代表的构件同材质、同规格(厚度)同一热处理状态、同一厂家的钢板,按照技术要求的频率,装配在指定的构件部位,与所代表的焊缝同时施焊。若构件无装配试板的位置,可单独施焊但必须与构件同时同条施焊。

一般对于接头和全熔透的T形接头等重要的焊缝应做焊接产品试板。

对于对接试板应进行焊缝拉伸,低温冲击,接头侧弯,对于熔透T形接头的焊缝应进行焊缝的拉伸,低温冲击(有条件时)对于部分熔透T形接头和距间焊缝应进行焊缝拉伸和接头硬度试验。

焊接产品试板试验结果的制定标准应与焊接工艺评定试验结果制定标准一致。

(11)构件划线钻孔

①构件划线应在平台上进行,用平台上的基准线或用水平仪、经纬仪作立体画线。

画线时一般应先找出三个基准平面,即水平面、铅垂纵平面铅垂横平面,再根据需要画出需要的平面内的线。

②若需卡钻孔的若需卡钻孔的横料板,应把横料板的对线口的对正线与构件上的画出线对正,对中偏差≤0.3mm,最大不得超过0.5mm。

③钻孔时,钻件上平面应与钻头轴线垂直。横料板的钻孔套内径、钻头的直径,都应与设计要求的孔径相匹配,满足孔径公差的要求。并经常用试孔器检验钻孔,发现超差的钻孔套,及时更换。

④钻完孔的构件表面应及时清除铁屑和积水并除掉孔边飞边毛刺。

(12)梁段预拼装控制

①预拼装胎架必须经承包人专检人员检验合格,经监理人员确认。参加预拼装的构件必须是质量检验合格的。

②拼装的线形控制包括拱度、侧弯、坡度、拼装端面与拼装中心的垂直度,梁端面的扭曲。

③拼装的几何尺寸控制包括:拼装长度、宽度与对角线;斜拉索吊点的间距;两侧吊点前后相对位置;每个梁段的相关尺寸。

④梁段接口应平顺,错边<2mm,钢板层间隙满足要求。

⑤拼装解体前应对检验中发现的问题已进行返修合格,各件完成编号,经监理人员确认。

⑥过渡梁段前后两次拼装中的方位、形态应保持一致,才能真正起到拼装过渡的作用。

⑦拼装检测时应在无日照情况下进行。

(13)梁段的除锈涂装监理

①核查各种规格涂装材料的出厂质量证明文件和相关资料,确保其可靠性、附着力、防腐蚀性、耐候性、稳定性、使用期等各项指标符合招标文件要求。

②检查加工制造厂对钢材进行表面预处理以及对零部件进行二次除锈的工艺及其实施(喷丸的质量等)情况,注意除锈的方式及其粗糙度、清洁度等参数应符合技术要求。

③审查制造加工厂的涂装工艺设计文件、涂料配料数据的试验资料,签认涂装工艺并监督涂装过程,特别注意涂料品种的核查以及与涂装位置的对应使用;对拱肋U形肋的内槽封闭部位、拱肋顶板外表面等特殊部位的涂装,只需要涂防锈底漆而无须涂中间漆和面漆。

④监督制造加工厂对涂膜厚度检查、涂层附着力试验测定的过程并审查其记录和报告;对涂膜厚度、涂层附着力进行检测抽查。

⑤对工地现场整体焊接后若干区域(包括桥面焊缝区、桥底板外侧、上下腹板焊缝区、内部环焊缝及局部修补区等)的除锈补漆,以及最后一道面漆的监理,也应按上述①~④款办理。

(14)钢梁成品

①钢梁成品在出厂前应向监理人员报验。报验前应是经过制造方质检部门检验合格。报验时应向监理人员提供原始的检验资料,监理人员审核确认后对报验成品的实物进行"批

次”检验。

②监理人员审核的制造方提供的原始质量检验资料应包括:主要零件的材质跟踪记录,主要构件主要焊缝的施焊记录,焊缝的无损检测报告,焊接产品试板,摩擦系数试板的试验报告,成品质量检测记录,涂装质量检测记录。

③监理“批次”检验是指监理人员对每件成品都进行外观的目测检查,并按一定的频率进行随机抽检,抽检的成品件进行全项点的检测,并做抽检记录。

④监理对“批次”检验,确认合格,监理人员在报验申请单签署确认意见,若在“批次”检验中发现比较严重的缺陷或虽属一般缺陷,但比较普遍时,监理人员拒绝验收,要求制造方返修。待合格再报验。

(15)成品存放运输

成品的存放和运输方案要安全稳固。不应对构件产生不应有的变形,更不能产生塑性变形。存放场地排水畅通,构件距地面 >300mm 多层码放,垫场应在同一铅垂面内,垫场位置应在构件刚度较大处。

4. 钢箱梁制作过程中应注意的问题

(1)关于试板超强的问题

①现象。在钢结构生产过程中常出现焊缝超强现象。

②解决方法。施工时一方面通过焊缝的坡口形式、焊道排列、预热温度、线能量、焊后保温、道间控制温度等途径优化焊接工艺,努力克服超强问题;另一方面可报设计人员,经设计人员认可后对焊缝超过母材实际强度25%(或设计要求)以上的试板,超强焊缝采用韧强比的评定方法,如上海某跨江大桥采用的评定标准为角接焊缝韧强比≥0.11,对接焊缝韧强比≥0.15。

(2)梁段整装时预留反变形量

梁段在整体装焊过程中会产生一定量的变形,制造时可通过预留反变形量来克服变形。预留反变形量的确定是一个复杂的过程,首先可根据结构的实际状况进行估算,再加上试验梁段的经验先初步确定一个值,最后在实际施工时进行验证和调整,最终形成适合本项目的比较切合实际的量。

(3)焊缝的裂纹控制

裂纹缺陷以焊缝冷却结晶时出现裂纹的时间阶段区分为热裂纹(高温裂纹)、冷裂纹(延迟裂纹)。

①热裂纹

热裂纹是由于焊缝金属结晶时造成严重偏析,存在低熔点杂质,另外是由于焊接拉伸应力的作用而产生的。

防止措施主要有:控制焊接工艺参数。控制焊接电流和焊接速度,使各焊道截面上部的宽度和深度比值达到1.1~1.2,同时控制焊接熔池形状;避免坡口和间隙过小使焊缝成形系数太小;焊前预热可降低预热裂纹的倾向;合理的焊接顺序可以使大多数焊缝在较小的拘束度下焊接,减小焊缝收缩时所受拉应力,也可减小热裂纹倾向。

②冷裂纹

冷裂纹发生于焊缝冷却过程中较低温度时,或沿晶或穿晶形成,视焊接接头所受的应力状态和金相组织而定。冷裂纹也可以在焊后经过一段时间(几小时或几天)才出现,称之为延迟裂纹。

防止的办法是:焊前烘烤,彻底清理坡口和焊丝表面的油、水、锈、污等减少扩散氢含量;焊前预热、焊后缓冷,进行焊后热处理;采取降低焊接应力的工艺措施,如在实际工作中,如果施焊条件许可双面焊,结构承载条件允许部分焊透焊接时,应尽量采用对称坡口或部分焊透焊缝作为降低冷裂纹倾向的措施之一。

(4)焊缝缺陷——孔穴的控制

孔穴缺陷分为气孔和弧坑缩孔两种。

气孔造成的主要原因:焊条、焊剂潮湿,药皮剥落;坡口表面有油、水、锈污等未清理干净;电弧过长,熔池面积过大;保护气体流量小,纯度低;焊距摆动大,焊丝搅拌熔池不充分;焊接环境湿度大,焊工操作不熟练。

防止措施有:①不得使用药皮剥落、开裂、变质、偏心和焊芯锈蚀的焊条,对焊条和焊剂要进行烘烤;②认真处理坡口;③控制焊接电流和电弧长度;④提高操作技术,改善焊接环境。

弧坑缩孔是由于焊接电流过大、灭弧时间短而造成的,因此要选用合适的焊接参数,焊接时填满弧坑或采用电流衰减灭弧。利用超声波探伤,搞清缺陷的位置后,用碳弧气刨等完全铲除焊缝,做成船底形的沟再进行补焊,焊后再次检查。

(5)固体夹杂的控制

造成夹渣的原因有:多道焊层清理不干净;电流过小,焊接速度快,熔渣来不及浮出;焊条或焊距角度不当,焊工操作不熟练,坡口设计不合理,焊条形状不良。

防止办法是:彻底清理层间焊道;合理选用坡口,改善焊层成形,提高操作技术。

(6)未熔合和未焊透的缺陷控制

未熔合缺陷主要是由于运条速度过快,焊条焊距角度不对,电弧偏吹;坡口设计不良,电流过小,电弧过长,坡口或夹层清理不干净造成的。

防止办法是:提高操作技术,选用合适的工艺参数,选用合理的坡口,彻底清理焊件。

未焊透缺陷产生的原因是由于坡口设计不良,间隙过小,操作不熟练等造成的。

防止办法是:选用合理的坡口形式,保证组对间隙,选用合适的规范参数,提高操作技术。

(7)形状缺陷的控制

形状缺陷分为咬边、焊瘤、下塌、根部收缩、错边、角度偏差、焊缝超高、表面不规则等。

①咬边缺陷是由于电流过大或电弧过长,埋弧焊时电压过低,焊条和焊丝的角度不合适等原因造成的。对咬边部分需用直径3.2~4.0mm的焊丝进行修补焊接。

②焊瘤是由于电流偏大或火焰率过大造成的,另外焊工技术差也是主要原因。对于重要的对接焊部分的焊瘤要用砂轮等进行打磨。

③下塌缺陷又称为压坑缺陷,是由于焊接电流过大,速度过慢,因此熔池金属温度过高而造的。处理方法是:用碳弧气刨进行铲除,然后修补焊接。

④根部收缩缺陷主要是焊接电流过大或火焰率过大,使熔池体积过大造成的,因此要选合适的工艺参数。

⑤错边缺陷主要是组对不好，因此要求组对时严格要求。从背面进行补焊，也可使用背衬焊剂垫进行底层焊接，希望焊成倾斜度为1/2.5。

⑥角度偏差缺陷主要由于组对不好，焊接变形等造成的，因此要求组对好，采用控制变形的措施才能防止发生。

⑦焊缝超高、焊脚不对称、焊缝宽度不齐、表面不规则等缺陷产生的主要原因是：焊接层次布置不好，焊工技术差，护目镜颜色过深，影响了观察熔池情况。

(8)其他缺陷

其他缺陷主要有电弧擦伤、飞溅、表面撕裂等。

①电弧擦伤是由于焊把与工件无意接触，焊接电缆破损；未在坡口内引弧，而是在母材上任意引弧而造成的。因此，启动电焊机前，检查焊接，严禁与工件短路；包裹绝缘带，必须在坡口内引弧，严肃工艺纪律。

②飞溅是由于焊接电流过大，或没有采取防护措施，也有因 CO_2气体保护焊焊接回路电感量不合适造成的。可采用涂白垩粉调整 CO_2气体保护焊焊接回路的电感。

(9)陶瓷衬垫的使用

公路钢梁的制造中大量地采用了陶瓷衬垫焊接接头，贴衬垫时衬垫位置的准确性，衬垫与钢板的密贴性十分重要，它直接影响到焊缝背面的成型。否则要消耗大量的人力、物力去磨修。

(10)关于钢锚箱的加工控制

梁内钢锚箱的焊接要求高，连接件的板较厚、又熔透，焊接变形较大，难于控制。为保障加工质量，首先要保证高水平焊工的相对稳定，其次要采取有效的防变形措施，来提高和稳定焊缝的质量，有效地控制焊接变形。

三、钢箱梁安装的监理技术

钢箱梁安装阶段的质量控制要点有：①钢箱梁的运输；②无索区梁段支架、临时墩支架及边辅墩支架安装；③无索区梁段安装；④标准梁段安装；⑤梁段现场焊接（拴接）工艺；⑥焊缝探伤检验/高强螺栓终拧检查；⑦边跨合龙；⑧体系转换；⑨中跨合龙；⑩施工监控等。

1. 钢箱梁的存放和运输监理

钢箱梁制作成形后常在制造区或附近临时存放，存放前监理人员应审查并检查场地存梁支墩处的基础处理，避免不均匀沉陷造成钢箱梁的存放变形；存梁时监理还应审查和检查支墩间距，保证支点在钢箱梁的横、纵隔板处。

钢箱梁一般采用水上运输，在此环节监理人员应注意：

(1)审查承包人水上运输方案的可行性，特别是钢箱梁的安全能否得到保证。

(2)钢箱梁在船上支承的固定要保证不发生变形、滑移和磕碰。

(3)运梁船证件齐全，船员具备规定资格，并在海事部门护航（或海事部门批准）的条件下航行。

(4)督促承包人制定严密的航行和在桥位抛锚定位的安全操作规程和岗位责任制，并监督其严格执行。特别是江心抛锚定位，措施必须切实可靠，应经模拟试验来确定。在有雾和风速超过5级时，应停止航行。

2. 安装准备阶段监理

钢箱梁安装前监理人员应做好如下工作：

(1)审核设计图纸,校对变更设计通知、工程业务联系单的有关内容,参加有关技术交底会明确设计内容及其要求。

(2)审核索塔上部结构安装施工组织设计,重点审查各项施工方案和工艺是否满足设计和规范要求,施工组织是否考虑了施工现场的特殊环境和气候条件,劳动力安排材料供应、机械设备的进场是否满足施工质量安全和进度的要求。

(3)上部结构安装施工前,督促承包人上报并审核关键工序的施工方案如无索区梁段支撑架的设计和稳定性计算:桥面吊机安装、拆除、试吊操作作业指导书,钢箱梁吊拼焊接专项方案,边辅墩支架专项方案合龙段专项施工方案,斜拉索施工方案、梁段运输方案、检修小车使用专项方案,各专项施工方案经监理审批后,报指挥部备案,重要及技术复杂方案还须组织进行专家评审。

(4)审核承包人质保体系和安保体系并要求明确施工过程中各工序的质量责任人和安全责任人。

(5)检查施工单位的特种作业人员的培训情况,坚持持证上岗。

(6)检查进场原材料、成品、半成品、锚具有无出厂合格证和各种原材料复检报告,并填报相关的原材料成品半成品供应单位资质报审表、原材料报审表等报监理人员审批同意后方可使用。

(7)检查进场所有的检查、检测仪器、仪表等是否有效、校核和标定。

(8)审核并复试混凝土配合比(填芯压重混凝土)和压浆配合比。

(9)检查承包人各项准备工作审批分部工程开工报告。

(10)组织监理人员学习上部结构安装监理细则并向承包人交底。

(11)施工前督促并检查承包人针对钢箱梁安装做专项技术交底要求,交底内容详实,交底层次必须到现场作业人员。

3. 无索区梁段(0号块)安装监理

(1)0号块支架设计与安装

①支架应稳定,强度和刚度的要求应符合稳定性要求和强度要求。

支架的立柱应保持稳定,并用撑拉杆固定,当验算模板及其支架在自重和风荷载等作用下的抗倾覆稳定时,验算倾覆的稳定系数不得小于1.3。

支架受荷载后挠曲的杆件的弹性挠度不超过相应结构跨度的1/400。

因为需在支架上布置纵向滑道将箱梁拖移就位,所以支架的设计应满足梁段吊装及纵向滑移的需要。

②采用钢支架支撑时,在使用中应注意:

a. 施工时在承台上预留预埋件,并做好防腐工作。

b. 对支架所用的型钢要计算其预拱度及伸缩状况。

c. 要注意支架卸落所具备的条件。

③施工时应对支架的变形、位移、节点和卸架设备的压缩和支架基础的沉陷等进行观测,如发现超过允许值的变形、变位,应及时采取措施予以调整。

0 号块支架监理的其他要点可参阅第四章中横梁支架的监理要求。

(2)0 号块梁段安装

①承包人应编制详细的施工组织设计方案。

②承包人应提供浮吊技术参数，如起吊高度、起吊重量、船体尺寸、吃水深度以及相关证件，监理人员根据施工水域和钢箱梁尺寸、重量、吊装高度来审查浮吊是否满足施工要求。选用的起重船吊重、吊幅可能还需满足侧面吊装梁段的需要。

③浮吊进场后，应根据钢箱梁吊装施工水域进行试抛锚，检验其锚缆和锚具着力是否满足施工要求。

④梁段均布置 4 个吊点，吊点均应位于纵隔板上。每个吊点应布置两个吊耳，保证钢箱梁吊耳在吊装过程中只承受竖向荷载。

⑤应根据各梁段的吊点距离及重心偏离等参数，设计专用吊架，以满足各梁段吊点及重心变化的需要，吊架采用钢结构。

⑥建议吊索选用合成纤维软吊带，主、次吊索与吊架及钢箱梁可采用销轴连接。

⑦梁段起吊

梁段起吊过程中，应在梁段靠起重船吊臂侧绑挂橡胶护舷以防止梁段在吊装过程中因晃动而碰撞吊臂。

第一吊应试吊 30min，当梁段吊离运梁船 10cm 后，应停止起吊，静止 15min，进行设备、吊物、环境检查，无异常情况后，方可缓缓起钩。

落梁时，应根据钢箱梁落梁位置，进一步检查钢箱梁支承滑块位置是否满足设计图纸所要求的纵横隔板相交处部位。

0 号块及边跨支架钢箱梁梁段全部吊装落架后，需平移定位。钢箱梁同滑块在轨道上滑移，为保持在移梁过程中的稳定性，要求两侧必须同步进行；在移梁滑块两侧应设有导向装置，如发现偏位应及时进行纠正；移梁过程中要及时跟踪测量支架变形情况，及时反馈给现场负责人员。

(3)梁段精确调整

梁段调整可通过三向千斤顶进行，将千斤顶放在主梁上，千斤顶顶口应尽量顶在钢箱梁底板与“U”形肋交点处，为防止底板变形或划伤涂装层应在此交点处采取有效的加垫措施。

各千斤顶应同时顶升，按照先调整轴线，再调整里程，最后调整高程的顺序调整梁段，直至梁段高程、四角相对高差、轴线符合设计及监控要求后，将该梁段与已成梁段焊接。

对于首节梁段，精调完毕后应进行临时固定，防止在进行其他梁段调整时由于碰撞等原因发生碰撞，而使位置发生变化。待所有梁段精调完毕后将零号块梁段与下横梁进行临时锚固。

4. 无索区(0 号块)的临时锚固监理

(1)设置原因

在斜拉桥主桥悬臂施工过程中，索塔两侧的梁体因自重荷载、临时荷载或出现落梁工况等原因导致荷载的不平衡会产生一定的倾覆力矩，且两侧斜拉索张拉力的不对称或不对称风载等亦会对主梁产生一定的水平或纵向推力。当漂浮体系的斜拉桥采用悬臂法进行主梁施工时，为确保结构在施工阶段的安全，一般在施工中都需采取适当的措施进行塔梁临时锚固,待主桥合龙之后再进行拆除。当双悬臂跨度(一般为160m以上)达到一定值时,还需要设置临时墩来减小不平衡荷载对塔梁的影响。

(2)目前国内外斜拉桥临时锚固的几种类型

①将零号块钢箱梁通过预应力临时锚固在下横梁上的临时支座上,实现刚性连接,如南京三桥的塔梁临时锚固。

②将零号块钢箱梁通过索体临时锚固在下横梁上的临时支墩上,使得钢箱梁能够实现纵向小范围位移的柔性连接,横向限位依靠中塔柱与箱梁之间的横向支座。如苏通大桥的塔梁临时锚固。

③通过横向限位及纵向阻尼装置实现横向或纵、横桥向锚固的斜拉桥。一种是全部先梁后索,如在建的宁波机场路姚江大桥,采用顶推法先将钢箱梁顶推到位,然后再进行斜拉索的张挂,以实现全漂浮状态,其在挂索过程中依靠塔柱与梁体之间的横向限位支座来实现抵抗水平力;另一种是部分先梁后索,如香港昂船洲大桥和湖北鄂东大桥,边跨为现浇混凝土结构,中跨为钢箱梁结构,岸侧几跨浇筑完成后,再进行中跨吊装作业,通过纵向阻尼装置和横向限位支座实现抵抗纵向和横向力。

④大跨度独柱塔斜拉桥的临时锚固(以上海长江大桥为例)

a. 纵向锚固:利用纵向阻尼装置的空间位置设置纵向锚固,同时利用预拉力有效的将锚固拉力转化为对塔柱混凝土的压力。

b. 横向锚固:将独柱塔四角与钢箱梁进行锚固,增加了抗扭力臂,同时大大减小了主梁悬臂端的位移。

c. 竖向锚固:将竖向临时锚固与临时支架相结合,使得一“架”两用,同时对支架受力钢管柱施加预应力,应用预加载自平衡的概念,克服长细杆结构受力变形大的缺陷,充分发挥高强材料的特点。

(3)施工注意事项

①采用何种临时固结措施,要根据悬臂最大时风荷载和施工荷载可能产生的最大不平衡弯矩以及塔柱下横梁的空间尺寸与构造,通过验算确定。承包人在开工前应将验算资料和临时固结方案报监理人员审批,并经设计方认可。

②临时固结设施的预埋安装,既要稳定牢靠,又要便于调节以及合龙后方便拆除。

③锚固设施须派专人经常性地进行检查,以确保其使用时的安全。

5. 钢梁架设临时墩的设置

在大跨度斜拉桥主梁悬臂施工过程中,索塔两侧的梁体因自重、索力及常规临时不平衡荷载,会引起竖向、横向产生一定的不平衡力矩,这种不对称荷载可以由塔梁临时锚固来抵抗,但当双悬臂达到一定长度(通常从塔柱横桥轴线向外150m以上),如果出现落梁、地震及不对称横桥强风等非正常荷载时,由于悬臂较大,将对塔、梁产生巨大的竖向倾覆力矩或水平扭矩,塔梁受损甚至出现重大安全事故。因此对于双悬臂较大或施工环境恶劣,在施工控制中需要在边跨(或中跨)不影响通航范围内的适当位置设置安全措施——临时墩,当主梁架设到此位置时,将主梁与临时墩进行竖向和横向的锚固,纵向容许发生位移(让梁体适应温度变化),当出现落梁、地震或不对称横桥强风工况时,临时墩起着竖向或横桥向弹性约束作用,用来改善塔梁的受力状况和增强抗风稳定性。因边跨高度较主跨低,一般临时墩均设在边跨，只有当单悬臂施工仍需临时墩作为横向抗风保险措施时，才将临时墩设在主跨。在边跨合龙后，双悬臂变为单悬臂，即可解除临时墩（除设在中垮的临时墩仍保留横向约束）约束。

钢箱梁、钢—混梁临时墩设置主要分两种情况：①边跨设置临时搁置墩。边跨采用大块梁段吊装或支架上直接组拼，使双悬臂长度较小或没有双悬臂施工，如苏通大桥；②临时墩承受塔梁不平衡拉、压或横桥向荷载。安装过程中需要独立承受单节段钢箱梁的自重荷载，待桥面吊机安装好该梁段后，将钢箱梁与临时墩进行竖向及横向锚固，如南京三桥。

临时墩受力大小和梁端位移大小与临时墩刚度有关。由于临时墩是临时工程，为确保施工安全并使之最经济，临时墩刚度的设定是以在最大竖向荷载作用下塔柱不开裂、最大水平荷载作用下零号块塔梁锚固点不破坏及自身结构不破坏、便于搭设和拆除为原则。最大竖向荷载主要是考虑施工过程中可能发生的落梁荷载，最大水平荷载主要考虑的是风荷载作用，风荷载按施工区域实测最大风力，并考虑高度变化系数、阵风系数等进行取值。

临时墩的设置还须综合考虑梁段的搁置、桥面吊机的使用和检修桁车的通过等因素。临时墩的使用也须安排专人经常性地检查，确保使用安全。

6. 桥面吊机的监理

桥面吊机各构件的拼装和各机构的安装必须正确，符合设计图纸的技术规定。桥面吊机各构件的连接必须牢固可靠，连接焊缝质量应符合设计要求，承包人根据设计要求进行有关检测，监理人员根据现场情况进行抽检。连接螺栓必须拧紧，连接销轴必须安装到位。

桥面吊机的抗倾覆安全系数或自锚固系统安全系数不小于2.0。桥面吊机要通过专门检测机构检验并进行试吊后方可使用。桥面吊机试验分为空载试验和荷载试验。

（1）空载试验

空载试验的目的是检验相关部位的移动是否正常。试验内容如下：

①桥面吊机整体提升、下降试验与调平试验。此项试验主要是检测起重机顶升液压系统工作是否正常，提升、下降过程是否平稳、准确、方便。

②行走试验。主要检验行走液压系统工作是否正常，行走是否通顺平稳，是否倾斜，滑道是否卡滞，是否同步。

③起升试验。主要是检查桥面吊机上下游吊钩上升、下降速度是否同步，紧急刹车是否达到设计要求，起升高度限位器是否灵敏可靠。

（2）荷载试验

荷载试验的主要目的是：检测主吊机的设计能否满足吊升本项目最大的预制钢箱梁节段的需要；检测主吊架的制造能否满足设计要求，承受最大的预制钢箱梁节段的重量。试验所加载的荷重为图纸规定的最大起吊重量的1.25倍。

试验过程中在钢架的主要构件应安装力传感器与位移传感器，用来观测并记录杆件的受力与变位情况，以便与设计理论值做比对分析。

1.0G～1.1G荷载动载试验，要求两侧必须对称平衡，同步进行，在升降过程中各进行一次紧急停车试验，以便检查桥面吊机行走系统及构件受力情况；1.25G静载试验，桥面吊机将1.1G荷载吊离运梁船甲板0.2m左右，然后缓慢加水至1.25G荷载，持续30min，监理人员和施工技术人员检查各构件和桥面吊机与钢箱梁前后锚点受力情况，检测合格后卸载。

桥面荷载试验检测合格后，承包人应编制详细的操作规程和操作要点，并下发有关施工人员，并将操作要点张贴在操作平台的显著位置。

桥面吊机监理的其他要求可参见第九章第四节中的内容。

7. 施工用检修桁车的监理

钢箱梁悬臂安装时，常采用临时检修桁车作为钢梁外侧施工的操作平台，临时检修桁车的使用一般利用钢箱梁永久检修桁车的轨道进行。

(1)临时检修桁车的设计和加工应经有相应资质的单位进行，桁车的设计还须经有资质的第三方进行复核，报设计、监理人员审核批准后方可加工、使用。

(2)桁车安装前，承包人应组织桁车的设计、复核、加工方一起对桁车的结构、焊缝等进行检查验收，监理人员参与验收工作，经检查验收，桁车符合设计要求方可安装使用。

(3)临时桁车一般要使用钢箱梁外侧或底部的永久轨道，因荷载和使用状态的区别，承包人须对桁车使用时轨道上的最大轮压进行分析，并将分析结果报设计单位确认是否处于安全范畴。

(4)安装前承包人应编制桁车安装和拆除专项施工方案，监理人员重点审查：桁车的运输、起吊、就位、吊点的设置等关键工序和环节的安全措施。

(5)桁车使用时监理人员须严格控制桁车上的施工人员和临时设备，严禁荷载超过设计值。

8. 标准梁段安装监理

(1)吊装前准备工作

①对桥下地形及河床进行探测，根据实际情况进行清理。

②潮汐河段须掌握桥位区海域水文情况，了解该处潮汐变化规律。

③完成施工组织设计，并经审定。

④确定吊装期间封航和航道运输管理方案。

⑤应充分掌握有关气象资料，特别是突发性风情预报，并做好防范措施。

⑥吊机安装就位，并完成各项设备安装及检查工作。

(2)标准梁段吊装与拼装

①吊装过程必须严格遵守高空作业及水上作业的安全规定。吊装作业过程中占用海面时，要在作业区域设置警戒船，防止一般船舶进入限制通航的地带，确保作业船与一般航行船舶的安全。

②桥面吊机安装调试完成后，应在桥塔两侧对称、同步进行标准梁段的悬拼施工，吊装过程应观察索塔变位情况，以保证工程质量和施工安全。

③钢箱梁水上运输必须由有经验的人员担任，架设前，应对河床及水文情况进行详细调查，并进行现场驳船定位试验，以保证定位精度。

④待吊装的钢箱梁梁段的出厂合格检验证、梁段的制造重量等资料报监理人员核查。起吊前承包人要对钢箱梁梁段编号、方向、临时连接件进行核对，以及对起吊吊具的各连接部位的检查，合格后报监理人员复查。

⑤钢箱梁运输船到达桥下起吊处时，需经抛锚调整位置并固定，其定位位置与起吊中心之差小于50cm，以保持钢箱梁起吊时的垂直和起吊作业的安全。

⑥所有梁段吊装，在监理人员检查吊机吊点与梁段连接可靠后，经同意方可正式起吊。梁段起吊过程中，应特别注意观测桥面吊机与钢箱梁后锚点的受力情况，此处受力较大。在通航孔进行吊装作业时，一般要实行航道管制，以确保安全。

⑦吊机吊具应分两阶段下落：第一阶段吊具下放至离水面15m左右，以便驳船抛锚定位；第二阶段下落是在驳船定位完成后，吊具继续下放，准备与钢箱梁临时吊点连接（进行穿销轴的连接作业）。

⑧为避免梁段间相互碰撞，吊装梁段与已安梁段之间应保留约10cm的间隙，当钢箱梁被吊至桥面高度时，可通过调整吊点中心与梁段重心的相对距离，从而改变被吊梁段的坡度；微调吊机，使被吊梁段与已成梁段紧密接触，而后安装临时匹配件，应待夜间温差较小的时段进行梁段精匹配。

⑨主梁架设过程中，对于非标准节段的架设，应注意解决节段长度和节段重量这一对矛盾，因为节段越长，重量越大，吊装越困难，而方向偏差越容易控制，施工中可根据吊装机具，对节段长度作适当的调整。

9. 钢箱梁的现场匹配控制

为保证吊装梁段顺利吊至桥面高度，吊装梁段与已安装好的梁段留有一定的间隙，吊装连段在吊点集中力作用下变形较大，已安装好的梁段在斜拉索锚点集中力作用下也容易变形，所以梁段定位匹配需经过多次反复调试后，才能达到监控指令要求。钢箱梁的现场匹配主要控制两点：梁段的接口匹配精度和主梁线形控制。

(1)接口的匹配控制

桥钢箱梁架设采用悬臂拼装法，吊机将被起吊梁段整体起吊，初步就位后进行精确匹配、桥面环缝焊接等工序。施工时已安装好的梁段在桥面吊机和斜拉索索力的共同作用下，箱梁处于中间下弯，两侧上翘的变形情况。吊装的钢箱梁在自重作用下，中间上翘，两侧下挠，两者的变形差异给定位带来很大困难。

吊装梁段的变形问题可采用以下办法进行调整：

箱梁吊到位后，将边腹板位置对齐，安装临时连接件，在吊装梁接缝处焊接部分码板，码板仅在吊装梁段侧焊接，根据现场接缝情况，适当落吊钩，使吊装梁段一部分重量通过临时连接件、码板传递给已安装梁上，这样桥面吊机前支点的反力也随即减小，经过几次反复调整，主梁线形达到监控指令要求，并按设计要求完成梁段匹配件连接，然后方可施焊，梁段线形调整应选择气候相对平稳时段进行调整，一般选择在20:00至次日6:00日出前完成主梁线形调整。

临时连接件在钢箱梁预拼装时须提前准备好，常用的临时连接件有：角式匹配件、止推板、对位螺杆底座等，匹配时按照“腹板→斜底板→顶板→底板”的顺序连接匹配件，梁段定位箱口时首先固定梁段箱口刚性较大的拐角部位，然后固定其他匹配件。

钢梁的匹配调整时须检查梁段底板的缝隙是否接近预拼状况，匹配件密贴或焊接间隙要求不大于设计要求值；若主控点高程与接口底板匹配存在矛盾，在兼顾线形和焊接缝隙的前提下可互补协调配合。

梁段接口在匹配件连接完成后，由于钢箱梁节段在吊装过程中受力变形以及主梁线形调整时接口局部微调，箱口尺寸无法达到工厂内胎架上的制造线形，梁段组拼间隙和接口高差都会出现超差现象，接口高差超过1.0mm时，应调整到1.0mm以内，当接口间隙小于组装和工艺标准要求的值时，应进行修整。

若梁段间因"上、下拱"而产生的高差较大，匹配件连接时，可由梁中间向两侧进行，两侧的高度则通过千斤顶进行调整，调整方式如图5-1所示。

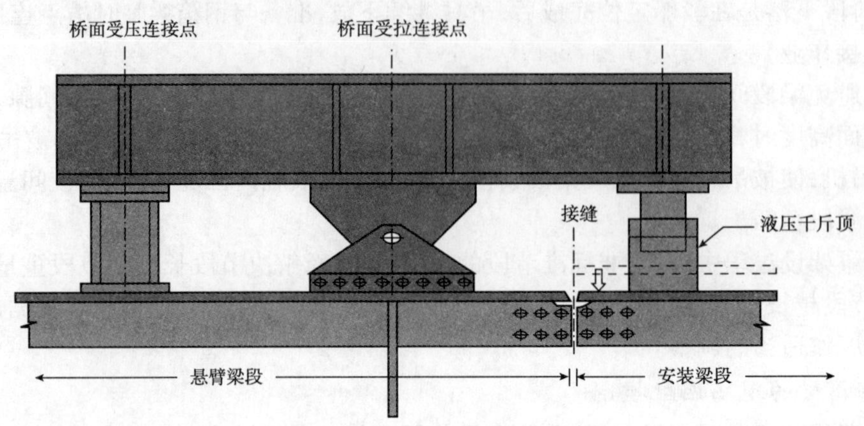

图5-1 千斤顶调整装置

吊装用配件或临时构件在构件现场拼接完后应予以割除，一般分两次切割，第一次切割为预热，第二次完全切割起吊配件，切割后剩余高度一般不宜超过3~5mm，严禁切割时损伤母材，切割后一律用砂轮打磨至平并进行探伤检测。

(2)主梁的线形控制

在匹配工况或者是吊机放松工况中，局部变形都对前点标高的值有着重要的影响。在安装匹配过程中，局部相对变形主要包含匹配两端产生的"错台"、"低头"和纵向伸长差（顶、底板焊接收缩差引起远端挠头）3个方面，其中"错台"对梁段安装产生的夹角最大，而低头产生的影响最小，施工时应注意收集3个方面的效应叠加对安装梁段前端标高的影响值。另外在吊机松钩后，梁段前端将比匹配完成时有所下降，这一数值也必须在梁段的安装目标值中予以考虑。监控方应综合几方面因素后，合理地控制梁段匹配时的线形。

匹配梁段上不得放置除吊机以外的其他施工荷载。为减小焊接变形对线形的影响，可采用刚性较大的马板进行定位。所有匹配件连接完成后，不允许采用桥面吊机强行提升梁段达到调整标高的目的。

10. 钢箱梁的现场焊接控制

钢箱梁的现场焊接是钢梁安装的关键工序之一，监理人员应高度重视。

(1)钢箱梁焊缝的焊前检查

工地焊接应做工艺评定，工地焊接前应做好各项准备工作，包括编写详尽的施工方案，准备好必需的设备、机具、材料，做好动能配置、用电、安全教育等工作。箱内焊接须有通气排尘措施，钢箱梁上应有安全用电措施，确保施工安全。

工地焊缝焊接前应用钢丝砂轮进行焊缝除锈，并在除锈后24h内进行工地焊接。焊接前应检查接头坡口、箱梁节段间隙和板面高低差是否符合要求，同时检查环境是否满足工地焊接环境的要求，如不满足应采取措施。

(2)做好焊接工艺评定

对于焊接评定任务书,监理人员应重点审查评定项目是覆盖了图中的所有接头形式、焊接方法、焊接位置、坡口形式、焊接接头连接板的厚度。焊接工艺评定项目,焊接试板的焊接、取样、试验应满足设计和加工制造技术要求的规定。焊接工艺评定报告中应包括:评定试板所用钢料的批号、焊接材料的规格批号并经过复验合格,电焊工上岗证,焊接记录(电流、电压、焊接速度、焊道排序、预热湿度、层间温度、坡口形式、尺寸等),焊缝无损检测报告,焊缝试验报告(接头的拉伸、焊缝的拉伸、接头侧弯、接头硬度、焊缝及热影区的 -20℃冲击功,接头的宏观断面试验等),并经项目技术负责人的签字批准。突出审查焊接评定试验的项目是否齐全,试验结果是否满足标准的要求。焊接方法和坡口形式等一旦确定,就必须严格按此执行,若有所改变应经设计人员认可。

(3)做好电焊工的培训与考试工作

焊缝质量的好坏很大程度上取决于电焊工的水平,故应严格电焊工持证上岗制度。所有电焊工必须持有具备发证资质单位签发焊工证书,除此之外,还应在上岗前进行专项培训与考试。考试合格者,才能在上岗证指定的范围内上岗施焊。焊工专项培训,监理人员应审查:钢梁制造所用钢材和焊接材料(焊接工艺评定确定)有哪些性能;这些性能对焊接有哪些影响;应采取哪些工艺措施和执行哪些操作规程,才能保证焊接质量;钢梁焊接接头、焊接方法、焊接位置有哪些;哪些是一般焊缝;哪些是主要传力焊缝;每种焊缝有哪些无损检测的要求;每种焊缝的焊接工艺是如何规定的等。

焊工专项考试应审查,所用钢材、焊接材料、坡口形式、焊接方法、位置与指定考试规定一致性,考试焊工与报考人的一致性;对考试的焊缝应进行外观无损检测和测弯试验等必要质量检测。由焊考试评定小组对考试的焊缝进行评定,考试合格发泰州长江公路大桥焊工上岗证,并造册交监理组备查。

(4)严格控制现场焊接质量

梁段匹配完成,经坐标定位、高程调整、线形控制后的焊缝宽度经监理人员检查同意认可后方可施焊。

焊接设备及仪表应在鉴定的有效期内使用。焊丝、焊剂、电条的规格符合焊接工艺评定的要求,并按规定烘干。电焊条从烘干箱内取出应存在保温筒内使用,取出超4h,应再烘干方能使用。焊接环境温度 < +5℃、相对湿度 >80%、焊接表面潮湿、雨、雪天、风大不宜施焊。

对板厚≥24mm 的焊接,焊前应预热,并控制层间温度,预热温度和层间温度由焊接工艺评定结果定出。

焊接的工艺参数(如电流、电压、焊接速度等)应与焊接工艺评定一致,若工艺参数超出焊评10%,应重新进行焊接工艺评定。

焊接时间若超过24h 或表面有浮锈、污染等,采取有效措施,除锈、去湿,满足要求再焊。

严禁在非焊接区引弧打火。一旦伤击母材,应打磨光顺,对主要受力构件还应进行磁粉探伤,确保无裂纹存在。

埋弧自动焊和 CO_2焊不得随意断弧,对断弧形成的弧坑处应进行必要处理后,才能继续施焊。

嵌补段的焊接,一般都是距组装的时间较长,焊接区域锈蚀污物比较严重,应进行彻底的清理、除锈，一般只能采用手工除锈应达 St3 级，焊接前还应去湿处理。

允许采用马板定位，施焊完毕去除马板后将面板表面修磨平整并对马板定位焊处采用磁粉探伤，若有缺陷，打磨掉缺陷补焊后再采用磁粉探伤检查。

(5)梁段组对环焊缝的焊接顺序

为减少因焊接而产生的附加应力，焊缝残余应力及边缘材料局部应力，清除或减少构件不规则变形。应对各类钢结构工地焊接顺序作出严格规定，并切实执行各类构件节段施焊顺序，应对称于桥轴线并对称于构件自身的对称轴，均匀对称，同步协调施焊，各类加劲连接的补偿段可在大接头环缝施焊后，再予以实施焊接。

①待整体节段吊装就位后由中间向两侧对称焊接腹板，顶板，底版对接焊缝，打底焊道2～3道。顶板，底板从中间向两侧施焊。

②依次焊接顶板，腹板，底板的剩余焊道。

③顶板、腹板、底板横向对接焊缝探伤合格后，组对 U 形肋板嵌补段，焊接 U 肋，肋板嵌补段对接焊缝和角焊缝，应从桥的中间向两侧对称施焊，同一 U 肋，肋板嵌补段应先焊接一端对接焊缝，再焊接角焊缝，最后焊接另一端对接焊缝。

④节段与节段连接时，风嘴板间对接焊缝待全桥合龙后焊接。

(6)焊缝的检查

焊缝焊接完成后监理人员首先要进行焊缝外观的检查。

全熔透和部分熔透焊缝(Ⅰ级)：气孔 $\phi<1.0$mm、每米长内不多于 3 个、孔间距大于 20mm，咬边深(0.3～0.5)mm，对接余高磨平，角焊缝应打磨平顺，焊角尺寸(+2.0，-1.0)mm；

剩余焊缝(Ⅱ级)：气孔 $\phi<1.5$mm、每米长内不多于 3 个，孔间距长于 20mm，咬边深<1.0mm，焊角尺寸(+3.0，-1.0)mm；

焊波<2.0mm/25mm。焊缝不得有裂纹、未熔合、夹碴、未填满孤坑和焊瘤。

焊缝的余高不得超过设计要求，焊缝外观检查合格后应在焊后 24h 后进行焊缝的无损检测。对于板厚>40mm 的焊缝应在焊后 48h 后进行。

(7)焊缝的缺陷修补

①采用空气碳弧切割或机械加工的方法驱除缺陷，并用砂轮将去除面整平。

②用渗透探伤的方法证实缺陷已经去除干净。

③修补前须将修补处局部加热至 100℃以上。

④采用与母材强度相当的焊条将缺陷焊平，补焊时必须用平焊位置焊接。

⑤将焊接处打磨平整，并以与缺陷检查时同样的探伤检查方法验证缺陷已经消除。

⑥补焊后须对修补处局部退火。

11. 高强螺栓的施工监理

梁段高强螺栓的施工监理可参阅第四章第三节中的有关内容进行。

采用螺栓连接的钢梁段，当完成拼接段终拧检查后，还须对拼接缝进行防水处理。监理人员要对贴角封堵腻子的封堵角度、厚度、宽度及线条均匀性进行检查。

12. 边跨合龙施工监理

当边跨最后一个钢箱梁节段悬拼完成，以及边跨支架段上钢箱梁组拼完成后，主梁即开始实施边跨合龙段的施工,边跨合龙应从以下几个方面进行控制。

(1)合龙前施工准备工作

①全桥进行通测。由于钢箱梁长度、线形对日照及温度变化较为敏感,因此在距边跨合龙以前选择几个不同的典型气候条件日,全面对主边跨梁段进行24h测量观测,较准确地掌握梁体长度、线形与气温变化规律,为边跨合龙选择较好的时间和温度。

②边跨合龙温度选择。合龙温度主要依据近期24h所观测得到的温度对钢箱梁长度和线性所影响的有关资料分析,选在一天当中温度相对稳定的时间进行,一般在夜间,可尽量安排在20:00至次日6:00之间进行。此时段持续时间较长,钢箱梁伸缩量较小,但是同时还应考虑设计基准温度(20℃)。合龙具体温度应由设计、监控单位确定。

(2)合龙工艺的保障

①为保证合龙段能够顺利吊装到位,边跨支架钢箱梁节段在组拼焊接时,已向岸侧偏一定的距离。

②边跨合龙段可根据主梁悬拼工艺吊装到位,完成临时匹配件的连接,依据所确定合龙时间和温度完成梁段线形调整,精度满足设计和监控指令要求。

③合龙段线形指标调整到位后,将支架段上整体梁段用千斤顶向合龙口顶推到位,并精确定位,合龙段两侧环焊缝宽度满足设计要求后,迅速完成临时匹配件连接,在规定时间内完成环焊缝焊接和相关栓接。

④边跨施工完成后,按设计要求完成过渡墩和辅助墩上的永久支座安装并进行相应的压重施工。

(3)边跨合龙施工监理要点

①主梁悬拼施工距边跨合龙剩余不少于3个梁段进行通测,防止悬拼误差累积影响边跨合龙精度。

②边跨合龙前线形调整,合龙口两侧梁段线形调整必须与确定的合龙温度场接近时实施,梁段线形调整达到设计和监控指令要求。

③边跨支架段上梁段向合龙口整体推移,在顶推过程中,要求承包人全过程对桥轴线进行跟踪测量,随时调整轴线偏差。

④过渡墩顶设置的顶推反力架强度和刚度必须强大,防止发生变形导致顶推梁段发生偏移。钢箱梁端部顶推点应选择在主梁纵横交叉处,并进行适当加固,避免在顶推过程中局部变形,千斤顶大小选择应经计算确定。

⑤为减小边跨梁段向主桥侧顶推的摩擦力,边跨合龙前,应解除支架对梁段的约束,完全由辅助墩与边墩顶支座承受边跨梁段的重量。承包人须在梁底纵横隔板相交适当位置处设置竖向千斤顶,调整转角,确保合龙精度。

⑥为保证支架上梁段顶推到位和高程调整,梁底支座在过渡墩和辅助墩顶部支座垫石之间留有空隙,当边跨合龙后,应要求承包人及时进行压浆处理,确保支座底与垫石固接牢固。

⑦边跨合龙后第一次压重,必须按设计要求的重量和位置进行施工,压重块搬运和放置,要求施工人员轻拿轻放,防止碰伤箱梁涂装表面。

13. *中跨合龙施工监理*

中跨合龙是斜拉桥主梁施工重大关键性控制工序,施工难度大,精度控制要求高,施工顺序和工艺流程要求严格,其施工质量将直接影响桥梁使用寿命和安全,是监理控制的核心重点。

(1)中跨合龙施工的主要难点分析

①钢箱梁顶板及底板受日照和温度影响,昼夜温差大。

②钢箱梁顶板和底板由于受日照角度和照射时间不一,导致顶板与底板温差也不一,收缩变形不同步。

③斜拉桥主跨跨径大,温度每升或降1℃都将给合龙口间隙带来不小的变化。

④合龙段与两侧箱口间隙要求高,过小则不好吊装,过大就无法保证接口良好的焊接质量。

⑤合龙时间要求紧迫,合龙段吊装到位后,箱口临时连接件匹配、主要加强件锁定必须在规定的时段内完成,主要受力焊缝必须在次日日出前1h前完成焊接。

⑥在设计规定的工况内完成塔下临时约束解除。

(2)中跨合龙施工的监理要点

①准备工作

审核承包人编制的中跨合龙专项施工方案,并督促承包人组织专家对方案进行评审。中跨合龙前,监理人员应召集施工、设计、监理、监控、业主、当地气象、水利、航道、港监等有关部门召开施工方案交底会,将中跨合龙施工方案和注意事项及时通报各有关方,通过业主要求相关单位各负其责。同时督促承包人与气象部门联系,提供合龙段吊装期间5~10d气象预报,承包人根据气象预报情况,选择连续3d较好天气作为合龙连续观测和合龙施工时间。航道、港监部门做好护航和船舶航行安全监督落实工作,电力部门要绝对保证整个合龙施工时段内供电需求。

加强对已成桥线形、索力、塔偏位及应力等方面的监测,对不满足要求的部位及时进行调整。为确保合龙梁段与两侧梁段的平顺连接,应重点控制好主跨两侧梁段的轴线及高程偏差,当梁段的安装越来越接近合龙口时,除了保证梁段的轴线及高程偏差值满足要求外,还须使两侧梁段的偏差方向一致,缩小对应测点的相对差值,尤其是轴线偏位。若对应测点的相对差值较大,应提前几个梁段就开始对两侧梁段进行微调。

②合龙段的制作

合龙段一侧箱口在厂内胎假最后一轮次箱梁节段组拼时进行了预拼装,其箱口拼接板、嵌补段可按原工艺进行配制,而另外一侧箱口必须预先留有余量,并在该端口的U形肋、板条肋、腹板、纵隔板与箱体的焊缝及拐点处的焊缝预留1.0mm长的不焊段,待48h连续观测结果出来后,该端口应以修正过的桥轴中心线为基准,画出各匹配件的横向组装线,以理论切边线为基准,画出匹配件纵向组拼线。

③合龙段长度的确定

中跨合龙前,测量工作量较大,测量的内容要求多,测量前,承包人应对测量仪器(如全站仪、水准仪、温度计、钢尺、拉力计等)全面进行校验,符合规范要求后方可使用,其次测量仪器必须有备用,保证测量工作正常进行。

为确保合龙段的顺利进行,承包人应对合龙口进行不少于48h的连续观测,施工技术人员要严格按预订方案进行检测,检测主要包括塔柱偏位、主梁轴线及高程、大气温度、顶底板钢板温度、合龙口各测点间距，48h 连续观测完成后，监理人员组织设计、监控、施工技术人员对所测的数据进行综合分析研究，确定合龙时间、温度及合龙段配切长度。

进行合龙口各测点间距的观测时，观测频率建议为每天 20:00 至次日 8:00 每半小时一次，其余时段为 1 小时一次。温度测量采用 3 种方法：采用温度计测量桥位处大气温度；采用点温计测量钢箱梁温度；采用埋置于合龙口两侧梁段上温度应力测点测量钢箱梁温度。

48h 测量资料须完成如下内容的统计：钢箱梁顶板环境温度以及顶板钢板温度与时间变化的关系；钢箱梁底板环境温度以及顶板钢板温度与时间变化的关系；合龙口顶板间距及底板间距与环境温度和钢板温度变化的关系。

合龙段配切长度的确定还需考虑合龙梁段吊装对已架梁段线形的影响，该因素可通过在合龙口压重或进行模拟吊装，实测线形变化对合龙口长度的具体影响来克服。

合龙温度和时间的选择还应考虑合龙施工须有较充足的时间进行关键工序的实施，即日出之前必须完成主腹板焊接工作，并尽可能多完成顶板焊缝。

④合龙口的临时锁定

合龙口的临时锁定包括合龙口桁架和顶底板设置的合龙段加强件。

合龙口桁架的刚度应能满足合龙锁定的要求。桁架的锁定要求一侧固定焊接，另一侧要保证水平方向上可自由伸缩，竖向限位，桁架不承受轴向力，仅承受弯矩和剪力，这样可保证钢箱梁两个悬臂端变形同步、协调。在中跨合龙匹配时，施工人员和监理人员仅需关注合龙口间隙是否满足要求即可，为中跨合龙创造有利条件。

为确保合龙段在焊接过程中焊缝间隙不发生变化，监理人员应要求设计单位和监控单位，根据合龙段施工所确定的时间和温度，分析计算顶底板设置的合龙段加强件结构尺寸和数量，使其能承受日出之前由于温度变化而产生的强大轴向力，确保焊缝质量。

⑤合龙段的配切

合龙段配切长度确定以后，监理人员应要求承包人在规定的温度（与确定合龙温度相同），使用桥位处测量所用钢尺，依据确定的数据进行合龙段箱口余量切除，并按要求进行坡口修磨和矫正，监理人员应检查配切和修磨质量。

⑥合龙段的焊接

合龙段设置的桁架及匹配件都无法承受日照所产生的强大轴向力，要求承包人在日出前必须完成主腹板焊接工作，尽可能多完成顶板焊缝，在次日日照前按设计要求次序同步解除两索塔下的临时约束。

中跨合龙施工时，由于不确定因素影响，环焊缝焊接时，坡口间隙有可能出现过大的情况时，应提醒承包人预先准备一定数量的超宽陶质衬垫和钢衬垫，钢衬垫材质与钢箱梁主题材质相同，焊后用碳弧气刨清除背面钢衬垫时，应由相应资质的焊工进行清除和修补，焊接工艺参数和方法与原工艺相同，清除钢衬垫修复按翻修工艺要求进行，外观检查合格后，按主梁环焊缝要求进行无损探伤。

⑦合龙段临时约束的解除

中跨合龙后，应按设计和监控方要求的顺序立即拆除各临时固结，实现体系转换，形成漂浮体系，避免因温度变形过大对塔、梁造成不利影响。

零号块约束解除时，承包人应采取防范措施，避免约束解除后梁段突然上抬，发生危险。

14. 钢箱梁的现场涂装施工控制

钢箱梁的现场涂装施工包括箱梁接口部位的涂装和钢箱梁最后一道面漆的施工。

箱梁接口部位的涂装监理可参见钢箱梁制造的涂装控制，需要注意的是，桥位现场施工环境较制造厂环境恶劣，监理人员须严把作业环境关，当温度和湿度超过设计要求时不得施工。

面漆喷涂时要严格按照施工前确定的工艺参数有序进行，首先，采用适合的洗涤剂擦净漆膜表面可能有的油污，用干净的抹布拭净或用压缩空气吹净表面的浮尘或用清洁淡水冲洗，处理过的漆膜表面要达到完整、清洁、干燥的表面，处理完后要尽快进行面漆的涂装，以免表面再次污染。

钢箱梁的现场涂装施工必须利用临时检修桁车，承包人须协调好钢箱梁焊接和涂装工序的关系。

15. 钢箱梁支座及纵横向侧限安装监理

支座等进场后应根据制造厂家提供的质保书、产品及配件清单、产品检验报告单按设计要求进行验收。安装的监理要点如下：

（1）支座安装

斜拉桥的支座属于大型支座，其预埋螺栓的精度将直接影响到支座承压板的安装精度，进而影响到支座安装精度。为确保螺栓的预埋精度，必须采用劲性骨架来定位螺栓。

下承压板的高程、四角高差、表面平整度、纵横轴线位置要严格控制。采用下承压板下压浆的，应要求施工单位制定切实可行的灌浆工艺，并有用以检查承压板下灌浆饱满的方法。

支座上摆和箱梁连接前，必须根据当时的气温条件对支座的预偏量进行调整并临时锁定。支座在钢箱梁合拢后按设计要求及时将临时锁定解除。

（2）纵横向侧限安装

横向侧限（0 号节段与塔柱间，常采用双向活动盆式橡胶支座）与纵向阻尼器在全桥合拢解除支架约束后，桥面处于自由漂浮状态才开始安装。盆式橡胶支座组装时，其底面与顶面的钢垫板必须密贴，支座四周不得有 0.3mm 的缝隙。聚四氟乙烯板和不锈钢板不得有刮伤、撞伤。氯丁橡胶板块密封在钢盆内，要排除空气保持紧密。安装前用丙酮或酒精仔细擦洗各相对滑移面，在储油槽内注满硅酯类润滑剂并注意保洁。纵向阻尼器安装根据实际空间尺寸、安装时的温度，调整工作行程确定间隙调整范围（±10 ~ ±20mm）并预留支垫板和压浆厚度，确保安装精度。

16. 伸缩缝的施工监理

伸缩缝安装的一般流程为：伸缩缝槽口的清理→伸缩缝的安装、调试→伸缩缝的固定→引桥侧槽口内钢筋的绑扎、模板安装→引桥侧槽口混凝土的浇筑→混凝土的养护→钢箱梁侧槽口内清理上底漆→钢箱梁侧槽口内 BEJ 树酯浇筑、整平→装胶条和泄水槽。

伸缩缝安装控制要点如下：

（1）槽口两侧箱梁间的距离必须满足伸缩缝安装的宽度要求。槽口清理完成后，必须对槽口两侧铺装层按 1.0m 的间距（横桥向）对其高程进行精确测量并记录，作为伸缩缝两端高程调整的依据。

（2）伸缩缝安装调试时，其两端的高程必须和与其相连接的箱梁的桥面铺装层高程一致，以确保衔接的平顺性。伸缩缝的宽度必须根据当时的稳定确定。待伸缩缝的高程、宽度、轴线位置均满足要求后应立即对伸缩缝进行焊接固定。焊接固定时要注意伸缩缝的位移箱要和伸缩轨道梁保持平行，确保伸缩缝的自由伸缩。

(3)伸缩缝槽口混凝土强度达到一定要求之前严禁受载。

17. 施工控制

监理具体要求可详见第八章"施工控制"中的相关内容。

18. 钢箱梁安装过程中的须注意的问题

(1)关于在预制拼装进确定高程控制点并进行测量的问题

一般而言在预拼完成后应对高程控制点进行测量，主要测量内容为控制点到梁底的距离，而且预拼控制点与悬拼控制点应为同一点。这种做法最主要的目的是能够在桥位还原预拼现场的预拼参数，图 5-2 为一个简单的示例，在这个例子里面假定制造线形水平而且拼装线形也是水平的。

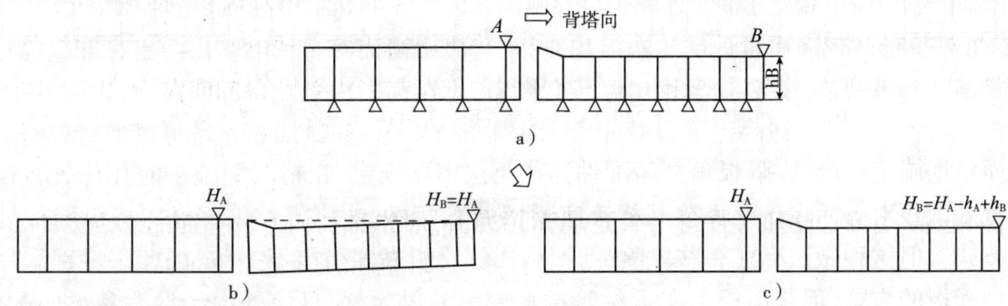

图 5-2　预拼与悬拼

需要注意的一点是悬拼和预拼放样最大的差异来源于高程定位基准不同，预拼定位基准位于胎架(梁底)，而悬拼定位基准位于梁顶。

由于制造误差 A 梁段高度 h_A 与 B 梁段 h_B 会出现差异(以我们的经验这个差异甚至可能达到 2cm)，而在预拼的时候可以通过调整面板来强行完成接缝处高度匹配，其预拼情况如图 5-2a)所示。

在悬拼的时候如果没有 h_A 与 h_B 的测量结果就只有认为 $h_A = h_B$，因此，其拼装情况如图 5-2b)所示，B 梁段背塔端控制点高程 $H_B = H_A$，这样就没有还原到原来预拼的情况而导致了接口缝宽出现变化。

在悬拼的时候如果有 h_A 与 h_B 的测量结果就可以修正 B 点的放样高程，从而还原预拼时的情况确保接口缝宽与预拼是一致，如图 5-2c)所示。

若明确钢箱梁单位确实没有测量高程控制点(一般应选择在锚腹板与背塔向横隔板交界处)，建议在存梁场进行补测。

(2)关于钢梁匹配的问题

新旧梁段匹配的目的是使新旧梁段接缝在悬拼时恢复到工厂预拼的状态，匹配一般需要借助预拼时安装的匹配件及悬拼时安装的马板等构件。

匹配件一般分为拉杆箱、止推板与角型匹配件 3 种，拉杆箱与止推板的作用是匹配顺桥向位置，角型匹配件是匹配水平及高度方向位置。

事实上由于起吊时候吊机作用梁段会出现较大的横向附加挠度(2～3cm 左右),一般而言被吊梁段整个横向变形较小(整个断面 ±1～2mm),导致在现场拼装时被吊梁段与吊机作用梁段在接缝处存在较大的错台现象,吊机作用梁段高程基准设置在锚腹板的位置是确保桥位拼装与工厂预拼保持一致的做法,因此,常在锚腹板位置设置角型匹配件。

若角型匹配件设置距离锚腹板太远,将面临新旧梁段在起吊阶段横向错台的情况,以正在施工的黄埔桥的情况为例,角型匹配件设置在纵隔板附近,起吊时旧梁段接口下挠,新梁段向塔端被动下放至旧梁段位置与其对其匹配,这样事实上是降低了新梁段向塔端的拼装高程,如图 5-3b)所示。

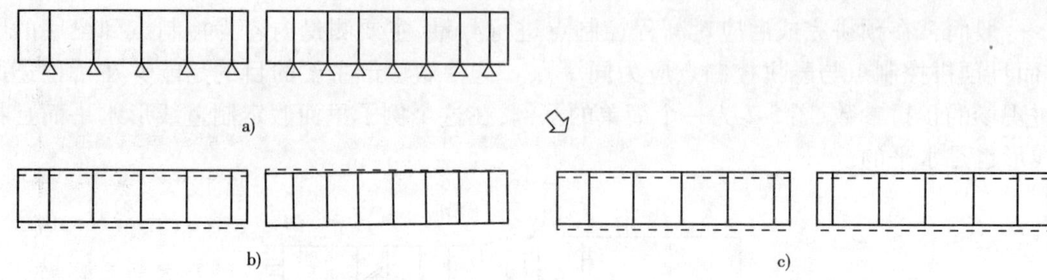

图 5-3　角型匹配件位置的选择(实线为锚腹板位置,虚线为纵隔板位置)

而根据施工经验,纵隔板角型匹配件往往无法密贴锁定,在精匹配施工时往往先将锚腹板位置处顶板对齐后在该处焊接马板来实现匹配,这种做法应该效果好过对齐纵隔板处的匹配方式。但这种做法存在一些风险,新旧梁段锚腹板高度可能不一致,因此一般都采用对齐该处面板的方式,但是面板存在运输等过程变形的风险,而且该处由于没有角形匹配件,面板间定位可能会有大致数毫米的误差,因此,建议在锚腹板安装角型匹配件。

解决匹配问题的方法有两个:①匹配采用对齐锚腹板处面板的方法(应注意防止预拼后该处发生变形);②在梁段的背塔端设置辅助高程测点,并在存梁时测量其到梁底的距离且在现场拼装时依据此进行匹配。

(3)关于轴线的问题

桥位拼装采用的轴线并非钢箱梁真实的轴线,而是在预制拼装时确定的一个"标记轴线"。应该说这个标记轴线可能与每个梁段的梁段轴线存在偏差(图 5-4),可我们在桥位拼装时仍然应该以标记轴线为准。

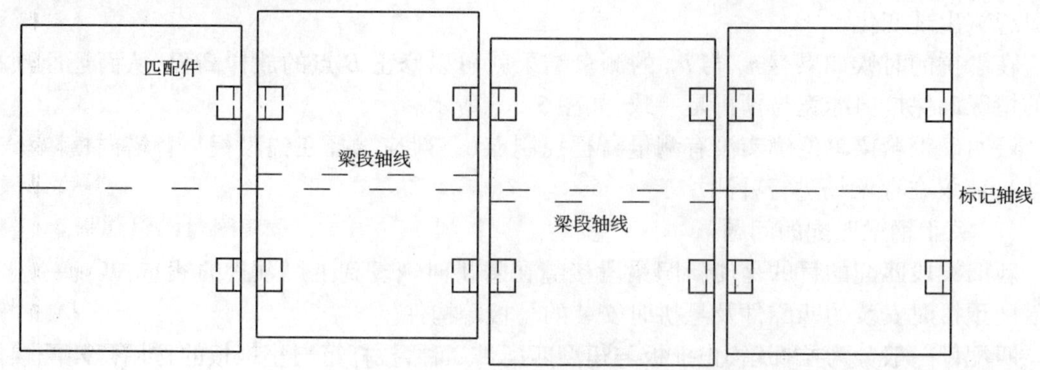

图 5-4　预制拼装时轴线的标记

施工若坚持以所谓的梁段轴线为准,则向塔端匹配处由于匹配件的原因将匹配至预拼位置,而背塔自由端此时选择梁段轴线定位的话将导致出现拼装偏差,如图 5-5 所示。因此,在悬臂拼装时仍应该按照预制拼装时标记轴线的阳冲标记进行定位。

(4)线形和焊缝宽度的处理

主梁工厂预制阶段对后期监控影响最大的就是主梁的预拼装线形。主梁梁段加工完成后需要根据预拼装线形在胎架上对多个梁段进行组拼,并对相邻梁段的接缝宽度进行复核或调整,最终安装工地连接匹配件并进行 U 肋高强螺栓拼接板号孔以及轴线定位标记的刻画。这个工作一旦完成后主梁现场安装新老梁段间的转角关系就确定下来。监控组应对主梁预拼线形进行复核,并指导钢箱梁加工单位进行预拼线形的。主梁预制线形出现异常将导致现场拼装无法达到预定高程,对于这种情况不易一味通过焊缝宽度来调整高程,焊缝宽度最大不宜超过 20mm,过大的焊接变形将导致较差的焊接质量及较大的焊接收缩量,如果依然无法完成高程调整则应该牺牲部分高程绝对值以保障主梁的匀顺,而这部分高程误差可以考虑通过索力的调整来修正,即在安全的范围内将主梁的几何误差转换为索力(内力)误差。

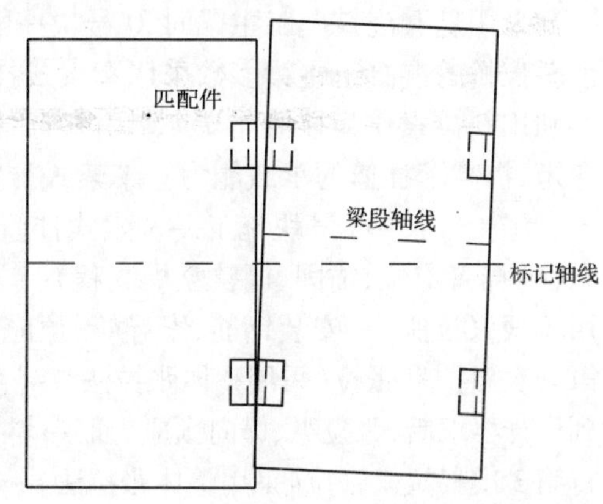

图 5-5　悬臂拼装时轴线的匹配与拼装

(5)主梁安装高程调整

主梁安装阶段放样高程的确定非常重要,考虑温度的变化会影响已成梁段同时也影响放样高程,因此,放样高程应在同时监测已成梁段的基础上确定。

主梁安装阶段放样高程的调整可以考虑将新老梁段的顶部部分临时连接预先连接起来以避免被吊梁段的晃动造成的测量困难,但不得同时连接腹板及底板的匹配件(此时高程调整将不再是无应力的调整)。

主梁安装阶段还存在新旧梁段接口处顶板凹凸交错的问题,这个问题可以通过“马板 + 千斤顶”进行处理。

第三节　混凝土主梁的施工监理技术

斜拉桥采用混凝土主梁,其质量大,改善了振动特性;抗震和抗风稳定性好;恒载比重大,抗变形能力强。另外,由于斜拉索的水平分力对主梁产生轴向压力,相当于对混凝土梁施加了预应力,可以增强混凝土梁的抗裂性,同时充分发挥高强钢材和混凝土的材料力学性能。因此,世界各国都很重视混凝土斜拉桥的研究和发展。

混凝土主梁的断面形式主要有板式断面、肋式断面和箱形断面。混凝土斜拉桥主要的施工方法有支架施工法、悬臂施工法、顶推法和平转法等,顶推法和平转法在比较特殊的情况下才使用,支架施工法和悬臂施工法相结合是目前最常用的施工方式,悬臂施工还包括悬臂浇筑和悬臂拼装两种工艺。

一、混凝土主梁的主要工艺流程

1. 悬臂浇筑施工主梁的工艺流程

采用悬臂浇筑施工主梁时,0 号块一般在支架上现浇,悬臂段则利用挂篮进行施工。目前斜拉桥的混凝土主梁多数采用牵索式挂篮(即前支点挂篮)进行悬浇,其特点是挂篮的受力利用斜拉索作为挂篮前支点牵引索,后锚点锚固于已浇梁段上,从而减小了挂篮的挠度与弯矩,提高了挂篮的承载能力。牵索式挂篮主要施工工艺流程如下:

施工准备→0 号块施工→牵索式挂篮安装就位锚固→提升内模拱架→调整挂篮初始状态(即挂篮定位、锚固、调整立模高程)→单根环氧喷涂钢绞线挂索及第 1 次斜拉索张拉(采用单根张拉法)→安装钢筋、索导管、预应力管道和模板→浇筑本节段一半的重量混凝土→第 2 次斜拉索张拉(采用整体张拉法)→浇筑本节段剩余一半重量的混凝土→待混凝土强度达到设计要求后,张拉纵、横向预应力筋→斜拉索与挂篮脱离,实现索力由挂篮至主梁的传递,进行第 3 次斜拉索张拉(采用整体张拉法)→牵索式挂篮行走就位→边跨合龙→中跨合龙。

2. 悬臂拼装施工主梁的工艺流程

采用悬臂拼装施工主梁时,利用支架现浇 0 号块作为主跨预制梁悬拼的基本段,其他梁段均为预制悬拼梁,采用半长线法预制后,用干接缝和湿接缝相结合的方法悬拼施工。悬拼的主要施工工艺流程为:

施工准备→主梁节段预制→0 号块现浇施工→桥面吊机安装、就位锚固→监控指令→无索块吊装→连接精轧螺纹钢筋→试拼装→高程、中线、倾角定位→拉开涂胶→对位胶拼→张拉预应力(精轧螺纹钢筋)→养护、前移桥面吊机→桥面吊机定位、吊装有索块→重复整个胶拼过程→前移桥面吊机→挂索张拉→形成大节段后湿接缝施工→重复大节段安装→边跨合龙→中跨合龙。

二、挂篮悬浇施工主梁的监理技术

挂篮悬浇施工的质量控制要点有:①0 号块的支架;②施工临时约束;③挂篮的施工控制;④钢筋、模板、混凝土施工;⑤预应力体系的控制;⑥拉索套筒的定位;⑦大悬臂状态的控制;⑧拉索体系转换、分次张拉、锚固;⑨边、中跨合龙;⑩主梁体系转换。

1. 0 号块的施工监理要点

针对 0 号块的施工,监理人员应注意控制:0 号块支架的设计、施工和预压;0 号块的钢筋施工;混凝土浇筑;预应力体系的施工和 0 号块的临时锚固施工。

(1)0 号块支架的设计

督促承包人编制、上报支架的设计、施工专项方案,并要求组织专家评审,监理人员对支架的设计进行审查时应重点关注以下方面:

①在 0 号块自重及施工荷载、风载等的作用下,支架的强度、刚度、稳定性必须满足要求。

②支撑系统的弹性变形、非弹性变形及支撑部分的不均匀沉降都要控制在规范允许范围内。

③混凝土塔柱与钢支撑系统不同的线膨胀系数、日照温差对混凝土与钢支撑所产生的

不同效应,造成不均匀变形要控制在允许范围内。

④支架施工0号块在纵桥向的长度应能满足悬浇挂篮的安装。

⑤支架宜采取整体落地结构形式,其设计要考虑方便现场的安装与拆除。

(2)0号块支架的施工监理

支架系统是0号块施工重要的临时工程,确保支架系统的受力安全和变形控制,是施工质量的保障基础。

①督促承包人编制支架系统的施工安全专项方案,并组织有关专家对方案进行评审,方案完善后方可施工。

②督促承包人严格按已批准的支架系统设计图进行施工。

③钢立柱的安装应有确保稳定的措施,立柱就位须有测量人员配合。

④钢立柱与塔座(或承台)之间的锚固连接是监理人员检查的重点。

⑤平联、纵梁、横梁、分配梁等部位的焊缝必须安排专人进行验收,重要部位的焊缝应探伤检查,做好检查记录,并留下影像资料。

⑥支架顶面纵向、横向分配梁必须牢固可靠,平整度应满足设计要求,且支架顶部调整高程的垫块必须采用钢垫块,以避免产生不必要的压缩变形。

⑦支架安装完成后,必须在底模上按1.25倍混凝土重力堆载,做静载试验,以消除构架的非弹性变形,同时对支架的预压进行全过程的观测。

⑧支架施工完成后,承包人应组织有关人员对支架系统进行验收,监理人员参与验收过程。

(3)0号块施工的其他监理要点

由于墩顶0号块结构重要,受力复杂,又有墩顶横梁,且纵向、横向、竖向预应力管道较为密集,为确保墩顶段施工的质量,应在人孔、预应力管道及钢筋密集处注意混凝土的密实度。由于墩顶横梁较厚,施工时应采取措施加强养护,以防止由于水化热对混凝土产生不利的影响。

0号块的钢筋施工、混凝土浇筑、预应力体系的施工和0号块的临时锚固施工的其他监理要点详见有关内容。

2. 主梁悬臂施工的临时约束

主梁悬臂施工的临时约束包括0号块的临时固结和临时墩的设置。

(1)0号块的临时固结

临时固结的主要目的是限制施工期间主梁的纵向位移、横向位移和转角位移,保证施工过程中主梁不发生纵、横向的漂移和转动,同时平衡悬臂施工中产生的不平衡弯矩和纵向水平分力。0号块的临时固结主要由临时支座、横向限位、锚固钢筋等结构组合而成。临时固结施工时监理人员应注意:

①承包人提出的临时固结设计方案须得到监控方和设计的认可。监理人员应根据主梁的结构特点审查承包人的临时固结方案是否满足主梁结构形式和施工的需要,临时固结的设计还须考虑拆除的方便。

②施工前,监理人员应要求承包人对临时固结的性能进行试验,以满足悬臂施工过程中不平衡荷载产生的主梁局部微量变位的要求以及抵抗混凝土的收缩变位和风载对主梁的影

响,并确保体系转换时能方便、迅速地解除临时锚固,而对结构受力和主梁纵向变位等不产生较大影响。

③加强现场的施工检查,对照设计方案检查预埋件的位置、锚杆的锚固长度、临时支座的位置等关键部位的施工精度和质量。

④严格控制临时固结施工的材料质量,如精轧螺纹的材质、橡胶垫块等。

⑤定期检查临时固结在施工过程中的使用情况,尤其是竖向锚固钢筋,确保悬臂施工的安全。

⑥临时固结的拆除须严格按照设计要求的解除顺序和解除时间进行,同时还要注意对主梁成品的保护。

(2)临时墩的设置

大悬臂状态时,主梁和塔柱的整体稳定性较差,在施工过程中为了增加主梁的抗风能力、稳定性和改善受力状况,根据需要可在边跨适当位置(且不影响通航要求)设置临时墩,将主梁临时约束在临时墩上,使主梁结构体系由双悬臂变为单悬臂,能够有效地保证主梁的施工稳定性。临时墩的设置要考虑预留挂篮的行走空间。

临时墩的设计可由监控单位提供,设计确认。临时墩的施工监理可参照0号块支架的监理要点。

3. 施工挂篮的监理

牵索挂篮系统主要由承载平台、牵索系统、行走系统、定位系统、锚固系统、模板系统、操作平台以及预埋件系统组成。

(1)挂篮的安装监理

①挂篮支承平台除要有足够的强度外,还应有足够的平面尺寸,以满足梁段的现场作业需要。

②挂篮加工件运到现场后,应安排监理人员对照设计图检查构件尺寸和加工精度,对不符合要求以及变形严重的构件应责令承包人进行更换、调整。

③挂篮的拼装应对称进行,在挂篮主梁与各横梁连成整体后,要对各边的几何对称点进行测量观测,验证不能有过大的翘曲变形。

④挂篮组拼后,应检查挂篮的拼装质量,复核挂篮的质量是否与设计吻合,同时检查挂篮的整体稳定性。

(2)挂篮的试压监理

①为了掌握挂篮的受力性能和实际刚度等参数,模拟主梁施工时挂篮在各种最不利工况下,关键部位的受力指标,消除挂篮的非弹性变形,预估弹性变形以指导施工,在前支点挂篮安装完成后,一般应要求用水箱、混凝土块或钢锭模拟活载,进行试压试验,试压试验应编制专项方案报监理人员审批。试验内容主要包括中支点最大反力试验、后锚点最大反力实验、后锚点拉杆最大力实验、横梁最大受力试验。

实验荷载根据主梁设计施工图按两种工件状态计算最不利荷载:一是挂篮浇混凝土施工状态即工作状态;二是空挂篮状态即非工作状态。

②试压过程观测

一般分为3~5级加载,要求加载应尽可能与混凝土浇筑过程的次序相似,在时间上两端对称同步。

每级荷载加载完成后,进行挂篮挠度、变形测量和关键部位的应力观测,同时全面检查焊缝情况,并将各观测点的检查结果进行汇总统计分析。

每级卸载完成后需测定挂篮各部的挠度和变形。为避免塔柱偏位影响试验结果,在加载过程中要求严格按同步平衡原则进行。

(3)挂篮使用时须注意的问题

①对挂篮变形的处理

预压试验完成后,对变形过大的构件和应力过大的部位,要求进行加强处理。

利用前横梁跨中位置的变形量,控制悬臂施工中模板预拱量的设置。

在空挂篮状态下,纵梁各点的挠度均可在卸载后恢复,纵梁处于全弹性受力。在最大荷载时挠度减去卸载后恢复量为非弹性变形量,在挂篮装底模时按该设置预拱度,以抵消挂篮挠度对桥面形和横坡的影响。

②挂篮就位后,应对整体设备、各系统等作全面检查,同时对后锚点与前支承点附近的混凝土也应加强观察。

③桥墩两侧悬臂施工时,相对不平衡节段差不得超过设计和监控的要求值,以尽量接近平衡施工为宜。拆除或后移挂篮时,也应严格掌握对称、平衡的原则。

④使用挂篮过程中应统一指挥、配合协调、加强管理、保证安全。挂篮前移前应有专人检查准备工作,挂篮使用前须安排技术人员检查各系统的工作状态。

4. 悬浇主梁模板施工监理要点

(1)悬浇主梁模板应采用钢模,模板制作应保证板面平整光洁无焊疤,不平整度应≯1.5mm,接缝应密贴,外肋骨应有足够的强度、刚度和稳定性。

(2)支架安装完成后,应按1.2倍梁体施工恒载进行堆载预压,以消除支架的非弹性变形,按预压后实测的弹性变形量调整0号块的底模高程。

(3)模板安装前,认真检查板面除锈处理是否彻底,板面应涂刷优质脱模剂。

(4)梁体模板的安装位置应准确,纵、横向轴线应与结构轴线重合。

(5)底模预抬包括主梁底模的预抬和顶板底模的预抬。预抬值的大小,主要参考挂篮预压结果和施工过程中测量观测值。

(6)模板的安装定位应牢靠,必须确保灌注混凝土时不发生移位、变形和跑模。

(7)模板安装调整后,应检查总体尺寸、高程、轴线偏差是否符合设计要求。模板的拼缝过渡与已浇筑梁段是否平顺、嵌缝是否严密、无间隙、无折线、无错台、不漏浆。

(8)模板安装完成后,承包人应对其平面位置、顶部高程、纵、横中心线位置进行自检,合格后报监理人员检查验收,符合要求方可进入下一道工序。

(9)检查底模板与永久支座、临时支座的预留连接支承是否满足受力要求,是否严密不漏浆。

(10)钢筋绑扎前,应清除模板内的一切杂物,清除板面浮浆、浮锈,补涂已被损坏的脱膜剂。

5. 悬浇主梁钢筋施工监理

(1)普通钢筋进场前,应按《公路桥涵施工技术规范》(JTJ 041—2000)要求进行检查和抽检,合格后方可使用。

(2)进场钢筋应平直,无局部弯折、表面应洁净、无油渍、无锈蚀、无鳞锈。

(3)监理人员应检查现场钢筋堆放和保护措施是否落实,现场标示是否清楚正确。

(4)钢筋焊接的质量和绑扎布置必须符合设计和规范的要求。焊接所使用的焊剂、焊条必须附有出厂合格证,焊工必须持考试合格证上岗。钢筋机械连接的控制参加第四章中的相关内容。

(5)当普通钢筋与预应力管道在空间发生干扰时,可让位于预应力管道,细钢筋让位于粗钢筋或适当弯折,但保护层应满足设计要求。

(6)因施工需要而断开的钢筋,当再连接时,必须按技术规定的有关规定进行焊接处理,应征得监理人员同意和确认。

(7)钢筋安装结束后,应检查其规格、直径、数量、间距、是否符合设计要求,成形后骨架不得变形,松脱、开焊,保护层垫块数量分布及牢固程度按三级检查制原则进行自查,互检,监理人员专检,合格后监理人员签认后方可进入下一道工序。

(8)伸缩缝预埋钢筋应要求伸缩缝供应商提供有关图纸,以便对箱顶板作出适当调整。

(9)钢筋密集区应在钢筋绑扎时考虑预留振捣棒的插入位置,并在振捣结束后,恢复钢筋回原位。

(10)预埋件的施工控制

①箱梁内预埋筋(件)主要有:防雷接地装置、防撞栏杆预埋钢筋;挑臂加劲撑预埋件;桥面泄水孔预埋件;伸缩缝预埋件;照明系统预埋件;监控系统预埋件;道路标志预埋件;管线预埋件;航道标志预埋件;挂篮施工预埋件,主要包括止推机构预埋件、主纵梁前后锚杆预埋件、模板提升预埋件等。

非设计指定地预埋件,施工单位应制定有效措施防止形成腐蚀通道。

②防雷接地装置的施工应符合设计的相关要求,监理重点检查位置的准确性、焊缝的长度和质量以及导电电阻的测试(小于1欧姆)。防雷接地装置的施工位置应在竣工图纸中标记注明。

③施工中,监理人员应仔细复核预埋件位置,力求准确,并督促承包人采取可靠措施,防止在混凝土浇捣过程中,预埋筋(件)移位。

④箱梁上如设有通气孔、泄水孔,应采用塑料管等耐腐蚀管材成孔,通气孔应向箱梁外侧倾斜 $i=1\%$,并应防止混凝土浇捣过程中管道位移与变形。管道周围的钢筋应适当侧弯,以满足钢筋的混凝土净保护层厚度的要求。

⑤施工埋件必须拆除,施工完成不能拆除的埋件应经设计单位同意,并应采取防腐蚀措施。

6. 悬浇主梁混凝土施工监理要点

(1)主梁各节段混凝土必须一次性浇筑完毕,挂篮悬浇必须均匀对称进行,保证挂篮受力一致,不平衡重量不得大于设计和监控的要求值。

(2)混凝土的浇筑顺序原则上从前至后(即由梁端向已浇段推进),从中心至两侧(从桥轴线向梁边)对称、均衡浇筑。

(3)监理人员要对模板制作安装的几何尺寸进行严格检查验收,同时要求承包人在钢筋下料时要严格按照图纸中的钢筋尺寸减小钢筋长度误差引起的保护层偏大。

(4)泵送混凝土常导致节段混凝土质量不均匀。悬臂节段施工历时长,环境变化明显,虽然各节段混凝土总体上合格,但是混凝土质量强度离散性大。监理人员要从原材料质量、拌和质量、浇筑工艺、养生措施等各个方面严格控制,减小导致混凝土强度离散因素的影响程度。

(5)新老混凝土接合面处理不规范。承包人应对已浇筑完毕的混凝土结合面及时凿毛,在下一节段混凝土施工时,对老混凝土结合面洒水保温,增加结合性能,同时还要加强结合面附近振捣。

(6)每一悬浇节段应严格控制混凝土的超方,自重误差应控制在2%以内。

(7)混凝土浇筑前,在钢筋顶面布设混凝土表面高程控制点,控制混凝土表面的平整度和横坡及纵坡,混凝土浇筑完毕时,要注意顶板混凝土需二次收面并扫毛,以防混凝土表面开裂。

(8)混凝土的裂纹控制

在新旧混凝土结合处、精轧螺纹连接器处、主梁的倒角及预埋孔道处、精轧螺纹锚垫板处、混凝土表面这些部位容易出现裂缝。

施工时,旧混凝土面必须充分润湿、养护覆盖搭接;防止混凝土初凝之前主梁振动,加强外加缓凝剂进场检验;波纹管连接器及孔洞位置应准确,若出现偏心,应布设防裂网片;加强边角及锚垫板附近混凝土振捣质量;延迟拆模时间,同时加强养生措施的检查力度。

(9)混凝土蜂窝、麻面主要产生于截面边缘和倒角部位,监理人员在施工中应要求承包人加强该部位的振捣,倒角部位浇筑过程中应有专人持手锤敲击倒角模板,以检验其是否施工密实。

7. 预应力体系的监理

预应力体系的监理要点可参照第四章第二节有关内容。

预应力张拉时易出现的问题有滑丝、断丝、夹片破裂、连接器脱落等。

(1)滑丝

滑丝是指夹片内螺纹不能有效地卡住钢绞线,无法产生咬合力以保持预应力。

滑丝钢绞线的数量只有一根或两根时,可以采用穿心式千斤顶张拉滑丝钢绞线,将滑丝夹片取出并换上新夹片,再重新张拉至设计应力即可。如滑丝数量较多,须将锚具上所有钢绞线全部卸载,换取夹片后重新按照张拉工艺施工。

(2)断丝

断丝是指张拉中钢绞线的某丝或某根被拉断,精轧螺纹钢筋被拉断。当超出规范要求时,应放张重新穿束,重新张拉。

(3)夹片破裂

夹片破裂的主要原因有:夹片材质不合格;夹片松紧不一致导致出现错台引起;单根应力过大导致破裂。

出现夹片破裂的情况,需重新更换夹片,单根补拉或者全部放张重新张拉。

(4)连接器脱落

钢绞线连接器脱落一般为挤压头质量不合格所致,或是安装时没有嵌入连接体的内凹槽中;精轧螺纹钢筋连接器脱落是旋入连接器的长度不够所致。

连接器脱落的处理首先要找出连接器的位置,然后进行更换并重新连接。

预应力张拉施工的处理不仅复杂,而且安全风险很大,监理在进行施工控制时宜以预控为主。

8. 悬臂施工阶段的监理要点

大悬臂施工阶段主梁、塔柱变形明显,结构自身抗稳能力较差,挂篮安全风险增大,这就要求监理人员在该环节要重点监控。

(1)挂篮的安全控制

大悬臂状态下,施工挂篮的安全质量控制变得越为关键,监理人员应加强对挂篮的安全检查力度,每个节段施工时都要对各主要受力构件如止推机构、行走和锚固机构逐一进行检查,确保无异常情况后,才能允许承包人进行下一道工序施工。对关键的受力部位,如丝杆的检查,可采用应变测试等建立必要的监测控制方案。

(2)临时荷载问题

施工中会存在大量的临时荷载,由于施工中需要经常性的使用、移动临时荷载,从而导致荷载位置、重量不可预测,给监控带来负面影响。箱梁顶面施工时应尽可能不堆载,若需临时堆载也应尽可能对称放置(对墩两侧而言),在横桥向尽量防止在肋板或腹板附近,并应与设计和监控方联系,征得设计和监控方的同意。

(3)梁段混凝土的控制

悬浇混凝土时梁段常常超方。混凝土产生超方主要有三方面原因:模板安装时结构尺寸与设计尺寸之间误差影响;混凝土浇筑过程中模板变形导致模板结构尺寸变大而产生超方;主梁顶面横坡不符合要求,产生超方。解决超方的方式就是严格检查验收模板制作安装尺寸;增加模板刚度,减小变形;混凝土施工至顶面时加强横坡控制。

监理人员应要求承包人检查每节段混凝土的几何尺寸,计算超方量,力争将超方控制在3%以内。梁段混凝土的重量与设计比较若有增减时,应及时会同设计、监控单位调整斜拉索的初始张拉力。

(4)悬臂状态下的主梁线形控制

影响主梁线形的因素很多,模板的平整度、安装精度,挂篮主纵梁高强螺栓拧固性能,环境温差变化,施工荷载及计量控制(如混凝土土方量、拌和计量系统、挂篮及模板重量变化)的精度均影响主梁线形。在施工中尽量做到:

①线形控制按应力为主、兼顾线形的原则。

②在混凝土浇筑前,测出混凝土的弹性模量、容重以及混凝土的收缩系数,提供给施工监控小组。

③检查各施工段混凝土浇筑前挂篮底板的标高和设计要求的预拱度,每节段模板立模高程严格按监控指令调整,高程的测量须经施工、监理、监控三方验证,模板顶升位置合理、牢固可靠。

④测量时选择在凌晨或日出前,规避不均匀温度场的影响,当温度和太阳光直射对箱梁高程有影响时应及时换算调整底板高程。

⑤重点检查并防止主纵梁锚点高强螺栓松动。

⑥提高计量控制的精度，混凝土在1/2梁段、1/3梁段、2/3梁段时的控制，应在计量系统、罐数记录、模板结构尺寸校核及输送管道耗量大小、挂篮及模板重量的变化等方面严格测算，严格控制。

(5)索导管定位控制

导致索管定位偏差影响因素较多，现场不易确定各因素的影响程度。监理人员应和承包人、监控方一道分析实际情况，制定详尽的调整改善措施尽量减小偏差。

(6)在主梁双悬臂施工中，各工序的施工顺序应严格按照监控和设计的要求进行，同时梁段混凝土的浇筑、钢束及斜拉索的张拉、挂篮和机具的移动均应遵循对称、均衡、同步的原则进行。

(7)临时减振措施

最大双悬臂状态为最不利状态，此时应尽量避开大风季节，并采取临时减振措施，以确保施工期间的抗风安全。临时减振措施为：用直径大于或等于15mm的钢丝绳，在离桥面3m处拉一根二阶索，将斜拉索连接起来作为减振措施；在索导管出口将斜拉索塞紧，改变各根斜拉索的自振频率，从而达到减振的目的；在主梁上设临时拉索进行减振，具体参照第六章中相关内容。

(8)斜拉索从挂篮转换到主梁时，同时进行后锚拆除，这是施工中为赶工期最易出现的错误操作。为防止后锚拆除过早引起挂篮倾覆，一般要求在斜拉索从挂篮转换到主梁彻底完成后方能进行后锚拆除。拉索体系转换、分次张拉和锚固控制的监理可参见第六章中的相关内容。

9. *边跨合龙的施工监理*

边跨合龙施工是边跨悬臂主梁和支架现浇梁之间的合龙，边跨合龙是斜拉桥主梁施工结构体系一次大的转换，其施工质量直接影响成桥后主梁内力及线形。

(1)边跨合龙方案的审查

对边跨合龙支架的审查，监理人员应按支架的设计原则进行结构强度、刚度、稳定性及基础承载验算，具体监理要点可参见0号块的支架监理要求。支架在底模支点处设有足够的千斤顶以备调节高程之用。

对边跨合龙方案的审查，监理人员应重点关注：临时刚性锁定的具体施工措施；施工配重方案的具体实施；钢筋模板安装工艺；混凝土施工的组织和养护；预应力张拉施工方案；支架的拆除方案等，同时监理人员还须特别注意合龙施工平台在支架现浇段上的反力点布置应合理避开现浇支架的干扰。

(2)悬臂端的压重控制

边跨合龙施工时在悬臂端常配置压重，配重主要有三方面的作用：一是悬臂端的高程调节；二是混凝土等效置换重量；三是双悬臂结构平衡配重。配重荷载一般通过水箱、砂袋或型钢材料来实现。

配重要按照对称平衡原则逐级加载，加载过程中要加强测量观测工作，配重的卸载应严格按监控单位的要求执行，监理人员须高度重视加载和卸载的旁站工作。

配重逐级加载完成后，要及时测量梁面高程变化和索力变化，若变化结果和预测值不相吻合，应停止加载，查明原因并采取调整措施。

混凝土浇筑过程中，应严格控制荷载的置换重量，即增加的混凝土重量和配重卸载重量要严格平衡，不平衡差值控制在监控要求的差值范围之内，监理人员要对置换重量同步检查。

(3)临时刚性骨架的锁定

临时刚性骨架的受力设计可由监控单位提供，设计所取用的计算参数须得到设计的认可。如施工现场的实际参数发生改变，监理人员应要求承包人及时将改变的参数（如焊接温度）提交给设计单位和监控单位重新验算。

临时刚性骨架的锁定应选择天气状况良好（一般以阴天为宜），环境温度接近设计合龙温度的时间段进行。锁定前要检查预埋连接板的施工质量，一般先在合龙口的一边焊接好，待达到锁定时间和温度要求时，同时焊接另一合龙口，以节约施焊时间。锁定施工要求迅速，施焊质量要求高，连接时要上下游对称同步施工。临时刚性骨架的焊接需要有较强焊接施工经验的熟练工人操作，以保证速度和质量。焊接完成后，监理人员应对所有焊缝逐一进行检查，不符合要求时及时要求承包人补焊。

临时钢性骨架的锁定前后要对主梁高程、塔顶偏位、斜拉索索力、环境温度等控制参数进行详细测量，及时通报各单位。监理人员应对这些测量数据进行复核。

临时刚性骨架的解除须严格按照监控方要求的时间和顺序进行。

(4)合龙预应力的控制

合龙预应力的施工须严格按照设计张拉顺序和张拉要求分批分次张拉，不得为方便施工而随意更改。梁端张拉端操作空间小，可能给千斤顶安装和张拉操作带来较大的困难，监理人员应要求承包人提前与设计方联系，采取合理可行的改善措施，确保张拉质量。

10. 中跨合龙的施工监理

斜拉桥中跨合龙是整个主梁施工最重要的关键环节，其施工质量对成桥后主梁内力和线形影响较大。中跨合龙是在两合龙口均是单悬臂的情况下施工，悬臂主梁高程受荷载、温度、索力变化影响较为明显，直接影响到合龙的过程控制与具体操作，施工控制难度极大。

(1)合龙前的准备工作

①审核承包人编制的中跨合龙专项施工方案，监理人员应重点审查：合龙工艺流程是否符合设计和监控的要求；合龙吊架的结构验算；合龙配重的设置；临时刚性骨架的锁定；混凝土施工的组织；预应力施工的控制等。同时，监理人员须督促承包人组织专家对合龙方案进行评审。

②为确保合龙梁段与两侧梁段的平顺连接，应重点控制好主跨两侧梁段的轴线及高程偏差，当梁段的施工越来越接近合龙口时，除了保证梁段的轴线及高程偏差值满足要求外，还须使两侧梁段的偏差方向一致，缩小对应测点的相对差值，尤其是轴线偏位。若对应测点的相对差值较大，应提前几个梁段就开始对两侧梁段进行微调。

③合龙段施工前需要对主梁的高程、轴线、塔柱位移、斜拉索索力、温度等一系列数据进行反复测试测量，为合龙施工提供详尽的数据，以便分析并及时调整合龙方案。

④合龙施工前，承包人应安排专人对主梁进行不少于24h的连续观测，重点是观测温度对两悬臂端间距和高程的影响，为合龙提供参考数据。

(2)配重施工控制

具体可参见边跨合龙中的相关内容。

(3)临时刚性骨架的施工监理

具体可参见边跨合龙中的相关内容。

(4)中跨合龙施工控制

①合龙段混凝土应采用超强、早强混凝土,应先做好混凝土配合比试验,使混凝土在较短的时间达到一定的强度,同时严格控制用水量,以减少混凝土的收缩影响。

②施工至合龙段时,就不能利用两个挂篮了,需要对挂篮进行拆卸或改装,由于斜拉桥施工用挂篮均较重,如何保证挂篮的拆卸安全,则需要进行详细的方案设计与计算,以保证最后阶段临时结构的安全。同时在挂篮的改造过程中,荷载会发生变化,此时要及时增加配重荷载,以维持结构的平衡。

③重视合龙段之前的两悬臂段钢筋与预应力管道的连接问题。在累计误差影响下,两悬臂端钢筋、预应力管道位置可能有一定的偏差,而合龙段一般只有2~3m长度,要纠正偏差就会出现连接错口现象,预应力管道往往在此形成折点,导致预应力损失加大。因此施工安装时应引起足够重视,一般在合龙前3~4个节段悬臂梁施工就应注意偏差测量与纠正,使合龙段误差减小到最低程度。

④加强混凝土的养护,保持梁体混凝土的潮湿,适当降低合龙段以外箱梁顶面由于日照引起的温度差。

⑤选择合理的浇筑时间,应在一天中平均温度较低的时间内浇筑,以达到合龙的目的。

⑥合龙段混凝土浇筑时,两悬臂端压重逐渐解除,解除量值应与混凝土浇筑量值同步。

⑦在混凝土浇筑到预应力张拉完成这一时间段内,需要严格管制各种动荷载作用,同时防止静载的超平衡变化。

⑧合龙段施工完成后,承包人须根据设计的要求,在混凝土强度、养护期、弹模符合条件后进行预应力张拉施工,同时按照设计和监控要求的时间和顺序对临时约束进行解除,完成体系转换。

⑨斜拉桥中主梁、塔柱以及斜拉索三者为一协作共同体,当其中一构件发生内力、位移改变时,其他构件也相应发生内力、位移变化。因此在整个合龙施工期间,要根据各工况特点严密监测主梁及塔柱的位移变化情况。监理人员要对承包人的各项观测成果进行复核,确保观测结果准确无误。合龙后应对全桥主梁的高程、轴线以及塔顶偏位做一次详细、完整的通测工作。

三、悬臂拼装施工主梁的监理技术

悬拼主梁一般为箱形截面。根据箱梁的结构型式及成桥的线形特点,箱梁梁段选用半长线匹配法进行预制,即在预制场设置台座,所有梁段都在预制台座上进行浇筑。浇筑时,每个大的拼装节段预制起始梁段采用一端固定端模,一端活动端模进行浇筑外,其余梁段则采用一端为固定端模,另一端为已浇的前一梁段做匹配梁段进行浇筑,确保相邻梁段匹配接缝的拼接精度,当新浇梁段初步养生、拆模后,匹配梁段即运走存放,而新浇梁段转移到该位置上作为新匹配梁段,完成下一箱梁梁段的预制,并依此循环完成整个大的拼装节段的预制。

悬臂拼装施工主梁的主要质量控制点有:①预制梁底模的控制;②拉索管筒及预应力定位;③梁段的浇筑、存储和运输;④0 号块的施工;⑤吊机安装检查及试吊;⑥梁段连接(涂胶工艺及对位)与接缝处理;⑦主梁预应力张拉;⑧斜拉索挂索、张拉、调整;⑨主梁线形控制(高程、索力监测);⑩合龙工艺。

1. 主梁预制的模板施工监理

(1)模板制作监理

①承包人开始制作模板之前,应按设计要求和《公路桥涵施工技术规范》(JTJ 041—2000)的规定编制本工程拟采用模板以及模板安装的技术要求,并报请监理人员批准。

②节段梁模板由固定端模、底模台车、侧模、移动端模、内模系统组成,宜采用钢制。

③结构表面外露的模板挠度不应超过模板构件跨度的1/400;结构表面隐蔽的模板挠度不应大于模板构件跨度的1/250。钢模板的面板变形不应大于1.5mm。

④钢模板在设计制造时,应有足够的强度、刚度及稳定性,确保梁体各部位结构尺寸正确及预埋件的位置准确,且具有能经多次反复使用不致产生影响梁体外形的刚度。

⑤附着式振动器应交错布置,安设牢固。振动力应先传向模板骨架,再由骨架传向面板。

⑥涂在模板上的脱模剂,不得使混凝土变色。

(2)底模安装监理

①底模设置前对地基进行强夯加固,并浇筑混凝土基础,基础的承载力和沉降量须满足施工的需求。

②底模应考虑设置为可调整高程,以适应桥面竖曲线和预制节段预拱度的变化。

③底模在正常使用时,应随时用水平仪检查底板的反拱及下沉量,不符合规定处均应及时整修。同时要注意及时清除底板表面与橡胶密封条处的残余灰浆,均匀涂刷隔离剂。

④底模在反复使用过程中,每进入一个新的预制单元,需对底模线形进行检验,及时调整偏差。

(3)侧模板安装监理

①安装前应检查板面是否平整、光洁、有无凹凸变形及残余粘浆,模板接口处应清除干净。

②检查所有模板连接端部和底脚有无碰撞而造成影响使用的缺陷或变形,振动器支架及模板焊缝处是否有开裂破损,如有均应及时补焊、整修。

③侧模安装时应先使侧模滑移或吊装到位,与底模板的相对位置对准,用顶压杆调整好侧模垂直度,并与端模联结好。

④侧模安装完后,用螺栓连接稳固,并上好全部拉杆。调整其他紧固件后检查整体模板的长、宽、高尺寸及不平整度等,并做好记录。不符合规定者,应及时调整。

⑤钢模安装应做到位置准确,连接紧密,侧模与底模接缝密贴且不漏浆。

⑥侧模与固定端模及匹配梁间的拼缝要严密,与匹配梁接缝间应设置止浆装置。

(4)内模安装监理

①重点检查定位索套管锚垫板的斜模板的定位精度和定位措施,确保准确和牢固。

②内模安装完后,检查各部位尺寸。

(5)端模安装监理

安装前检查板面是否平整光洁、有无凹凸变形及残余粘浆,端模管道孔眼应清除干净。将波纹管逐根插入端模各自的孔内后,进行端模安装就位。安装完成后,再次逐根检查是否处于设计位置。

端模上剪力键槽定位应准确,安装前应先检查模板是否清理干净,是否涂刷了隔离剂。

(6)模板安装完成后,承包人应对其平面位置、顶部高程及纵、横向中心位置进行自检,合格后报结构与测量监理人员共同检查验收,符合要求后方可进入下一道工序。

(7)模板拆除

①承包人应在拟定拆模时间24h以前,向监理人员报告拆模并取得同意。

②拆除侧模及端模时,混凝土表层温度与环境温度之差不得大于15℃,且应保证不损坏混凝土表面及棱角。

③模板拆下后,应及时清除模板表面和接缝处的残余灰浆并均匀涂刷隔离剂,整修后备用。

2. 预制梁钢筋加工安装及预埋件施工监理

(1)钢筋进场前,应按规范要求进行取样检验和抽验,合格后方可使用。

(2)进场后钢筋应平直,无局部弯折、表面应洁净、无油渍、无锈蚀。应按不同规格分类堆放,采用上覆下垫的方式。

(3)钢筋的弯制和末端的弯钩应符合规范和设计要求,钢筋的连接应符合《公路桥涵施工技术规范》(JTJ 041—2000)的要求。

(4)钢筋接头如采用机械连接方式,接头技术标准应符合《钢筋机械连接技术规程》(JGJ 107—2010)。

(5)钢筋连接工程开始及施工过程中,每批的钢筋应进行接头工艺检验。

(6)钢筋的规格、直径、数量、间距应符合设计要求,腹板内外两层钢筋网片须采取措施连成整体,以确保钢筋骨架不变形、不松脱。

(7)钢筋的保护层厚度应满足设计要求,保护层垫块应为与混凝土同等级强度的成批定制加工的梅花形垫块,绑扎要牢固,扎丝不得伸入保护层。

(8)钢筋与预应力钢束管道在空间发生干扰时,可让位于预应力管道,细钢筋让位于粗钢筋或适当弯折,但保护层应满足设计要求。

(9)预埋件位置应准确、牢固且不得遗漏。非设计指定的预埋件,承包人应制订有效措施防止形成腐蚀通道。

(10)钢筋安装结束后,承包商必须按三级检查制原则进行自检、互检、监理专检,合格签认后方可进入下道工序。

3. 索套管和预应力管道施工监理

监理人员应对预应力材料的进场质量、安装位置应一一审查,进行全程重点监控,并做好记录。

(1)预应力管道进场后,承包人要按出厂合格证和质量保证书,核对其类别、型号、规格和数量,并对其外观、尺寸、集中荷载下的径向刚度、荷载作用后抗渗漏及抗弯曲渗漏等项目按建设单位的频率抽检。

(2)预应力管道安装过程中,承包人应按给定的坐标定位,直线段每1m设一道定位筋,曲线段适当加密为50cm,管道连接必须保证质量,杜绝漏浆造成管道堵塞。

(3)预应力锚垫板埋设时应与预应力束垂直,按设计要求预埋体外预应力在转向块和墩顶块的预埋钢管、限位减震装置预埋件,临时预应力预埋件、临时吊点预埋件等。

(4)检查每个节段梁预应力束在匹配面的定位措施,确保波纹管口位置精确。

(5)索道管的定位

①利用在控制线形时建立的梁场平面和高程控制网对索道管的安装调整进行控制。首先根据设计图提供的锚垫板底口中心坐标、管体尺寸和仰角,计算便于实际操作的索道管顶、底口三维坐标。

②索道管锚垫板须支撑于箱内的斜面模板上,因此,该模板的安装精度及其稳定性直接影响索道管安装精度。

③如索道管制造有误差,定位时要进行换算重新确定顶、底口的理论坐标。

④进行顶、底口调整定位时,先调整并初步固定底口,可在顶口采用一个微调定位装置来调整定位,最后使其固定。

⑤索套管定位须把握一个总的原则,即顶底口误差符号(“+”或“-”)要一致,顶口合格后再检验底口。

4. 梁体混凝土浇筑施工监理

(1)混凝土浇筑前,承包人应将使用的施工配合比、原材料检测报告、测量放样资料、钢筋检查资料、模板检查资料,书面一并报送给监理人员,监理人员检查认可后方可开盘浇混凝土工作。

(2)承包人在灌注过程中应严格按照监理人员批复的配合比拌制混凝土,并在现场制作混凝土试件。监理人员应对混凝土浇筑进行全过程的旁站检查,并按建设单位规定频率进行抽检。

(3)承包人要合理安排混凝土运输卸料,按要求设置下料串筒或滑槽,混凝土的自由下落高度按规定不得>2m,以避免混凝土产生离析。

(4)承包人应控制混凝土分层灌注厚度,应按一定的方向和顺序先底板,后腹板,再顶板的灌注程序,控制混凝土的初凝时间,灌注过程中监理人员旁站检查。

(5)梁体腹板处的底板混凝土宜采用底板附着式振动器振动。梁体腹板混凝土采用插入式振动器和附着式振动器振捣。插入式振动器的移动间距不应超过振动器作用半径的1.5倍并与侧模保持50~100mm的距离,插入下层混凝土50~100mm,振完一处应边振边徐徐提出,振动时禁止触碰波纹管。

(6)在浇筑混凝土梁体时,应安排专人负责监视振动器的运转使用情况,如有故障则迅速组织抢修。以避免因振动不及时而导致混凝土出现空洞或蜂窝麻面。另外还应有专人负责监视模板、管道、钢筋和预埋件,确保钢筋保护层厚度,如联结螺栓松动、模板走形或漏浆应及时采取措施予以处理。

(7)箱梁混凝土灌注过程中,承包人应注意内部降温措施,并注意调整内外温差,以避免混凝土因收缩徐变产生裂纹。

(8)混凝土如采用商品混凝土,施工时监理应对商品混凝土的配合比、材质、坍落度、混凝土的强度等进行不定时的检查是否与设计相符。

(9)承包人应使箱梁混凝土颜色保持一致,表面应平整光洁、不得有蜂窝、麻面现象,加强对混凝土的养生保湿。

(10)监理人员应对混凝土的灌注全过程进行旁站跟踪检查,及时总结、分析和解决高性能混凝土施工中出现的问题。

(11)浇筑混凝土时,承包人应填写混凝土施工记录,并交监理人员签认。

(12)冬季混凝土施工在5℃以上采用不加热方法施工,5℃以下时需采用拌和水加热法施工,0℃以下浇筑混凝土时,除了水加热外,还需采用蒸养棚,通过蒸养法施工。

(13)箱梁混凝土浇筑完成,应及时进行覆盖和养护。养护的方法须经监理人员批准。另应采取有效措施避免墩顶块梁段大体积混凝土水化热引起的开裂。

(14)梁体匹配面的处理

①匹配面采取何种隔离方法应通过试验确认。

②对于锚槽及其周围易损地方,剪力键、剪力槽棱角混凝土易破坏的地方,一定要注意保护。

③在把预制好的主梁与其他梁脱离开时,一方面要保证不破损,另外一方面要保证还需继续作为匹配梁的梁块不移位、不偏斜。

④对于已破损处,如果不是关键地方或破损不大,可暂不要修理,待悬拼好后一并修理,对影响拼梁的飞边、毛刺,以及破损大的地方应及时处理。

5. 预制阶段测量监理工作要点

(1)箱梁预制开工前,测量监理应审查承包人的预制场短线匹配法测量方案、并制订复测措施。

(2)承包人所使用的测量仪器及量具,应经过有资质单位进行标定,相关资料报监理人员备案。

(3)审查承包人的放样计算结果,旁站、督促承包人对预制箱梁的纵横轴线、四角高程的放样工作,并对其进行复测,做好旁站记录。

(4)箱梁预制施工期间,测量监理应重点完成以下工作:

①复测以固定端模中心为原点,以固定端模内边线为 $Y-Y$ 轴,以两端测量塔观测控制点为 $X-X$ 轴的预制单元坐标体系。

②固定端模面板必须保持竖向垂直,与预制节段中心成90°,端模上缘保持水平,标高以靠近腹板处的2个测量控制点进行检查,水平误差和中线垂直度误差控制在1mm以内。

③底模水平安置且中心线垂直于固定端模模面。

④定期对测量塔进行变形观测和预制台座的沉降观测。

⑤复测索套管的定位质量。

(5)按规定频率检测箱梁节段预制的平面位置、高程及施工放样测量。

6. 预制梁段存放和出运监理要点

(1)梁段的存放

①梁体预制好后应称重,一是为了悬拼梁理论计算所需数据;二是控制梁体误差。另外为保证梁体胶拼方便,应在梁体翼缘板顶面、跨匹配面各加弹一直线。在匹配面前后加设水

准标识,直观方便。

②节段梁必须按施工方案进行堆放、运输。存放预制梁段时,段梁之间应有不小于50cm的净空距离,以便于起吊。

③梁体的吊装过程中一定不要碰磕、不要碰动还需作为匹配面的主梁。梁段存放时应放置水平,段梁的非支承位置不应有硬物支垫,以免损坏节段梁。

④节段梁存放时间按设计要求进行,一般不得少于3个月。

(2)梁段的出运

节段箱梁出运前,承包人质检人员与监理人员应对以下内容进行重点检查:

①节段梁编号与设计图纸符合情况。

②预应力管道位置及畅通情况。

③预埋件类型、位置以及有无缺漏情况。

④混凝土及其他缺陷修复情况是否达到验收标准要求。

⑤梁端匹配面凿毛处理情况是否达到验收要求。

⑥箱内外垃圾及梁表面污染清理情况。

7. 预制梁段的运输和吊装监理

预制梁段的水上运输和吊装可参照钢箱梁水上运输的监理要求进行控制。

8. 0号块和桥面吊机的施工监理

0号块的施工监理同悬浇主梁0号块的施工监理要求。

桥面吊机应具有如下功能:吊机的承载不仅要满足吊装等需求,还要考虑吊着梁块浇筑湿接缝混凝土的工况;吊机系统需能前后移动被吊梁段,即可以将梁向前拉开一定距离,以便给涂胶提供操作空间;吊具上需安装的调位系统,被吊梁段可进行平面微调和转动调整,以确保匹配精度。桥面吊机的其他监理控制可参照钢箱梁安装用桥面吊机的控制内容。

9. 主梁胶拼施工监理

(1)主梁胶拼材料的选择原则

①即能在界面潮湿、小雨时正常工作(因为水上作业湿度较大)。

②根据不同气温要求,可操作时间控制在1~2h。

③胶拼厚度控制在设计要求范围内,一般为1mm。

④涂胶后,在一定的压力下固化后达到张拉强度(设计要求)的时间尽量短,不同温度下,控制在5~12h。

⑤相关的力学性能指标(抗拉、抗折、抗压、抗劈、抗剪以及弹性模量等)必须满足设计要求。

⑥最后选定胶拼材料后,还须通过多次试验,选择在不同气温环境下(夏季和冬季)采取的不同配合比。

(2)主梁胶拼的控制要点

①监理人员应检查承包人按序号依次吊起的节段梁是否与设计图纸相一致,是否与实际桥跨相符。

②匹配面黏结剂的各种材料进场后,监理人员在现场应检查各项材料的出厂合格证以及施工单位出示的配合比试验报告。

③对黏结剂的配制与搅拌操作。承包人应指定专人进行,并应经过专业培训后方可进行作业。现场监理人员应注意控制配制的环境温度、湿度符合工艺要求,并检查各种组分材料搅拌的均匀性,搅拌使用的器皿也一定要在每次用过后和使用之前清理干净。

④监理人员应督促承包人将节段箱梁拼接面清理干净,保证涂胶面干燥,无油污、无松散物。在节段箱梁逐块调整就位后,对拌制好的胶材要及时进行涂刷,涂胶的总原则是快速、均匀并保证涂胶厚度。涂胶时应采取可靠措施防止黏结剂在涂抹过程中进入预应力孔道导致孔道堵塞,监理人员检查符合要求后,方能进行下道工序。

⑤在节段箱梁拼装过程中,项目部测量人员应全程监控,随时注意调整桥轴线和梁顶高程。测量监理要及时复测认可项目部测量资料并按监控要求检查施工是否到位。

⑥节段梁胶结完成后,承包人应及时清理拼缝四周挤压出的黏胶剂,保证缝周干净整洁,无污染。

⑦按常规工艺及设计要求,胶层涂完后应立即拼装到位,张拉初期施工预应力束,使截面均匀受压进行固化,待胶拼强度达到设计要求后,再施工其他预应力束。每个索距施工完后,统一测试线形(梁体和塔柱)、温度索力等参数用于监控需要,测试时间宜在凌晨温度稳定时完成,以保证在温度恒定时数据的准确性。

10. 湿接缝施工监理

(1)承包人安装湿接缝段临时定位装置时,监理人员需检查施工单位是否在焊接定位装置的预埋件周边混凝土上遮盖湿布或湿麻袋,确保混凝土不被烧伤。

(2)施工前施工单位应先进行箱梁的连日温度变化的桥轴线、高程、里程观测对照值,以提供线形监控确定适宜的湿接缝施工温度及相应技术措施。

(3)重点对湿接缝内预应力管道的安装进行检查,监理人员检查合格并签认检验申请批复单后,承包人方可进行下道工序施工。

(4)检查模板拼装是否满足施工要求。支撑系统应连接牢固,模板制作需有足够刚度、强度和稳定性,拼装后板面须平整,拼缝严密不漏浆。模板安装完毕后,承包人先自检并做好自检记录和评定。监理人员检查合格后,承包人浇筑混凝土。

(5)混凝土浇筑时,监理人员进行旁站,要求承包人试验员必须到场,查验拌和配比、拌和混凝土的和易性,抽检坍落度,并制作试块,监理人员现场督促承包人及时振捣,要求振捣到位,无过振、漏振情况,同时观察预应力管道、模板是否有走动移位,发现问题及时提出。监理人员要抽查坍落度并做好抗压试块。混凝土浇筑完毕后,监理人员督促承包人单位做好表面收水(浆)和养护工作。

11. 中、边跨合龙施工监理

中、边跨合龙施工监理控制同悬浇梁的合龙控制。

第四节 钢—混凝土结合梁的施工监理技术

结合梁斜拉桥具有较好的刚度与受力性能,桥面铺装与全桥统一,施工进度可满足总工期要求。传统的工字形结合梁斜拉桥施工时先安装钢梁,再分块吊装预制桥面板,混凝土板与钢梁搭接部位难以保证持久密实;桥面板现场接缝较多,易成防腐薄弱环节,耐久性存在隐患,另外其抗风性能相对箱形梁而言较差。

钢—混凝土箱形结合梁作为一种新的结构形式,具有良好的静动力性能及较好的耐久性,且工程施工进度较快,它的推出,拓宽了结合梁斜拉桥的应用范围,为今后大型跨海大桥采用斜拉桥提供了新的选择。鉴于箱形结合梁的功能特性,本节将以东海大桥主通航孔主梁施工为例,介绍钢—混凝土箱形结合梁的施工监理技术。

一、钢—混凝土箱形结合梁的施工工艺流程

东海大桥主通航孔主梁采用单箱三室截面,混凝土与钢组合结构,梁高4.0m。箱顶面为混凝土板,宽33.0m,两端悬臂长各4.5m,钢底板宽24.0m。混凝土强度等级为C60,钢结构材质Q345qD。主梁一般断面如图5-6所示。混凝土面板一般厚28cm,在腹板顶附近加厚至55cm。钢结构一般截面底板及斜腹板厚16mm,竖腹板及腹板上翼缘厚24mm,塔根及边墩、辅助墩顶附近主梁钢板局部加厚,底板及腹板采用U形加劲肋,加劲肋板厚8mm。主梁横隔梁采用桁架形式,一般截面横隔梁板厚16mm,上翼缘板厚24mm。

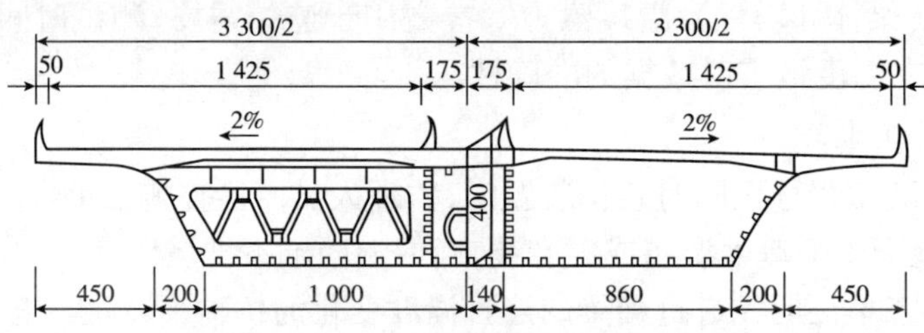

图5-6 主梁一般断面图(尺寸单位:cm)

主梁钢结构部分和混凝土面板之间通过设置剪力钉实现结合传力。剪力钉采用直径为ϕ22mm的圆头焊钉,其长度除上翼缘钢板两端部为450mm外,其余均为200mm。剪力钉根据受力大小布置。

主梁预应力采用纵、横向预应力体系。主梁在跨中布置20束12 Φ^s15.2mm预应力钢绞线,边跨侧布置28束12 Φ^s15.2mm预应力钢绞线,纵向预应力集中布置在主梁腹板附近混凝土面板内以使其能可靠锚固。横向预应力采用3 Φ^s15.2mm预应力钢绞线,纵向基本间距为0.5m,相邻节段间预应力的分布尽量相近以减小相邻主梁节段由于横向预应力的张拉导致的主梁横向变形差异。主梁在悬拼施工时,混凝土面板内纵向布置28根ϕ32mm的预应力粗钢筋,其中约1/2布置在竖腹板附近。

主梁的施工工艺流程如下:

(1)结合梁制作

简单流程为:钢结构在制作胎架上节段制作→运输到混凝土胎架上→调整线形→桥面板混凝土浇筑及养护→桥面板预应力张拉→结合梁预拼装、连接板钻孔→运输到涂装区→涂装→存梁。

(2)无索区梁段安装

考虑到后期桥面吊机的安装空间要求,无索区梁段(0号块)一般与1号块主梁一起安装,施工流程为:0号段、1号段排架搭设→设置临时支座和千斤顶顶推系统→浮吊吊装0号段、1号段→逐段用千斤顶调节平面偏差、高程→湿接缝、高强螺栓安装→纵向预应力束的

张拉及压浆→挂1号索。

(3)标准段施工

施工流程为:桥面吊机试吊安装→吊钩与结合梁连接→梁段提升到位→操作平台移位→高强螺栓施工→混凝土接缝施工→混凝土养护→张拉纵向预应力束→吊机移位→斜拉索安装→吊装下一节段。

(4)边、辅墩梁段安装

搭设墩旁支架→驳船运梁至待架点→大型浮吊起吊待架梁段→临时搁置于支架上→利用桥面吊机安装就位。

(5)中跨合龙

根据施工区域的气象资料和预期合龙时间确定合龙温度→结合现场、结合梁组拼情况、设计要求、架设现场情况、温度等因素确定合龙段长度→运输合龙段至待架点→桥面吊机起吊入位→调纵、横偏差→冲钉固定单侧连接→单侧高强螺栓安装并初拧→待气温降至合龙温度冲钉固定另一侧连接→安装高强螺栓并进行初、终拧。

二、钢—混凝土箱形结合梁的质量控制点

在钢—混凝土箱形结合梁的施工过程中,监理人员应重点控制好:箱形钢梁的制造、混凝土桥面板的施工、0号梁段支架安装预压、支座安装与临时固结、0号梁段安装调整,标准与非标准段、高强度细栓连接副安装施拧、湿接缝混凝土浇筑和养生、钢锚梁(箱)安装调整与斜拉索张拉、边中跨合龙段安装、边辅墩体外预应力束张拉、桥面板预应力束张拉和体系转换的各个施工环节,使合龙后纵、横向轴线偏差、线形控制在设计规定的限差范围内。

三、桥面板的施工监理技术

1. 桥面板的模板监理

(1)桥面板的四周侧面留有锚固用的预留钢筋,并且纵、横向还设置预应力孔道,模板的精度要求高,因此必须采用钢模。

(2)桥面板的底模须结合箱形钢梁的顶部构造进行设置,底模的支撑可采用扣件式钢管排架。支撑排架搭设前应按规范要求检查钢管及其构件质量是否符合要求;搭设时重点检查立杆底部的纵横向扫地杆、杆件间距、钢管搭接长度、剪刀撑等是否按要求架设;支撑系统完成后对钢管排架的平整度、垂直度、稳定性应组织有关人员进行检查验收。

(3)钢模板应由定点厂家生产制作完成,结构要牢固可靠,装拆方便,钢模板进场后要进行试拼装,并打磨、修正,底模按规定要求预留施工拱度。

(4)模板的制作安装应满足结构尺寸要求,并保证相应线形和位置正确;模板应具有足够的强度、刚度和稳定性;模板结构应满足承载能力要求,能有效地承受自重和操作荷载。

(5)模板安装后须经验收合格方可进行下道工序施工。

2. 钢筋、预应力管道及预埋件制安

承包人完成桥面板钢筋、预应力管道及预埋件制安工程并递交自检报告后,监理人员在规定的时间内检查并签认。监理人员的检查要点为:

(1)应对照设计图纸,检查钢筋、预应力管道及预埋件规格尺寸、数量、长度、所在位置等

情况。

(2)注意检查防雷接地钢筋(桥面板湿接缝施工时)的布设与连接情况。

(3)检查钢筋及预应力管道混凝土保护层厚度。

(4)检查预应力管道定位钢筋间距、接头处理(尤其应注意湿接缝处预应力管道与预制桥面板预埋管道间的连接处理)及喇叭管安装情况。

(5)检查外露预埋钢筋、钢板等镀锌防腐情况。

(6)检查钢筋连接,主要有:

①对焊接件,采用允许的焊接方法及考虑焊接的适用范围,注意焊接钢筋的质量验收。

②对于绑扎接头,检查接头位置及搭接长度、断面最大百分率。

(7)锚垫板及预埋件的检查。尤其应注意检查预埋件的安装稳固情况,确保在施工过程中不移位。

3. 混凝土的施工监理

(1)混凝土浇筑前,监理人员应重点检查以下几点:

①各类机械配置及施工安全情况等。检查各类施工机械配置及施工人员到位情况。检查备用发电设备准备情况。检查各项施工安全设施布设情况。

②施工测量放样情况。检查拟浇结合梁桥面板长度、宽度、截面厚度等施工放样结果。经测量监理检查复核并确认各项指标合格后,方可申请浇筑。

③试验及原材料情况。检查拟用砂石料等原材料试验结果是否达到规范要求。检查现场砂、石材料含水率,签批施工配合比。

④模板安装情况。检查模板结构与预制板型号是否相符,检查模板安装是否满足使用安全(尤其在桥面板湿接缝施工时)的要求。

⑤钢筋及预应力管道等安装情况。检查钢筋整体安装情况及预应力管道坐标位置。检查预应力管道安装情况与申报板号所对应的设计图纸要求是否一致。检查各类预埋件、预留孔有无错、漏、偏等情况发生。

⑥模板内清洁情况。检查模板内钢筋头、香烟头、扎丝、电焊条头等的杂物清理情况。

(2)混凝土拌和时监理人员监理要点主要有:

①试验监理根据已批准的混凝土配合比施工方案到混凝土拌和楼检查施工操作人员的执行情况,并按此配合比抽一组试件进行复验。

②观察原材料倒入顺序,外加剂加入方法、拌和效果。

③经常目测拌和料情况,发现异常应立即复核配合比执行情况、坍落度情况,见明显离析等不合格混凝土应指令废弃。检查搅拌时间、拌和物的均匀性、输送时间,对泵(布料机)送混凝土粗集料粒径、坍落度的要求。

④施工单位按要求的频率现场测试。拌和料的温度(冬、夏季施工)、混凝土的坍落度等。浇筑现场混凝土试块制作应注意取样代表性,试块数量应符合规定。

(3)混凝土浇筑施工监理内容主要有:

①检查混凝土运输、浇筑、振捣工艺。承包人在正式浇筑桥面板前,要按照首件制的相关要求进行首片桥面板的浇筑,以检验结合梁桥面板混凝土的试验配合比以及桥面板施工工艺的可适用性。

②按工艺要求进行振捣，特别要注意对钢筋密集处、模板边角处的捣固，严防漏振。

③浇筑中随时检查模板、钢筋及预应力管道位移、变形情况，模板、管道是否漏浆，发现问题及时处理。

④发生停电或振捣器故障等突然事故，应立即人工振捣，不得长时间放置不顾。

(4)混凝土养生和脱模监理内容

①检查养生方法和养生时间，应该提醒承包人及时组织养生，即使在模板覆盖阶段也应及时充分保持混凝土湿润状态。注意大面积重要外露面的养生方法。

②结合梁桥面板夏季与冬季混凝土的养生时应注意采取必要的温控措施，以防桥面板混凝土表面收缩裂纹的产生。

(5)混凝土工程质量问题处理

①待混凝土强度达到施工规范要求后可拆模。在拆除桥面板侧模施工过程中应防止损伤边角、碰伤表面。混凝土工程拆模后，未经监理人员批准，严禁随意修补涂抹。

②外观质量检查：拆除模板后应及时检查结构各几何尺寸，外观质量，有无缺损、开裂、汽泡、蜂窝、麻面，表面颜色是否均匀。应作书面记录，监理人员参加检查。

③确实存在质量缺陷，现场监理人员只能同意修补轻微的蜂窝、麻面等，对于面积较大的漏筋等情况应报总监研究解决。

四、钢—混凝土结合梁安装的监理技术

钢—混凝土结合梁的安装及钢梁部分的制造监理可参照本章第二节“钢箱梁的施工监理技术”中的内容，同时还应做好以下监理工作。

1. 方案审查

审核承包人对其关键工序中有关线形控制，调整措施，临时固结限位、梁段拼装，斜拉索张拉，边、中跨合龙与预应力张拉和体系转换方案是否能满足设计和规范要求。

审核有关0号梁段支架和稳定性计算，以及桥面与吊机安装调试与试吊程序、梁段拼装安全操作平台、边墩、辅助墩支架方案是否满足设计和施工要求。

审查临时支架的设计、预压方案，承包人提供相关承重支架的设计计算书，监理人员对支架的设计和计算应进行必要的复核验算。确保施工期间的结构安全。

墩旁临时支架必须有足够的强度，刚度和稳定性，以能安全支承箱梁的段重量及其他施工临时荷载。

2. 无索区(0号块)梁段安装监理要点

(1)墩旁临时支架是0号梁段的主要受力支承结构体系，必须具有足够的强度、刚度和稳定性，以能安全支承箱梁的梁段重量及其他施工临时荷载(包括风荷载及施工中其他水平荷载)，必要时进行预压消除残余变形。

(2)支架上的支点位置与设计规定的钢梁临时支点应相对应，严禁支承在钢箱梁其他部位上，监理人员在安装后要认真检查各联结部位和各支点的受力状况是否安全可靠。

(3)临时支座是0号梁段的主要临时支承受力结构，与主梁锚固临时团结后，监理人员要认真检查受力状态。

(4)永久支座是全桥的主要受力支承结构体系，支座的安装、调整、压浆都必须符合规范

和验标要求,并应符合建设单位颁发的“质量检验评定标准”。

(5)0 号梁段安装前监理人员必须对支座的高程、平面轴线、里程进行认真检查,核实,确认符合设计要求后,方可进行吊装作业。

(6)0 号梁段与主塔间的永久横向限位装置,待冬季低温时安装调整,调整后应保证在设计基准温度 +20℃时两限位块间的间隙应满足 $\delta=2\text{mm}$,在安装过程中均依靠施工临时构造措施来保证结构的横向限位。

(7)0 号梁段全面调整高程、轴线偏差后,为消除不平衡力和力矩的影响,应及时进行竖向固结锁定,以保证悬臂拼装时的结构稳定和安全。

(8)0 号梁段精确调整定位后,按高强度螺栓施拧工艺进行初拧和终拧及检查验收。

(9)为避免梁体在悬臂拼装过程中发生纵移,承包人应及时在支座两侧安装好纵向阻尼器装置,或按设计要求安装好临时纵向限位装置。

(10)0 号梁段安装调整经监理人员全面检查验收签认后,在悬臂段尚未安装前,承包人应按有关规定进行 110% 的动载和 125% 的静载试验。

(11)0 号梁段的安装必须正确,拼接部位的 X、Y、Z 坐标应符合设计要求,避免以后拼装引起较大的误差。

(12)0 号梁段安装调整完成后,承包人应对其平面位置、顶面高程、纵向、横向中心线进行自检,监理人员复测检查验收合格后,方可转入下一道工序的拼装。

3. 标准梁段安装监理要点

(1)施工前按设计线形绘制主梁安装挠度变化曲线,悬臂拼装过程中应随时观测桥轴线安装挠度曲线的变化情况,并与设计值进行对比,若遇较大偏差时应及时进行处理,以便控制梁段的安装高程。

(2)对称、平衡吊装中、边跨悬臂梁段调整定位、轴线、高程、四角平整度调整符合设计要求后,按高强度螺栓施拧细则进行初拧、终拧、检查验收。

(3)安装调整、固定塔柱内斜拉索钢锚梁,经监理检查验收轴线、高程、转角均符合要求后,方可进行第一次挂索张拉。

(4)桥面吊机前移定位后,对斜拉索按设计监控指令的索力进行第二次索力张拉。张拉后的索力、高程、轴线、塔顶偏位应符合设计监控要求。

(5)桥面预制板安装和梁段间湿接缝的微膨胀补偿混凝土浇筑应进行全过程旁站检查,监理人员按规定频率制作试块进行抽检。

(6)桥面架梁吊机每次前移定位、调整、锚固时,监理人员必须全程旁站检查验收。

(7)梁段拼装吊挂脚手架(施工桁车),必须经过安监人员检查合格后方可使用。

(8)由于主梁双悬臂施工持续时间较长,监理人员须督促承包人采取有效措施减少风振的不利影响。

(9)监理人员须按设计监控的指令要求复测认可承包人的测量资料,并完善落实施工检测项目。

(10)根据原材料预应力粗筋的取样,抽检弹性模量 E 值,核实其实测伸长量。

(11)在湿接缝混凝土浇筑前连接锚固 ϕ 32mm 预应力粗钢筋,待混凝土强度达到设计要求后,按设计要求的锚下控制应力对称进行纵向预应力张拉,实际伸长量与理论伸长量

($\Delta L = \acute{O}_K L/E$)误差$\ngtr \pm 5\%$。

(12)根据原材料预应力束(筋)取样、抽检弹性模量 E 值,核实其实测伸长量。

(13)预应力束(筋)所用的穿心千斤顶、油压表、油泵的标定检测必须由国家承认的专职测力机构提供数据。

(14)监理人员应督促检查施工单位严格按监控指令施工,并审查复测核实施工单位向监控单位提供的各类测量资料及桥面恒载资料,确认无误后转发监控单位。监控指令由监控单位交由监理人员转发施工单位执行。

4. 湿接缝混凝土施工监理要点

(1)绑扎钢筋前督促承包人对接缝面进行仔细凿毛,露出石子,清除接缝内的垃圾及污物。

(2)按规范要求和抽检频率对预应力钢筋和预应力粗筋接头取样试验,符合要求方可投入施工使用。

(3)结构监理工程师应按设计图中不同品种、规格的钢筋严格检查搭接、绑扎、焊接以及机械连接方式、数量、间距、直径、位置是否符合规范和设计规定要求。

(4)结构监理工程师应对箍筋间距,保护层厚度进行认真检查是否符合设计和质量评定标准要求,对保护层垫块的尺寸、安装数量和分布密度、固定程度进行检查。

(5)接头钢筋绑扎、焊接、机械连接及预应力粗筋安装结束后,按三级检查制原则,承包人报监理人员签认合格后,方可转入下道工序施工。

(6)湿接缝混凝土浇筑前,试验监理工程师应对配合比进行复试并认真核实施工配合比,浇筑过程中随机取样抽查搅拌质量和坍落度的测试工作。

(7)督促承包人列出桥面板接缝混凝土的浇筑顺序和方法,严格控制混凝土出现施工冷缝。

(8)湿接缝浇筑前监理人员应按设计提供的钢横梁反顶措施和反顶力进行检查确认。混凝土浇筑后当强度达到80%卸载松顶、混凝土强度达到90%进行横向张拉。

(9)湿接缝全部安装结束后,监理人员按设计和规范要求进行检查签认。

(10)湿接缝浇筑过程中,监理人员进行全程旁站,按规定频率抽检混凝土拌制质量并制作试件。

(11)湿接缝混凝土浇筑结束后,应及时加以覆盖,并由专人负责养护14d使混凝土呈潮湿状态,监理人员应检查混凝土养护措施是否落实。

(12)每次浇筑接缝混凝土,建议做一次28d混凝土弹性模量 E 值试验。

(13)对整个湿接缝混凝土全过程的前期和后期应各做一组混凝土收缩和徐变的测定试件。

(14)湿接混凝土试件,每批应>5组(每组3块),其中3组应按现场同样养护条件进行养护。供检查验证3d、7d、28d龄期的混凝土强度。

(15)结构监理工程师应督促、检查承包人是否严格按夏季和冬季的保湿和防寒措施进行混凝土的养护工作。

5. 结合梁预应力施工监理要点

结合梁的预应力内容主要为桥面板和湿接缝的纵、横向预应力施工,其监理要点可参照

第四章第二节的内容。

6. 边跨合龙安装监理要点

(1)边跨合龙段可按标准梁段的循环工艺吊装定位,调整施工。

(2)在边墩承台上塔设承重支架,在支架顶必须设置纵、横移可调装置,以便在尾梁段钢箱梁安装后精确调整到设计位置。

(3)提前1~2个月施工尾梁段,将其临时吊装搁置于支架上保持箱体稳定,待边跨合龙段吊装定位,精确调整后,利用支架纵、横移顶推装置,调节完成与合龙段连接定位。

(4)合龙段是将墩顶的尾梁段,利用纵、横移顶推设备来实现尾梁段与合龙段对接合龙。

(5)尾梁段顶升和顶推时要认真检查各支点受力状态,以免应力集中损坏箱体。

(6)尾梁段锚固端横梁下所设永久活动支座安装、调整、压浆均应符合规范和设计要求的规定。

(7)尾梁段内端横梁是主要的结构受力支承体系,凡是钢筋与主梁焊接或钢筋互相焊接,其焊接长度都应满足规范要求,单面焊接 $>10d$,双面焊接长度 $>5d$,监理人员全程旁站检查确认。

(8)尾梁段钢箱梁与端横梁混凝土的连接是通过横向非预应力钢筋、焊钉和不同部位的预应力束张拉,共同完成结构受力体系。施工过程中监理人员应注意按有关规定和设计要求进行检查验收。

(9)边跨合龙后,按设计布置的纵向预应力束穿束张拉,张拉时监理人员旁站巡视检查,按照先拉长束,后拉短束的原则执行。

(10)悬拼到合龙段前一个梁段,按不同时间,不同温度观测,确定合龙时的温度和合龙段梁长。

7. 中跨合龙监理要点

(1)合龙段长度受温度、实测墩跨、制造梁段长度三者影响较大,因此,合龙前承包人应针对钢梁随温度变化的桥轴线、高程、里程的变化值进行连日连续的观测,以提供监控选择在确定合龙时的温度和合龙段的制造长度,便于制订有效的合龙技术措施方案。

(2)钢梁受温度的变化影响较大,如何准确的选择合龙的方法(强制或自然)和时间尤为重要,承包人应慎重研究确定方案后必须上报总监和建设单位审批。

(3)中孔合龙段安装的成败关键在于确定一个合龙时的温度,监理人员应协助承包人认真分析了解温度变化与梁跨的关系,从中找出变化规律,选择温度变幅相对比较小、恒温持续时间相对比较长的时段,作为合龙时的控制温度。

(4)在主梁施工最大悬臂时进行温度、跨度、高程、轴线变化的关系测量,并绘制其相关曲线图。根据选定的合龙时的温度,推算合龙梁长,再对合龙段钢梁构件进行加工。

(5)工厂对合龙梁段制造加工结束后,经驻厂监理人员检查验收合格后,运至施工现场安装。

(6)合龙前重点检查承包人对高程调整(桥面吊机升降),纵向调整(千斤顶推拉)、平面轴线调整(斜向对拉)的准备工作与措施是否到位。

(7)焊接钢箱梁合龙梁段在预制时,根据选定的合龙段长度,适应稍微加长一点,以便在强制或自然降温合龙时进行梁段长度修正。

(8)合龙时采用二台桥面吊机对称布置,平衡抬吊,利用低温时起吊先栓接一端,待升温至合龙温度时与另一端栓接面投孔栓接,实现全桥合龙。

(9)全桥合龙后立即释放所有的临时纵向、横向、竖向限位锁定装置,实现斜拉桥纵向漂浮结构体系。

第五节　钢—混凝土混合梁的施工监理技术

在大跨度的斜拉桥中,由于单一的混凝土梁或者钢梁都会在边跨墩顶产生负反力,并会引起塔顶和主跨产生过大的偏移位移和挠度。为了克服这一弊端,混凝土主梁往往在边跨的墩顶设置强大的抗拉压支座,钢结构主梁往往要在边跨部分梁段配置混凝土压重块来抵消边跨墩顶产生的负反力。为了充分发挥混凝土材料的压重作用和钢材跨越能力大的优势,便产生了混合梁结构。这种结构的优点是:加大了侧跨主梁的刚度和重量,减少了主跨内力和变形;可以减少或避免边跨端支点出现负反力;减少全桥钢梁长度,节约造价。该桥型特别适用于边跨与主跨比值较小的情况,尤其在斜拉桥中应用广泛。

一、钢—混凝土混合梁的施工特点分析

混合梁斜拉桥与其他类型斜拉桥的主要区别在于:其主跨与边跨采用两种不同的材料,即主跨的梁体为钢梁或结合梁,边跨(或伸入主跨一部分)的梁体为混凝土梁。

1. 主要的施工方法

钢—混凝土混合梁主跨钢梁的制造、安装施工与控制与钢箱梁或结合梁中的内容相同。而预应力混凝土梁部分施工方案的确定,则需综合考虑桥位处的环境、水文地质情况、通航标准、工期要求、工程量大小、施工投入等因素的影响。常用的施工方法有:全部在支架上现浇;主塔(0 号块)在支架上现浇,余下部分采用挂篮悬浇或悬拼施工。主塔墩位于陆地或没有通航要求的区域,工期紧、线形要求高的预应力混凝土梁多采用在支架上现浇的方法;主塔墩位于水深处或有通航要求时,预应力混凝土梁可采用挂篮悬浇进行施工。

2. 支架体系的选择

常用的预应力混凝土梁现浇支架有两种:利用钢管脚手搭设的满堂支架和少支点钢管落地支架。

如施工区域在岸上,且地基的承载情况良好,可选择满堂支架施工。

如施工区域存在软基或地处浅滩,可采用少支点钢管落地支架进行混凝土现浇施工,总体施工方法为:提前在支架支撑点位置处采用 PHC 管桩及小型承台(也可采用钢管桩)进行地基处理施工,在承台基础(或钢管基础)上安装钢管桩立柱支架(采用方便拆卸的装配式支架结构),然后铺设贝雷桁架纵梁,再在纵梁顶上铺设型钢分配梁,安装箱梁底模,堆码水袋或砂袋进行预压后展开箱梁施工。

3. 混合梁斜拉桥钢混接合段的处理

混合梁斜拉桥主梁接合段位置的选择是一个关键环节,在功能上要求做到能比较流畅地传递各种荷载产生的内力包括轴力、剪力、弯矩和扭矩及变形,同时结合段位置具有良好的抗疲劳性和耐久性,而在外形上也要求钢箱梁和混凝土箱梁的过渡比较一致。

混合梁斜拉桥钢混结合段宜选择在弯矩和剪力较小的地方,一般应考虑受力合理、施工简便和造价经济三个方面。结合段的处理是否得当将直接影响到整座桥梁的适用性能和耐久性,进而影响到整座桥梁的运营能力和使用寿命。

综合国内外混合梁斜拉桥钢混接合段的连接情况,从受力角度划分主要有:

(1)钢板式方案(部分连接承压板方案)。在钢梁或结合梁翼缘及腹板端部设承压板,由承压板将钢梁上的力传到混凝土横梁上。这种方式传力直接,但承压板较厚,断面刚度变化明显。如汕头岩石大桥的结合部。

(2)填充混凝土前面钢板式(全截面连接填充混凝土方案)。为了把钢梁或结合梁上的力传递给整个横梁断面,在整个断面范围内填充混凝土。此方式应力传递较均匀,但结构复杂,施工较困难。如日本多多罗桥结合部。

(3)填充混凝土后面钢板式(部分连接填充混凝土方案)。为将钢梁上的力传递到上、下翼缘及腹板附近的连接部分,在结合部制作一个双壁式钢箱,并在其中注入混凝土与横梁连成整体。此方式刚度过渡均匀,但结构复杂,混凝土施工要求高。

(4)全截面连接承压方案。依靠承压钢板承受梁的纵向压力,在钢梁或结合梁端部设置隔板成为格子结构的承压板。此方式连接处应力较小,但结构复杂。

混合梁斜拉桥钢混结合段位置非常关键,结构非常复杂,施工时监理人员须高度关注,重点控制。

二、混凝土梁段的施工监理

边跨混凝土梁段的悬浇施工监理可参照第五章第三节中的相关内容;边跨混凝土梁段的悬拼施工监理可参照第五章第三节中的相关内容;边跨混凝土梁段的支架施工监理除参照第五章第三节中的监理内容外,还需注意以下监理要求。

1. *支架施工监理要点*

混凝土现浇如采用少支点钢支架施工,支架搭设监理可参照第五章第二节中0号块支架监理的相关内容;如采用钢管脚手搭设的满堂支架,监理要点如下:

(1)支架搭设监理要点

①支架搭设前应抽检承包人进场的脚手架钢管的质量,脚手管必须完好合格,不得有锈蚀、裂纹、变形、弯曲等现象,钢管的外径、壁厚、端面的偏差应符合规范要求,扣件要有合格证,不合格的材料应要求承包人作退场处理。

②支架设计必须经过计算,结构本身恒载、各项附加施工荷载及安全系数取值合理、正确。

③现浇梁段地基必须处理,并能满足施工总荷载的要求,同时注意局部混凝土地面的平整,钢管局部承压应仔细检查,要求将不平处用工具找平。

④监理人员应抽检承包人排架搭设的放样,应符合设计要求。

⑤支架搭设须严格按专项施工方案进行,过程中监理人员应抽检排架搭设中的扫地杆应不大于20cm;立杆步距和垂直度及基座水平撑的间距及角度、斜撑的间距及角度、防雷接地装置应符合设计和规范要求。

⑥支架刚度、稳定性必须检查,配备已标定的力矩扳手,随时检查扣件拧紧程度,抽检扣

件施拧扭矩不应小于40N·m,且不应大于65N·m。栏杆高度不应小于1.2m。

⑦拼好的支架进行预压,督促承包人绘出各级荷载作用下沉降曲线,得出地基的沉降量,支架的弹塑性变形量。

(2)满堂支架的验收和使用检查

满堂支架搭设完毕,承包人应组织进行验收。验收时承包人通知监理单位派人参加,监理单位应安排结构监理和安全监理参与承包人组织的验收,合格后办理书面签认手续,当发现不合格时应查明原因,同时要求承包人整改,整改后再进行验收,验收合格后挂牌使用,进入预压工序。

满堂支架在验收合格后投入使用,使用过程中还应定期检查,确保安全。监理人员应要求承包人及时自检(一般为半月一次),监理组一月检查一次,或进行随机检查,检查情况应记录备案。

检查的重点内容:杆件是否变形,扣件、螺栓是否松动,立杆垫块是否稳妥可靠,防护设施是否完好。

承重支架在遭受大风等恶劣天气后,应立即进行检查,检查的内容同上,以确保支架处于安全状态。监理组由结构监理、安全监理共同检查,对检查情况留下记录。发现存在安全隐患时,应立即向总监汇报,以便及时要求承包人加固处理。

(3)满堂支架的拆除监理

①承包人应编制支架拆除的专项方案,经监理人员审核、批准后方可进行。承包人应严格按照执行经审批的安全专项施工方案进行施工,当方案在实施中承包人认为需要变更,且涉及国家财产和员工的人身安全时,应书面提前办理方案变更手续,经同意后承包人实施变更。

②脚手架搭设和拆除作业必须由专门的架子工进行,操作人员应按规定持有效的操作证上岗,施工前承包人应组织专项的安全技术交底。

③支架拆除前先进行梁底模板的拆除,并且必须经过承包人现场验收确认梁底模拆除和相关螺杆、螺帽遗留孔洞部位的修补全部完成后方可进行排架的拆除。

④排架拆除时按照“先上后下,先两侧后中间”的顺序依次拆除,严禁上下同时作业,拆排架时构配件严禁抛掷至地面。排架拆除时相邻平面排架的高差不能超过三步(4.5m),以防止高空坠物。临边及排架上严禁设置各类零星材料或物件,以防大风吹动时坠落。

⑤拆除后脚手管的垂直运输由吊机承担,起吊指挥必须对起重物的起重情况进行把关,不符合起重要求一律不准起吊。钢管等物配件严禁抛掷,应收集至支架两侧,由吊机起吊至地面堆放,吊运的钢管其外侧长度不得超过该钢管的三分之一,吊运时必须吊点准确,重量不得超过相关吊机的规定。支架顶部堆放钢管时必须同一规格堆放,严禁同一堆钢管长短不一致,要堆放整齐,吊运时应箍紧钢丝绳防止坠落。

⑥监理人员应对支架拆除过程中的执行情况巡视检查,查看安全管理人员、监护人员是否到岗,作业人员是否正确使用劳防用品,是否按操作规程作业。当发现与方案变化较大时,且涉及安全时,应书面向承包人发出通知要求补报方案,并按补报方案整改。当发现违规作业应当即时纠正,问题较为严重时,应向承包人发出相关指令要求整改。

2. 现浇箱梁模板的监理

(1)模板的设计和制造

现浇箱梁施工模板系统包括底模、侧模、内模和端模4个部分。模板设计须由有资质的单位负责进行,设计时以刚度控制为主,确保有足够的强度和稳定性,以便模板在倒用、运输过程中不发生大的变形,同时兼顾考虑方便模板拆安及移动以及索套管的安装需求。

模板须由专业钢结构加工厂加工制作,加工时制作专门胎架,对标准模板进行放样,确保加工模板外形尺寸。出厂前对模板进行试拼,检查外形尺寸及拼缝、平整度等是否满足要求,验收合格后运至现场使用。

单块模板加工完成后,均要进行质量检查,然后做好标记(写明部位、尺寸和编号),运至存放区进行堆放,底模和侧模分开堆存,便于运输。堆放场地应平稳,布设防水、防雨设施,以防锈蚀。堆放模板应受力均匀,防止受力不均造成模板变形或面板损坏。模板验收应符合设计和规范的要求。

模板根据拼装顺序进行编号,便于安装。运输过程中,铺设枕木,装卸起吊过程中防止撞击模板,造成模板变形。

(2)模板的安装监理

①检查模板安装位置是否准确,纵横轴线及高程是否符合设计要求。尤其应注意检查梁底调平层处模板安装是否达到设计和规范要求。

②检查模板的安装及固定是否牢固可靠,必须设置防倾覆设施,保证浇筑混凝土时不移位、不变形,不跑模。

③检查模板与混凝土接触的表面是否平整光滑,有无明显错台,保证模板不漏浆,有足够的强度和刚度及稳定性。

④对重复使用的模板要重点检查其外观质量,包括边口顺直不扭曲、损坏,模板表面平整等,以确保其使用质量及合格的刚度和强度。

3. 钢筋加工安装监理要点

(1)检查箱梁钢筋的数量、规格、位置、间距是否符合设计要求,钢筋骨架不得变形、松脱,发现问题及时提出整改意见。当钢筋和预应力钢束管道相碰时,钢筋应避开预应力钢束管道,细钢筋让位于粗钢筋或进行适当弯折,但净保护层必需满足要求。

(2)钢筋使用进场前,按规范要求进行检验和抽验,合格后方可使用。

(3)检查钢筋是否平直、有无局部弯折、表面应洁净、无油渍、漆皮、鳞锈等杂物。应按不同规格分类堆放,采用上覆下垫的方式。

(4)检查钢筋的弯制和末端的弯钩、钢筋的机械连接、焊接与绑扎是否符合规范要求。

(5)检查钢筋的接头布置和质量是否符合规范和设计要求,并按要求对钢筋的机械连接接头或绑扎接头进行抽检。

(6)检查钢筋的保护层厚度是否满足设计的要求,保护层垫块合理布置,并与钢筋扎紧,扎丝不得伸入保护层内。

(7)检查预埋件位置是否准确、牢固且不得遗漏,包括伸缩缝预埋筋,桥面泄水孔、结构预留孔、桥面防撞护栏基座预埋钢筋等预埋件。

(8)检查箱梁防雷接地预埋接线、预埋板是否按要求设置,发现问题及时处理。

(9)索套管的定位应准确。导致索管定位偏差影响因素较多,监理人员应与承包人、监控方一道分析实际情况,制定详尽的调整改善措施,尽量减小偏差。索套管的监理控制参见第五章第三节“索套管与预应力管道施工监理”中的相关内容。

4. 混凝土施工监理要点

(1)混凝土浇筑前,检查承包人的施工配合比、钢筋检查签证、模板测量等资料是否齐全,检查模板内灰尘及杂物是否清理干净,监理人员检查认可后方可开盘浇筑混凝土。

(2)检查承包人混凝土输送泵管布置是否合理,是否按要求布设下料串筒,混凝土自由下落高度不得大于2m,避免混凝土产生离析。

(3)在浇筑过程中,督促承包人试验员到场。查验拌和配比、拌和混凝土的和易性,抽检坍落度,并制作试块。督促承包人及时振捣,要求振捣到位,无过振、漏振情况。同时观察钢筋、预埋件、模板是否有走动移位,发现问题及时提出。

(4)检查混凝土分层厚度、浇筑方式及箱梁顶面收平抹光方式是否按方案执行。高温施工时督促承包人控制混凝土入模温度,禁止高温时浇筑混凝土(不得超过32℃)。冬季施工入模的温度,应有保温措施(保证混凝土强度30% ~40%时不受冻)。

(5)检查预应力钢束锚固区域、索套管及钢筋密集区域,督促承包人加强对这些部位混凝土的振捣,确保混凝土的密实。检查预应力孔道附近混凝土振捣,尽量避免振捣棒在振捣时碰到波纹管。

(6)监理人员对混凝土浇筑的全过程进行跟踪检查,及时总结、分析并协助项目部解决混凝土施工中出现的问题。

(7)箱梁顶面混凝土收光工作完成后应及时进行覆盖养生,监理人员应督促项目部按施工方案做好箱梁混凝土的养护工作,努力避免混凝土表面产生裂纹。

(8)检查承包人对混凝土的接缝面凿毛、清洗是否符合要求,确保新旧混凝土的良好结合。

(9)箱梁拆模后应验收对混凝土表面蜂窝、麻面、气泡、平整度、几何尺寸、平面位置、高程等是否符合规范、设计要求,未经监理人员许可,承包人不得擅自对清水混凝土进行表面修饰和粉刷。发现问题及时提出,问题严重时应上报,严重质量问题按质量事故处理程序进行处理。检查养护和修理情况,做好混凝土抗压试块,以及取得28d强度报告单,出现问题及时上报,对质量问题进行处理。

(10)箱梁现浇实行首件认可制,首件施工完成后,承包人须进行施工总结,在箱梁实体质量和表观质量得到监理和业主一致认可后,方能进行下一工作段的箱梁施工。

5. 预应力施工监理要点

(1)预应力管道进场后,督促承包人按出厂合格证和质量保证书核对其类别、型号、规格和数量,并对其外观、尺寸、集中荷载下的径向刚度、荷载作用后的抗渗漏及抗弯曲渗漏等项目进行检验,累计半年或50 000m为一检验批,不足的也为一检验批,监理人员进行抽检。

(2)在锚垫板及预应力管道安装过程中,督促承包人采取有效措施防止预应力管道变形,同时要保证预应力管道位置的准确。管道要顺直,在接头管两端用胶带封牢固,以防漏浆进去造成管道堵塞。

(3)督促承包人按规范规定对进场的预应力钢绞线、粗钢筋和锚具、夹片进行检验,并采取有效的措施,防止在运输、存放过程中预应力钢绞线、粗钢筋、锚具锈蚀。

(4)监理人员对进场预应力筋的抗拉强度、伸长率、弹性模量、锚具的硬度及静载锚固试验进行抽检。

(5)钢绞线在穿管时,督促承包人事前编束,避免钢绞线在张拉时发生扭曲影响张拉质量;在张拉前,检查承包人所用的张拉设备是否进行标定并有有效的标定证书,做好初应力、张拉值及控制应力的计算,张拉时记录实际张拉值和伸长值,采用张拉应力和伸长量双控制;钢绞线余量的割除不得使用电弧焊切割,宜采用砂轮切割。

(6)预应力钢束张拉完毕后,督促承包人及时进行压浆,预应力管道压浆采用真空压浆,压浆前尚需用压缩空气或压力水清除管道内杂质。严格控制压入的浆液水灰比、浆液稠度。浆液内须掺入适量的减水剂和膨胀剂,所有的外加剂必须满足耐久性的要求。

(7)检查封锚钢筋网是否绑扎牢固,封锚混凝土与结构混凝土结合应严密平整,不得出现明显错台。

(8)监理人员对预应力张拉、压浆进行全过程旁站监理,并做好记录。

三、混合梁主跨钢主梁的施工监理

混合梁钢主梁的制造、安装施工监理可参照第五章第二节“钢箱梁的施工监理技术”中的相关内容,同时还需抓好以下方面的施工监理。

1. 钢混结合段的施工监理

钢混结合段是全桥的关键部位,下面以鄂东长江大桥的钢混结合段为例,介绍钢混结合段的构造和施工控制。

鄂东长江大桥的钢混结合段长 8.5m,划分为 M、L 段。M 梁段为钢箱梁,长 5.5m,L 梁段长 3.0m,为混凝土梁。钢箱梁 M 梁段采用带 T 形加劲的 U 肋,梁端部设置多格室结构,且在格室内填充混凝土,并通过剪力键及钢板与混凝土的摩擦力传递轴力、剪力和弯矩。同时在钢隔室腹板上采用 PBL 剪力键。纵向采用预应力钢束与混凝土箱梁进行紧密结合。钢混结合段结构如图 5-7、图 5-8 所示。

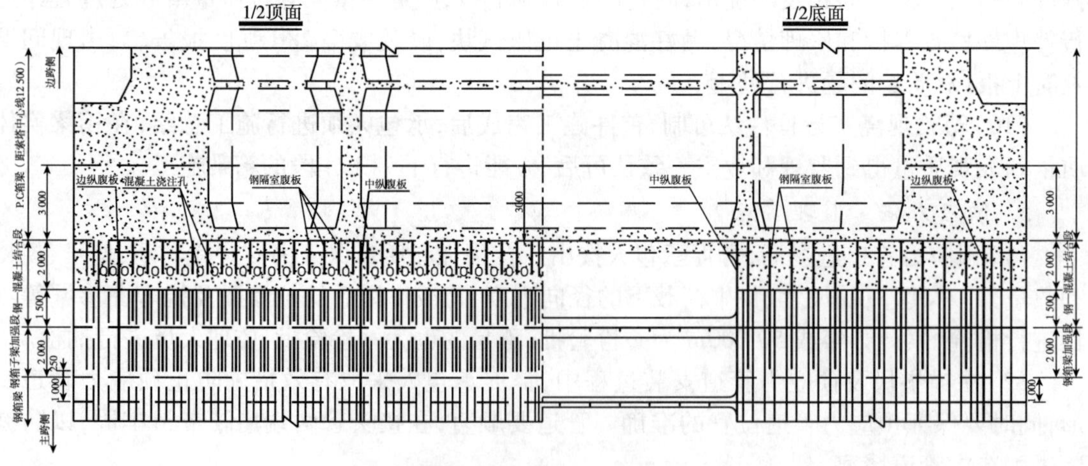

图 5-7　钢混结合段平面图(尺寸单位:mm)

M梁段精确调整到位后，即进行钢混结合段L梁段施工，L梁段浇筑工艺同边跨箱梁，整幅一次性浇筑完成，M梁段钢格室内的混凝土与L梁段一起浇筑。

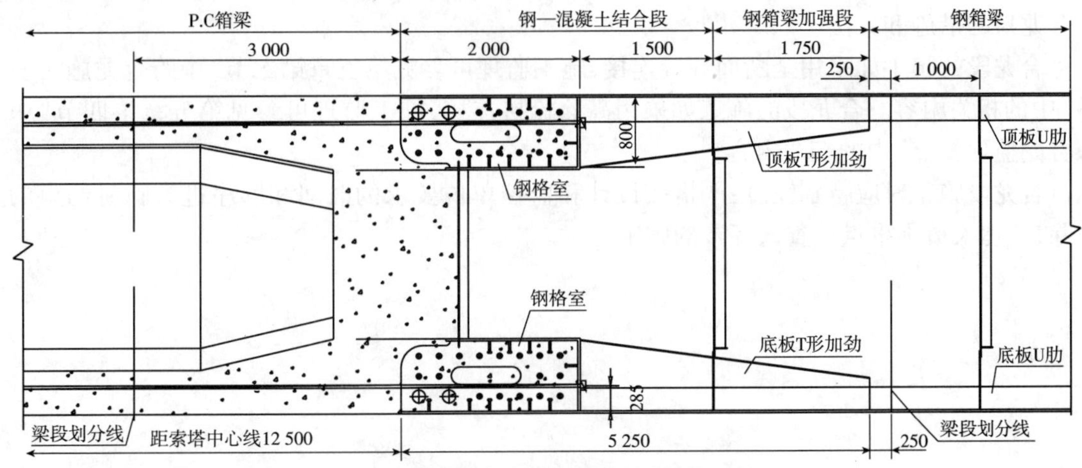

图5-8　钢混结合段纵断面图(尺寸单位:mm)

钢混结合段施工时，监理人员应重点关注以下方面：

(1)混凝土的配合比设计

施工前承包人应对结合段混凝土进行了专题研究，选择高品质的混凝土材料及适宜的配合比配制高性能混凝土，在保证混凝土工作性和强度的同时，降低收缩，保证混凝土体积稳定性和耐久性。

混凝土的配制应能保障在特殊环境下混凝土施工的致密性，即大流态、自密实、高强度。

结合段混凝土宜试配若干配合比进行选择，正式浇筑前，建议由业主安排在现场通过钢格室足尺模型混凝土填充试验，优选配合比。

(2)结合段混凝土的施工控制

混凝土浇筑前根据施工需求设置合适的混凝土浇筑孔，混凝土泵送时利用软管分层布料，分层厚度控制在20～30cm。L梁段按照“边箱水平底板→斜底板和中腹板→边箱顶板和桥面板”的顺序浇筑，同时填充M梁段钢格室。

钢筋及预应力波纹管道密集处须提前设置振捣通道，确保混凝土施工质量。

混凝土振捣采用插入式高频振捣器进行混凝土振捣，钢筋及预应力波纹管道密集处应通过振捣通道进行施工，另外还需将振捣棒从浇筑孔斜插至钢格室内，使振捣范围能覆盖到钢格室内各角落。振捣时间以混凝土停止下沉、不再冒出气泡并泛出水泥浆为准。

混凝土浇筑完毕后，人工对顶面抹平收面，覆盖土工布，洒水保湿养护，养护时间不少于14d。如遇冬季施工，应在混凝土表面覆盖塑料薄膜保湿，再覆盖土工布保温养护，内腔采取碘钨灯升温。

混凝土达到设计要求的强度后进行永久预应力钢束和临时预应力钢束施工，临时钢束在中跨钢梁合龙后根据设计要求拆除。预应力张拉顺序按设计要求进行，预应力张拉完毕后采用真空压浆进行孔道封闭。

2. 合龙段的施工监理

中跨合龙主要是要解决好以下几个关键问题：①准确地确定合龙段的长度；②实际合龙

温度与计算温度差异导致合龙口长度偏差以及测量误差而产生的长度偏差的调节方法；③合龙口两侧中线偏差以及高程差异的控制手段及解决措施；④合龙段安全吊装及顺利进入合龙口的措施和方法。

合龙段的施工如采用全断面焊接连接，施工监理可参见第五章第二节“中跨合龙施工监理”中的相关内容。合龙段的施工如采用高栓栓接连接，施工监理可参见第五章第四节“中跨合龙监理要点”中的相关内容。

合龙段施工时应特别注意：严格按设计和监控单位要求的时间和顺序进行临时约束的解除，监理人员须重点检查该环节的施工。

第六章　斜拉索施工监理技术

斜拉索是一种柔性拉杆，是斜拉桥的重要组成部分。拉索承受桥面传来的恒载、活载以及风载等，并将其传递到主塔上，它是斜拉桥的主要受力构件。

第一节　斜拉索的类型与性能

一、斜拉索的类型

在近代大跨度的斜拉桥中，拉索的构造基本分为整体安装的斜索和分散安装的斜索两大类，前者的代表为平行钢丝拉索和冷铸锚，后者的代表为钢绞线拉索和夹片锚。

1. 平行钢丝拉索

平行钢丝拉索一般由直径5mm或7mm的高强度镀锌钢丝组成。将若干钢丝按六边形平行并拢，同心同向作轻度扭转（2°～4°的小角，增加柔性），加缠高强度聚酯包带和热挤高密度聚乙烯塑料护套（简称HDPE）或PE护套，再配以镦头冷铸锚，就形成平行钢丝拉索。

平行钢丝拉索一般采用工厂制作形式。拉索制作好后，卷盘运至建桥工地，放索、牵引、安装、张拉，通过索力调整完成拉索的张挂受力。

平行钢丝拉索的运输有车运和船运两种；放索有水面放索和桥面放索两种施工方法；拉索的挂设方法有吊点法、硬牵引法、软牵引法和承重导索法4种；拉索的张拉有一端张拉一端锚固和两端张拉两种。

2. 钢绞线拉索

钢绞线由7根直径5mm的高强度镀锌钢丝绞制成单股钢束，多股钢束（钢绞线）平行排列形成钢绞线拉索。

钢绞线拉索的防护有两种形式：一种是有黏结刚性防护，即将整根拉索穿入一根外套管中，外套管和钢绞线之间压注水泥浆液，因其防护效果欠佳，且换索不便，目前较少使用；另一种是无黏结柔性防护，有3层和4层之分，是将每一根钢绞线束镀锌或环氧涂层后外涂防锈油脂或注蜡，然后挤裹PE护套，再将若干根带有护套的钢绞线束组装成一根拉索，在拉索外再套一层HDPE（热挤高密度聚乙烯塑料）套管形成无黏结柔性拉索，这种形式目前应用较普遍。

钢绞线拉索的制作一般是在工厂先进行单股钢绞线下料、热挤PE护套，再卷盘运至工地组装，最后进行整索防护。因单根钢绞线质量轻、束径小、柔性好、安装放索均方便，故常采用桥面进索施工方法。

二、平行钢丝索和平行钢绞线索的性能比较

平行钢丝拉索和平行钢绞线拉索，在加工制作、运输、安装、受力性能、防护性能、维护更换等方面各有优缺点，两者的性能比较见表6-1。

平行钢丝索和平行钢绞线索的性能比较　　表6-1

项目＼体系	平行钢丝索	钢绞线斜拉索
技术成熟程度	30年的广泛应用,较成熟的生产工艺,国内多数斜拉桥采用,有专业化的制索工厂	国内应用历史比平行钢丝索短,技术更新快,国外应用较平行钢丝索更普遍
强度及抗疲劳性能	两种体系基本相当	
刚　度	抗挠曲性能稍弱于钢绞线索	抗挠曲性能好于平行钢丝索
振动效应	外径较小,静风荷载引起的阻力小。钢丝受力均匀,整体性能好,风致振动效应明显。PE外套压制螺旋线,抑制风雨振	外径较大,静风荷载引起的阻力大。索股受力均匀度略差,索股间相对独立,风致振动效应不明显。PE外套压制螺旋线,抑制风雨振
成品索运输	索长且重,设备和施工技术要求高	单股质量轻,运输要求简单
安装工艺及周期	预制长度准确,整根一次安装和张拉,但运输、安装和张拉需要大卷筒、大型设备和重型千斤顶才能完成。要求的张拉空间小,但施工周期较短	长度可调幅度大,可逐根安装和张拉,每个运输、安装和张拉的单位相对较小,采用轻型设备即可完成,要求的张拉空间亦较小,但安装次数多
防护性能	镀锌、双层PE,共两层防护体系。防护性能较钢绞线索差	镀锌(环氧)、注蜡(涂油)、内层PE、外层HDPE护套,共四层防护体系,更适用于海洋环境条件
调整索力	需使大吨位千斤顶,整索张拉	可使用小吨位千斤顶,单股张拉,也可使用大吨位千斤顶,整索张拉
换　索	只能整索更换,需使用大吨位千斤顶,换索工艺复杂,难度高,且影响行车	可单股更换,无需整索更换,只需小吨位千斤顶,换索工艺简单,操作方便,不影响行车
维　护	难全面检查腐蚀	易现场抽样检查
造　价	两种体系基本相当	
典型实例	苏通大桥,最大索长:582m,重65t	青州闽江大桥

三、斜拉索施工的主要控制点

斜拉索施工的主要控制点有以下几个方面:

(1)拉索制作原材料的检验应是监控重点。

(2)锚头的制造。冷铸工艺是索股与锚杯连接锚固的关键,其质量好坏直接影响锚固的性能。

(3)索股是构成斜拉索的基础构件,其质量的优劣、精度的高低,关系到拉索的功能发挥,影响架设速度及运营安全性,须重点监控。

(4)挂索、张拉施工。不同类型的拉索、不同的斜拉桥设计,要求采用不同的挂索和张拉方法。而且挂索、张拉属高空作业,危险程度大,安全风险高,须高度关注。

(5)索力控制。索力是斜拉桥设计的重要参数,施工中应精确控制。

(6)斜拉索的减振。拉索振动会加速钢丝的疲劳,导致拉索本身或锚固部分的提前破坏,也影响运营的安全。因此要十分重视减振设施的制造和安装。

(7)防护。拉索的防护是最后一道关,也是至关重要的环节,对防护材料的质量和防护工艺要认真检查。

第二节　平行钢丝斜拉索的制作监理

一、平行钢丝索的制作工艺流程

制作成品平行钢丝拉索的工艺流程为:钢丝入厂基本性能检验及试验→计算下料长度→标准长度钢丝制作→钢丝放丝→钢束扭绞成型→绕缠包带→热挤 PE 护套双层共挤→抗风雨措施→精确下料→端部安装锚具部分剥除 PE 套→锚板穿丝→分丝镦头→装冷铸锚→冷铸锚灌锚→锚头养生固化→超张拉检验→缠绕麻袋片或 PVE 保护层→长度标记→出厂质量检验→卷盘包装→出厂→仓储、代运。

二、拉索制作准备阶段的监理工作

1. 审查拉索的制作工艺

主要审查内容:按照设计文件、施工合同(含拉索招标文件)、公路工程质量检验评定标准(2004 版)以及拉索的制作标准等文件进行检查和核对,制作的标准是否符合要求;承包人的质保体系及主要工序的质量保证措施;承包人的安全保证体系及主要保证措施;设备是否能满足制作工艺和精度的要求;制作工艺是否标准化、规范化;各项资源的投入能否满足业主的工期要求;采用的检验标准是否满足设计、规范和业主的要求。

2. 检查原材料的质量

制作拉索的原材料主要有钢丝、高密度聚乙烯、冷铸填料、锚具和缠包带。

(1)钢丝检查

应有钢厂的出厂质量合格证书和承包人的质量抽验报告,钢丝的各项技术性能指标应符合设计要求;检验的频率满足规范要求。

(2)高密度聚乙烯的检查

各项技术性能指标应符合设计要求。

(3)冷铸填料的检查

冷铸填料是索股和锚杯连接锚固的关键材料,对配料应严格控制,其配料的配合比应制取试件进行强度试验,试验结果须符合设计要求。

(4)锚具的检查

①锚具选用型号与选用拉索型号相匹配,锚杯尺寸严格满足设计要求。

②制作用的合金钢和锻钢材料的各项技术性能应满足设计要求。

③锚杯、螺母的表面硬度应符合设计要求。

④对锚具、螺母进行超声波探伤(检查内部缺陷)和磁粉探伤(检查表面缺陷)。

⑤相应的检查频率和监理人员抽验频率须满足招标文件和规范的要求。

(5)缠包带的检查

缠包带的宽度、厚度、抗拉强度和延伸率应满足规范要求。

3. 检查承包人质保体系与特殊施工人员的培训和持证情况

4. 检查承包人各项资源的落实情况

5. 明确监理对原材料和制作工艺的报审要求以及监理人员的抽验频率

三、锚具的施工监理

锚具是拉索结构中及其重要的部件，其质量和性能对整个结构的可靠性有着直接影响。目前平行钢丝索的锚具通常采用冷铸镦头锚。

1. 锚具的制作工艺流程

材料性能检验及试验→下料→锻造→粗车→热处理→超声波探伤→半精车→超声波探伤→精车→钳作加工→磁粉探伤→镀锌→检验→包装入库。

2. 锚具制作的监理

(1)制作锚杯及螺母的材质必须符合设计要求。

(2)锻造、粗车等工序应为精加工留有余量。

(3)锚杯和螺母在粗加工后须进行调质处理(热处理)，以改善材质的机械性能。同时，须对锚杯和螺母锻件进行小样的机械性能测试，确保锚杯和螺母达到理想的机械性能。

(4)为保证锚杯和螺母的质量，对锚杯和螺母需进行超声波探伤，以确定其内部是否有缺陷，否则不得进入下道工序。

(5)锚杯和螺母外形加工尺寸应符合设计要求，配合过渡圆角要光滑，保证装配容易。

(6)精加工后对锚具须进行磁粉探伤，以确定其表面是否存在缺陷。

(7)根据规范要求对锚具的表面进行硬度检查，经检验合格方可包装、入库，锚具的存储须注意防潮、保持干燥。

四、平行钢丝索的制作监理

1. 标准丝的制作监理

(1)实测进料各钢丝的弹性模量，选取与平均值最接近的钢丝制作成标准丝。

(2)标准丝的长度即拉索的实际长度，拉索的实际长度由监控单位提供，但须经设计确认。

(3)量取标准丝的钢卷尺须经过标定，使用时应用弹簧秤施加拉力，量取的数值应进行长度修正。

(4)制作标准丝的台座须经过国家勘测计量部门的长度复核，其精度应达到有关规定的要求。

(5)标准丝的制作步骤如下：

①将钢丝固定在专用台钳上，并夹紧。

②用专用加载夹具夹持住钢丝的另一端实现加载。

③按有关要求，在钢丝上做好“起点标记”(红色+黑色)。

④根据标准丝实际长度(即拉索实际长度)，在终点处设置移动标记台；在经过标定的钢卷尺上用弹簧秤施加拉力，按该标准丝的理论长度在钢丝终点处作一临时标记(按照工艺提供的钢卷尺读数进行操作)，并进行长度修正。

⑤对标记点长度进行复核,复核无误后喷漆标记。

⑥等喷漆干后,卸掉载荷并松开两端的夹具,按要求,分别以两终点为起点,向外量取一定的长度做“灌锚控制标记点”。

2. 放丝

(1)考虑各种制作修正(如测量误差、钢丝因扭绞引起的与拉索中心线的偏角修正等)后确定钢丝粗下料长度。

(2)钢丝必须梳理顺直,标准丝必须处于拉索的中心位置。

3. 缠包带施工

合理确定牵引速度、扭绞转速及缠带机转速,确保最外层钢丝绞合角严格控制在 3° ±0.5°且不松散,绕包带单层重叠宽度不小于带宽的 1/3。

4. 双层挤塑

(1)做好挤塑的前期准备工作,包括烘料、预热相应规格挤塑机机头、机筒各部位等,达到预定加热温度后方可启动挤塑机。

(2)预先准备一根长 2m 左右试挤短索用于调整偏心,确定偏心情况满足工艺要求方可正式进行挤塑。

(3)调整牵引速度和挤塑机螺杆转速,确保内外层护套厚度。

(4)控制护套厚度偏差应符合规范要求(+1.0, -0.5)mm,护套表面不得有裂纹。

5. 抗风雨振措施

抗风雨振措施有螺旋线和表面压花两种,应根据设计的要求来确定。

6. 精下料及制作精度确定

(1)精下料的方法

先用经过标定的 50m 或 100m 钢卷尺测量确定标准丝的初下料标记的位置,局部剥套后进行初下料,但要保证该初下料标记点保留在标准丝上。找到初下料标记点后通过测量标准丝校验段长度(L_g)确定精下料标记点的位置,并及时将该精下料标记点转移至索体最外层钢丝上(图 6-1 所示),然后按照工艺要求测量剥套长度,进行剥套。精下料长度仍然必须用钢卷尺进行长度复核,做好长度复核记录,确认复核无误后才能进行精确下料。标准丝各标记点位置对应斜拉索长度的位置如图 6-1 所示,通过标准丝可直接测量斜拉索长度。

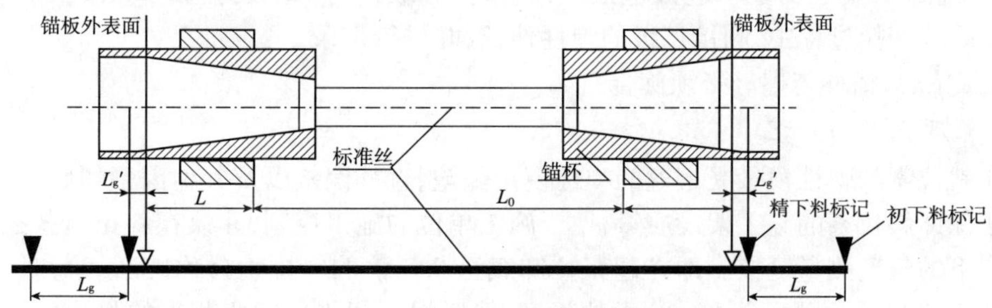

图 6-1　标准丝的标记点位置对应斜拉索的长度

(2)斜拉索长度制作精度的测定

通过测量标准丝实际校验段(L_g')的长度并按下面公式计算即可得到斜拉索长度的制作

精度。

$$斜拉索长度的制作精度 = \Delta L/L \times 100\% = 2|L_g' - L_g|/L \times 100\% \quad (6\text{-}1)$$

式中：L_g'——标准丝实际校验段长度；

L_g——标准丝理论校验段长度。

成品斜拉索长度偏差 ΔL 应符合以下规定：

索长 $L_0 \leqslant 100$m 时，$\Delta L \leqslant \pm 20$mm；

索长 $L_0 > 100$m 时，$\Delta L \leqslant \pm (L_0/5\,000)$mm。

(3)剥套过程中应特别注意不能损伤钢丝。

(4)精下料切割时应严格保证拉索切割端面与拉索轴线的垂直度。

7. 穿丝镦头

(1)锚板的孔眼直径应符合规范要求。

(2)采用有机溶剂(对钢丝表面无损伤且易挥发掉)对钢丝端部逐根清洗。

(3)钢丝镦头应头形圆整，直径不小于钢丝直径的1.4倍，高度不小于钢丝直径，镦头不允许出现横向裂缝，纵向裂纹宽度小于0.1mm。

(4)每镦头一批，须仔细对镦头机进行检查、调整，以保证镦头质量。

(5)应有措施确保锚板与镦头紧密贴合。

8. 冷铸锚浇铸

(1)冷铸材料的配料应准确，材料的检验须符合相关规范的要求。

(2)锚头和拉索应垂直固定，并保证拉索中心与锚头中心完全一致。

(3)灌注冷铸填料前应按工艺要求预热锚杯至规定温度。

(4)浇铸时加温固化应严格控制程序、温度和时间，每浇铸一炉须随炉固化一组3只试样用以检验灌锚质量。

9. 超张拉

(1)张拉前在锚具冷铸体表面取3个互成120°的点，用深度游标卡尺测其距锚杯端面的深度，做好记录和标记；超张拉完毕，用深度游标卡尺复测3点标记的深度，前后差值的平均值作为该锚具锚板回缩值，回缩值不大于5mm。

(2)根据设计的载荷要求进行超张拉，超张拉分级进行，每级持荷5min，最后一级持荷10~15min，超张拉过程中，测量每级的弹性伸长，并进行记录。

(3)张拉后，锚杯与螺母必须旋合自如。

10. 长度测量与标记

由于斜拉索的弹性模量受钢丝的弹性模量偏差、直径偏差以及其他因素的影响，并非定值。为了保证斜拉索的施工架设质量，便于施工单位的施工控制，建议在斜拉索张拉后进行应力状态下的长度测量复核。即在超张拉卸载至0.2倍的斜拉索公称破断载荷时，用标定的激光测距仪和钢卷尺配合测量拉索的长度，然后根据超张拉检验测得的弹性模量以及工艺要求的温度修正，将测量得到的斜拉索长度换算为设计温度、零应力条件下的索长。

斜拉索长度的复核测量和标记工作应在非常稳定的均匀温度条件下避开阳光或在晚间进行。

11. 包装与打盘

(1)按相关标准对成品拉索进行严格的包装前检验,包括拉索表面塑料护套检验(不得有深于1mm的划痕、不得有面积大于300mm^{2}的损伤)、锚具镀锌层及螺纹不得有损伤等。

(2)超张拉后对锚具连接筒段以及拉索防腐段进行表面处理,用棉纱擦拭干净,做到表面无水、无油污等残留杂质。成品拉索经最终检验合格后进行包装,拉索索体包装宜采用两层:内层棉布、外层包覆宜采用防火材料。

(3)拉索两端锚具应有保护措施,如涂上防锈油脂、用聚丙烯薄膜及塑料纤维编织布双层包装后,再用防火材料作整体包裹。

(4)在每根拉索两端锚具连接筒上,用红色油漆标明拉索编号与规格型号,然后在包装表面用不易褪色的油漆以醒目的中文印刷体标明货物的名称、编号、质量、尺寸等。

(5)成品拉索采用脱盘及钢盘包装,具体与施工单位协商并征得指挥部同意。斜拉索盘绕内径不得小于20倍斜拉索直径,同时不小于1.8m;每盘成品拉索须采用防水、防火材料紧密包裹。

12. 标识、储存与发运

(1)斜拉索检验合格后,应在每根拉索的两端连接筒上,用红色油漆写上拉索编号与规格型号;每根拉索还应挂有合格标牌,标牌应牢固可靠地系于包装层外的两端锚具处,牌上注明拉索编号、规格型号、长度、重量、制造厂名、工程名称、生产日期等,字迹应清晰。

(2)斜拉索以脱胎成盘或钢盘卷绕的形式包装运输。每盘成品拉索采用不损伤拉索表面质量的材料捆扎结实,捆扎不少于6道,然后用麻布条将整个圆周紧密包裹。锚具应有保护措施,包装好后平稳整齐堆垛。

(3)成品索宜库内存放,若露天存放应加遮盖,并加强防火措施,同时应保证斜拉索盘卷不直接接触地面,免于潮湿并保证通风。

(4)成品斜拉索不论采用何种运输工具,在运输和装卸过程中,应采取措施防止碰伤冷铸锚和聚乙烯护套。

(5)斜拉索成品在出厂前须做放索试验。

(6)未经监理人员确认并签署合格证的拉索不得发运出厂。

第三节 平行钢丝斜拉索的施工监理

一、平行钢丝斜拉索的施工内容

平行钢丝拉索施工包括拉索制作、运输、放索、牵索张挂、张拉锚固、索力调整、拉索防护、安装减振装置等内容。

二、平行钢丝斜拉索的施工方法

1. 运输

拉索的运输常采用船舶和汽车。随着斜拉桥的跨度越来越大,一些拉索常超过了汽车运输的高度、宽度和重量的限制,综合考虑运量、运输线路和运费等因素,目前长、重拉索常首选船运。

2. 放索

放索有水面放索和桥面放索两种施工方法。水面放索的优点是进索和牵索同时进行，施工简单，但进索时会影响施工水域船舶通行，安全隐患大；桥面放索消除了对施工水域的安全影响，但须将索盘先吊上桥面，再行展索，多道工序。

拉索在桥面上移动的常用方法有滚筒法、垫层拖拉法和移动平车法3种。前两种方法常用于水面放索，移动平车法常用于桥面放索法施工。

放索的主要施工机具由放索架、牵引装置、导向装置组成，放索架主要有索盘、索架、制动器3部分组成。

3. 挂索

拉索挂设的关键，是怎样将拉索两端锚头引出锚箱或锚垫板外，拧上锚圈固定。施工方案的选取，决定于拉索挂设时的最大牵引力，牵引力又与拉索长度、重量、倾斜角等因素有直接的关系。

拉索的挂设方法有吊点法、硬牵引法、软牵引法和承重导索法4种，4种挂索方法各有优缺点，分别适用于不同的场合，4种挂索方法的综合比较详见表6-2。大跨径的斜拉桥挂索时应根据施工时的具体情况选择合适的施工方法，也可以是几种方法综合运用。

拉索挂设的方案比较　　表6-2

施工方法	主要优缺点			适用范围				应用场合
	设备投入量	施工工艺	施工所需时间	桥梁跨径（m）	索长（m）	索重（kg）	拉索与梁面夹角α	
起吊法	利用原有设备，投入最少	最简单	最短，约4h	< 200	< 100	< 500	> 60°	一般应用于近塔柱的几根拉索或小跨径桥梁
硬牵引法	主要投入卷扬机及其牵引索、多节式张拉杆	较简单	较短，约6h	200～300	100～150	5 000～10 000	> 50°	一般应用于小跨径桥梁或特大桥中靠近塔柱的短、中根长度索
软牵引法	主要投入卷扬机，连续快速千斤顶、钢绞线钢丝绳、多节式张拉杆	较复杂，需进行牵引系统的转换	时间较长，约12h	300～600	150～400	10 000～20 000	> 45°	一般应用于300m以上大跨径斜拉桥及远离塔柱的长索
承重导索法	主要投入卷扬机、分束张拉千斤顶，钢绞线导索与钢丝绳牵引索	较复杂，需挂设承重导索	时间长，约18h	500～1 500	> 300	> 20 000	> 30°	一般应用于500m以上特大跨径斜拉桥及远离塔柱的长、重索

4. 张拉

拉索的张拉形式可分为以下3种：塔端张拉、梁端锚固，梁端张拉、塔端锚固，塔梁两端同时张拉。塔端张拉主要适用于大跨径斜拉桥的空心索塔，因为空心索塔塔内操作空间较大，方便张拉机具的上下移动；梁端张拉主要适用于实心索塔，梁端张拉时，主梁挂篮下张拉施工空间较小，操作困难；两端同时张拉施工一般用于特殊结构桥梁上，如武汉白沙洲大桥、安徽铜陵长江大桥等。

由于塔柱刚度一般大于主梁刚度，为便于主梁高程控制，在条件允许下一般采用塔端张拉。

拉索的张拉根据设计和施工的需要，一般分几次进行，拉索的张拉施工方法为后张法，使用的千斤顶为大吨位，穿心式、单作用，YDC 系列千斤顶。

三、平行钢丝斜拉索的施工监理

1. 方案审查

审核承包人编制、上报的“斜拉索施工组织设计”和“斜拉索安装安全专项方案”，必要时组织专家进行方案评审。

监理人员应重点审查以下内容：根据斜拉索长度、重量、倾角，施工设备的牵引、起吊能力等综合因素审查承包人的拉索牵引力计算是否符合安全要求；承包人所选择牵引设备，软牵引所用钢绞线数量、连接方式是否合理；承包人的张拉体系是否满足张拉力和张拉空间的要求。

2. 机具与设备检查

(1)起吊设备及吊具等须留有足够的安全系数。

(2)对吊索用钢丝绳、卷扬机以及塔吊进行定期不定期的检查、保养，对出现损伤的钢丝绳立即进行更换。

(3)张拉撑脚、连接套、拉杆螺母安全系数大于等于 2.0，使用前均做静拉(压)试验。

(4)张拉顶须经过标定，施工时最大张拉力不超过千斤顶容许荷载的 95%，油压表采用 0.4 级精度表。

(5)牵引系统应安排专人检查和保管。

3. 人员控制

参加吊装作业、高空作业和张拉作业的人员必须具备国家规定机构颁发的特种作业操作证，施工前承包人的技术负责人应对所有施工人员进行安全、技术交底和岗前培训。

4. 运输要求

要有确保索盘不滑移、不滚动的措施；装船(车)时不得出现偏载现象；被运索盘应有防雨、防晒和防火措施。

5. 放索环节的控制

(1)放索时，应避免拉索与桥面接触而受到损伤，可采用铺设地毯、设置滚轮、走管、或安装滚动托架的方法给予解决。索体应贴在特制的滚轮上拖拉。

(2)在放索过程中，为防止转盘转速突变或倾覆导致散盘，危及人身安全，应对转盘设置刹车装置。

(3)放索即将完成时要注意防止拉索锚头突然跌落。

(4)放索完成后承包商应对拉索的外观进行一次全面复查，对出现的问题及时记录、及时汇报、及时处理。

6. 挂索施工的监理

(1)挂索前的准备工作监理

①清除锚垫板上及索导管内的水泥砂浆、焊渣和孔口处毛刺，保证挂索、张拉过程中锚头螺纹不被刮伤。

②在锚垫板上放出孔道口的十字中心线并等分刻度，以保证锚头安装位置正确。

③清除锚头内螺纹上的杂物，与张拉杆或者软索引进行试连接。

④检查挂索设备的机械运作情况和操作平台的安全情况，以确保挂索安全。

(2)斜拉索的吊点布设和安装应考虑以下因素：

①不得用起重钩或易于对索体产生集中应力的吊具直接挂扣拉索，宜用专用的管形索夹具(即抱箍，见图6-2)进行起吊。

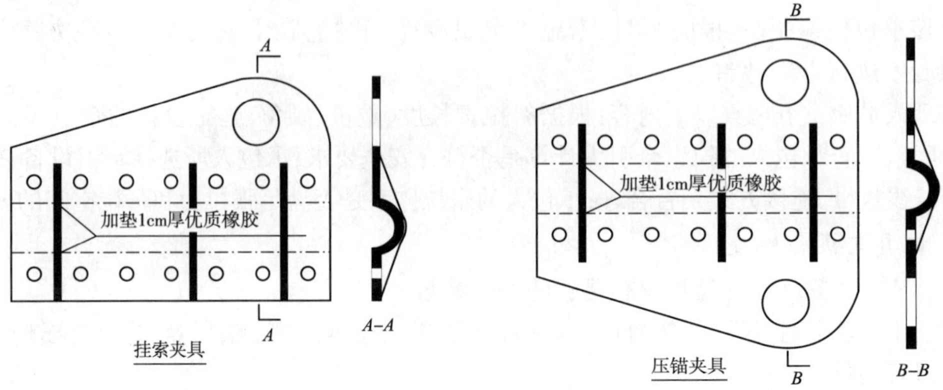

图6-2　索夹结构示意

②吊点安装时要注意在索夹具与斜拉索之间采取衬垫橡胶皮等措施来保护柔性PE保护层。

③抱箍应有足够的长度，其夹紧用的螺栓应有足够的强度，拧紧后应使抱箍与斜拉索之间(垫有橡胶皮)产生足够的摩擦力，以防止抱箍受力后滑移。

④在保证锚头顺利通过索导管的前提下，吊点离锚头的距离尽量短，吊点的设置不应使吊点位置的弯曲半径小于斜拉索极限最小弯曲半径，避免斜拉索局部受力。

⑤塔端索导管水平倾角越大的斜拉索安装时，要考虑设置双吊点，通过后吊点来调整悬臂锚头端的倾角，使进索更方便。拉索的空中牵引如图6-3所示。

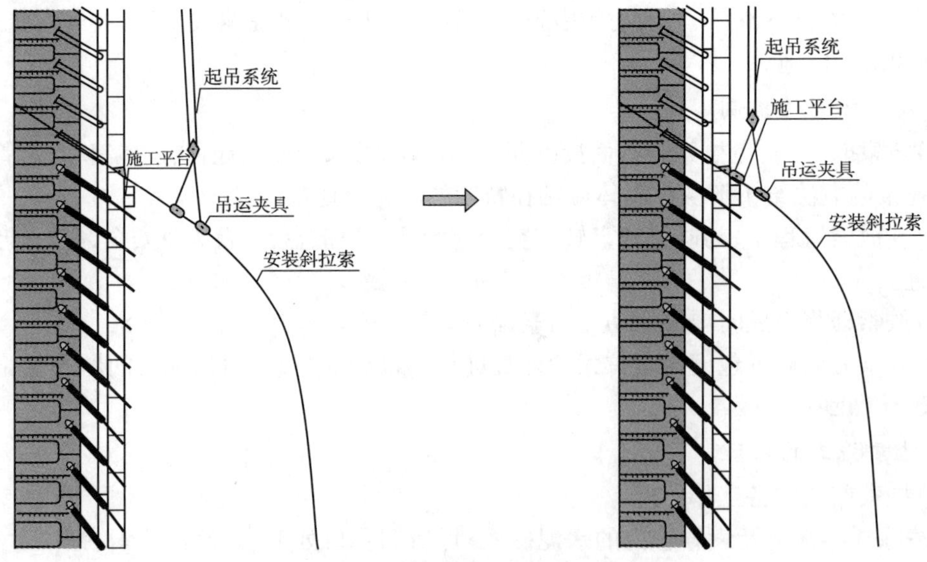

图6-3　斜拉索的空中牵引示意

(3)牵引施工前应安排专人对牵引系统的所有连接部位进行专项检查,确保其安全可靠。软牵引钢绞线是反复利用的设备,夹片要反复地锚固、松开,故钢绞线使用次数要严格控制,防止多次使用后出现断丝情况;软索引张拉时,要随时观察千斤顶油表读数,如压力突升应立即关机,查明原因后再继续牵引。斜拉索的软牵引示意如图 6-4 和图 6-5 所示。

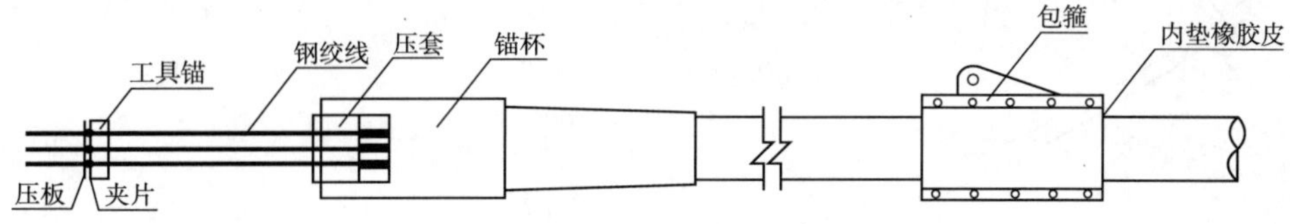

图 6-4　斜拉索的软牵引及抱箍示意

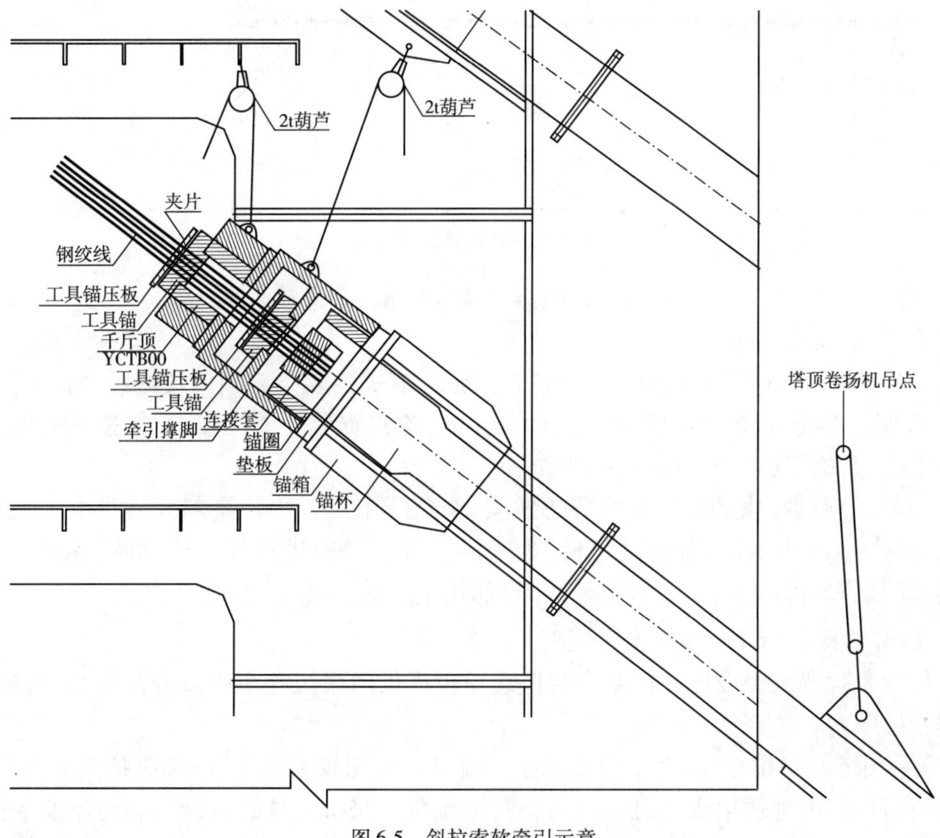

图 6-5　斜拉索软牵引示意

(4)安装过程中,锚头螺纹应包裹,及时清除拉索的包护物。斜拉索锚头在进入索导管内部时,容易和索导管壁发生碰撞,损坏锚头外丝,承包人应采取保护措施,避免锚头直接和索导管壁碰撞。

(5)张拉杆的连接,张拉杆和锚头内螺纹的连接以及张拉杆和钢绞线连接器的连接,都要保证螺纹的旋入数量,承包人必须做好旋入标记,并测量外露长度进行复核。

(6)由于千斤顶行程限制,在各分次张拉过程中,都要临时锚固以便千斤顶的回油,锚固一定要严格控制锚固质量。锚头的最后锚固要确保露出螺纹在 4 丝以上。

(7)梁端斜拉索安装时,要注意加强在索导管出口的斜拉索 PE 层的保护。因为当斜拉索较长较重时,由于垂度的影响,斜拉索可能在梁顶面的索导管出口紧压在索导管钢壁上,引起局部弯折和 PE 保护层破损。拉索梁端牵引如图 6-6 所示。

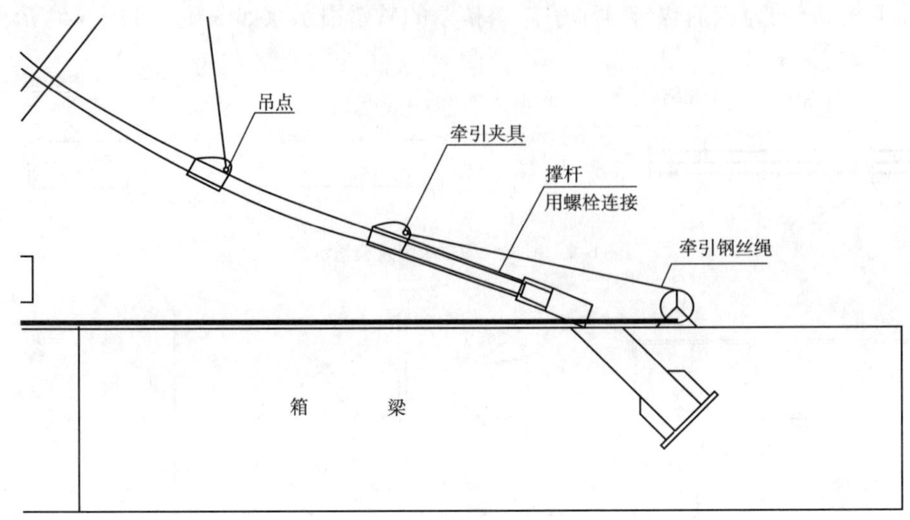

图 6-6　拉索梁端牵引示意

(8)施工中,拉索抗振的约束环和减振器未安装前,必须确保索管(特别是梁上索管)和锚端的防水、防腐和防污染。

(9)拉索防护层和锚头损伤应及时修补并记入有关的表格存档以便跟踪维护。

(10)加强卷扬机、塔吊、滑车组等牵引起吊设备的质量安全检查,严格按照有关高空作业的要求进行,确保施工安全。

(11)在接触斜拉索的构件上涂装防锈漆,避免施工过程中污染斜拉索外套。机械作业时注意油污污染成品,作业前应对机械(如千斤顶、油泵等)进行检查或试验,确保不因发生意外故障(如密封圈漏油、油管爆裂等原因)而污染成品。

7. 拉索的张拉控制

斜拉索张拉要按照设计文件要求和监理单位提供的张拉程序以及分次张拉控制吨位严格控制张拉质量。

(1)采用塔端张拉方式,由于斜拉索张拉端倾斜角度越来越大,塔端张拉空间相对变小,需根据塔内空间合理选用张拉机具以适合长索张拉。张拉工具的设计控制要点如下:

①撑脚尺寸由斜拉索锚环、锚杯、锚垫板尺寸确定,不同类型、不同的索长应配不同高度的张拉撑脚。

②施工时最大张拉力不超过千斤顶容许荷载的 95% 的施工规范要求,油压表采用 0.4 级精度表。

③由斜拉索张拉吨位及张拉空间确定,张拉杆最小长度 = 撑脚高度 - 锚环高度 + 千斤顶高度 + 索力计高度 + 拉杆螺母高度 + 锚杯凹槽深度 + 2 ~ 5cm 富余长度。

④斜拉索张拉施工完后,拉杆需从锚杯凹槽中悬出 15 ~ 20cm 后方可拆除张拉设备,在布置张拉设备时需考虑此空间。

⑤张拉撑脚、连接套、拉杆螺母安全系数大于等于2.0,使用前均做静拉试验。

(2)斜拉索张拉用千斤顶吨位较大,精度要求高,监理人员应督促承包人将千斤顶和油表送国家法定计量单位进行配套标定,确保张拉吨位准确;张拉前监理人员须按照千斤顶张拉力与压力读数回归方程复核张拉索力油表读数值是否正确。

(3)从重要性上来讲拉索张拉阶段的索力控制是最关键的,而张拉千斤顶不具备足够的精度,因此在拉索的张拉阶段建议采用精度最高的传感器进行索力测量,测试方法主要以在千斤顶尾部安装穿心式索力传感器的方法实施,这种传感器宜采用1%级的锚索计。

(4)张拉吨位严格按照经设计确认的监控单位提供的量值执行,索力宜采取张拉千斤顶油表读数值和索力测力计两者结合的测量方式,相互校核。张拉到位后的索力与监控指令误差不得大于5%(或者按照监控单位给定的误差要求),一旦发现差值超过允许要求,应及时和监控单位沟通,取得处理意见。

(5)严肃张拉纪律。索塔顺桥向两侧拉索(组)和横桥向对称的拉索(组)必须对称同步张拉;同步张拉的不同步索力的相差值不得超出设计规定;两侧不对称的或设计拉力不同的拉索,应按设计规定的索力分级同步张拉,各千斤顶同步之差不得大于油表读数的最小分格,索力终值误差小于±2%。

(6)斜拉索的张拉必须在均匀的温度下,前后、左右、均匀、分级、对称、同步进行,以减少对塔柱和梁的位移以及内力的影响,同时加强高程、截面的应力、应变、塔柱的偏位进行观测和测试。

(7)拉索的张拉过程中,拉索的锚圈应及时跟进,确保锚固安全;每一次张拉到位的斜拉索无论是临时锚固还是永久锚固,在锚固作业时都要详细检查锚固情况,确保锚固质量。

(8)拉索锚固时不宜在锚环与承压板加垫,需要加垫时,其垫圈材料和强度应符合承压要求,并应设成两个密贴带扣的半圆。

(9)斜拉索张拉过程中,应让塔吊、卷扬机、混凝土输送泵等产生动荷载的各种设备停止工作。

(10)前支点挂篮施工采用塔端张拉方式时,其梁端是通过连接机构锚固在挂篮上,张拉前监理人员必须逐个检查连接机构是否处于自由活动状态,保证没有横向外力作用在连接机构上;同时检查梁端锚头上的锚环是否完全脱离锚垫板,避免在张拉过程中锚环受力,引起张拉事故。从斜拉索初张拉到体系转换前,斜拉索锚固端锚环始终不能对梁底锚垫板产生压力。

(11)每根斜拉索的最终索力张拉完成后,施工方、测量监控方、监理方须把所测数据汇总上报,监控组进行分析后,下达下一梁段的控制指令表,并经有关签认后,才能进行下一梁段的安装。

8. 拉索的索力调整

(1)主梁全桥合龙后应进行一次线形、索力以及关键断面的应力测量。为控制索力,一般应至少一次全桥索力调整。调整方案由设计计算确定,调整后还应进行全桥索力与高程的测量。

(2)索力的调整可采用以下4种方法:一次张拉法、多次张拉法、设计参数识别法和卡尔曼滤波法。具体方法可参见《公路桥涵施工技术规范实施手册》。

(3)索力调整时,可从超过设计索力最大或最小的拉索开始(放或拉),直到调至设计索力。

(4)索力调整时,应对塔和相应梁段进行位移检测,并做出存档记录,记录内容包括日期、时间、环境温度、索力、索伸缩量、桥面荷载状况、塔梁的变位量及主要相关控制断面应力等。

(5)千斤顶和油泵应配套标定,斜拉索的索力调整应由专业人员进行。

(6)锚环、张拉杆、张拉杆螺母等各自的悬紧程度要一致,以免斜拉索、张拉杆在索力的调整过程中受力不匀。

(7)斜拉索、撑架、千斤顶、张拉杆在调索施力的过程中位置要居中,以免拉索、张拉杆受力不均匀。

(8)索力调整的过程中,应注意保护拉索不受伤害。

(9)张拉和索力调整过程中,要及时校核索力的增量和拉伸量值之间的对应关系。

(10)索力调整的过程中,必须同时进行梁段和索塔变位观测并与设计变位校核。超过设计规定范围或出现其他不正常的情况时,应停工,检查原因,并与设计单位研讨,采用适当方法进行修正。

(11)调索过程中要密切注意油泵的压力表值,如遇压力突升应及时关机,查明原因并解决后才能继续工作。

(12)塔上索力调整系高处作业,对施工人员、设备的安全保护应有可靠措施。

9. 拉索的防护

斜拉索的防护绝大多数是在生产过程中完成的,因此要控制好生产的各环节,确保防护质量,具体详见第六章第二节内容;拉索在现场施工时须着重注意对拉索的保护措施,对拉索的 PE 保护层不得破坏,具体详见第六章第四节和第五节中的相关内容;拉索安装完成后,对索套管的发泡、减振控制内容可见第六章第六节。

第四节　钢绞线斜拉索的安装及张拉

一、钢绞线斜拉索的应用和特点

1. 钢绞线斜拉索的应用现状

伴随斜拉桥跨径的增加,单根平行钢丝拉索的长度、自重和整索张拉力也越来越大,拉索制造、运输和安装的难度大增,而随着钢绞线制造业的发展,钢绞线拉索因其独特的优势在斜拉桥中的运用也越来越多。

欧美地区目前基本采用平行钢绞线拉索体系,美国 20 世纪 90 年代开始全部采用钢绞线拉索;在我国,目前是两种体系(平行钢丝和钢绞线)共存。

2. 钢绞线拉索的特点

钢绞线由 7 根直径 5mm 的高强度镀锌钢丝绞制成单股钢束,多股钢束(钢绞线)平行排列形成钢绞线拉索。钢绞线拉索的制作一般是在工厂先进行单股钢绞线下料、热挤 PE 护套,再卷盘运至工地组装,最后进行整索防护。其特点如下:

(1)运输。成品钢绞线索盘小,质量轻,运输要求简单。

(2)安装和张拉。利用牵引系统逐根安装,单根钢绞线重量轻、束径小、柔性好、安装放索均方便、简单;采用等张力法逐根张拉,设备轻,施工操作空间要求低,安全风险小,拉索长度可调幅度大。

(3)防护。目前国内使用的钢绞线拉索,根据其柔性防护的不同,分为两种:第一种为4层防护,将每一根钢绞线束镀锌或环氧涂层后外涂防锈油脂或注蜡,然后挤裹PE护套,再将若干根带有护套的钢绞线束组装成一根拉索,在拉索外再套一层HDPE(热挤高密度聚乙烯塑料)套管形成无黏结柔性拉索,这种形式目前应用较普遍。第二种为两层防护,钢绞线环氧涂层后组装成一根拉索,在拉索外再套一层HDPE套管形成无黏结柔性拉索,这种方式的环氧涂层厚度(0.6mm)较第一种(0.2mm)厚,今年年初通车的重庆嘉悦大桥即采用了这种形式的钢绞线拉索。

HDPE外套管的端部提供伸缩空间,外套管可自由活动;其直管部分在现场焊接,无弯曲应力;HDPE套管受紫外线辐射影响,极限寿命为25~30年。

(4)减振。拉索阻尼大,有利于抑制振动;索股受力均匀度略差,索股间相对独立,风致振动效应不明显;参数激振易抑制。

(5)监测。可采用单根磁通量传感器进行监测。

(6)更换。可单根更换,不需要阻断交通,成本低。

(7)维护。易现场抽样检查。

3. 钢绞线拉索的应用展望

从安全性、耐久性、性价比、工艺性能、可维护性等综合比较,与国际接轨宜多采用独立防腐的钢绞线拉索体系。

钢绞线拉索体系虽具有较多的优势,但要广泛应用,体系的设计尚有许多方面须不断的完善,如:钢绞线拉索的锚头和索体应紧凑化;应设计、开发高阻尼内置阻尼减振器;重视防腐细节,特别是锚头部分;减少弯曲应力等。

二、钢绞线斜拉索的施工方法

1. 钢绞线斜拉索的主要施工工序

施工准备→钢绞线下料→外套管安装→挂索→一张→二张→索力转换(挂篮施工)→调索→斜拉索防护。

施工准备又包括工作平台安装、起重设备安装、锚具安装、张拉设备安装、牵引设施安装、HDPE外套管等内容。

2. 钢绞线斜拉索的运输及下料

(1)运输

出厂斜拉索由多根成品钢绞线卷制成盘,单盘重仅数吨。运输进场后,由塔吊起吊至桥面,运至上索区后,再用小龙门起吊上架,不需要大型的桥面起吊设备,而且自重较轻,不会对主梁增加过多的临时荷载。

(2)钢绞线下料

为了减少钢绞线垂度及防止钢绞线与梁地面接触,钢绞线下料宜在放线架上(塑料滚轮)施工。

3. 循环牵引动力系统安装

循环系统安装工艺如下:设置导向滑轮,并将卷扬机移动到位→从塔外将循环钢丝绳一端加配重,穿过 HDPE 护管放到桥面→桥面人员将它与牵引器连接→另一端通过塔外导向后,沿索塔向放到桥面→在桥面将它通过桥面导向后,引入卷扬机→从卷扬机引出循环钢丝绳,通过挂索点导向后与牵引器另一端连接→在桥面导向处用 2t 葫芦对循环钢丝绳进行预紧→操作卷扬机进行试循环→没有问题,循环装置安装完成。

4. 挂索前的施工准备工作

(1)拉索的锚具安装

每套斜拉索锚具组件主要包括锚固装置、密封装置、和防松装置等。锚具组装好并检验无误后,在挂索施工前,需将锚具预先固定到箱梁内锚垫板上,张拉端锚固点设在塔内锚垫板顶面,用塔吊吊入即可,并进行调整,须防止支承筒螺牙碰伤。

(2)桥面、塔上及梁下施工操作平台的安装

挂索施工前,需要在桥面适当位置布设钢绞线放线架、卷扬机、转向滑轮、切割工作平台以及切割和镦头的相关设备;在塔柱外钢导管口附近安装工作平台,并在塔顶的合适位置布设钢绞线牵引卷扬机,钢丝绳可通过滑轮引导至牵引挂索位置;并在梁内安装施工操作平台。

(3)索力转换装置的安装

当前支点挂篮移动到设计位置后即可安装转换装置及锚具组件。索力转换装置的安装应按照已批准的施工方案进行。

5. 套管的安装施工

斜拉索穿索施工,是将钢绞线逐根穿入自由段 HDPE 外套管、塔内锚具和梁下锚具内进行张拉。因此穿索前,需预先将 HDPE 管吊至主塔预埋管处并将其与主塔和箱梁临时固定。

套管在安装前须在桥面上按设计要求的长度将 HDPE 套管焊接好,以备起吊。斜拉索用 HDPE 外套管焊接采用热融对接工艺,即采用热熔对焊机来加热管端,使其熔化,迅速将其贴合,保持有一定的压力,经冷却达到熔接的目的。

套管的安装可用塔吊、塔外牵引系统、导链葫芦、套管抱箍等配合进行。

6. 钢绞线的安装及张拉

标准阶段钢绞线的安装方法及工序如下:

(1)从塔顶将卷扬机的牵引钢丝绳沿塔柱内腔自由放下,牵引钢丝绳到达所需锚具位置处。安装与高强钢丝相连接的连接器。把钢丝绳插入锚具按安装顺序规定的锚孔内,并继续向下放出钢丝绳。

(2)桥面工作台上拖动已准备好的钢绞线绕过定位导向轮,将钢绞线与穿索板连接牢固。钢绞线通过高强钢丝,与牵引钢丝绳联成一条线。

(3)操作塔顶卷扬机回拉钢丝绳,并连同钢绞线一起牵引到塔外工作位置。当钢绞线露出塔端斜拉索外套管口后,塔外操作人员分别将两根钢绞线与塔内的卷扬机钢丝绳通过连接器连接,并操作卷扬机将钢绞线牵引进塔内。把钢绞线拉入锚具,此时应降慢速度以防破坏锚具内的密封装置。

(4)当钢绞线拉出锚环面后,调整钢绞线两端长度,检查单根钢绞线外层 PE 防护层剥除长度是否准确,然后在张拉端和固定端对应的钢绞线锚孔内安装夹片。

(5)将千斤顶、压力传感器装到刚穿好钢绞线上,并张拉至预先计算的应力。

(6)重复以上步骤,直到完成全部钢绞线的安装。

钢绞线拉索的张拉一般采用两阶段张拉法。目前施工时采用的张拉方法有两种:①先单根后整体。先化整为零,逐股安装,逐股张拉,再集零为整,当每根索各股钢绞线全部安装并初张拉后再一次整体张拉到位;②单根等值张拉兼分级张拉的方法,使索力均衡且索力逐级提高,如穿索预紧——→第一级80%张拉——→第二级100%张拉(80%至100%张拉也称索力平均张拉),由于80%至100%阶差小,能保证各钢绞线的索力平均度(也可分3级)。该方法要求监控单位精确计算单根索力。

7. 斜拉索的附件安装及防腐

斜拉索张拉完毕后,可进行附件安装和防腐处理。钢绞线斜拉索附件安装和防腐处理工作主要包括防松压板、减振器安装、索夹安装、延伸管安装、防水罩安装、保护罩安装和灌注防腐油脂等。

三、钢绞线斜拉索的施工监理

1. 方案审查

审核承包人编制、上报的“斜拉索施工组织设计”和“斜拉索安装安全专项方案”,必要时组织专家进行方案评审。

监理人员应重点审查以下内容:拉索施工作业面的布置是否合理;高空作业的安全措施是否有效;承包人的张拉体系能否满足张拉空间的要求;钢绞线张拉的索力控制方案能否满足设计的精度要求;拉索防护的现场施工工艺能否满足设计的质量要求;拉索施工的工序安排是否符合总体进度的要求。

2. 施工人员及设备的检查

同“平行钢丝斜拉索的施工监理”中的相关内容。

3. 钢绞线的运输、存放及下料监理

(1)钢绞线的运输

钢绞线运输应采用木质成索盘,且须有确保索盘不滑移、不滚动的措施;装船(车)时不得出现偏载现象;被运索盘应有防雨、防晒和防火措施。

(2)钢绞线的存放

现场吊装时应利用木盘轴心进行操作,严禁吊具直接接触索盘表面;吊装过程应指挥恰当,防止索盘与异物碰撞损伤;索盘临时堆放时应采用雨布临时遮挡,防止表面被污染,同时注意防火。

(3)钢绞线的下料

①索盘应放置在放线架上进行放索下料,放线架的底盘须牢固、不滑移,放线架整体稳定,放线速度均匀。

②严禁下料时将钢绞线直接在地面上拖动。为了减少钢绞线垂度及防止钢绞线与梁地面接触,应布置好托架后,在托架上下料,即每隔5m左右的间距设置临时支撑架,托住钢绞线,临时支撑架可装塑料滚轮,保护钢绞线PE层和环氧层,如图6-7所示。

③下料好后的钢绞线可两根一组卷盘存放,钢绞线卷盘堆放前,应在地面上放置木垫,避免卷盘与地面直接接触擦伤;卷盘堆场,须在钢绞线卷盘上覆盖雨布,防止表面被污染。

图6-7　钢绞线下料示意图

4. 挂索前准备工作监理

(1)锚具安装监理

①每套斜拉索锚具组件主要包括锚固装置、密封装置、和防松装置等。锚具安装前,现场施工人员需要完全了解锚具组件的装配关系,并进行培训上岗。

②锚具安装前事先分别对锚具孔位进行编号,以保证斜拉索两侧锚具孔位严格对应。

③锚具组装件安装就位时,承包人应派专人检查起吊或牵引装置的强度,以防止其断裂造成锚具损伤或人员伤亡。

④安装螺母时,应控制好螺母在锚板的旋合长度,以方便日后整体调索的需要。

⑤锚具组装好并检验无误后,在挂索施工前,需将锚具预先固定到箱梁内锚垫板上。由于组装后的锚具较重,需采用合适的方式进行操作。待螺母或锚板贴紧锚垫板后,利用压板或Z形钢筋点焊将锚具固定在锚垫板上。

⑥锚具安装时应检查锚具安装的对中度。

(2)牵引系统及施工操作平台的监理

①高空作业的施工必须编制安全专项方案,经审核批准后方可实施,施工时承包人应派专职安全员进行监护。

②牵引系统及平台的使用须注意对已完工塔柱的成品保护。

③施工操作平台制作完成后应由承包人组织验收,检查其结构是否按设计要求进行,焊缝是否饱满,使用前须进行空载安全运行试验。

④承包人应安排专人定期检查操作平台的动力设备和钢丝绳的状况。

⑤施工操作平台上作业人数不得超过设计的载荷,作业人员必须使用安全带,安全带不应挂在钢丝绳或平台上。

(3)索力转换装置的监理

挂篮的设计时必须考虑索力转换装置的安装,索力转换装置应单独进行设计,其设计方案应报设计方确认;索力转换装置制作完成后,承包人须组织人员进行验收,检查其结构和制造质量是否符合设计要求；索力转换装置安装前应对操作人员进行专项交底，安装完成后，承包人须安排技术人员对安装情况进行检查，并做好检查记录。

(4)挂索前承包人的技术负责人应组织对所有的施工人员进行专项的安全、技术交底，并做好交底记录。

5. HDPE 套管的施工监理

(1)HDPE 套管的焊接监理

①焊接工艺试验

由于管材规格、环境气候的影响，在现场焊接 HDPE 外套管时，应对管材厂家或焊机厂家提供的工艺参数作焊接工艺试验，根据焊接质量以评定采用的工艺参数是否合适，是否需要作出修正。

需验证的工艺参数有如下数据：加热温度，加热压力，加热时间，冷却压力，冷却时间，焊接翻边高度。

②焊接过程控制

按照已批准的方案中明确的施工工艺进行操作，同时严格执行焊接工艺试验所确定的工艺参数。

为了保证焊接工作的连续性(雨天也可正常焊接)，可在桥面的合适位置设置封闭的焊接工作区。

③焊接长度的确定

由于温度变化将导致热膨胀或冷缩，因此最终的套管总长须由现场技术人员做详细计算后把数据提供给现场焊接人员；HDPE 管长度的确定还需考虑防水罩、HDPE 连接套和 HDPE 管进入延伸管内的长度。

④HDPE 套管的焊接质量检查

a. HDPE 外套管与 HDPE 连接套采用热熔对接焊的方式连接成一体；防水罩与 HDPE 连接套连接，注意不得破坏防水罩的外表镀层。

b. 接头检查。套管焊接接头的正直度偏差、厚度偏差、直径偏差、锁定偏差应满足设计的要求。

c. 翻边检查。合格的接头部位应有两翻边，焊道翻卷到管外圆周上，两翻边的形状、大小均匀一致，无气孔、鼓泡和裂纹，且两翻边之间的缝隙的根部不低于所焊管子的表面。

d. 长度检查。每根斜拉索的 HDPE 外套管均须作编号，记录焊接环境温度，实测长度。核算实测长度是否满足根据环境温度修正计算后的长度要求，实际可以按许长不许短的原则控制。

(2)HDPE 套管的安装监理

①套管的起吊须采用专用抱箍，将套管按设计要求进行装配，起吊前再次检查套管的组装情况，并复核套管总长。套管的组装如图 6-8 所示。

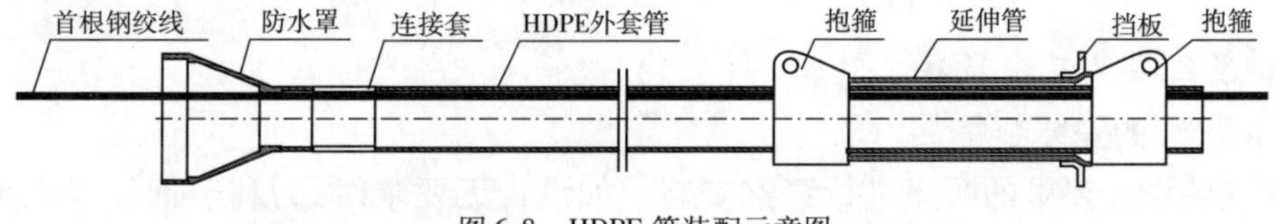

图 6-8　HDPE 管装配示意图

②套管内首根钢绞线的使用

将首根钢绞线穿入 HDPE 外套管内,其塔端部分伸出 100mm 左右,并用细钢丝临时固定。该钢绞线的主要作用为:张拉后,HDPE 外套管由于自重压在其上,使 HDPE 外套管绷直,方便以后顺利穿入其他钢绞线,同时其余钢绞线的索力将不受 HDPE 外套管自重的影响,确保张拉索力的准确性。该首根钢绞线在该束索张拉其余钢绞线张拉完毕后,作为该束索的最后一根工作钢绞线,重新张拉,无需拆除。

首根钢绞线也可采用在护套管内预布辅助钢绞线,通过对辅助钢绞线施加张力,从而挺直护套管的方法。当安装多根成品钢绞线后,即可将辅助钢绞线从护套管内撤出,留后续拉索安装使用。

③套管的安装监理

a. 套管起吊、安装过程应统一指挥,各操作点要协调一致,而且通信联系须保持畅通,施工操作点包括:塔柱锚固端位置、塔外工作平台、主梁张拉端位置、桥面。

b. 待安装的套管应放在特制的滚动托架上进行移动,套管起吊前,应对桥面作业点进行检查,清理阻碍滚动托架前进的小石头、木棍等。

c. 起吊前再一次检查套管有无损伤情况,起吊时应严格控制起吊速度,大风情况下应停止操作。护套管安装如图 6-9 所示。

d. 通过张拉钢绞线使套管挺直抬起,套管的安装须达到设计角度。

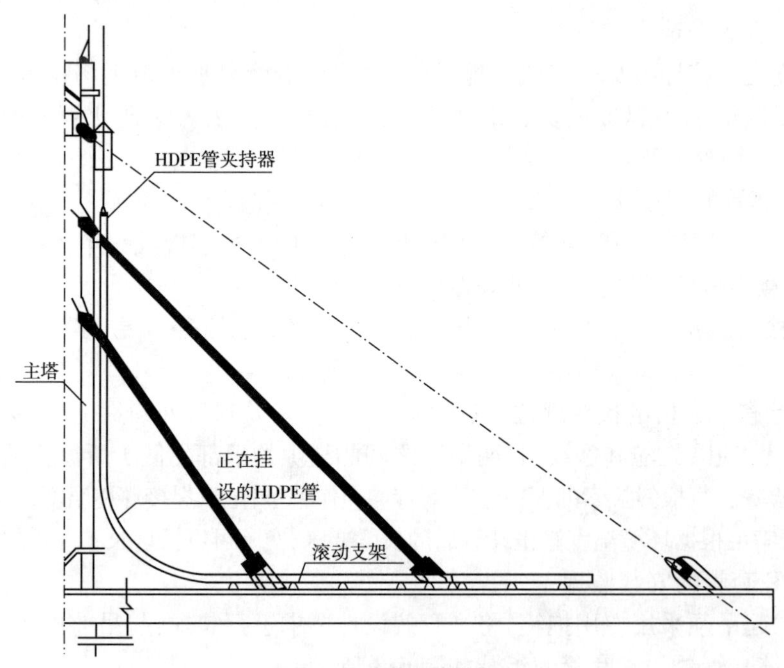

图 6-9 护套管安装示意图

6. 钢绞线安装及张拉施工监理

(1)钢绞线的安装顺序

严格安装设计要求的顺序进行穿索安装。如设计无要求时,为利于钢绞线在 HDPE 管内穿索,钢绞线穿索张拉的顺序为先上游、后下游,先上排孔、后下排孔。各号索均按主、边跨4个工作面同时进行。

(2)钢绞线的安装

钢绞线的安装应有确保高空作业安全的保障措施。如采用有PE保护层的钢绞线,在进入拉索索导管(塔柱处)和预埋管(桥面处)前,需根据索长,剥去两端的PE,剥皮长度应严格控制,以保证已剥皮的钢绞线完全在防腐区的范围内;钢绞线插入锚具前,应用布将钢绞线表面的油脂擦干净。钢绞线的安装示意如图6-10所示。

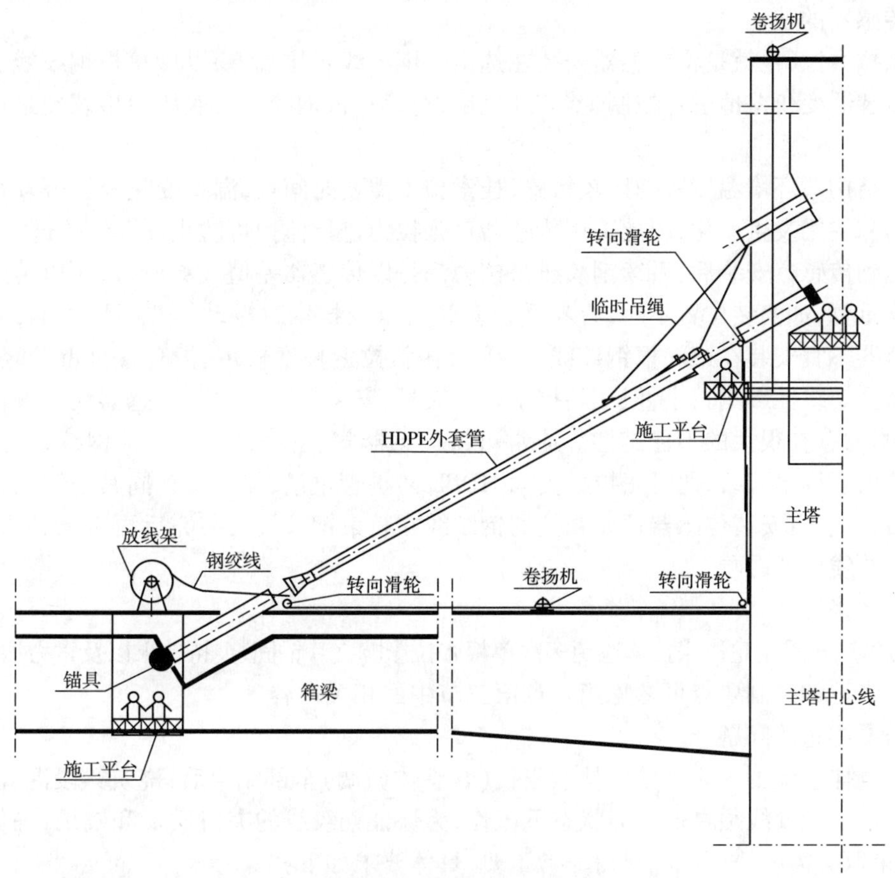

图6-10　挂索施工的示意图

(3)先单根后整体张拉钢绞线的索力控制

①单根张拉的控制

斜拉索第1次张拉(单根张拉)的目的是通过单根张拉索力累积达到整束设计第1次张拉索力。单根张拉采用等张拉值法(即每股束的张拉力均相等,以满足其平均受力的要求)进行张拉,使索力均匀,采用传感器读数进行监测。

单根钢绞线张拉锚固的控制要点为确保索力均匀,具体如下:

a. 张拉前,千斤顶和油表须配套标定,油表精度应为0.4级精表。

b. 张拉时严格按工艺进行控制,且施工前监控单位必须提供:斜拉索安装控制张拉力(张拉力需考虑夹片内缩等因素);斜拉索锚固点,以计算相对位移变形量。

c. 采用临时工具夹片在千斤顶的连续张拉部件内临时锚固,不允许在工作锚板上进行临时锚固。

d. 钢绞线索力均匀性还与夹片安装质量有关，所以手工安装时必须保证一致的外露量且缝隙、高差必须保证达到相应控制值（高差不大于2mm，缝隙不大于15°），使之与自锚跟进时同步，保证索力均匀性。

e. 夹片安装时必须严格检查外观质量，牙槽内不允许有杂质、油脂。

f. 轻轻敲打固定端夹片使之同步跟进索力均匀。

②传感器的使用

等张拉力法，也就是将传感器安装在选定的钢绞线张拉端上，以后每根钢绞线的张拉力按压力传感器变化差值进行控制，整束挂完后，对第一根钢绞线按照压力传感器最后差值进行补张拉。

由于结构对环境温度影响比较敏感，挂索施工需要时间长，温差变化及风等环境因素会导致索塔和主梁发生变化，因此采用传感器对张拉力进行监控可防止计算误差过大。

考虑到传感器安装后，后续钢绞线张拉力都是以传感器差值换算所得，所以传感器安装位置非常重要，如安装位置不对，容易受护套管自重及挂索时振动等非线性影响，使索力失准。传感器不宜安装在第一根钢绞线上，因为在斜拉索长度较短、护套管自重较轻时，安装的传感器受非线性影响较小；但在斜拉索长度较长，安装在第一根时传感器受非线性影响较大，所测索力存在很大的不稳定性。通常可将传感器安装在第二、第三根钢绞线上，也可预先张拉数根前排钢绞线，通过张拉力支承HDPE防护管重量，使护套管同其他钢绞线垂度保持一致后，再进行安装传感器预先张拉的钢绞线在整束钢绞线安装完后再重新补张，这样可有效减少非线性的影响。

③整体张拉

斜拉索二张采用整体张拉可避免多次单根张拉影响夹片锚固、夹持效果以及索力均匀性。

整体张拉的控制要点可参见第六章第三节中的相关内容。

④需要注意的问题

前支点挂篮施工一般是单根挂索张拉（含整体微调）全部结束后，浇筑梁段混凝土，其施工工艺决定了钢绞线须在低应力状态下工作，为保证钢绞线的夹持质量和效果，确保主体工程安全，采取必需的锚固措施显得非常重要，具体要求如下：

a. 控制进场拉索锚具产品质量，单根张拉时严格控制夹片的安装质量。

b. 单根张拉涉及临时锚固，需全部在连续张拉装置内完成，不允许多次进行夹片锚固。

c. 利用拉索配套的张拉顶压设备，用专用顶压器对钢绞线进行逐根顶压，使之能适应在低应力状态下的锚固。

d. 安装夹片防松装置。

（4）单根等值兼分级张拉的索力控制

①单根张拉力的确定

在钢绞线张拉施工中，前面已张拉的钢绞线的索力是缓慢衰减的（衰减幅度一般跟梁的高程变化幅度相关），等值张拉工艺就是每根钢绞线的张拉力即按这个衰减曲线分布。

监控单位利用特定的电算软件，可以得到每根钢绞线的安装力和拉索在安装过程中单根钢绞线索力变化的曲线图。监控单位确定的钢绞线张拉力应得到设计人员的认可。

②张拉监控要点

为监控索力变化，并验证张拉精度，在第一索施工时应安装传感器。在现场施工中，桥面应有专人对安装在第一根钢绞线上传感器的读数进行记录，并同步和电算的张拉计算值进行对比，实现计算和实际张拉过程的双控。

若传感器读数值与计算值数据吻合，说明监控或设计提供的数据与实际施工一致，则后续张拉施工仍可按监控或设计提供的数据计算并进行张拉；若传感器读数值与计算值数据存在差异，说明监控或设计提供数据与实际有差异，需立即报监控单位，并由监控单位作出是否调整的决定，并在后一级张拉中随之调整。

③后续张拉

根据前一级的张拉数据，经监控修正后，再根据第二级张拉的目标索力值，利用电算软件重复计算，进行张拉施工，并继续进行传感器读数跟踪。

根据经验，在斜拉索施工中，斜拉索索力的控制采用电算和传感器相结合方法予以准确的监控后，经过 2 ~ 3 级张拉后，斜拉索索的索力偏差基本能满足设计要求。

在整个操作过程中，监理人员应督促承包人严格执行经设计认可的监控指令，重点跟踪传感器读数值与计算值数据是否存在差异，并及时将信息反馈给监控和设计单位。

④索力转换监理

监理要点详见第六章第三节中平行钢丝斜拉索的相关内容。

(5)顶压夹片

为了确保锚固可靠性，在索力调整完毕后，需采用专用的设备将张拉端和锚固端的夹片顶紧。

7. 斜拉索附件安装及防腐施工监理

(1)减振器的安装

钢绞线拉索的减振设施常采用内置减振器，内置减振器安装顺利的前提条件是：锚具预埋钢管在梁上预埋施工时，必须符合设计图纸要求，使张拉锚固后的拉索中心线与预埋钢管中心线重合，否则减振器安装将变得困难。

(2)索夹及放松压板的安装

必须保证安装在设计要求的位置，并严格按照设计文件中的安装说明进行。安装时应有制造厂商的技术人员现场指导，承包人的技术人员检查安装质量，监理人员按隐蔽工程的要求进行验收。

(3)拉索的防腐控制

斜拉索体系的防腐工作十分重要，关系到斜拉索使用的耐久性。对于环氧钢绞线斜拉索体系而言，由于拉索自由段的环氧钢绞线防腐性能优异，所以其防腐的重点在于锚头的防腐工作，特别是斜拉索的下锚头，直接暴露在大气环境下，是防腐的重点。

①防腐施工前，由承包人技术人员向施工人员作详细交底，各个防腐施工环节不得遗漏。

②在预埋管口封堵密封时，发泡应致密，涂抹密封胶均匀，使其与管口齐平。

③安装锚头保护罩时，各螺栓应拧紧，保证密封可靠，油脂不渗漏。

④在锚头保护罩灌注防腐油脂时，须在出油口接装软管，并使软管口高于整个保护罩的最高灌注液面，灌注时应直到溢流口流出防腐油脂才能关闭进油阀门，以保证整个保护罩灌满油脂。

⑤施工过程中,防腐材料供应商技术人员须在现场进行技术指导,承包人质量人员应加强检查,监理人员应加强巡视和旁站。

第五节　斜拉索施工常见问题及控制

斜拉索在挂索及张拉施工中总会存在不同的质量问题,监理人员应给予充分的重视,及时采取措施予以处理,确保斜拉索索力符合监控和设计的要求。

一、平行钢丝斜拉索 PE 保护层问题

现象:斜拉索施工涉及的工序较为繁杂,具体有运输、存放、卷盘、展开、拖索、吊装、牵引、锚固、张拉及调整等,而斜拉索的 PE 保护层为柔性聚合物,在运输、挂索等的施工中,斜拉索会不可避免地受到不同程度的损伤。

处理措施:为减少这种损伤,在整个施工过程中需细心对待,采取有效的防护措施对 PE 保护层进行保护。一旦发生斜拉索受损情况,应立即采取补救措施,用符合要求的同类材料进行修补,受损严重时,应及时和斜拉索制造厂商联系,要求厂方派人到现场处理。主梁合龙、索力调整后,还应安排一次对拉索的全面检查和整修。

二、平行钢丝斜拉索锚头和张拉杆问题

现象:斜拉索锚头和张拉杆都属于高强度钢材,脆性较大,在施工中一旦和其他硬物发生碰撞(如索套管等),锚头和张拉杆的螺纹容易受损、张拉杆也可能变形,这些都会导致拉索牵引和张拉系统的连接困难。

处理措施:在施工中须采取严格的保护措施避免此类事故的发生;一旦发生,要及时修复、清洗,直至符合技术要求为止。

三、平行钢丝斜拉索的软牵引问题

1. 软牵引钢绞线扭绞

现象:在千斤顶工作的初始几个行程,软牵引钢绞线束易发生扭绞现象。

原因分析:一是钢绞线在制作完成后有扭应力存在;二是钢绞线受力不匀造成扭绞。

处理措施:在软牵引系统施工时,可通过对称排布左、右捻钢绞线来自行抵消钢绞线的扭转,同时尽量使软牵引钢绞线长度一致,并每隔 50cm 用胶布束紧一处,保证每根钢绞线基本同时受力。

2. 软牵引钢绞线散丝

现象:斜拉索如采用软牵引法进行挂索施工,在快速顶前活塞回油时,可能出现工具夹片不能自动松开而导致钢绞线在千斤顶内散丝的现象。

预防措施:在张拉开始前,应在工具夹片外表涂润滑油脂,并在千斤顶工作过程中严密注意夹片是否松开,以便及时停机。

四、平行钢丝斜拉索锚头下的锚固垫板问题

现象:斜拉索成品安装时长度偏长。

原因分析:一是目前的斜拉索长度一般是按照设计文件中恒载终索力对应长度作为下料控制长度。然而在实际施工中,主梁线形控制要考虑后期收缩徐变等影响因素,控制高程往往要高于设计高程,这样造成了塔、梁锚固点间的实际距离小于设计理论值,导致拉索安装时偏长;二是斜拉索成品因退扭造成实际长度偏长(详见后续内容)。

处理措施:目前最普遍的做法就是根据现场实测差值在张拉端锚垫板上加垫厚钢板达到目的。由于斜拉索锚头下局部应力非常大,需要对增加的钢板质量严格控制,控制的重点主要有:

(1)钢板的材质须得到设计的认可。

(2)钢板应选用整块切割,不得镶拼,大小要符合要求。

(3)垫板宜设成两个密贴带扣的半圆。

(4)安装时要保证对中,不得偏位。

(5)加工时如须焊接、切割,应采取有效措施减小焊接应力引起的垫板变形。

五、塔柱内的张拉空间问题

现象:目前斜拉桥跨度越来越大,而拉索与梁面的角度越小则塔内有效张拉空间将越小,部分长索在牵引和张拉施工时,塔内的张拉空间可能不够。

处理措施:为使拉索施工顺利进行,施工前应仔细复核部分拉索,特别是长索的塔内张拉空间,如存在问题可通过特制张拉短杆和特制张拉矮顶解决,如该方法仍不能解决问题,应尽早与设计人员联系,协商解决。

六、斜拉索索力与主梁高程之间的矛盾

斜拉索张拉过程中,需要对主梁的高程和斜拉索的索力实施双控,但在实际的施工过程中,可能会出现斜拉索索力和主梁高程不相匹配的情况,此时需要注意处理原则,在施工阶段应以高程控制为主,兼顾索力;而在主梁合龙后,则以索力控制为主。

七、临时减振措施的问题

在施工期间一般要采取临时减振措施,防止斜拉索的过度振动。施工中常用柔性麻绳或钢丝绳辅助索的方式达到目的,如图6-11所示。在采用钢丝绳时要在每根索上安装索夹保护斜拉索。

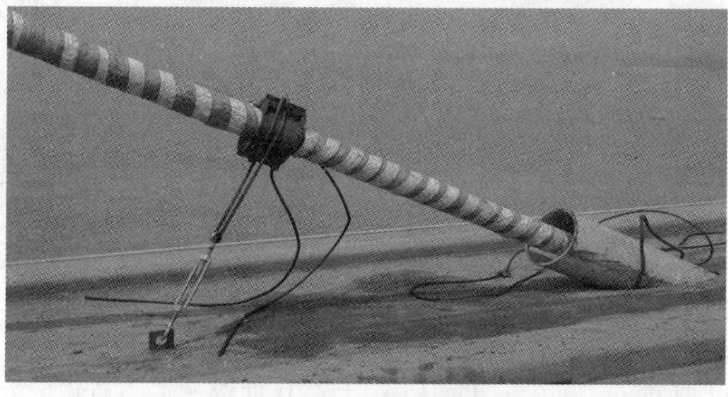

图6-11 斜拉索临时减振示意图

由于斜拉索施工过程中要经常对索力进行测试，这时需要解除临时减振设备，索力测试完成后又重新连接临时减振设备，施工中，容易出现遗忘等现象，所以监理人员要督促承包人经常检查临时减振措施的实施情况，并随时抽查，及时纠正。

八、平行钢丝斜拉索的扭转问题

1. 斜拉索的扭转现象

斜拉索的扭转有加扭和退扭两种现象。

平行钢丝索加扭现象是指拉索安装完后，索体钢丝在出厂前的绞合角（2°～4°）变大，如图6-12所示。

平行钢丝索退扭现象是指拉索安装完后，索体钢丝在出厂前的绞合角（2°～4°）变小，如图6-13所示。

图6-12　斜拉索安装完后加扭示意图

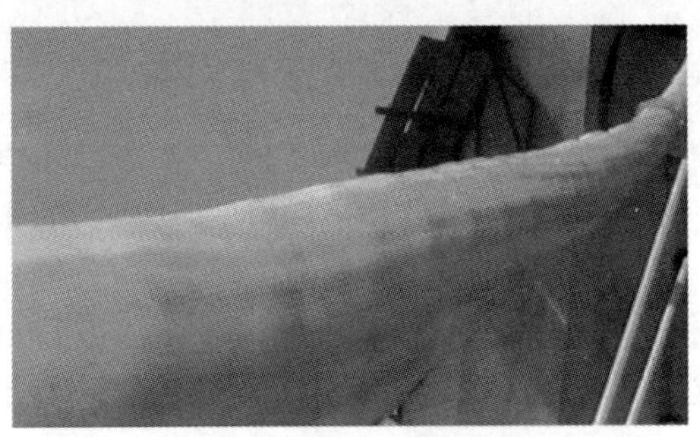

图6-13　斜拉索安装完后退扭示意图

2. 斜拉索扭转的原因分析

加扭现象产生的原因为：斜拉索上索盘时增加了拉索钢丝的扭转角度，施工过程中不能全部释放。斜拉索桥面展索后因索钢丝加扭使索体成螺旋状（图6-14）。

图6-14　斜拉索桥面展索后示意图

退扭现象产生的原因为：斜拉索钢丝存在绞合角，索在较大张拉力下，标准丝外钢丝层存在扭转力，当外力抵抗不了钢丝产生的扭矩时，索体向钢丝绞合角相反方向转动。索退扭现象如图6-13（图6-13与图6-12中索花纹绕转方向相反）。由于钢丝同心绞合后进行缠丝、挤塑工序，钢丝外层高强聚酯纤维带以及PE护套层可以克服部分扭转力，索张拉时千斤顶与张拉杆螺母之间存在摩擦力，可以克服部分扭转力，一般情况下，在钢丝受力较小时，扭转力小，索不会发生退扭现象。

3. 斜拉索扭转的危害

(1)给施工带来的危害

①斜拉索塔端吊装过程中，索需释放因绕盘产生加扭部分扭转力，导致起重设备钢丝绳扭转，给施工带来风险。

②斜拉索软牵引过程中，因索存在扭转力，导致钢绞线扭转，使钢绞线受力不均匀，给施工带来风险。

③斜拉索张拉阶段，若不采取抗扭措施，因索扭转可能导致施工设备破坏，甚至导致事故发生。

(2)给结构带来的危害

①斜拉索加扭以及退扭后，导致索体内外圈钢丝应力重新分布，使部分钢丝应力变大或者减小，对斜拉索受力不利。

②索体钢丝应力重新分布后，索体钢丝伸长量改变，使索长度变长或者缩短，使张拉端锚杯处锚环理论锚固位置发生变化，当加扭或退扭较严重时，张拉端锚环可能不能正常锚固。

4. 斜拉索的扭转防治措施

斜拉索加扭或者退扭对施工以及结构危害较大。规格较大的斜拉索若无防扭装置，一旦退扭，退扭圈数多，索长度以及钢丝应力变化较大，破坏性大。因此，索在生产以及施工过程中需采取相应的防治措施。

(1)斜拉索包装时，尽可能采用较大索盘卷装斜拉索，减少索绕盘产生的加扭应力。

(2)斜拉索在桥面展索、空中挂索阶段，尽量将索绕盘时产生的加扭力释放。

(3)斜拉索牵引阶段，合理编排钢绞线，同时采用软硬结合牵引方式，尽量减少钢绞线受力，防止索反扭时导致钢绞线扭转。

(4)斜拉索硬牵引、张拉阶段限制索扭转。斜拉索扭转时会带动张拉杆以及张拉杆螺母同时转动，千斤顶油缸与拉杆螺母之间的摩擦力太小，不能克服较大扭转力，需采用防扭转装置，如图6-15所示，图中采用张拉杆螺母与承压板之间设置承压板，承压板与千斤顶的外壳固定，扭转力由承压板传递给千斤顶外壳，可避免千斤顶油缸的旋转。

图6-15　斜拉索防扭转装置

(5)近期二航局发明了一种斜拉索张拉防扭转千斤顶，现正申请专利。该千斤顶包括支架，支架上均匀设置不少于两个油缸千斤顶，油缸千斤顶的活塞杆连接顶升板，顶升板上设钢绞线第一夹持装置，支架内设有钢绞线第二夹持装置。这种类型千斤顶采用多个油缸千斤顶同时动作，利用第一夹持装置和第二夹持装置,在斜拉索张拉时,交替对斜拉索钢绞线实施夹持,达到张拉的目的,有效地避免斜拉索的扭转。另外它将顶升动力体系化整为零,并依靠顶升装置形成抗扭体系,避免了斜拉索张拉过程中发生扭转,同时它将斜拉索张拉用撑脚与千斤顶装置紧密结合,大大缩小了斜拉索张拉体系的工作高度,对斜拉索张拉空间的要求明显降低。

(6)拉索的加扭和退扭会造成拉索的长度变化,当拉索长度出现过长或过短等异常情况导致拉索无法正常锚固的时候,可以通过增加垫片或安装锚杯延伸筒来确保正常施工能够延续。

九、钢绞线斜拉索的滑丝问题

在预应力张拉施工中,钢绞线滑丝是较常见的问题,但在斜拉索施工中,由于结构的重要性,应严格防止滑丝现象的发生。

1. 滑丝现象的判定

在施工过程中,应经常观察钢绞线的锚固情况,注意判别是否发生滑丝现象:

(1)滑丝的极端表现就是已经张拉的夹片锚固失效,钢绞线滑脱。

(2)另外一种情况是夹片与绞线之间产生明显滑移,钢绞线尚未完全滑脱,可以通过观察夹片尾部是否有明显擦痕或观察该根绞线具有明显松垂现象。

2. 产生滑丝现象的原因分析

一般来说,造成滑丝的因素很多,涉及的有锚具质量情况、张拉工具的维护、清理工作是否充分、张拉的人为操作等,实际上大多数施工现场滑丝的原因都是因为清理工作没做好造成的。

3. 预防滑丝现象的措施

(1)锚具质量

这是保证施工质量的源头,在锚具加工期间,应持续跟踪加工质量情况,对其中的硬度、夹片的齿形质量进行严格检验和控制。

(2)在施工期间,必须加强对施工机具的维护,对千斤顶的工具夹片按规定进行定期清理。

(3)在穿索张拉前,对锚孔内腔进行彻底清理,以防止穿索张拉时,残渣及杂质被带入锚板锥孔及夹片丝牙内,影响夹片锚固钢绞线。

(4)加强对施工现场操作人员的培训,严格按规定要求进行安装和张拉。

(5)张拉时,控制张拉速度,特别是张拉持荷后的回锚速度,杜绝野蛮施工。

4. 出现滑丝现象的处理方法

若在钢绞线张拉过程中万一出现滑丝现象,建议采取处理措施如下:

(1)立即停止施工。

(2)若钢绞线尚未滑脱,则对该根钢绞线进行退锚;若钢绞线已滑脱,则拆卸该根绞线并更换新绞线。

(3)取下滑丝夹片,并清理锚孔,在锚孔内涂抹少许专用润滑油脂。

(4)重新张拉该根绞线至原索力,并更换新夹片锚固。

(5)分析出现滑丝原因,并采取相应措施,避免再次发生滑丝现象。

第六节　斜拉索的减振

一、斜拉索的振动类型

1. 斜拉索振动的危害

随着跨径的增大,大跨度斜拉桥越来越柔,使得斜拉桥很容易受到各种外界因素的激励而发生振动。而斜拉索更是因为刚度小、质量轻、阻尼低的特点,很容易发生振动。并且随着斜拉桥跨径的不断增大,拉索也越来越长(如苏通长江大桥,桥最长的拉索达577m),拉索的振动问题也日益突出。

迄今国内外已经有很多斜拉索振动的报道,其中报道最多、最严重的是风雨激振。1997年,国内杨浦大桥拉索发生大幅风雨激振。2000年,杨浦大桥拉索再次发生大幅风雨激振,并造成了部分安装在拉索根部的油阻尼器损坏。2001年在8级大风和中等降雨条件下,国内洞庭湖大桥斜拉索发生了严重的风雨激振,拉索的最大振幅超过40cm。同样在日本也曾观测到因风雨激振名港西大桥和荒津大桥的拉索的振动幅值达到0.5m。

斜拉桥的拉索振动会严重影响桥梁的运营安全。拉索的振动会引起拉索端部接头部分出现疲劳现象,在索锚结合处产生裂纹,破坏拉索的防腐系统,严重的还会引起拉索的失效。拉索的疲劳和腐蚀是两个密切关联的现象,拉索的频繁振动会引起拉索中单根钢丝之间的相对运动,而这种钢丝之间的相对摩擦又会损坏钢丝表面的防腐蚀材料,进而会使拉索的耐久性大大降低。国外多次发生过这种现象,严重的会发现拉索完全损坏。另外拉索的振动也会引起舒适度方面的问题。由于拉索振动会造成锚具部位拉索的疲劳破坏、拉索表面防腐材料的损伤、造成桥面板损坏等一系列严重后果,进而会影响斜拉桥的安全可靠性,因此,斜拉索的风致振动,特别是拉索的风雨激振问题,逐渐成为十多年来国际和国内桥梁工程界和风工程界研究人员关注的焦点问题。

2. 斜拉索的振动类型

斜拉索振动分为由于空气动力不稳定引起的风致振动和由于结构相互作用引起的参数振动两类。

拉索的参数振动是指在风或车辆荷载的作用下,桥面和桥塔产生振动。由于拉索的上下端分别与桥塔及桥面相连接,因此拉索的张力随着桥塔和桥面的振动发生着周期性的改变。当振动频率接近于拉索的固有频率的整数倍时,即使桥塔、桥面的激励振幅很小,拉索也会产生大幅横向振动。此即拉索的参数共振。

拉索的风致振动又可分为:涡激振动,尾流驰振,裹冰驰振,风雨激振及高风速下涡激振动等。

二、斜拉索振动的控制方法

由于斜拉桥大柔度、低阻尼的固有特点,不可避免地会发生振动。为避免拉索的振动造成对斜拉桥的损伤,需要对其采取振动控制措施,以降低振动发生的频率和振幅。拉索的振动控制方法主要有以下3种:拉索的气动控制法,拉索的阻尼减振法和拉索的动力特性法。

拉索的气动控制法主要通过改变拉索的截面形状及对拉索进行特殊处理来改善拉索在风雨作用下的气动特性。拉索的阻尼减振法是一种通过在拉索上附加阻尼器来提高拉索结构阻尼的减振方法。拉索的动力特性法是采用辅助索将不同拉索联结，将长索改变为短索，改变拉索的动力特性，从而控制拉索的风致振动。

1. 拉索的气动控制法

空气动力学控制拉索振动是目前应用较为广泛的控制方法，主要包括：

（1）采用多边形截面的拉索。

（2）在拉索表面沿轴向带凸起（或开凹槽）。这种外形的设计，一要考虑美观问题；二要考虑凸起（或凹槽）处可能出现的应力集中的问题；三要防止出现其他形式的气动不稳定或气动阻力的增加等问题。

（3）在拉索表面缠绕螺旋线或间隔缠绕带状物。螺旋线的作用是破坏水线及气流的相关性。

（4）在拉索表面打凹坑。拉索表面的凹坑可破坏水线和轴向流的形成，抑制拉索的轴向流激振及风雨激振。

空气动力学控制措施具有费用低、不需要维护等优点。但需注意的是某种气动措施对某拉索振动有效，而对另外类型的振动则可能产生更不利的后果。

2. 拉索的阻尼减振法

拉索因为其小阻尼而易于发生振动，因而增加拉索的结构阻尼被认为是最直接最有效的抑制拉索振动的方法。工程上常采用在拉索与桥面之间加阻尼器的方法来增加拉索阻尼。目前采用的阻尼减振器主要有：

（1）橡胶阻尼减振器

橡胶阻尼器设置在拉索锚固端，是较早投入应用的阻尼器，橡胶阻尼器通常是由高耗能性能的橡胶材料制成，用这种材料制成的橡胶圈安装在拉索与索套之间，拉索振动时引起橡胶圈变形而耗能。橡胶阻尼器具有结构简单、易于安装且不影响美观等优点，但是受到其本身耗能机制的限制，其减振效果有限，一般适合于对斜拉索减振要求不高的小跨径斜拉桥。

（2）液压阻尼减振器

液压阻尼器于20世纪70年代末至80年初由欧美和日本开发，是采用机械原理的一种减振器，小跨径斜拉桥和早期大跨径斜拉桥应用较多，如法国的Brototme桥、德国koehlbrant桥和国内的南京长江二桥、杭州钱江三桥等桥上采用了液压阻尼器。液压阻尼器多为支架安装，其可靠性已得到证实，它具有阻尼系数易于调整、调整范围大等优点，但该类阻尼器的最大缺点是性能的温度依存性大，此外油封材料的耐久性也还不尽如人意，结构使用寿命不长。

（3）黏性剪切阻尼减振器（VSD）

利用高效黏性阻尼材料的剪切阻尼，将斜拉索动能化为高分子材料的化学能，从而达到消能效果。这种结构性能优越、使用寿命长、环境适应性强且维护简易，能有效抑制斜拉索各种类型的风振，但制作成本高。适用于斜拉索振动较为严重的斜拉桥，目前大跨径斜拉桥普遍采用这种减振器。

（4）磁流变体智能减振器

一种新型的智能阻尼器,它通过磁力来干扰拉索的振型,并利用高阶振型的正气动阻尼,将能量由低阶模态传递至高阶模态,并消耗掉。磁流变阻尼器通过调节阻尼器输入电压可以改变智能材料——磁流变体的力学性质,从而获得可变阻尼。其减震效果良好,现场施工方便,但是造价相对较高。磁流变体智能减振器的潜在效率数倍于普通油压减振器,能够有效地抵御强风对大桥结构的影响,是新一代的智能减振器,是以后斜拉索减振的一个重要发展方向。国内的洞庭湖大桥应用磁流变阻尼器减振技术有效解决了该桥的风雨振动问题。

(5)摩擦型阻尼器

摩擦型阻尼器近来也开始应用于拉索减振,其优点是阻尼性能不受温度影响且容易调节。缺点是小振幅时阻尼器不能工作,可能不利于防止拉索的疲劳损伤;材料摩擦系数具有一定的离散性造成阻尼性能的不稳定。此外,此类阻尼器的应用实例还不多,时间也短,其可靠性如摩擦材料的耐久性还有待进一步考证。

常规的阻尼器对于由拉索涡激振动、主梁抖振引起的小幅高频拉索振动有很好的抑制作用,但对拉索的风雨激振作用不大,并且随着拉索长度的增加,传统阻尼器的相对效率也将越来越低。

3. 拉索的动力特性法

拉索的动力特性法是一种结构控制措施。典型的结构控制措施是采用辅助索将不同拉索联结,使原来相互独立的单索组成的斜拉索体系变成相互关联的索网体系。辅助索使单根拉索的自由长度减少,从而提高了拉索的震动频率,并能使能量在不同拉索间传递。辅助索有刚性和柔性之分,试验研究表明:柔性辅助索能有效提高拉索阻尼,并有一定的能量耗散,而刚性索几乎没有能量耗散。虽然经验表明辅助索能有效减小拉索的风雨激振的振幅,但研究人员对其机理并未完全掌握,因而尚无完善有效的设计理论。此外,这一方法不能抑制拉索的高阶振动,对于抑制涡激振动效果不明显。

三、斜拉索减振装置的选择原则

完全抑制拉索的振动是十分困难的,通常减振措施的目标是将拉索振动抑制在某一允许振幅值之下。确定拉索振动的允许振幅值要考虑3个方面,即满足拉索的二次弯曲强度、疲劳强度和使用者的视觉安全感。

工程上针对不同的拉索振动,一般同时采用几种不同的拉索减振措施。斜拉索减振措施的选择原则为:

(1)针对拉索的涡激振动、风雨激振,建议采用机械控制措施(索端阻尼器)和气动措施相结合的综合减振方案。

(2)完全抑制拉索的振动是十分困难的,通常减振措施的目标是将拉索振动抑制在某一允许振幅值之下,如苏通大桥斜拉索振幅对于偶尔发生的风雨激振振幅允许值取为索长的±1/1 700。

(3)索端阻尼器安装位置应尽量远离锚固端,以保证阻尼效果。

(4)索端阻尼器宜采用在索的两端同时安装的形式以提高阻尼效果。建议下端采用减振效果较好的阻尼器;上端采用耐久性较好、易维护保养的阻尼器,安装位置结合拉索锚固区构造，可安装在锚具套管内。

(5)如果仅在梁端安装阻尼器，则需提高梁端阻尼器的安装位置确保拉索减振要求。

(6)索端阻尼器的安装支架应具有足够的刚度和稳定性，以保证阻尼器在小位移情况下也能正常工作。主梁和主塔与支架连接的相关部位的设计，应考虑支架连接的刚度要求，必要时要采取加劲措施。阻尼器连接件应具有足够的强度和加工精度，要便于定位和安装，连接部位不得出现松动。采用安装在锚具套管内的阻尼器方案时，要处理好阻尼器安装和锚头防水措施的关系。

(7)阻尼器在要求的行程范围内应具有稳定的阻尼特性。其阻尼应易于调节，以适应于不同长度拉索和不同模态振动的优化阻尼值要求。

(8)风雨激振的减振应以气动措施为主，同时考虑索端阻尼器的贡献。在通过风洞试验确认减振效果的同时，还要注意气动措施不能过度加大拉索的阻力系数，以避免过度增加作用于拉索的风荷载。

斜拉桥的拉索振动会严重影响桥梁的运营安全。拉索的振动会引起拉索端部接头部分出现疲劳现象，在索锚结合处产生裂纹，破坏拉索的防腐系统，严重的还会引起拉索的失效。拉索的疲劳和腐蚀是两个密切关联的现象，拉索的频繁振动会引起拉索中单根钢丝之间的相对运动，而这种钢丝之间的相对摩擦又会损坏钢丝表面的防腐蚀材料，进而会使拉索的耐久性大大降低。国外多次发生过这种现象，严重的会发现拉索完全损坏。另外拉索的振动也会引起舒适度方面的问题。由于拉索振动会造成锚具部位拉索的疲劳破坏、拉索表面防腐材料的损伤、造成桥面板损坏等一系列严重后果，进而会影响斜拉桥的安全可靠性，因此，斜拉索的风致振动，特别是拉索的风雨激振问题，逐渐成为十多年来国际和国内桥梁工程界和风工程界研究人员关注的焦点问题。

四、斜拉索减振装置的安装监理

斜拉索减振器的安装需要注意以下问题：

(1)斜拉索减振器的安装时间选择

斜拉索安装减振器后几乎无法对斜拉索进行张拉、索力测量等工作，所以减振器安装时间应在所有斜拉索的调索及索力测试全部完成之后进行。

(2)斜拉索偏离索导管中心线对内置式减振器的影响

由于斜拉索本身安装施工等的各项误差影响，在索导管位置的斜拉索中心线和索导管中心线不可能完全重合，如果是采用内置式减振器时，就会造成安装困难，甚至会出现无法安装的现象。所以安装内置式减振器时，首先要检查每根斜拉索的对中情况，以便及时与减振器供应商联系，对减振器做出调整处理。

(3)准确定位外置式减振器预埋件

外置式减振器一般都采用与斜拉索正交的刚性连接杆，一端用索夹固定在斜拉索上，另一端与梁面预埋件连接。由于连接杆是刚性的，其角度、长度都固定，一旦预埋件不能按照设计要求准确埋设到位，连接杆就无法连接。

(4)避免减振器支架安装对斜拉索的损伤

减振器支架索夹安装时要在索夹和斜拉索之间衬垫橡胶等柔性物，以达到保护斜拉索

PE保护层的目的。

(5)发泡材料的填充

在对索导管进行发泡材料填充之前,必须对索导管进行仔细的清理,清除所有垃圾、杂物、浮锈等,保证发泡材料与索导管之间的黏结性。发泡材料填充必须保证充满整个索导管的空隙,并戴上防尘罩,以达到防水、防尘、隔绝空气的作用。

(6)塔端施工安全防护

塔端减振装置安装时,因属于高空作业,必须采取有效措施确保施工安全。

第七节　斜拉索的更换及调索

一、斜拉索的更换原因

斜拉桥的拉索和锚固由于下列原因往往易于引起损伤,为此务必定期养护检查并予记录,发现任一根或多根失去(或可能失去)其技术功能,不能满足设计和使用要求时,应及时对其更换。

1. 腐蚀

腐蚀是斜拉索损坏的主要原因。引起斜拉索腐蚀的常见因素有:氧化、水、电化电位(氢离子、三氧化硫和二氧化氮)、持续作用于斜拉索的拉应力等,这些因素都会引起钢材腐蚀,产生应力腐蚀裂缝和氧化断裂。

2. 疲劳影响

由于拉索长期处于高应力状态,遭腐蚀后拉索因钢丝承受的拉应力更加速了锈蚀过程,以至失去抗疲劳的能力。

3. 振动影响

斜拉桥在车辆、风荷载作用下容易产生振动。尤其是长斜拉索,风致振动的幅度更大、次数更多。这样的振动会加剧应力幅值的变化,产生局部附加应力,导致断丝等。

4. 拉索松弛影响

由于拉索松弛伸长,拉索无法维持原有的长度和应力,而拉索防护体系又无法适应拉索的大延伸量,加之防护体系各部分更是无法变形一致,从而使防护体系出现裂缝,盐分和其他化学物质就能乘虚而入,侵蚀钢丝。

5. 安装与养护不当

安装时斜拉索拉力误差(过大)、不注意防锈、疏于养护都会加剧斜拉索的损坏。在制造运输过程中的意外刻伤也会导致其钢丝应力集中,使其抗疲劳能力下降。

6. 意外事故

桥上发生火灾或爆炸等高温引起斜拉索烧伤、钢丝退火,使其力学性能降低;交通事故中失控车辆冲撞斜拉索使斜拉索断丝或折断。这两种意外事故都会导致斜拉索损坏。

对于上述情况下的换索工作,一般在工程验收时应予考虑。通车后应由养护部门负责,根据对索力及桥面标高的定期检查及检测结果,对已超过设计限值的斜拉索进行索力调整;

根据对钢索、锚具的损害、检查及评估结果，对已超出安全限值的斜拉索进行更换。

二、斜拉索更换的控制要点

1. 斜拉索更换前的准备工作

(1)换索前，应对斜拉桥进行详细的特殊检查及检测，检查及检测内容应包括以下几个方面：

①索力变化及偏离设计值的程度。

②梁、塔柱的变位、内力变化及偏离设计值的程度。

③斜拉索钢丝及锚具锈蚀情况的检查及评估、每根拉索整个截面损失严重程度(腐蚀或断丝造成截面削弱超过5%)、损坏钢索的根数与在索面的分布情况，以及对整桥安全危害情况的评估。

④锚固区附近以及全桥其他部件混凝土损坏情况的检查。

⑤检查报告应包括换索的技术、经济分析及论证，以确保换索在安全、经济、合理的前提下进行。

(2)编制斜拉索的更换方案

斜拉索更换方案的设计应在特殊检查的基础上，充分考虑桥梁的交通情况、安全性、耐久性及施工的简便性等要求，做到精心设计。设计方案包括换索设计与计算、换索工程施工方案设计、换索工程施工工艺设计等，更换方案完成后应组织有关专家进行专项评审。

(3)确定应更换的拉索后，组织人员进场，准备好必要的机械设备和检测仪器，精密测量桥面的高程及塔顶的偏斜，搭设好必要的工作平台。

2. 斜拉索的更换控制要点

在换索全过程中，任何一个环节、任何一个步骤都必须严格把关，严格控制，确保质量与安全。

(1)在旧拉索卸下及新拉索安装过程中，应考虑在通车条件下，更换任何一根拉索的方案，不具备条件时可关闭交通。另外，换索过程中，要注意保持原桥体结构的应力状态，建立可靠的监视系统，利用计算机详细计算恒载情况、轴向力等结构受力状况，对出现的变形、高程变化、索塔位移等进行连续监测和修正。

(2)换索仍应参照广州市海印大桥原主桥工程施工图总说明，即在换索工程施工中按原有关技术文件和设计图纸等技术要求执行。

(3)松索及换索前应仔细检查和恢复塔上、梁内原施工时所需要的预埋件、预留孔洞(如梁底板、顶板、隔板内)并依尺寸加工制作好拉索卸载用的反力架及拉杆等。

(4)换新索用的千斤顶仍以原桥施工时的千斤顶及相应的配套设备为主，仍按原施工图说明进行标定，并与相应的标定压力表配套使用。千斤顶标定的最大推力宜超过原标定值。

(5)对原有拉索两端锚具的防护设施应予以清除。固定端和张拉端尾部连接内螺纹内若有压浆时的浆体，应一并清除。清除时，应确保放索及换索工艺顺利实施。放索前应记录该索螺母松动时的初始索力吨位。

(6)新索安装的方法与旧索安装时的方法相同，只有当新的拉索张紧后才能卸掉下一根旧拉索。旧拉索卸下后需对其进行进一步的研究取证，并取得准确的拉索破坏数据，以进一步确认旧索换新索的技术标准、结构标准和防腐措施。

(7)在新索张拉及索力调整中,注意逐级稳步地加载,并随时监测高程及索力,及时计算和调整张拉读数。张拉及调整索力后,移走施工现场所有沉重的临时设备后,再对桥的线形进行测试,并作最后的调整,以达到设计要求。

(8)全桥索力调整前,应对全桥拉索索力进行测定,并对全桥索塔的水平变位及主梁的变位进行测量。全桥索力调整时的拉索张拉顺序、吨位等技术条件按设计文件规定进行。

(9)每根拉索更新后,应立即在拉索钢套管外采取有效密封措施,防止雨水及污物进入套管内。拉索锚具在梁内及塔上的外露部分,仍应按原桥使用的材料予以保护。

(10)拉索减振装置及拉索锚固保护箱安装,应按设计图纸及技术要求进行,拉索避雷针,仍应予以调整恢复。

3. 斜拉索更换后的验收

换索以后,需对大桥进行一次全面鉴定。对换索后的拉索状况,索力以及全桥其他索索力变化、桥面高程变化、索塔偏移以及换索后进行分析评估,经专家认证鉴定后,方可将换索锚头封固。更换工程竣工后,应将有关技术图纸、主要设计值、观测值及标定值等资料归纳整理,移交养护单位。

三、营运状态下的调索

实践表明,混凝土收缩、徐变和斜拉索的非线性影响,至今尚无精确预计方法,所以斜拉桥主梁线形(高程)难以确切设定。为此,宜在营运状态下采用调索解决。塔柱设计时应考虑塔上的调索操作。

1. 调索的主要原因

(1)合龙后主梁挠度 f 接近或大于 $L/1\ 000$。

(2)斜拉索振动过大,特别是在某种风速下,风振十分明显。

(3)复测索力达不到设计索力,误差超过 5%。

(4)塔柱出现倾斜,塔顶水平位移大于 $L/2\ 000$。

2. 调索前的准备工作

(1)复测所有的斜拉索索力,比较塔柱两侧总索力 $\sum T$ 的水平投影 $\sum H$ 和垂直投影 $\sum V$ 的大小以及通车前索力的差别。

(2)复测主梁桥面高程值,与合龙后和桥面系完成后的高程相比较,绘出通车后的挠度图。

(3)将上述检测结果进行计算分析,提出自塔柱向外依次增加不同索力后梁内力应力和上挠度值,经比较后初步确定"调索"方案。

(4)在塔柱上安装吊升千斤顶的设施。如果不是空心塔和 H 形带水平隔板的塔则视情况要封闭交通,搭设高塔柱调索脚手架。

(5)召集有经验的起重工、预应力张拉工进行培训。熟悉千斤顶的吊升、安装、张拉索力测定等各项操作,检查各项安全施工的措施。

3. 调索方法

(1)首先分别单独将个别索力不够的斜拉索调至接近原设计值。此项工作既可积累调索经验，又能试验调索效果。紧索后可明显减少风振。

(2)自塔柱旁第一对索开始，依次将每对斜拉索增加相同的索力(设计索力的5%～10%)，在$L/4$跨前，梁的挠度变化极小，张紧索力主要用于改变梁在根部的转角θ，储蓄能量。

(3)从$L/4$至跨中，随着索力的增加，主梁的挠度逐渐变化明显。将每天调整后的索力测值输入计算机，并复查与理论计算的差异。

(4)如上抬量大于计算值，可以适当减少下一步调索量；反之，可以适当增加调索量。

(5)调索量一般先按每索通加(或减)相同索力进行，然后根据实测索力和挠度结果，通过计算再对个别索另行调整。

4. 调索的注意事项及效果

(1)调索要求"均匀、对称、分次、循环"施工。纵向对称可防止塔柱偏移，横向对称可防止梁扭转。

(2)调索时如不中断交通也应禁止重车通行，并注意防止高空掉物伤人。

(3)调索一般采用以下3种控制目标：索力控制、挠度控制和索力与挠度双控。调索后主梁高程恢复到原合龙状态，使桥面线形流畅，索力均匀，使结构也能处于较佳工作状态，基本消除徐变、非线性影响，使索力、主梁应力、索塔应力都处于安全的工作范围内。

第七章　钢锚梁和钢锚箱施工监理技术

上塔柱的拉索锚固区段是塔柱受力最复杂的部位。不同的锚固构造有不同的结构特点，监理人员在施工中应根据不同的特点，有针对性地展开监理工作。

第一节　斜拉桥索塔的锚固构造及特点

一、斜拉桥索塔的锚固类型

上塔柱的拉索锚固区段，受力比较复杂，除参与主塔顺桥向、横桥向、竖向、空间的总体功能外，它还是一个将斜拉索的局部集中力，安全、均匀地传递到主塔塔壁的重要受力构造。巨大的拉索锚固力直接作用到塔壁上，容易出现开裂。所以在构造上一般布置有锚固钢横梁或者环形预应力。

索塔的拉索锚固段对大跨斜拉桥而言，主要有以下 3 种锚固方式：环向预应力锚固、钢锚箱锚固、钢锚梁锚固。其中钢锚梁锚固又分为钢锚梁与混凝土牛腿组合锚固和钢锚梁与钢牛腿组合锚固。3 种锚固形式的施工方法和性能特点对比详见表 7-1。

二、环向预应力锚固

环向预应力锚固一般采用对拉的“U”形预应力束，用施加环向预应力来保证混凝土塔壁不开裂，如南京二桥。环向预应力锚固造价低，后期维护工作量小，但全部工序需要现场高空作业，精度和质量控制较难，且预应力束的弯曲半径较小，预应力损失大，而且在大径斜拉桥索塔较高时，高空作业影响施工质量，混凝土易开裂，施工质量也不易保证。

三、钢锚箱锚固

钢锚箱锚固构造源于法国的诺曼底大桥，我国的苏通大桥、杭州湾大桥也采用这种构造，塔柱两侧拉索的水平分力通过锚箱的水平钢板和塔柱共同承受，竖直分力通过锚箱两侧竖直钢板的剪力键传递到塔柱混凝土中。钢锚箱的结构示意如图 7-1 所示。

钢锚箱的优点是在工厂预制完成，容易控制锚固点的位置和角度，质量有保证，施工速度快，受力较为可靠；缺点是无论内置式或外置式的钢锚箱，由于钢与混凝土两种不同的材料的共同作用，水平力由塔壁和钢锚箱共同承担，塔壁分担了不小的水平力，均不可避免会造成混凝土塔的开裂，影响结构的耐久性，而且钢锚箱用钢量大，成本高，安装时对施工机具的要求高，需要配置大型安装设备等。尤其在海洋环境中，对结构的耐久性要求高，因此钢锚箱的应用有局限性。

3种锚固形式的性能比较 表7-1

项目	钢锚箱	钢锚梁	环向预应力
受力机理	塔柱两侧拉索的水平分力通过锚箱的竖直及水平钢板来平衡，部分不平衡水平力由塔柱承受，竖直分力通过锚箱两侧竖直钢板的剪力键传递到塔柱混凝土中	锚固钢横梁本身是独立的构件，支撑于塔柱内侧牛腿上，平衡两侧拉索的大部分水平分力，部分不平衡水平分力通过横梁下支撑的摩阻力和水平限位装置传递至塔壁。拉索的竖直分力传递至内侧牛腿	上塔柱锚固区段除参与全桥墩整体受力，将拉索锚固集中力传递至塔壁，为防止开裂，平衡塔柱壁的拉应力，在其周边施加平面预应力
塔柱受力影响	平衡水平力锚箱承受，不平衡水平力塔柱整体承受	平衡水平力锚梁承受，不平衡水平力一侧塔柱壁承受	水平力由一侧塔柱壁承受
安装精度	钢锚箱在工厂预制完成，容易控制锚固点的位置和角度；现场仅需控制塔柱混凝土基座高程	工厂完成钢锚梁制作，确定锚垫板位置，现场施工对每组牛腿位置均需精确定位	锚固系统全部在现场完成，由于在高空作业，锚垫板的角度及位置控制较难
施工要求	对吊装能力有一定要求，钢锚箱在浇筑上塔柱前采用焊接拼装，施工较为方便	对吊装能力有一定要求，钢锚梁的安装在塔柱施工完成后，对塔柱内部空间有要求，安装不很方便	主要施工难点是需要多次张拉预应力
后期养护	后期养护工作量较大	比钢锚箱方案小	仅锚头需养护
外观影响	对钢结构部分通过涂装来美化塔柱外观	混凝土塔柱可使造型变化丰富	混凝土塔柱可使造型变化丰富
适用范围	对锚索区尺寸有一定要求	平行索面，单索面	适用范围较广
费用	较高	较高	较低
施工方法	工厂制造；塔吊吊安钢锚箱接近就位处慢速落钩；利用手拉葫芦和匹配键就位并用千斤顶微调平面位置；在四角螺栓孔施打冲钉定位；检查端面接触率满足要求后进行高强度螺栓施工	工厂制造；用塔吊吊起移入塔内支撑于牛腿上并对准预埋件；调整横梁使拉索锚梁与塔内预埋钢套管精确对准；安装限位装置或焊接钢锚梁于牛腿预埋件上	安装劲性骨架；绑扎钢筋；安装拉索钢套管并精确定位；安装预应力管道和预应力束；安装模板；浇注混凝土并养护；预应力束张拉、压浆、封堵预应力张拉槽
安装精度	钢锚箱在工厂预制完成，容易控制锚固点的位置和角度。现场仅需控制塔柱混凝土基座高程	工厂完成钢锚箱制作，确定锚垫板位置，现场施工对每组牛腿位置均需精确定位	锚固系统全部在现场完成，由于高空作业，锚垫板的角度及位置控制较难
施工要求	对吊装能力有一定要求，钢锚箱的焊接拼装，施工较为方便，国内经验不多	对吊装能力有一定要求，钢锚梁的安装在塔柱施工完成后对塔柱内部空间有要求，安装不方便	需多次张拉预应力，高空浇筑混凝土锚固构造也有一定难度且对塔柱外观也有较大影响
实例	诺曼底大桥、苏通大桥	金塘大桥、东海大桥	杨浦大桥、南京大桥

图7-1　单个锚箱示意图

四、钢锚梁锚固

1. 钢锚梁与混凝土牛腿的组合锚固

钢锚梁锚固构造源于加拿大的安娜西斯桥，也在我国的南浦大桥、灌河桥和东海大桥得到应用。锚固钢横梁本身是独立的构件，支撑于塔柱内侧混凝土牛腿上，平衡两侧拉索的大部分水平分力，不平衡水平分力通过横梁下支撑的摩阻力和水平限位装置传递至塔壁，拉索的竖直分力传递至塔柱内侧牛腿。钢锚梁锚固构造的主要优点是受力机理明确，受力合理，混凝土塔壁拉应力很小；缺点是钢锚梁的牛腿均采用混凝土结构，和塔柱混凝土一起浇筑，由于混凝土牛腿的存在，内壁不能采用滑模施工，上塔柱施工工效极低。而且由于上塔柱上窄下宽，并有混凝土牛腿，钢锚梁安装困难。另外，混凝土牛腿的施工难度大，混凝土牛腿主拉应力大，易开裂。

钢锚梁有先装法和后装法两种安装方法。先装法是在相应混凝土牛腿施工前，就将钢锚梁吊装到位，显然这会影响施工进度；后装法则是将钢锚梁通过塔顶预留孔吊放至混凝土牛腿上，将钢锚梁与牛腿预埋钢板焊接连接，完成安装，如东海大桥主通航孔斜拉桥。

2. 钢锚梁和钢牛腿组合锚固

常规的钢锚梁不能锚固空间索面斜拉索，金塘大桥首次采用了能够锚固空间索面斜拉索的钢锚梁和钢牛腿组合结构，其结构如图7-2所示。

钢锚梁作为斜拉索锚固结构，设置在上塔柱中，承受斜拉索的平衡水平力。钢锚梁由受拉锚梁和锚固构造组成。每对斜拉索面内的平衡水平分力由钢锚梁承受，部分不平衡水平分力通过梁端顶座传递到预埋钢板，由索塔承受；竖向分力通过牛腿传到塔身后，全部由索塔承受；空间索在面外的水平分力由钢锚梁自身平衡。为达到此受力模式，构造上采取下列措施：

(1)与钢牛腿的接触面之间采用不锈钢和四氟板构成滑动摩擦副，用以消除钢锚梁与钢牛腿接触面之间的摩阻力对塔的影响，确保平衡水平分力全部由钢锚梁承受的受力模式。工地整体组装前，四氟板面涂硅脂，增加摩擦副的润滑性。

(2)设置临时固接螺栓，安装斜拉索时，钢锚梁的一端与牛腿固结，以避免施工中发生两侧挂索不同步时，造成钢锚梁位置的失控而冲击塔壁。斜拉索安装张拉结束后，释放固结装置。

(3)利用钢锚梁与钢牛腿的连接螺栓抗剪传递横桥向的不平衡水平分力。

钢牛腿是钢锚梁的支撑结构，由座板、托架、塔壁预埋钢板、剪力钉和与劲性骨架相连的连接钢板组成。根据钢锚梁斜拉索的角度及底板宽度的变化，钢牛腿对应分类，与钢锚梁对应安装使用。在塔壁内设置劲性骨架，其立柱与牛腿预埋钢板间用连接钢板连接。

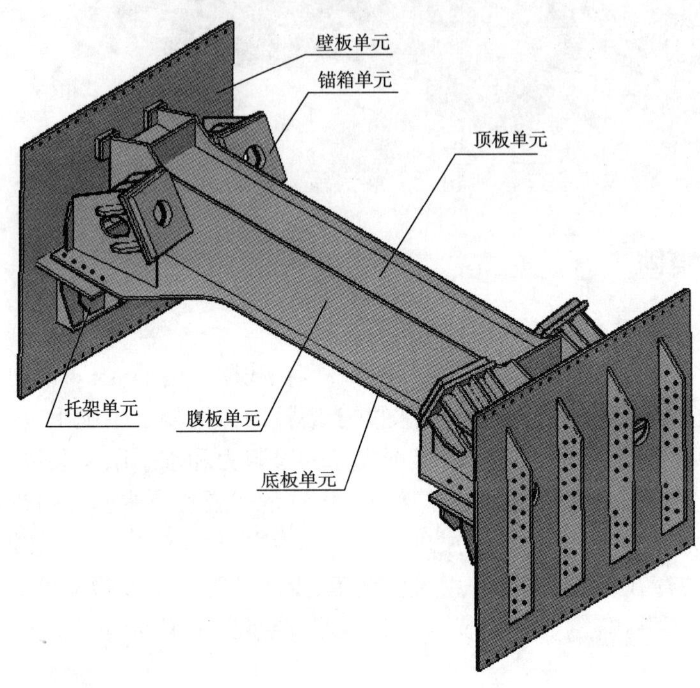

图 7-2 钢锚梁与钢牛腿结构示意图

塔壁预埋钢板上下之间采用水平钢板螺栓(销钉)连接的方式。安装时，钢锚梁锚固点的高程及钢牛腿座板的高程偏差可利用对接缝进行调整。塔柱混凝土浇筑后，可拆除水平钢板及螺栓(销钉)。

钢锚梁底板与钢牛腿座板之间的连接螺栓的另一用途是供整体吊装。

空间钢锚梁和钢牛腿组合结构锚固方式对传统的钢锚梁构造作了改进，使之能适用于空间索面斜拉桥，并且施工快捷。经过金塘大桥的试验研究和施工实践，证明该结构构造安全可靠，并具有以下优点：

(1)由于只有不平衡索力由塔壁承受，塔壁混凝土不会开裂，耐久性好。

(2)由于没有像钢锚箱一样在上塔柱分叉处有一强大的钢板底座，从而使得其传力简单明确，上塔分叉处的混凝土受力得到很大改善。

(3)其重量不到类似钢锚箱的 1/2，用钢量低，对起吊设备的要求低，因而较经济。

(4)采用钢牛腿方便了滑模施工，使索塔混凝土施工速度可以大幅度提高。

(5)钢牛腿、钢锚梁整体吊装，因此安装精度容易得到保证。

钢锚梁和钢牛腿组合结构在海洋环境下的大跨径斜拉桥的索塔锚固结构中有较大的推广价值。

第二节　钢锚箱的施工监理技术

一、钢锚箱的施工工艺流程

钢锚箱在专业钢结构工厂内进行制作和预拼装，由专用运输驳船运输到墩位附近，用塔吊直接从驳船上起吊安装，锚箱采用单节吊装。钢锚箱安装的总体施工工艺流程如图 7-3 所示。

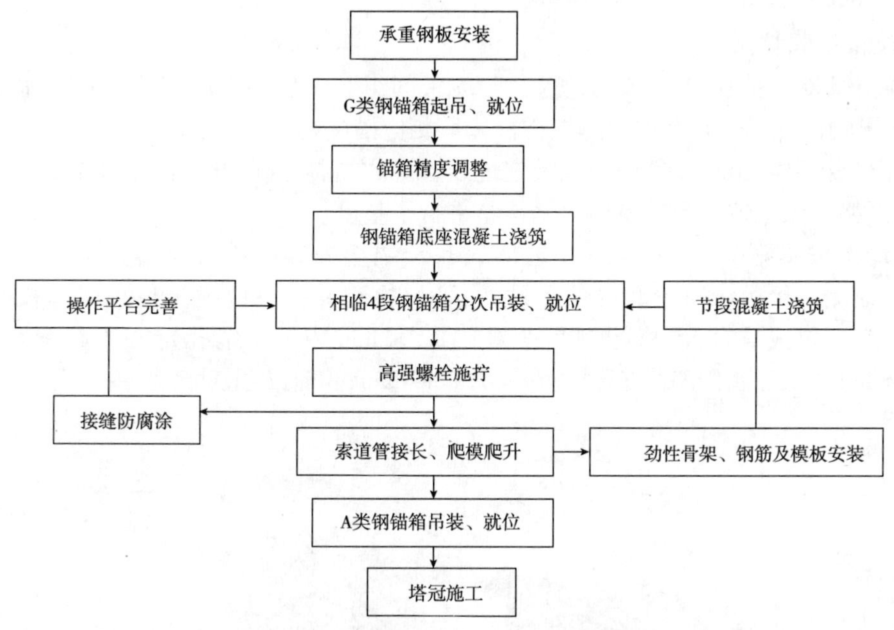

图 7-3　钢锚箱安装总体施工工艺流程

二、钢锚箱制造的监理技术

由于塔柱施工垂直度精度要求高，锚箱现场安装条件恶劣，影响安装精度因素较多。为保证钢锚箱安装后精度达到设计要求，必须大幅提高钢锚箱的制造精度。由于钢锚箱是由多个单体部件组焊构成，要达到较高精度，必须对整个加工过程采取严格的控制。钢锚箱的制造监理要点同钢塔柱和钢箱梁的监理控制，同时为保障钢锚箱的制造精度，监理人员还须抓好以下内容的控制。

1. 锚箱单元件加工控制

在锚箱加工过程中，锚头单元、侧拉板、端板对锚箱整体精度有直接影响。其加工精度及外形平整度直接影响箱体整体精度。针对这几个重要构件宜采取如下措施：

（1）采用数控火焰精密切割方式进行单元下料，并用赶板机矫平。

（2）对下料后的单元件进行划线加工衬垫侧坡口。

（3）对其中的厚板单元件（板厚超过 30mm 的单元件，如侧拉板、端板、斜腹板、肋板、承压板）进行画线组装钢衬垫。组装时预留机加工量5mm。焊接钢衬垫时采取在坡口侧采用连续焊接，在非坡口侧上、下端及中间三点采用定位焊的措施，保证衬垫密贴。

（4）精确画线加工焊接边缘，画线时以中轴线为基准，将加工边缘线、锚垫板和斜腹板定位线一并画出用样冲标记。

由于锚头单元小，单元件板厚（主要单元件板厚都在30mm以上），焊接坡口大，组装焊接中会出现由于焊接收缩致使锚头整体变形的情况。为防止出现上述问题，锚头单元组装在经过精确抄平（平整度在0.1mm内）平台上进行。在拼装过程中使用一遍施焊一遍火焰修正的工艺，确保锚头单元不会因焊接变形过大而无法修正。火焰矫正过程中加热温度控制在600～800℃。

2. 锚箱组装控制

在锚箱组装过程中，锚头单元、侧拉板、端板间组装定位和焊缝焊接变形对锚箱整体精度有直接影响。针对这几个重要焊接构件采取相应措施如下：

（1）严格控制各个单元件中心线及定位线，确保在制造规则允许误差范围。

（2）严格控制组装平台及整体火焰修整平台平整度。

（3）严格按照侧拉板上的拉索中心线、腹板、锚垫板定位线，进行箱体各单元件组装。组装时保证侧拉板边缘与胎型挡角密贴，用平尺检测并调整使锚垫板平面延长线与侧拉板上的锚头定位线重合，严格控制其误差在±0.5mm内。用锚孔定心工具配合角尺、钢卷尺检测锚孔中心距，严格控制误差在+2～+4mm；保证锚孔对角线差不大于3mm。如图7-4所示。

图7-4 锚箱整体拼装示意图

（4）在组装焊接过程中，严格执行焊缝一遍施焊一遍火焰修正的工艺。严格控制火焰修正温度。

（5）严格执行锚箱整体火焰修正技术要求。将锚箱锚垫板朝下3点支撑于修整平台上，调整支撑高度使锚箱中心线与平台铅垂，测量并调整锚孔竖向坐标值满足规范要求，由于锚箱中心线与锚孔竖向坐标在调整时互相牵连，应综合考虑反复调整使两者偏差均处于最佳状态。上述工作完成后进行锚箱各部尺寸参数火焰修整，最后确定并画出钢锚箱的中心线及上、下连接面加工线。如图7-5所示。

如设计无要求，建议公差控制标准：锚孔竖向坐标±3mm，半中心距$B/2$（B为锚箱宽度）±1mm，箱体扭曲1mm，锚箱对角线差3mm，箱体平面度5mm，连接板直线度≤2mm。

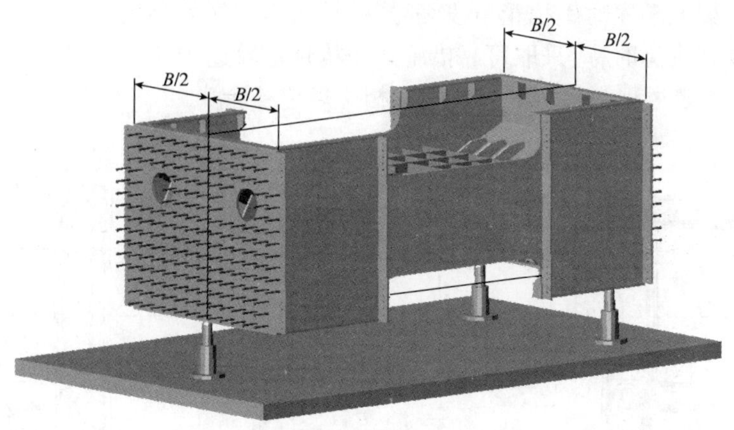

图 7-5 锚箱整体修正示意图

3. 箱体端面机械加工控制

由于箱体端面平整度对整体锚箱精度有重大影响。针对该问题的控制措施如下：

(1)对钢锚箱板壁温度进行控制,温差 <2℃。

(2)对构件振动及机床振动进行控制。在端面加工过程中,严格控制机床附近的吊装及运输。防止振动影响端面精度。

(3)正确选择支撑位置及压夹位置,防止变形。

(4)严格控制机床精度,定期对机床的加工精度进行调验。

(5)在端面加工过程中,对刀头和端面温度冲水降温控制。

(6)严格做好完整记录,注意倾斜误差匹配。

4. 锚箱多节段预拼装控制

为消除单节段制造累计误差,准确评价制造精度,锚箱节段在加工完成后,进行竖向滚动预拼装,每轮预拼装顶端一节作为下一轮拼装底部首节锚箱。钢锚箱预拼装的控制要点：

(1)在节段拼装过程中,注意锚箱端面保护,防止由于锚箱碰撞影响锚箱端面精度。

(2)选择合适的环境温度进行测量。由于温差对钢结构外形影响巨大,造成测量数据失真,所以预拼装必须在日出或者阴天,并且锚箱上下温差在 1℃左右的环境才能进行。

(3)每轮次锚箱预拼装后,如顶端锚箱平整度(图 7-6 中 10 点间相对高差超过 30μm)超差,就需要对顶端钢锚箱上部接触端面进行手工打磨。将其平整度控制在 30μm 以内。打磨完成后再次测量,将数据留待下轮复位使用。

(4)每一轮次预拼装开始,其首节钢锚箱复位精度≤0. 2mm。

5. 钢锚箱的运输与存放

(1)钢锚箱应在涂层干燥后对高强度螺栓连接部位进行包装,包装和存放应避免摩擦面损坏,各种小件(拼接板、螺栓、螺母、垫圈等)应装箱,并加标记。

(2)钢锚箱存放时,要求使用设计规定的支承点存放,且所有的支承点应受力均匀。存放场地应平整,坚固,支承处不允许发生不均匀沉降,不允许码放两层。

(3)钢锚箱节段的加工面应用防护材料包裹,严禁磕碰等造成损伤。

(4)按工地架设顺序对钢锚箱节段编号,并按吊运顺序来存放。

(5)钢锚箱在发运时,应采取可靠措施防止构件运输途中变形或损坏漆面。钢锚箱构件在运输、存放和安装过程中损坏的涂层应按相关规定补涂。

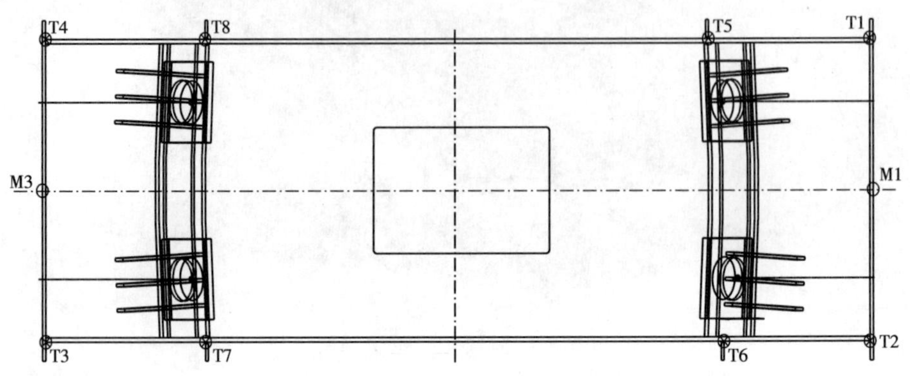

图7-6 预拼装顶端平整度测量位置

三、钢锚箱安装的监理技术

钢锚箱安装的监理控制可参见第四章的钢塔吊装监理,同时应抓好以下工作。

1. 钢锚箱安装的技术难点分析

(1)首节钢锚箱安装

首节锚箱是所有锚箱安装的基准,其安装精度对锚箱整体安装精度影响较大,而且首节锚箱支承于塔柱中上塔柱隔板混凝土上,需向下传递一部分竖向荷载的作用,受力复杂,施工中需解决以下主要问题:

①首节锚箱安装高度超过150m,受参数误差、温度和风等环境因素影响,塔柱变形对锚箱安装基准带来不确定性。

②首节锚箱安装精度要求高,调位难度大。

(2)钢锚箱安装线形控制

钢锚箱为多节拼装,安装过程中,施工误差不可避免,有可能超出施工容许范围,而且施工控制要求获得成塔阶段塔端各锚固点准确坐标,从而修正斜拉索安装长度。这对钢锚箱安装精度控制提出了较高要求,施工中需解决以下主要问题:

①采取何种测控手段获得正确的钢锚箱安装线形误差。

②采用何种措施保障钢锚箱安装线形。

③采取何种手段纠正钢锚箱安装线形。

2. 首节钢锚箱安装精度控制

(1)首节钢锚箱安装基准确定

受施工阶段塔柱压缩量、基础沉降影响,成桥后塔端斜拉索锚固点位置与理论计算必然存在一定差异,为减小这部分影响,在钢锚箱安装前,应予以修正。同时,受温度和风等因素影响,塔柱平面和高程始终处于变化状态。准确确定首节钢锚箱安装基准是保证钢锚箱整体安装精度的关键。

①修正钢锚箱底座安装高程。钢锚箱的理想目标几何线形由钢锚箱截面中心点给出。钢锚箱中心线与上塔柱混凝土截面中心线重叠。理想目标值的 Z 值(高程方向)考虑了如下修正值:补偿中下塔柱成桥时产生的压缩量,在首节钢锚箱安装时已采用的超高值;补偿钢锚箱到成桥时的超长值;预期桩基沉降量;施工阶段的预期钢锚箱压缩量。

②通过连续监测确定塔柱中性位置。对塔柱高程和平面位置进行了连续监测,其中高程采用全站仪竖直传高技术,结合塔柱温度场监测数据,确定首节钢锚箱安装的平面和高程基准。

根据以上措施,确定在基准温度20℃时首节钢锚箱安装的预抬高值。

(2)首节钢锚箱安装

首节钢锚箱安装工艺为:首先在锚箱底座四角预埋承重板,并且将全部预埋钢板精确调平。然后在承重板上精确放出首节钢锚箱的平面位置,待底座混凝土强度满足要求后吊装首节钢锚箱。

钢锚箱起吊到位后,先进行锚箱对线,再利用三向千斤顶精确调整锚箱高程和平面位置,如图7-7、图7-8所示。然后将锚箱与承重板之间焊接固定,最后浇筑四角垫块混凝土,即完成首节锚箱定位安装。

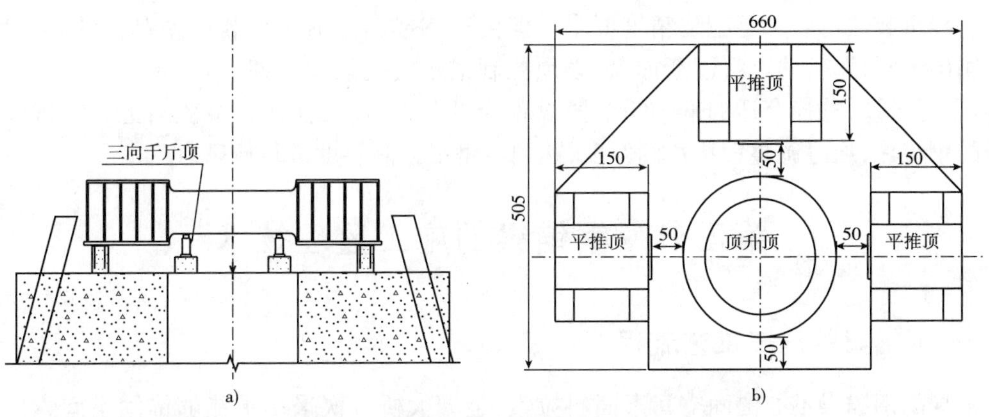

图7-7　三向千斤顶示意图(尺寸单位:cm)

a)

b)

图7-8　首节钢锚箱安装

3. 钢锚箱安装线形控制

为保证钢锚箱整体线形,消除单节段制造累计误差。钢锚箱在厂内制造完成后,每轮5~6节段会进行竖向滚动预拼装。每轮预拼装测量的数据将电传至安装现场。钢锚箱现场安装时,根据预拼装测量数据将钢锚箱尽量恢复至制造线形。每轮次钢锚箱现场安装完成后,将现场实测数据传回加工厂,指导后续锚箱加工。

4. 钢锚箱定位及连接控制

(1)钢锚箱平面位置:依靠定位冲钉实现精确定位。每次钢锚箱连接时,分散打入不低于接缝螺栓总数20%数量的冲钉。

(2)高程及轴线精度:严格控制首节钢锚箱安装高程,及时向制造厂反馈每轮次钢锚箱钢锚箱轴线及高程精度。

(3)端面接触率:严格控制安装温度。用0.04mm的塞尺插入检查接触率,深度不超过板厚的1/3为密贴,插入深度超过1/3为不密贴;同时在任何部位0.2mm塞尺的插入深度不得超过5mm,测量点按设计规定执行并记录检查位置。要求每侧端面接触率≥30%。

(4)高强螺栓施拧,必须保证在锚箱内外温差不大时进行。螺栓施拧先保证对称施拧施工锚箱四角区域内高强螺栓,然后施拧其余高强螺栓。

5. 钢锚箱倾斜度控制

因钢锚箱加工、制作精度小于安装精度要求,原则上只要控制首节钢锚箱精度,其他钢锚箱直接拼装便可以满足施工精度要求。但由于钢锚箱制造及安装误差存在的必然性,随着锚箱的不断接高,偏差将逐渐加大,必须控制锚箱安装累计偏差,为防止出现较大累计偏差,可通过设计,选择合适的钢锚箱节段设置为可调整节段,在调整节段与上一节段间增加适当的钢垫片,通过调整钢垫片的厚度,达到对钢锚箱倾斜度进行调整。

第三节　钢锚梁的施工监理技术

一、钢锚梁的施工工艺流程

常规的钢锚梁不能锚固空间索面斜拉索,金塘大桥首次采用了能够锚固空间索面斜拉索的钢锚梁和钢牛腿组合结构,考虑其结构的推广价值,下面以金塘大桥为例,介绍钢锚梁的施工方法和主要工艺流程。

钢锚梁及牛腿结构由专业钢结构加工厂制作,并将钢锚梁和钢牛腿一一对应拼装成整体。吊耳及剪刀撑等施工装置也一并制作安装。上下节锚梁也应在工厂进行试拼,确保其加工精度符合设计及规范要求,以利于现场安装质量的控制。

钢锚梁制作完成后,用船运至安装现场,塔吊直接吊装到位,用手拉葫芦或双向千斤顶精确调整定位。钢锚梁安装施工工艺流程如图7-9所示。

二、钢锚梁制造的监理技术

钢锚梁和混凝土牛腿组合结构时,锚固钢横梁本身是独立的构件,与钢锚梁和钢牛腿组合结构相比,其监理控制少了预拼装环节的控制。

钢锚梁和钢牛腿组合进行制造时,监理的准备工作、板材的控制和预处理、下料、剪切、划线、刨边、矫形、组拼、焊接、杆件矫正、钻孔和涂装等工序控制要点,可参见第四章的钢塔制造监理和第五章的钢箱梁制造监理,为保障钢锚梁的制造精度,监理还应控制好如下内容。

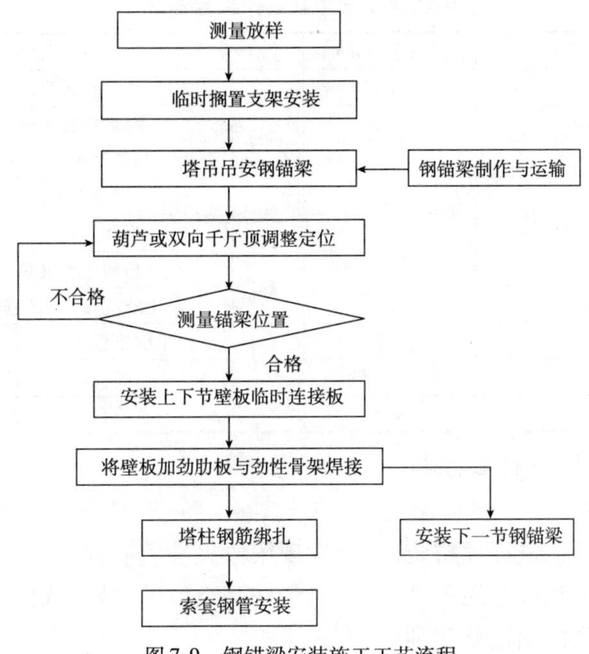

图7-9　钢锚梁安装施工工艺流程

1. 钢锚梁和钢牛腿整体组装

(1)组装工作必须在专用场地内进行,并应在平台或胎架上组装,利用定位设备严格控制关键部件位置。组装合格后的钢构件,应在规定部位打上编号标记。

(2)不得在母材上引弧,若焊缝需要修补时,补焊长度不得小于50mm。

(3)各类型钢构件首制件必须经检查合格及监理人员批准后,方可批量生产。

(4)为提高钢锚梁段制作精度及焊接质量,承包人应编写梁段制作工艺,内容包括胎架结构、装配次序、焊接顺序、检查方法、运输方法等,并应征得监理人员的同意。

(5)钢锚梁段制作中应尽量减少临时连接码板,在焊接临时码板时,应避免对母材产生咬边及弧坑。拆除临时固定码板时,应用气割切除,并保留适当余量,再用砂轮机打磨平整。不允许锤击拆除。所有临时码板、吊点等的布置、数量及割除处理方法应报监理人员审查批准。

(6)制作各钢锚梁段的零件、部件编码应记录清楚所在梁段的部位。钢锚梁段制作的各阶段报验单应提交监理人员审核认可。

(7)钢锚梁段整体组装工作必须在专用胎架上进行,且胎架的基础应有足够的承载力。胎架长度不宜小于2~3个钢锚梁段的长度,梁段匹配组焊完成,经检验合格后至少留下一个梁段参与下一批次的预拼装,其余梁段应标明中轴线,印刷相应梁段编号、方向、自重后运出胎架。

(8)胎架应有足够的刚度,对钢箱梁段拼装时存梁支点必须位于支点加劲处,避免因梁段自量的增加而产生变形,以保证钢锚梁拼装线性的准确。其措施应经监理人员批准。

(9)钢锚梁段组装定位过程应避开日照的影响,梁段长度还应考虑温度变化的影响。以保证钢锚梁段整体尺寸的精度。

(10)组装前检查整体几何尺寸、板面平整度、对接偏及栓孔重合率,制作精度应符合表7-2的要求。

钢锚梁和钢牛腿制作精度要求 表 7-2

项目		容许误差(mm)	项目		容许误差(mm)
钢锚梁	梁长	±5	钢牛腿	预埋钢板高度	±1
	梁端顶座间距	-2,0		预埋钢板宽度	±2
	底板高度、宽度	±3		预埋钢板平面度	1/2 000
	锚点纵向中心距	±3		座板顶面平面度	0.5/全平面
	锚点横向中心距	±3		牛腿座板翘曲	±1
	锚点相对高低差	±3		预埋板与座板夹角偏差	≤3
	锚点至底板高差	±3		牛腿座板平面位置	±1
	对角线	≤3		牛腿座板平面倾斜度	≤3
	底板平面度	0.5/全平面		套筒孔水平位置	±2
	旁弯	≤3		套筒孔垂直位置	±2

2. 钢锚梁和钢牛腿预拼装控制

(1)预拼装的目的

钢锚梁在预拼装场地进行预拼装时,当发现梁段尺寸若有误或预拱度不符时,即可在预拼装场地进行尺寸修正和调整匹配件尺寸,避免在高空调整,减少高空作业难度和加快吊装速度,缩短限航时间,确保钢锚梁顺利安装。

(2)拼装前的准备工作

①承包人应编写出详细的钢锚梁段预拼装及预安装工艺、预拼装顺序;各安装阶段的作样、模拟高程、角度计算、测量和检查方法等,并报请监理人员同意。

②提交钢锚梁段预拼装的零、部件及梁段应是经验收合格的产品,并应在节段进行梁段预拼装之后再进行涂装。

③支墩高度的设置,应根据设计拱度及焊接变形影响综合考虑。对存钢锚梁及场地的操作、各支点的支撑面积、位置、高差应严格按设计要求办理。

(3)钢锚梁梁段预拼装

①预拼装不少于2~3个节段以上连续匹配预拼装,按设计线形及梁段间预留间隙,使相邻梁段连接断面相匹配,然后施焊组装匹配件,施焊完毕,至少留下最后1个梁段,与下2~3梁段进行预拼装,预拼装顺序与梁段吊装顺序相同,吊装时不允许调换梁段号。

②预拼装的主要作业用专用吊机将钢锚梁吊至胎位上以胎架上的基准线定位,检测合格后将其与胎架固定。

③将钢牛腿用吊机呆在相应位置,并注意按实际安装位置和方向放置。

④检测整体几何尺寸、栓孔重合率、塔壁板平整度等。

⑤测画出桥位安装对位线、测量线形偏差值,为后续节段制作提供依据。每个预拼装单元预拼后,测量其总长度,并将该长度与理论长度比较,其差值可在下一个预拼装单元加以修正,不使误差积累。

⑥修整对接口。相邻梁段的端口尺寸偏差难以避免,预拼装时对相邻端口加以修整,使之在安装时顺利对正及焊接。

⑦匹配件的安装。预拼装时已确定了相邻梁段的相对位置,则把两梁段的相应匹配件成对地安装在焊缝两侧,在高空吊装时只要将匹配件准确定位,即可恢复到预拼装状态。

(4)钢锚梁梁段组焊

①完成组装工序并经检查验收合格的梁段方可实施组焊。组焊中应采取可靠措施来确保焊件位置的准确以及防止零部件发生焊接变形,保证组装精度。

②第一次预拼装完成后,召开专家评审会评审。

③组焊梁段应按表7-3的要求进行尺寸矫正和检验。钢锚梁段预拼装应按规定进行验收,符合要求后进行印刷编号、标明预拼装节段方向方可从组装台上拆卸。

钢锚梁与钢牛腿预拼装验收条件　　表7-3

项　目	容许偏差(mm)	项　目	容许偏差(mm)
预埋钢板垂直度	1/1 500	累积高度	±1×n,n为节段数量
预埋钢板间接触最大间隙	≤0.2	节段间侧壁错边量	≤0.5

注:所有测量结果应进行温度修正。

3. 高强螺栓孔的制作

(1)承包人应根据钢箱梁施工设计图的要求,精确定位螺栓孔的位置线。

(2)钻孔模具应适合螺栓孔的位置线及螺栓孔的形式,且钻孔前应由专人负责检查选用模具的正确性及位置的准确性。

(3)钻孔过程中应经常进行模具的紧固情况,如有松动情况,应及时进行调整。

(4)当采用多班作业时,每班应安排专人检查模具情况,随时更换不合格的模具。并对完成的钻孔进行钻孔毛刺的修整。

(5)螺栓孔的加工允许偏差应符合表7-4的规定。

螺栓孔加工的允许偏差　　表7-4

项　目	直径及允许偏差(mm)	
螺栓孔	24	26
螺栓孔允许偏差(mm)	+0.7,0	
圆度(最大和最小值之差)	1.5	
中心线倾斜度	不大于板厚t的3%,且不得大于2mm	

4. 高强度螺栓摩擦系数复验

高强度螺栓须符合《钢结构用高强度大六角头螺栓、大六角螺母、垫圈与技术条件》(GB/T 1228~1231—2006)标准的10.9S级要求。

高强度螺栓孔部位应进行摩擦面处理,喷铝表面摩擦系数出厂值应不小于0.55,每节段钢梁出厂时应同时提供材质、工艺与钢梁同等条件的喷铝表面摩擦系数值。在节段制作完毕,调运架设前进行高强度螺栓摩擦系数复验,其值不小于0.45。

5. 运输与存放

(1)钢锚梁段和钢牛腿存放

①存放场地应坚实平整、通风且具有排水设备及足够的垫木、垫块,使钢锚梁放平、放稳。钢锚梁段钢牛腿应分别单层堆放,支承处应有足够的承载力,不允许在钢锚梁段存放期间出现不均匀沉降。

②钢锚梁段在存放场地存贮时,应按工地架设顺序编号,并按吊运顺序安排位置。将先

吊装的钢锚梁段和钢牛腿放在外面,后吊装的梁段放在里面。

③塔柱预埋板存放时应采用特制存放架,保证预埋板不发生变形。

(2)钢锚梁段及其零部件运输

①钢锚梁段的运输采取装船水路发运,严禁水中浮运。

②钢锚梁和钢牛腿段装船后,应用钢丝绳将其牢靠固定在运输船上。绑扎钢丝绳时,应在梁段边缘加垫木板,严防损伤梁段边缘。

③钢锚梁段吊装时,其部件等匹配件应妥善固定在该梁段上,随梁段一同吊装。起吊点必须放在设计起吊位置,不允许用捆绑、挂钩等方式起吊。

三、钢锚梁(混凝土牛腿)的安装监理技术

钢锚梁的施工流程为:分类→清理→起吊→安装→焊接→防腐。钢锚梁的施工需搭设塔内脚手架配合进行。

1. 混凝土牛腿的施工

混凝土牛腿与塔柱同步施工,施工前监理应督促承包人从模板、混凝土下料、振捣、预埋板定位等方面制定有效措施,确保牛腿施工质量。

(1)牛腿模板与塔柱内模一起设计,模板定位要牢固、准确,还须综合考虑混凝土下料和振捣的方便。

(2)牛腿预埋钢板一般设计有锚固钢钉,混凝土浇筑后再定位难度极大,须与牛腿钢筋同步施工、定位。预埋件就位后,混凝土下料和振捣困难,钢筋绑扎时须提前预留下料和振捣通道,预埋钢板需留有适当的排气孔,确保预埋钢板下混凝土密实和牛腿混凝土的施工质量。

(3)钢锚梁的安装、定位、调整非常重要,承包人应对钢锚梁牛腿预埋钢板的施工严格控制,预埋板的纵横向轴线、高程、转角、平面位置须精确调整,同时钢板周边四点的相对高差和同一平面两个牛腿顶面的相对高差也须满足设计或钢锚梁精确安装的需求。预埋板的定位合格后报监理人员检查复测、验收。

2. 钢锚梁安装前的准备工作

(1)未起吊前,按图纸要求将各类钢锚梁进行分类,将钢锚梁的规格与塔内支座索道孔号对号入座,用油漆标上梁号及“中跨”与“边跨”端标记,避免安装错误。

(2)钢锚梁安装前,结构监理工程师应对应设计所给定的各部结构尺寸进行认真检查核对。所有锚固钢横梁运至工地存放时,应按设计位置进行编号,安装时测量放线对号入座。

(3)吊装前,依据上塔柱壁上的索套管断面中心位置,在塔壁上准确地标出其纵横向轴线的延长线(下方延伸至牛腿外侧)。轴线的延长线可采用黑色墨线弹出。

(4)吊装前,依据钢锚梁端头断面索套面中心位置准确地标识出其纵横向轴线的延长线,并分别延长至4个侧面的截面结构上,轴线的延长线采用洋冲眼刻画连线标识。

(5)安装前,必须将牛腿预埋钢板顶面上的焊渣、毛刺等杂物清理干净,以确保钢锚梁底板与垫塞钢板和牛腿上的预埋钢板密贴。

3. 钢锚梁的安装监理

钢锚梁是斜拉索主要受力和传力构件,主要承受拉索的水平力,并将竖向分力传递到主塔牛腿上,安装时应严格按设计文件及有关技术要求,检查验收。

（1）挂索前，先安装对应的锚固梁，塔吊起吊钢锚梁从塔顶的人孔放进塔柱内，安放到相应的牛腿上。钢锚梁吊装的难点有：钢锚梁从塔顶竖向吊入塔内；需让开锚梁安装位置上部的牛腿、锚梁在塔内需从竖向转为平吊；塔内空间狭小；塔内照明条件差；施工操作安全风险大等，起吊方式要综合考虑上述因素，确保安装工作的顺利进行。

（2）安装时，必须正确地按照钢锚梁所标识的代码方向进行，并严格按照已在钢锚梁端头上与上塔柱塔壁上所标识的纵横轴线调整对中，确保二者索套管轴线同心。

（3）钢锚梁安装应符合设计所给定的与斜套管轴线的倾斜角及高程要求，同时按设计图的要求调整钢锚梁支承板中心与索套管中心坐标位置。具体操作时应注意：钢锚梁放置在牛腿上后，可利用手拉葫芦及水平仪调整位置，使塔上索道孔与钢锚梁上锚座孔同心，然后点焊固定位置，钢锚梁的定位须经监理人员验收合格后，方可按设计要求进行焊接（或连接）。

（4）安装时，当索套管的横轴线出现间隙高差时，应根据现场实际测量的高差值，采用材质与预埋钢板相同的板材进行垫塞，其厚度必须与之相吻合；当钢锚梁索套管的横轴线高于塔壁上索套管的横轴线 10mm 以上时，应暂停安装，及时报告监理和设计人员。

（5）钢锚梁安装定位的精度应满足设计要求，设计如无要求，安装误差须控制在 2mm 以内。

4. 钢锚梁的焊接和涂装

钢锚梁的定位须经监理人员验收合格后，方可进行焊接。焊接前应做好塔内施工的通风和照明准备工作，焊接面应清理干净，焊接焊缝应光滑平整，杜绝夹渣、气孔等焊接缺陷。焊缝检查合格后才能进行斜拉索的施工。焊工、焊材、焊接工艺和焊后检查按钢锚梁制造的控制要求执行。

钢锚梁安装完毕后，需对安装过程中钢锚梁防腐层被碰破的表面进行重新防腐处理，钢锚梁的补涂应按钢锚梁防腐涂装工艺进行。

5. 钢锚梁安装时须注意的问题

钢锚梁安装时需与牛腿上的预埋件焊接，由于钢锚梁安装时，先应确保钢锚梁上的索导管与上塔柱塔壁上的索管导对齐，故钢锚梁与预埋件之间存在间隙，而塔壁上的索导管和预埋件的安装精度远远达不到钢结构的制作精度，钢锚梁每个搁置点四角间隙不同，间隙的或大或小对现场安装，特别是电焊作业带来相当大的困难。而钢锚梁因受张拉空间狭小影响必须张拉一根安装一根，无法预先安装，同时，钢锚梁的安装需考虑两端的索导管相对位置和预埋件相对位置，若预先测量又测量不准，必须用实样安装后才能测量准确。

主塔施工时，主塔钢锚梁牛腿的预埋钢板顶面高程如出现相对高差，会导致预埋板顶平面水平向有倾斜，钢锚梁可能无法正常安装及使用。为了保证钢锚梁的安装及使用达到设计要求，承包人在实际处理修正时应注意：

（1）在主塔钢锚梁安装前，应将预埋板的顶面抄平，使其高差及水平偏差均达到钢锚梁的设计技术要求。

（2）允许采用加垫钢板的方式处理，但是加垫钢板与预埋板之间的连接强度必须达到设计要求。实际施工连接方式需经设计认可，达到钢锚梁的设计技术要求。

（3）钢锚梁与预埋钢板之间的间隙如超出设计的规定值，不得采用焊缝堆高的方式处理超标间隙。

四、钢锚梁和钢牛腿的安装监理技术

钢锚梁一般在上节塔柱混凝土浇筑完成、下一节段塔柱的劲性骨架接高到位后进行安装。测量人员应精确测放出钢锚梁平面位置及高程,在混凝土顶安装临时搁置支架(支架受力计算需单独上报),安装双向千斤顶和手拉葫芦;塔吊从运输船上起吊钢锚梁,缓缓吊放就位,将钢锚梁放在临时搁置支架上;通过挂在劲性骨架上的手拉葫芦和放在搁置支架上的双向千斤顶精确调整钢锚梁位置,直至偏位满足设计及规范要求;安装上下壁板的连接装置,拧紧螺栓;将钢锚梁牛腿壁板加劲肋与劲性骨架立柱牢固焊接;拆除上下壁板连接装置。钢锚梁安装如图7-10所示。

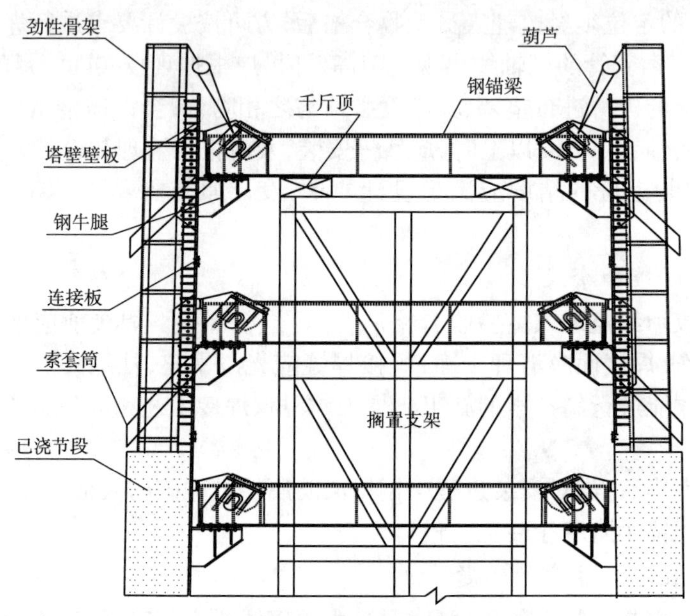

图7-10　钢锚梁安装示意图

钢锚梁和钢牛腿安装过程中的监理要点如下:

(1)安装前准备工作

①钢锚梁、钢牛腿、塔壁预埋钢板、剪力钉等的材料、制造加工和焊接要求按照设计文件和第五章中的有关规定执行。

②钢锚梁、钢牛腿、塔壁预埋钢板应在工厂试拼装,分类、编号必须标注清楚。

③钢锚梁、钢牛腿、塔壁预埋钢板整体运至工地后应妥善保存,主体受力结构严禁在工地进行再次焊接加工。

④钢锚梁、钢牛腿、塔壁预埋钢板若在桥址处进行整体组装,应满足工厂的组装条件。

(2)钢锚梁和钢牛腿的安装吊具

施工应根据吊耳布置形式,设置专用吊具。吊具须用型钢制作,上部应4点挂于塔吊吊钩上,下部也需4根吊带与钢锚梁吊耳连接。需要注意的是:与钢锚梁相连的吊带应竖直,以减小钢锚梁吊装过程中的内应力。

(3)钢锚梁和钢牛腿的安装控制

钢锚梁和钢牛腿的施工中应严格安装的测量、定位，确保结构安装位置的准确及施工中的稳定，不发生位移。

①上塔柱在钢锚梁安装同时进行索塔混凝土施工，钢锚梁最小竖向自由长度必须满足设计要求。

②安装钢锚梁用的搁置支架达到一定高度后，应设置扶墙与塔壁相连，确保其稳定。

③钢锚梁和钢牛腿的定位。主塔钢锚梁及索导管安装定位难度大、精度要求高。为确保工期和索导管安装定位质量，采取以全站仪三维坐标法安装定位主塔钢锚梁及索导管。钢锚梁安装关键控制轴线和高程，使主塔轴线与钢锚梁结构轴线重合，确保索导管相对于钢锚梁及主塔的水平倾角、横向偏角、偏距及中心位置正确。

④钢锚梁应按图纸规定高程及类型安装于塔内相对应的牛腿上，钢锚梁与钢牛腿之间的连接螺栓供整体吊装使用。施工时，钢锚梁和牛腿临时固结，并和预埋钢板一起吊装。钢锚梁和钢牛腿整体安装后，先卸掉一侧的连接螺栓，进行斜拉索张拉。张拉完成后，再将另一侧的螺栓卸掉，保证钢锚梁与钢牛腿间顺桥向无约束。

⑤钢锚承包人应在钢牛腿塔壁预埋钢板的两块加劲肋板（中间两块）处设置劲性骨架立柱，通过连接构造使加劲肋板与劲性骨架立柱焊接。

⑥梁端部与塔壁预埋板中限位块间应留有一定间隙，具体按照设计要求办理。

⑦钢锚梁、钢牛腿、塔壁预埋钢板整体安装时，在塔内应注意防止碰撞，起吊吊具应做好整体构件的保护；已安装到位的钢构件应做好施工期临时保护。

⑧在安装斜拉索时，钢锚梁的一端与牛腿固结，以避免施工中发生两侧挂索不同步时，造成钢锚梁位置的失控而冲击塔壁，造成损失，安装结束后，释放固结装置。

⑨钢牛腿预埋钢板倾斜度 < 1/3 000。

⑩钢牛腿处的预埋钢管安装，要待钢牛腿安装后再进行，测量控制及固定方法相同，需要注意的是钢管顶口应和钢牛腿索套筒顺接。

⑪当全桥调索完毕后，进行钢锚梁的工地涂装，涂装从塔顶由上至下的顺序进行。

钢锚梁与钢牛腿的工地安装质量标准见表 7-5。

钢锚梁和钢牛腿安装质量标准　　表 7-5

项　目		容许偏差
钢锚梁	梁轴线在横桥向的位置偏差	±5mm
	横桥向锚固点位置偏差	±5mm
	顺桥向锚固点位置偏差	±5mm
钢牛腿	高程偏差	±2mm
	边跨与中跨牛腿座板顶面相对高差值	≤2mm
	预埋钢板中心线垂直偏差	1/1 000（单节）
	预埋钢板中心线与塔壁中心线偏差	±2mm
	预埋钢板中心线（边跨与中跨）相对差值	≤2mm
	预埋钢板上（下）张口偏差	±1mm
	预埋钢板平面度	1/2 000
	上下相邻预埋钢板错边量	≤0.5mm

第八章　斜拉桥施工控制

斜拉桥的施工控制主要是为施工服务的,它是将斜拉桥结构测试试验和现场计算分析技术应用于斜拉桥施工,并结合施工过程形成斜拉桥结构计算分析、监测及反馈控制系统。在大跨度斜拉桥的施工中进行相应的施工控制研究是对其施工安全、可靠进行的重要保障,是提高施工质量的重要技术手段。

第一节　概　　述

一、施工控制的概念

斜拉桥施工阶段的控制是一个系统工程,主要包括两部分:一部分是数据采集系统,即监测;另一部分是数据分析处理系统,即监控。前者是利用事先在塔、梁和斜拉索等主要部位埋设数种性能各异的传感器和相关的测试仪器获得大量的数据,包括几何参量和力学参量。监控则是利用高效计算机程序,对数据进行分析处理,并确定下一个阶段的施工参数。通过两者的有机结合,调整控制桥梁的内力和线形,实现斜拉桥结构的内力和线形同时达到设计预期值,确保斜拉桥施工安全和正常运营,并保证其具有优美的外观形状。

二、施工控制的重要性

斜拉桥是高次超静定结构,其成桥的梁部线形和结构恒载内力与施工方法有着密切的关系,也就是说,不同的施工方法和工序会导致不同的结构线形和内力。另外,索塔、主梁和斜拉索之间刚度相差十分悬殊,受拉索垂度、温度变化、风力和日照影响、施工临时荷载、混凝土收缩徐变、材料的弹性模量、结构自重等各种因素的随机影响,使力与变形的关系十分复杂,加之在测量等方面的误差,结构的原始理论设计值难以做到与实际测量值完全一致,两者之间会存在偏差。尤其值得注意的是,某些偏差(如主梁的高程误差、轴线误差、索力误差等)具有累积的特性。若对偏差不加以及时有效的调整,随着主梁的悬臂长度的增加,主梁的高程会显著偏离设计值,造成合龙困难或影响成桥的内力和线形。特别是对于大跨度斜拉桥,施工中的不合理误差状态如不能及时地加以识别和处理,主梁、索塔的应力有可能发生积聚而超出设计安全状态发生施工事故。

国内外斜拉桥施工过程中由于施工控制方案及调整控制措施不当,会出现常见的以下几类问题:

(1)斜拉桥成桥线型较大地偏离原设计线形,导致运营效果不佳。典型的例子为重庆××大桥,成桥后主梁线形呈明显波浪起伏状,使行车舒适度下降,并会引起桥梁的使用寿命缩减。

(2)主梁悬臂施工中线形误差累积过大,导致主梁合龙困难。典型的例子为美国某斜拉桥,主梁合龙前两侧高程误差达27cm,采用压重才强迫合龙,主梁的内力因之产生不利的影响。

(3)主梁悬臂施工中内力误差累积过大,进行内力调整将滞延施工工期,若不对内力误差进行及时调整,主梁的施工安全会受到极大不利影响。

对斜拉桥的施工进行施工控制将可避免上述问题的出现。斜拉桥施工控制是保证斜拉桥达到设计要求的重要手段,原《公路斜拉桥设计规范》(JTJ 027—96)明确规定了斜拉桥施工控制的内容及其重要性。

三、施工控制的目标

施工控制的目的是对成桥目标进行有效控制,修正在施工过程中各种参数的误差,避免其对成桥目标的影响,确保成桥后结构受力和线形满足设计要求。斜拉桥的施工控制应能完成以下工作目标:

(1)确保施工过程中结构的安全,施工过程中和竣工后结构内力状况满足设计要求。

(2)成桥的线形、索力逼近设计状态。

(3)精度控制和误差调整的措施不对施工工期产生实质性的不利影响。

(4)主梁合龙前两端标高误差、轴线偏差能够保证顺利合龙。

(5)控制及监测精度达到施工控制技术要求的规定。

第二节　施工阶段监测的内容和方法

斜拉桥是高次超静定结构,它对成桥线形有较严格的要求,每个节点坐标的变化都会影响结构内力的重新分配。桥梁线形一旦偏离设计值,势必导致内力偏离设计值。大跨度斜拉桥施工阶段的施工控制是一个"施工—测量—计算分析—修正—预告"的循环过程,最根本的要求是在确保结构安全施工的前提下,要做到主梁线形和内力符合设计规定的允许误差范围。而施工阶段的监测是施工控制中的重要环节,它包括几何指标参量的测量、物理参数测量和力学指标参量的测量等内容。

一、主塔线形测量

主塔线形测量包括顺桥向和横桥向两个方向变位值的测量。主塔在施工和成桥状态通过斜拉索均承担相当部分的梁体重量。在不平衡荷载和大气温差及日照等影响下,均会使主塔产生不同程度的变形。为了不影响主梁的架设施工,必须研究掌握主塔在自然条件下的变化规律以及在索力影响下偏离平衡位置的程度。

测量方法:主要采用天顶基准法、投影法(或称测小角法)、外距法等三种方法。所使用的仪一器设备为经纬仪和全站仪等。测站点的布置一般选在梁顶面上相应比较适当的位置,观测点的布置可随测试阶段作相应的适时调整,一般设置在塔柱侧壁或顶端部位。

测量成果:提供塔柱在日照下随温度变化发生纵横向偏移的曲线以及在主梁施工过程中塔柱的变位偏移值。

二、主梁线形测量

大跨度斜拉桥的主梁线形测量包括高程测量和中线测量。其中,高程线形测量一般采用几何水准测量法,测出已施工各节段的节段控制水准点的绝对高程,再根据各节段竣工时测得的与其梁底的高差,推算出相应节段的梁底高程。为消除日照温差引起的梁体的不规则变化,线形测量应选择在温度变化小、气温稳定的时间段进行,测量工作持续的时间越短越好。

中线测量是观测已施工节段的中线点相对于桥轴线的偏距。由于梁体受混凝土徐变和现浇段超重以及施工偏差、塔柱扭转等因素的影响,容易造成梁体产生局部变形或引起整个梁体偏离桥梁中心线,为了保证边、中跨按设计中线正确合拢,必须控制主梁中线偏差值,一般不应偏离上下游1cm。

中线测量的一般方法是将经纬仪安置在0号块主梁中心点上,以另一墩主梁中心线后视点定向。对于与后视方向同侧的主梁中线测量,可采用视准线法直接利用小钢尺测量每一块主梁中心点的偏离值;对于与后视方向异侧的主梁中线测量,则采用正、倒镜观测法,依次测量每一块主梁中心点的偏离值,最后取两次结果的平均值作为该块主梁中心点的偏离值。后者也可以采用正、倒镜观测确定最前端一块主梁的中心线方向,再以此方向定向,依视准线法直接一次读取每一块主梁的中心点的偏离值。但中线测量观测时间应与高程线形测量同步。

中线测量和高程测量的测点一般均应布置在主梁顶面上。观测点断面间距应根据主梁长度确定。一般情况下,在梁体应力、温度测量断面必须设点,其他部位可酌情确定。

测量结果:提供主梁在各个施工阶段的高程实测值和中线实测值;提供主梁线形随温度变化的曲线,以随时掌握主梁温度变形的影响。

三、索力测量

大跨度斜拉桥斜拉索索力的准确与否,直接关系到主梁的线形、整个施工过程的安全乃至成桥后运营的安全。因此,在大跨度斜拉桥施工中必须确保斜拉索的索力测试结果正确可靠。

目前测定拉索索力的方法主要有以下几种:一是千斤顶张拉。直接利用千斤顶油压表读数得到索力。它是施工安装过程中的通常做法,利用它测读索力没有任何问题,但精度有限;二是测力传感器。通过安装在锚头与锚座之间的测力传感器读取索力。该方法测试成本昂贵,还存在测试设备长期观测的稳定性或能力问题;三是测拉索频率。利用附着在斜拉索上的高灵敏度传感器拾取斜拉索在环境振动激励下的振动信号,经过滤波、放大和频谱分析,再根据频谱图来确定斜拉索的自振频率,然后根据自振频率索力的关系确定索力。该方法快速、方便,但具体实施时须考虑到斜拉索弯曲刚度的影响,应进行测量前的标定工作,并在测量中加以修正。

斜拉索的索力测量一般多采用振动频率法,或是两到三种方法同时采用,相互验证、标定和进行修正。

斜拉索的索力测试内容包括:施工挂篮挂索张拉后,每悬拼或悬浇一个标准节段后,体系转换张拉斜拉索时邻近的4~5对索、中间调索和全桥合龙调索时全部斜拉索的索力等。其测量结果：提供施工过程中各测试阶段的索力以及关键索力随温度变化的曲线等。

四、温度测试

温度变化，特别是日照温差的变化，对于大跨度斜拉桥结构内力和变形的影响是复杂的。特别对于大跨度钢斜拉桥的结构内力和变形的影响更为敏感。在大跨度斜拉桥的施工阶段，日照温差对主梁挠度和塔柱水平位移的影响尤为显著。

温度的影响总体上可分为两种：一是昼夜温差；二是季节温差。前者是指太阳每日的起落对桥梁各部位的日照变化在混凝土结构内形成由表及里且深度一般不超过40cm的浅层温度梯度，使混凝土产生非均匀变形，后者则是由于长期的昼夜变化，使混凝土结构产生基本均匀的伸长和缩短。

现代大跨度混凝土斜拉桥的主梁和斜拉索的刚度，相对于空心箱形混凝土塔身刚度而言是较小的，主梁的抗弯刚度几乎只有塔身的1/90~1/25。再加之斜拉索又细又长，对温度变化十分敏感，容易掩盖主梁因昼夜温差产生的变形。季节性温差则使主梁、索塔、斜拉索产生均匀伸缩。总之，温度引起的主梁变形因悬臂长度的增加而增加，但是，如果想从挠度实测值中分离出因受温度影响引起的变形，则相当困难。因此，选择测量工作时间至关重要，宜在一天中日照温差对结构变形影响最小的时候进行测量，清晨便是最佳选择。

为了便于施工阶段施工控制资料的分析，还应测量出较有代表性的某一天或几天24h内结构温度变化情况。结合塔柱偏移和主梁线形测量结果，总结出结构日照温差变形规律和季节性的温差变形规律。温度测量元件一般选用性能优良的热敏电阻。根据电阻与温度的标定曲线，由测定的电阻值推算温度值。主梁和塔柱的温度测试断面一般与应力测量断面相同，以资对应，也便于计算分析。

斜拉索索温测量的一般方法是制造一段同实索等粗的长约1.5m的试验索，在其中心和内部以及外表均对称布置测点，吊挂于施工现场实索部位，以承受同样的大气环境条件。对其他实索，每种型号选择1~2根，在其表面布设测点，测得表面温差，对照试验短索的测量结果，确定实索的内外温差。

测量结果：提供主梁、索塔、斜拉索各测试断面温度短期变化曲线和季节性温差变化曲线；对于斜拉索，尚应提供索内外温差和中心点温差的对应关系曲线。

五、应力测试

大跨度斜拉桥应力监控测量包括主梁的安装应力监测和索塔的施工应力监测两大类。主要目的是了解梁塔控制截面的应力状况，并对梁体重量及其他荷载变化情况进行判断，确保结构施工质量和施工安全。

大跨度斜拉桥的施工应力测试是一项长期的现场观测，涉及的测试技术困难较多，至今，国内外尚无十分完善的解决办法。经过长期的大量的现场观测实践，发现针对钢梁的安装应力测试，多采用手持式应变计相对比较可靠。针对混凝土梁则一般选用钢弦式应变计，并用无应力计加以补偿，测试结果较好，可以满足施工控制的要求。而大跨度斜拉桥的施工应力测试影响因素相当复杂，除荷载作用引起的弹性应变之外，还有与收缩、徐变、温度等因素有关的应变。对混凝土梁，在埋设应力测点的相同部位埋设无应力计，补偿混凝土自身的体积应变和收缩应变以及自由温度应变。并且在测试工艺上采取有效措施，使混凝土徐变和温差产生的应变减少到最低限度，或根据测量时的龄期、环境温度状态进行修正，这样，基本上可以达到施工监控的目的。

大跨度斜拉桥施工应力测试截面一般由设计单位根据施工计算的控制截面确定。原则上应包含以下几个方面：安装阶段的最大正、负弯矩截面，成桥状态的最大正、负弯矩截面，主塔及其横梁的应力控制截面以及设计单位从设计角度考虑的其他控制截面。

由于大跨度斜拉桥施工应力测试成本相当高，为了既能满足施工监控的要求，又不致于投入多余的财力，一般情况下，梁体应力监测断面可选择6~10个，主塔应力测试断面可选择1~3个。混凝土梁施工的应力测点一般是测试截面的法向应力，对于箱梁截面应在顶板和底板上布设测点，对于边主梁结构应在主梁上下边缘处布设测点，方向与截面法向一致。在主横梁中部，宜布设横桥向应力测点。而对钢箱梁和钢桁梁结构，可选择控制部位和控制杆件、连接部位等制作手持式应变计测点，并读取初始读数和钢构件温度及环境温度，结合温度补偿测点的数值，以便正式测量时参照修正。

应力测量结果：包括各施工状态下监测截面的应力值，塔柱监测截面的应力值以及成桥状态下各监测截面的恒载应力水平。

第三节　施工控制方法和施工监控计算

一、施工控制的原则

斜拉桥悬臂施工时的状态变量是指各施工状态结构变位（通常为主梁高程和塔顶偏位）、斜拉索的索力和控制截面应力；控制变量取斜拉索的安装索力和主梁拼接点的定位高程（或称立模高程）；控制目标为设计所确定的合理成桥状态。斜拉桥施工控制的原则是：主梁悬臂施工阶段，确保主梁线形平顺、高程正确是第一位的，施工中以高程控制为主；二期恒载施工时，为了保证结构的整体内力和变形处于理想状态，斜拉索张拉时，以索力控制为主。

需要注意的是，所谓“高程控制为主”并不是只控制主梁的高程，而不顾及拉索的索力偏差。例如，当主梁刚度较小时，斜拉索索力的微小变化将引起悬臂端挠度的较大的变化，斜拉索张拉时，应以测量高程进行控制；而当主梁刚度较大时（或主梁与桥墩连接后，结构刚度增加时），斜拉索的索力即使有较大的变化，但悬臂端的挠度变化仍然较小，施工过程中，应以拉索张拉吨位来进行控制，然后根据高程的实测情况，对索力做适当的调整即可。这样，高程、线形的控制主要是通过混凝土浇筑前的放样高程来调整，或是通过预制件接缝转角的调整来实现的。

二、施工控制的方法

1. 施工控制方法的介绍

根据桥梁结构形式、施工特点和具体控制内容的不同，其施工控制方法也不相同。无论采用的哪种施工控制方法，都是根据当前施工阶段的误差来确定索力或高程的调整量的，目前，已经应用于工程实践中的方法主要有参数识别法、灰色预测控制系统、卡尔曼滤波法、无应力状态法、零弯矩法、自适应控制法以及日本研制的斜拉桥施工精度控制（也称为最二乘法）等。

(1)参数识别法

参数识别法认为斜拉桥施工中索力调整仅能纠正由索力本身引起的误差，而不能调整其他因素引起的偏差，因此当实施索力调整时，通常只能是放弃索力使挠度符合要求。所以参数识别法提出：对于采用混凝土材料的斜拉桥，虽然参数识别和索力调整两者的目的都在于克服设计与施工的不一致，然而使用前者方法的重要性却远远大于后者方法。

参数识别法在施工计算时，采用了修正的考虑混凝土收缩徐变影响的倒装法，是一种比较完备和实用（已用于雨江桥）的斜拉桥施工控制系统。但是这种方法将实际结构和设计状态的不一致全部归咎于设计参数取值的变异性，未考虑人为测量、材料特性、环境因素的差异，从而夸大了参数识别的重要性，显得不尽合理和牵强。另外，根据每一施工阶段所辨识的参数重新给出新的控制值，使得施工控制值不断在改变，由此增加了成桥线形和内力状态的控制难度，使得参数识别法的应用受到限制。因此，在大跨度斜拉桥施工阶段利用该方法进行施工控制时，应全面加以考虑或采取一些其他有效措施，尽量减少该方法所带来的局限性，使其做得更好。

(2)卡尔曼滤波法

卡尔曼滤波法是以概率论为基础的最优随机控制。卡尔曼滤波的实质是从噪声污染的信号中提取真实的信号，估计出系统的真实状态，然后用估计出来的状态变量，按确定性的控制规律对系统进行控制。该方法采用纠偏终点控制的思想，也就是在斜拉桥施工过程中将各种产生主梁线形偏差的因素不断用改变斜拉索索力予以纠正，很显然，这种做法不仅要增加施工作业量，而且对斜拉索索力不利，或者说是将误差积累到索力中去，所以也有称其为线形单控的方法。

近年来，也有研究认为卡尔曼滤波法只是一个索力调整方法，能利用调索的手段解决合龙前的位移偏差问题，而且不是一个最好的索力调整方法，因为按照该方法的理论，则每对索都要进行调整，并且要按一定的顺序进行测量、计算、张拉的循环，无疑是不经济的，并增加了施工的困难和延长了工期。

(3)灰色预测控制系统

灰色预测控制系统是近年来提出的一种斜拉桥施工控制新方法。该法认为斜拉桥建造阶段的受力变形过程是属于一种很复杂的且不平稳的随机过程，但对该过程并非一无所知，即斜拉桥的施工控制系统是一个灰色系统。

灰色预测控制系统的实质是以灰色系统建立模型，以预测控制理论对斜拉桥的施工过程实施有效控制。预测控制理论的核心内容是预测模型、滚动优化、反馈校正三要素。

灰色预测控制以灰色动态模型 GM(1,1)作为预测模型，并及时进行模型的反馈校正，但始终保持模型的结构不变。此外，灰色预测控制系统将混凝土的收缩徐变视为一种干扰而不予考虑，实际上混凝土斜拉桥或叠合梁斜拉桥的混凝土收缩、徐变应被看作是一种主要的荷载效应，对其影响应予以重视。

将灰色理论引入斜拉桥的施工控制是一种有益的探索,但灰色理论主要适用于大系统,这是因为灰色模型本身的模型误差较大,虽然可以对模型进行修正,即利用残差数据建立残差的灰色模型,将其结果迭加到原模型上,但由此增大了计算工作量,而且修正是有限度的。

应用实例:重庆渝合高速公路单塔双索面斜拉桥,塔梁固结,主桥跨径布置为 2×180m,全宽 27.50m。设计荷载为汽超—20 级,挂车—120 级。主梁为 C50 预应力混凝土结构,截面形式为分离式箱形断面,路拱横坡为 2%。该桥在进行施工控制时,通过灰色系统理论能对桥梁的线形和索力实施有效的"双控"并取得一定的效果。

(4)零弯矩法

零弯矩法的思想是每一拼装梁段的重量由此梁段中的斜拉索来平衡,因而正在施工安装的梁段对已拼装的梁段不传递弯矩和剪力而只传递轴向力。并指出了在制作误差影响下怎样进行转角微调,但结果表明最终线形是折线形,并不平顺。而用零弯矩法计算的斜拉索初始张拉力不是最优的初始张拉一力,因此结构内力也不是最合理的。

用零弯矩法指导施工的广东九江大桥也因此在运营两年后不得不进行调索。此外,零弯矩法不是一个完整的施工控制系统,而且零弯矩施工控制方法只适用于对称结构悬拼法施工,也使其应用受到一定的限制。

(5)神经网络控制技术

人工神经网络的控制技术应用于大跨度桥梁的施工控制中具有其自身的优点,神经网络具有非线性映射能力、自学习适应能力、联想记忆能力、并行信息处理方式及其优良的容错能力,这些特点使得神经网络非常适应于复杂系统的建模与控制,特别是当系统存在不确定因素时,更体现了神经网络方法的优越性。对于斜拉桥施工控制而言,由于控制系统存在求解的非线性和不确定性特点,因此可以利用神经网络系统的能够充分逼近任意复杂的非线性关系、能够学习与适应不确定性系统的动态特性、可以采用并行分布处理方法进行快速求解等特点进行控制。

应用实例:南京长江第二大桥南汊斜拉桥是一座双塔双索面五跨连续的钢箱梁斜拉桥,主跨跨径 628m,采用倒 Y 形索塔。主梁采用扁平闭口流线型钢箱梁,采用正交异性钢桥面。钢箱梁采用悬臂吊装方法施工,节间除顶板 U 肋采用栓接外,其余以全焊连接。斜拉索采用空间双索面扇形索布置。该桥的施工采用神经网络控制技术,应用施工现场模拟温度场、施工实时仿真控制计算、施工过程应力预警监控等技术手段,在斜拉桥的施工控制实施中,实现了不进行索力调整过程而完成多元目标监控任务,并且主梁合龙精度符合设计要求。

(6)日本的施工精度控制方法

日本斜拉桥的施工精度控制的方法要点是:首先确定误差范围,对需控制的因素进行高精度的量测,把量测结果输入计算机进行误差分析、温度修正,然后确定是否要进行索力调整,对下一施工阶段进行预测。对于测试误差则通过增加测试项目来处理,该方法为最小二乘法。

(7)自适应控制法

自适应控制又称自组织控制,该方法是目前应用较多的斜拉桥施工控制方法,它克服了闭环控制法的局限性,即在施工误差产生以后,用被动的调整措施减小已经产生的结构状态误差对最终结构状态的影响。

具体做法是对施工过程中的高程和内力的实测值与预计值进行比较，对桥梁结构的主要基本设计参数进行识别，找出实测值与预计值（设计值）产生偏差的原因，从而对参数进行修正，达到高程和索力双控的目的。一般只要及时对产生偏差的主要参数进行修正，则实测值和预计值就拟合得非常理想。

参数误差识别过程是自适应控制的关键，其任务就是根据对控制目标（如内力、高程和结构应力）的测量值与计算值之间的误差反算施工过程模拟计算中选用的参数，如混凝土的弹性模量、主梁自重集度、挂篮刚度、徐变系数等。目前参数识别的算法有两类：一类是基于误差最小化的算法，如最小二乘法等；另一类则是基于随机状态估计理论的算法，如卡尔曼滤波法。

应用实例：杭州湾跨海大桥南通航孔桥全长为578m，跨径布置（100 + 160 + 318）m，为A形单塔双索面三跨连续半漂浮体系钢箱梁斜拉桥。钢箱梁采用桥面吊机悬臂拼装、栓焊连接。施工中，根据斜拉桥的结构特点，通过全桥的施工过程仿真计算，对该类型桥梁的施工控制进行研究。利用最小弯曲能量法给出合理成桥状态；通过正装迭代法求出合理施工张拉索力，确定合理施工状态；采用自适应和反馈结合的施工控制方法进行施工过程控制，并取得良好的效果。

（8）无应力状态控制法

无应力状态法以桥梁结构各构件的无应力长度和曲率不变为基础，将成桥状态各单元无应力长度和无应力曲率作为施工安装过程的控制量来实现对成桥目标的自动逼近。无应力状态控制法有两个基本原理：一是一定的外荷载、结构体系、支承边界条件、单元的无应力长度和无应力曲率组成的结构，其对应的结构内力和位移是唯一的，与结构的形成过程无关；二是结构单元的内力和位移随着结构的加载，体系转换和斜拉索的张拉而变化，单元无应力长度只有人为的调整才会发生变化。当荷载和结构体系一定时，单元的无应力长度的变化必然惟一地对应一个单元轴力的变化。

无应力状态控制法的原理之一，描述的是分阶段施工桥梁结构施工过程与最终状态的关系；原理之二，确定了过程状态的内力、位移与无应力状态量之间的关系。利用无应力状态控制法的两个基本原理，可以非常有效地解决分阶段施工桥梁结构分析计算和施工过程控制中的问题。

实现无应力状态控制，需满足以下两个基本条件：

①要满足各索的无应力长度与成桥状态无应力长度相等的条件。主梁施工过程中，根据梁的应力状态，每一根索可能要多次张拉，只有最后一次应将该索的无应力长度通过张拉调整到预定值。

②要满足弹性曲线的连续条件。这里主要是指主梁合龙时，弹性曲线不能有折角。弹性曲线的连续性，可在合龙前通过调索实现。

无应力状态法适用于所有结构形式和施工方法的分阶段施工桥梁。1993年武汉长江二桥的施工控制首次应用无应力状态法，目前已大范围推广，已建成的各种类型的大跨度桥梁已有近30座采用该方法，如珠海淇澳大桥、福州三县洲大桥、芜湖长江大桥、苏通长江大桥等，所有桥梁的应用表明，控制效果良好。

2. 施工控制方法的总结

上述所有方法的实质都是基于对施工反馈数据的误差分析,通过计算和施工手段对结构的目标状态和施工的实施状态进行控制调整,达到对施工误差进行控制的目的。施工控制的方法必须与各类斜拉桥设计施工的特点相结合,才能在确保结构安全及施工便捷的前提下切实可靠地实现控制的目标。

我国的施工控制研究起始于20世纪80年代,1982年建成的上海柳港大桥首次采用了施工控制系统并取得了良好的效果,该桥施工控制的成功,引起了国内桥梁界对施工控制技术研究的高潮。80年代后期,对斜拉桥施工监控技术进行了全面的研究,并初步形成控制系统,但直到90年代底,施工控制不论是理论上还是实践上都还没有重大突破,所采用的施工控制方法中还存在各种各样的缺陷。

近年来,随着施工控制经验的积累,以及现代控制技术研究的持续深入,斜拉桥的施工控制方法也在不断完善。目前,大跨度斜拉桥的施工控制比较集中地采用自适应控制法和无应力控制法,而灰色预测控制系统、卡尔曼滤波法、最二乘法等则在施工控制时针对参数误差的识别和调整环节上得到广泛的应用。

三、施工监控计算

施工监控是施工控制的重要环节,它的实施概括起来说主要有以下3个方面的内容:①根据选定的施工方法对施工的每一阶段进行理论计算,求得各施工控制参数的理论计算值,形成施工控制文件;②针对实际施工过程中由于种种因素所引起的理论计算值与实测值不一致的问题,采用一定的方法在施工中加以控制、调整;③按照设定的施工顺序,在完成一个施工阶段后,给出下一个施工阶段的梁体高程(或立模高程)、主梁挠度以及斜拉索初始张拉力的预测值。

在确定了施工方案的情况下,如何分析各施工阶段及成桥结构的受力特性及变形是施工控制中的首要任务。目前国内斜拉桥施工监控计算分析方法主要有正装法、倒拆法、正装—倒拆迭代法和无应力状态计算法。

1. 正装法

正装法是按斜拉桥施工阶段前后次序,跟踪仿真计算出各施工阶段的控制参数,以指导施工的正常进展,达到设计的成桥状态。正装法也称为前进分析法。这种仿真计算方法的特点是:随着施工阶段的推进,结构形式、边界约束条件、荷载形式在不断地改变。因此,前一阶段结构状态是本次施工阶段结构分析的基础。

正装计算法按照桥梁结构实际施工加载顺序来进行结构变形和受力分析,它能较好地模拟桥梁结构的实际施工历程,能得到桥梁结构在各个施工阶段的位移和受力状态,这不仅可以用来指导桥梁的设计和施工,而且为桥梁的施工控制提供了依据。同时在正装计算中能较好地考虑一些与桥梁结构形成历程有关的因素,如结构的非线性问题和混凝土的收缩、徐变问题。正因为如此,正装计算法在桥梁的计算分析中占有重要位置,对于各种形式的大跨度桥梁,要想了解桥梁结构在各个阶段的位移和受力状态,都必须首先进行正装计算。

采用正装法进行斜拉桥仿真计算时,只要计算参数选取正确,按照所获得的施工控制参数和确定的施工顺序进行施工和控制,施工结束后,理论上斜拉桥的成桥状态与设计的理想状态基本吻合。

2. 倒拆法

倒装计算法是按照桥梁结构实际施工加载顺序的逆过程来进行结构行为分析。倒装计算的目的就是要获得桥梁结构在各施工阶段理想的安装位置（主要指标高）和理想的受力状态。大跨度桥梁的设计图只给出了桥梁结构最终成桥状态的设计线形和设计高程，但是桥梁结构施工中间各状态的高程并没有明确给出，要想得到桥梁结构施工初始状态和施工中间各阶段的理想状态，就要从设计图中给出的最终成桥状态开始，逐步地倒装计算来得到施工各阶段中间的理想状态和初始状态。

倒拆法的基本思路是：以成桥状态的内力作为初内力状态，以设计成桥线形作为初始构形，按照与实际施工步骤相反的顺序，对结构进行倒拆，逐步计算每次卸除一个施工阶段对剩余结构的影响。倒退分析也存在一定的缺陷：首先倒装分析的理想成桥状态的内力必须由正装分析来确定，其次由于倒退计算的顺序是结构形成历程的逆过程，所以倒退分析时难以考虑与结构时差效应相关的收缩、徐变。前进分析、倒退分析法是结构理想状态按施工正、逆计算的两种计算理论，对于线性体系，两者所得内力结果应一致，但对混凝土桥，倒退分析无法计算混凝土徐变的影响，两者将会产生差别。对大跨度钢斜拉桥，由于非线性计算时荷载增量步长、迭代次数带来的计算误差，两者之间也会产生微小的差异。

按照桥梁倒装计算出来的桥梁结构各阶段中间状态（主要指高程）去指导施工，才能使桥梁的成桥状态符合计要求。当然，在桥梁结构的施工控制中，除了控制结构的高程和线形之外，同样要控制结构的受力状态，它与线形控制同样重要。正因为倒装计算有这些特点，所以它能适用于各种桥型的安装计算，尤其适用于以悬臂施工为主的大跨度连续梁桥、刚构桥和斜拉桥。

3. 正装—倒拆迭代法

对于大跨径混凝土斜拉桥，施工计算中如不考虑混凝土收缩、徐变的影响，计算结果将发生较大的偏差。但是混凝土的徐变与结构形成的过程有关，原则上倒拆法无法进行徐变计算。这是因为徐变计算在时间上只能是顺序的，而倒拆法在时间上则是逆序的。一般可应用迭代法来解决这个问题。即第一轮倒退计算时不计混凝土的收缩、徐变，然后以倒拆计算结果进行正装计算，逐阶段计算混凝土的收缩、徐变影响；再进行倒拆法计算时，按阶段叠加正装计算时相应阶段混凝土的收缩、徐变影响。如此反复迭代，直至计算结果收敛。

采用自适应控制法进行施工控制时，其监控计算常使用倒拆法、正装法或正装—倒拆迭代法。自适应控制法的施工监控计算主要包含以下 4 个方面内容：

(1)根据设计资料及设计理想参数，进行正装、倒拆计算。对成桥阶段及各施工阶段的设计索力、变位、应力及设计线形（预拱度）等进行计算，并与设计计算资料相互校核比较，如计算值与设计值相差较大，则应修改输入数据、计算模型或计算软件，反复计算，直至两套计算结果基本接近。

(2)对施工各阶段进行跟踪计算。由于理论设计参数与实际参数存在差异以及施工荷载、实际索力、线形等不可能与理论计算完全一致，必须根据实测索力、线形、温度及应力等修改计算控制参数，如梁体刚度、梁重、混凝土收缩徐变系数等，进行反复计算，按参数识别算法（如最小二乘法）拟合桥梁控制参数值，减小计算值和实测值之间的差别，再根据前面阶段所拟合的参数值及实测索力、线形、温度及应力等计算下一阶段的合理索力及线形调整量。

(3)中间调索计算。由于施工中存在着各种不利因素,如索力张拉误差等,而计算时各个参数值也有偏差以及计算本身存在的误差等,当主梁施工到跨中时,索力及线形会有一定的偏差,需进行中间调索计算,按索力、线形双控的原则优化调索工作。斜拉桥的索力优化理论比较多,目前主要有刚性支承连续梁法、零位移法、弯曲能量最小法、弯矩最小法、内力平衡法、用索量最小法和影响矩阵法等。

(4)成桥索力调整计算。主梁建成后,将实测索力和线形与设计索力、线形进行比较,对索力偏离设计值较大的索或线形偏离设计值较大的梁段处的索进行调整,优化调整程序,使全桥索力和线形均能满足设计要求。

4. 无应力状态计算法

将一座已建成的斜拉桥结构解体,结构中各构件或者单元的无应力长度和曲率是一个确定的值,在桥梁结构施工中或建成后,在任何受力状态下,各构件或单元的无应力长度和曲率恒定不变,只是构件或单元的有应力长度和曲率不相同而已。用构件或单元的无应力长度和曲率保持不变的原理进行结构状态分析的方法即无应力状态法。无应力状态计算法可以确定桥梁结构施工各施工阶段的理想状态。

用无应力状态控制法确定斜拉桥施工中间过程理想状态时,其分析计算过程如下:

(1)计算设计指定的成桥目标状态各斜拉索的无应力长度。

(2)根据斜拉桥的实际施工过程,对结构进行分阶段的正装计算。正装计算过程中,根据施工阶段结构受力的需要,每根斜拉索可多次张拉或放松,最后一次主动张拉(张拉到位)时需将该斜拉索的无应力长度通过张拉调整至成桥目标状态的无应力长度(计算值)。

如果是钢结构斜拉桥或混凝土斜拉桥不考虑混凝土收缩徐变影响时,按上述第②步得到的成桥状态一定自动逼近成桥目标状态。当考虑混凝土收缩徐变影响时,上述第②步得到的成桥状态将会偏离成桥目标状态,这时需通过人为地调整斜拉索使安装得到的成桥状态结构的内力满足成桥目标状态的要求,重新计算目标状态无应力长度,再按第②步要求重新进行正装计算,直至收敛。成桥状态位移的偏差可通过主梁安装过程中的预拱度来调整。

需要注意的是,对于混凝土斜拉桥,上述混凝土收缩徐变影响的迭代过程是必然的。主要因为指定的成桥理想目标状态未考虑或未完全考虑斜拉桥分阶段施工过程的收缩徐变影响。用传统的“倒退分析法”也有此迭代过程。使用无应力状态法可以很明确地表明安装得到的成桥状态的内力完全逼近于成桥目标状态,收缩徐变的影响主要反应在位移的偏差上,这种位移的偏差用预拱度来调整。

斜拉桥中索力的变化有两种:一种是改变斜拉索自身无应力长度(利用千斤顶张拉)时的索力变化;另一种是由于外荷载、体系改变、混凝土收缩徐变和其他斜拉索张拉等引起的变化。无应力状态法更关注由于斜拉索自身无应力长度改变引起的索力变化。所谓“到位张拉”就是指某一根斜拉索最后一次主动调索,使其无应力长度调整至成桥目标要求的长度。斜拉索到位张拉后,后续阶段索力还会发生变化,但成桥后索力一定会自动逼近成桥目标状态的索力。

第四节　施工控制的实施

施工控制的实施涉及施工控制体系的建立、监控流程的确定、各施工阶段的监控和监测的实施以及监控成果的总结等内容。为方便叙述,下面以上海长江大桥为例介绍施工控制的实施,以供参考。

一、工程介绍

上海长江大桥工程位于上海市东部,由长兴岛跨越长江的北港,至崇明陈家镇,全长约16. 55km(跨越长江部分8. 5km),其中主通航孔桥桥型采用主跨730m的双塔斜拉桥,在两跨各设置一个辅助墩。

跨径组合:92 +258 +730 +258 +92 =1 430m。

主塔:“人”字形混凝土索塔,拉索锚固区为钢锚箱 + 混凝土塔壁。

主梁:分离式全焊钢箱梁,上下行两幅间用横梁连接。

索:平行钢丝,空间扇形双索面。

塔梁约束:塔梁竖向漂浮,横向约束,纵向由阻尼器连接。

主要施工工艺:索塔采用爬模工艺;主梁船运用桥面吊机提升安装,采用悬臂拼装法施工。

本项目具有以下特点,施工控制过程中应对本项目的这些特点加以重点的考虑和研究:

(1)本桥首次在国内采用无横梁的索塔设计,因此在悬臂施工过程中临时固结将由承台上的支架提供,这在以往的大跨径桥梁中尚无先例。

(2)本桥悬臂长度很长,且桥位处于台风高发地区,因此本项目的监控过程中应充分重视悬臂施工期间的抗风稳定性的监测,并应深入研究有风情况下的高程及索力的测量问题。

(3)相邻钢箱梁间的转角关系在钢箱梁工厂组拼完后就固定下来,在钢箱梁现场拼装时如果要对其进行调整将带来两个问题:局部出现不可消除的折角,焊缝宽度过大。因此施工监控应介入钢箱梁的制造线形的确定。

(4)钢箱梁斜拉桥吊装梁段现场精确定位方法及钢箱梁的焊接工艺将直接影响高程控制的精度,监控组应对上述两项工艺提出要求并对其执行进行监督及相应的监测。监控单位应对焊缝收缩进行抽样监测。

(5)在监控计算中应充分考虑钢箱梁属于薄壁结构,其剪切刚度将对钢箱梁在承受较大不平衡竖向力时的变形产生显著的影响。

(6)应考虑主梁大悬臂施工时几何非线性的影响,特别是本桥斜拉索施工过程中应力水平较低,几何非线性影响较为显著。

二、施工控制体系的建立

1. 监控总体思路

针对上海长江大桥的工程特点以及多年的监控实践经验,建立上海长江大桥的监控总体思路如下:

(1)建立自动化监控测试系统,以加快监控测试数据采集速度,提高监控测试频率。

(2)施工控制采用几何控制和应力(索力)控制双控,且几何控制为主的控制方法。这种控制的主要理论是:对于成桥状态已确定的桥梁可以通过各种方法获得其各种构件的无应力几何参数,利用这些无应力几何参数来进行各构件的制作,构件制作完毕后无论采用何种方法连接在一起其最终将达到预定的成桥状态。

(3)拉索长度误差对桥面的竖向线形影响非常敏感,拉索在塔、梁处实际锚固位置误差和拉索实际长度误差通过锚头垫片进行调整,以使主梁的竖向线形符合预测要求;

(4)全方位监测塔、梁、索构件的加工及安装的几何位置。

(5)利用拉索第一次张拉后锚头的位置及梁、塔的位置,并且配合精确的张拉索力测量对拉索的无应力长度误差及弹模进行必要的修正。

(6)建立温度场测量与分析系统;温度对梁段、塔柱的几何线形影响非常大,且对拉索锚固位置精确定位也是相当重要的;各施工阶段的测量应在日照前进行,以尽可能降低温度对结构的影响。

(7)施工中温度、风荷载的影响、塔柱混凝土收缩和徐变、基础沉降等应在每一个施工阶段的分析模型中进行修正。

(8)对分离式边箱梁梁段横向的平直度应密切控制,并在工厂制造时通过匹配控制法进行预拼。

(9)采用多套线性、非线性分析软件配合使用,以确保分析过程及结果正确无误。

(10)建立监制测试数据的冗余纠错系统。

(11)建立振动测试与必要的抑振系统。

2. 施工监控技术体系的建立

桥梁的施工控制与桥梁的设计和施工有密切的联系。根据上海长江大桥设计和施工的具体特点,参考国内外桥梁施工控制工作的开展情况,建立图8-1所示的施工控制技术体系,并依此进行施工控制。

3. 施工监控组织体系的建立

成立施工监控工作小组,并明确各自职责。具体如下:

(1)建设单位:若干人;负责监控工作总协调,监督施工监控各环节工作的正常开展,组织召开监控例会和监控工作讨论会。

(2)监控单位:不少于5人;负责索力、应力、温度等数据的采集,进行数据分析,发布监控指令。其中,1人总负责监控计算和应力、温度、索力等的监测,2人具体负责监控计算,2人负责应力、温度、索力的监测。

(3)设计院:负责复核监控数学模型和监控指令。

(4)现场监理机构:配属负责人、结构、测量、钢结构监理若干人;其中负责人负责协调现场监理工作,保证监理签字的真实、有效;结构监理负责签字确认现场具备实施监控指令的条件,并在实施监控指令的过程中旁站监督,监督施工方按监控指令的要求实施;测量监理负责签字确认梁线形、塔偏位等测量数据的真实、有效;钢结构监理负责签字确认现场具备实施钢结构制造线形、拉索制造长度等监控指令的条件,并监督监控指令的实施过程,此外,签字确认梁重、弹模等反馈数据真实、有效。

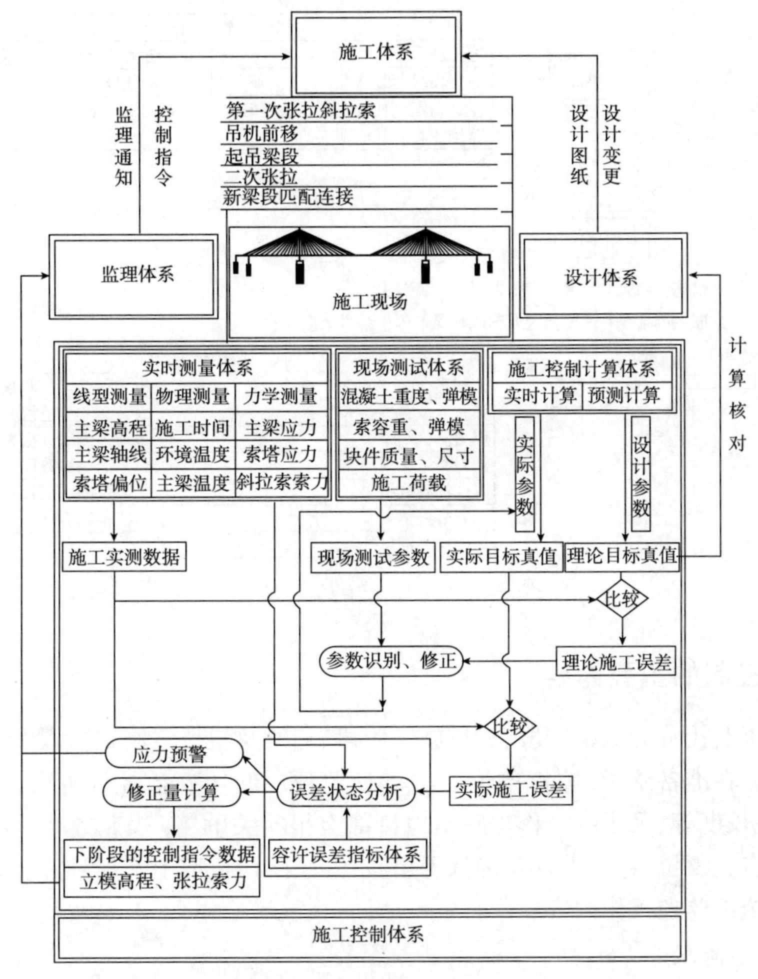

图 8-1　施工控制技术体系

(5)承包人：总工全面负责监控指令的严格执行和反馈数据的真实、有效；现场经理负责施工现场监控指令的严格执行和反馈数据的真实、有效；钢结构技术负责人负责严格执行钢结构制造线形、拉索制造长度等监控指令，并保证反馈数据的真实、有效；工程部协助总工的技术工作；测量部长负责严格监控指令给出的数据放样。并保证反馈数据的真实、有效。

建立监控例会和监控工作讨论会的制度并严格执行。

三、监控的流转程序

施工监控主要由实际参数反馈、监控计算及监控指令下达 3 个过程组成，数据和指令以书面形式流转，有关人员签字后方可生效。其中，有关高程、平面位置、塔偏位等承包人提供的反馈数据必须由监理人员签字后方视为有效，监控指令须经设计复核，然后先下达到监理处，待监理人员签字确认具备实施条件后，方可正式实施。流转程序如图 8-2 所示。

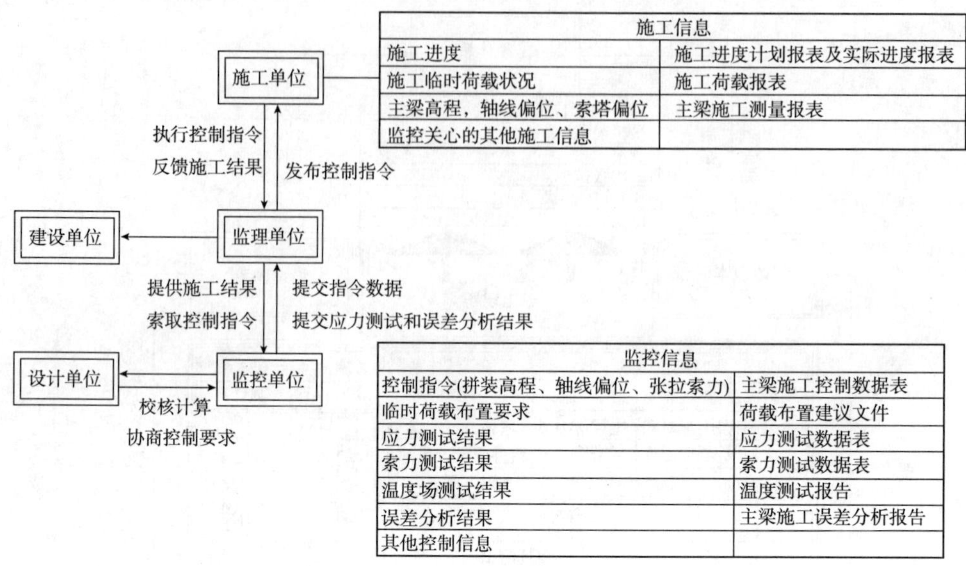

图 8-2　施工监控信息流转程序

四、施工控制的主要内容

本项目施工监控分为准备阶段、索塔施工阶段、箱梁及斜拉索制造阶段和箱梁现场安装阶段 4 个阶段。在准备阶段，监控单位要与设计单位一起明确监控计算模型、箱梁制造线形、斜拉索制造长度等，采用的工作程序是项目部上报相关的“工程业务联系单”，然后设计在回复中完成有关复核、补充设计及确认等事宜；其余阶段按照上文所述监控流程执行。下面详述各阶段施工监控工作内容。

1. 前期准备阶段

(1) 设计确认施工监控计算模型，复核截面特性、材料特性等基本参数。

(2) 施工监控单位确定箱梁无应力制造线形以及相邻梁段之间的转角，设计院加以审核。

(3) 施工监控单位提供斜拉索制造索长，设计院加以审核。

(4) 设计单位将成桥线形以及桥面铺装相关参数提供给施工监控单位，以便后者明确施工监控目标值。

(5) 施工监控单位将塔梁临时固结、临时墩以及边、辅墩支架与主梁支撑点传递给主梁的荷载提供给设计，设计院据此进行钢箱梁加固设计。

(6) 施工监控单位将桥面吊机在各种工况下的位置及荷载提供给设计，设计院据此进行钢箱梁加固设计。

(7) 设计院提供钢箱梁节段制造时的横桥向预拱桥。

(8) 施工监控单位提供钢箱梁压缩变形分段补偿方式以及数值，并由设计复核。

(9) 施工监控单位将几何控制以及索力控制目标值的允许误差提供给设计，由设计确认。

(10)对于其他需要设计院考虑细部加固的情况,施工监控单位提供计算参数,设计院进行相关细部设计。

2. 索塔施工阶段

(1)监控单位布设监测元件。

(2)监控单位根据项目部提供的塔身混凝土弹性模量,计算主塔弹压缩变形量,在0号钢锚箱底座顶面集中补偿。计算完毕后,将结果交设计院复核,并在复核通过后,0号钢锚箱安装前下达集中补偿监控指令(其间须进行索截沉降观测,集中补偿值应考虑沉降量)。

(3)监控单位将下塔柱水平主动横撑计算数据提供给设计复核,复核通过后,下达主动横撑监控指令,并视情况对水平主动横撑进行监测。

(4)索塔模板以及钢锚箱安装的监控由项目部负责进行。

3. 箱梁及斜拉索制造阶段

(1)箱梁开始加工前,施工监控单位下达箱梁无应力制造线形以及梁段制造几何要素监控指令。

(2)斜拉索开始制造前,施工监控单位下达斜拉索制造长度监控指令。

(3)根据监控单位的要求,项目部负责将箱梁实际制造线形,钢材弹性模量,强度、重量提供给监控单位,须考虑采取措施逐段称量箱梁重量。

(4)根据监控单位的要求,项目部负责将斜拉索实际弹性模量、强度、重量提供给监控单位。

(5)为避免斜拉索长和弹性模量误差的不利影响,在挂索阶段,监控单位负责对牵引力及索长进行测试,明确张拉锚头的位置。

4. 箱梁现场安装阶段

施工监控的主要集中在箱梁的现场安装阶段,此阶段可分为0号块(包括Z1、Z0、TA、B0、B1)施工、墩顶段(包括临时礅顶段Z10以及边辅顶段B16、B17、B23)施工、标准段施工、边跨合龙、中跨合龙5个部分,本阶段监控指令须注明实施条件和精度要求,各个部分施工监控的工作内容如下:

(1)0号块施工

①为消除0号块支架的非弹性变形,支架搭设完毕后,监控单位下达支架预压重量监控指令。

②0号梁段吊装前,监控单位下达有关约束方式、要求、约束施加时间以及解除约束时间的监控指令。项目部负责定期检查约束情况,并将经监理签字确认的检查表提交监控单位。

③0号块梁段吊装前,监控单位下达梁段安装位置监控指令。

④监控单位布设监测元件。

⑤监控单位测定梁段焊接前后顶底板收缩量。

(2)墩顶段施工

主要施工程序是搭设支架,再采用浮吊吊装相应梁段至辅助墩、边墩以及中跨临时墩墩顶并就位。跨越临时墩的施工流程为:浮吊将临时墩顶段(Z10)安放于临时墩顶→桥面吊机起吊 B10、Z10 并临时连接→第二次张拉 B10、Z10 号索完毕→Z9 与 Z10 之间环焊缝焊接→临时墩支架接高,Z10 与临时墩顶连接,吊机前移。

墩顶段安装以及跨越临时墩施工前,监控单位下达有关约束方式、要求、约束施加时间以及解除约束时间的监控指令。项目部负责定期检查约束情况,并将经监理签字确认的检查表提交监控单位。

(3)标准段施工

此部分包括全桥两大控制工况,即环焊缝焊接和斜拉索第二次张拉,这两种工况具有不可逆性。标准段施工流程为:桥面吊机起吊标准段→梁段精确定位→梁段间环焊缝焊接→斜拉索第一次张拉→吊机前移→斜拉索第二次张拉。

①监控单位布设箱梁内监测元件,自行监测梁、塔内的应力和温度(包括拉索温度)、环境温度、斜拉索索力、支座反力。

②标准段起吊前,监控单位下达梁段安装高程监控指令。

③斜拉索第一次张拉前,监控单位下达斜拉索第一次张拉监控指令。第一次张拉好后,根据监控要单位的要求,项目部提供悬臂端 3 个梁段高程和塔偏位的反馈数据,监控单位自行测量悬臂端 3 个对拉索索力。

④斜拉索第二次张拉前,监控单位下达斜拉索第二次张拉监控指令。第二次张拉好后项目部提供悬臂端 5 个梁段标高和塔偏位的反馈数据,监控单位自行测量悬臂端 5 对拉索索力。

⑤纵桥向桥轴线以及索塔出现异常偏位时,应暂停吊装新梁段,调查原因,待问题解决后再重新开始吊装。

⑥梁段线形、索力发生异常时,应首先考虑在下一梁段吊装时调节,如果新梁段安装后异常情况呈现放大趋势,则应及时暂停下一梁段吊装,调查原因,进行调索,并在以后梁段吊装中采取措施避免再次出现异常情况。

⑦每隔 5 个梁段吊装结束,应在斜拉索第二次张拉完毕后进行全部监测内容通测以及全线主梁高程及轴线联测。

(4)边跨合龙(以辅墩顶段合龙为例,边墩段与此相同)

边跨合龙施工流程为:支架段(B16、B17)安装→15 号梁段起吊、焊接、挂索→15 号索第一次张拉→支架段精度就位→合龙段(B15)与支架段以及合龙段与 B14 之间环焊缝焊接→压重混凝土浇注→B16、B17 斜拉索第二次张拉。

①监控单位下达的指令包括合龙口环焊缝焊接指令、斜拉索第一张、二张指令、压重施工指令。

②合龙前后,进行全部监测内容通测以及全线主梁标高及轴线联测。

(5)中跨合龙

中跨合龙施工流程为:张拉第 23 号斜拉索、合龙口临时压载、准备姿态调节及临时固定装置、连续测量观测→起吊合龙段,同时均匀移走临时压载→精确调整位置后,锁定临时固定装置,焊接环焊缝,同时解除 0 号块临时约束。

①监控单位下达的指令包括合龙口环焊缝焊接指令。

②合龙前后,进行全部监测内容通测以及全线主梁标高及轴线联测。

5. 施工监测

(1)监测内容汇总(表8-1)

监测项目汇总表 表8-1

监测对象	监测部位	仪器类型	数量(个或台)
温度场	主梁	数字温度计	126
	索塔	数字温度计	24
	拉索	测温试验索	1
空气温度与相对湿度	大气	电子温湿度计	1
主梁高程	主梁	自动安平数字水准仪	1
	主梁	手动安平精密水准仪	1
主梁轴线、索塔偏位	主梁、索塔	全站仪	2
应变	索塔	表面应变片	4×24
	主梁	表面应变片	4×126
索力	张拉端	锚索计	8
	梁端	振动索力仪	4

(2)测点布置

①索力(图8-3、图8-4)

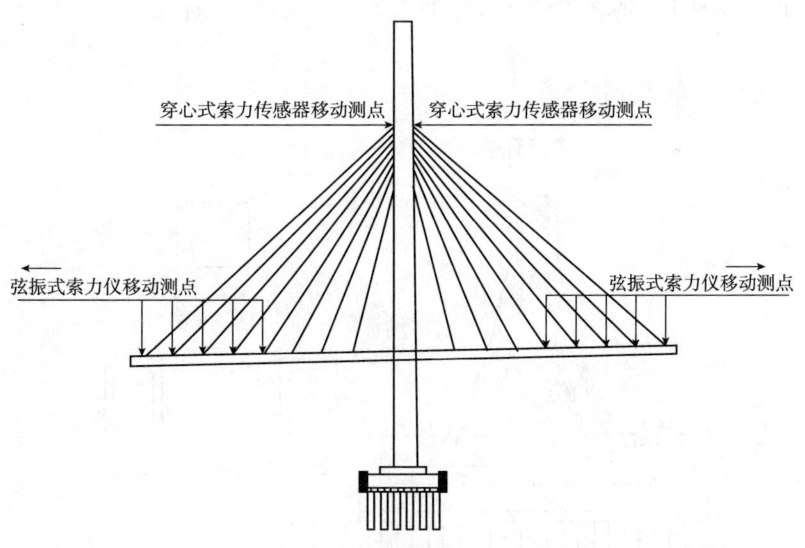

图8-3　节段控制工况索力传感器测点布置图

②空间位置

a. 在大桥的两边跨和中跨的0号块顶面建立高精度的轴线(桥轴线)控制网,作为悬臂箱梁悬拼安装时中轴线控制的基准控制网。

b. 每一块箱梁顶面刻画好其中轴线的标志线用于新梁段起吊后平面位置定位。

c. 在0号块钢箱梁顶面建立高精度的高程控制点,作为悬臂箱梁拼装时高程控制的高程基准控制点。

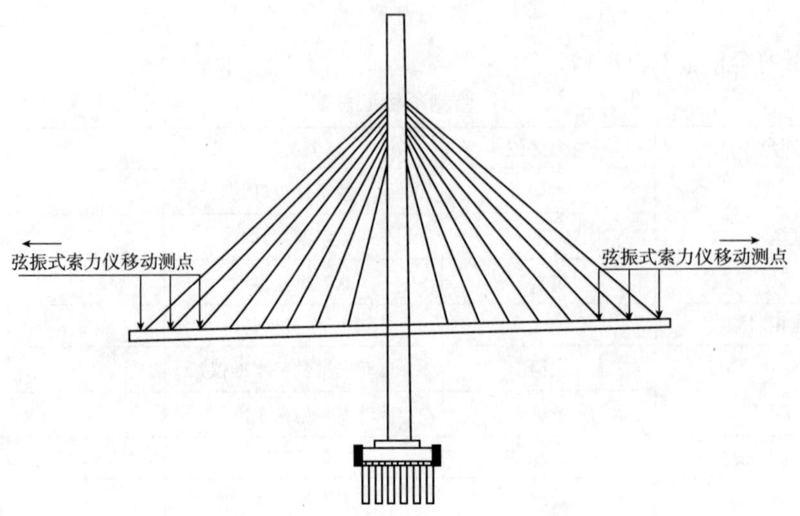

图 8-4　其余工况索力传感器测点布置图

d. 每一块箱梁顶面布设4个高程控制点，位于外斜底板和顶板的交界处，其中远塔向的两个为主控测点，近塔向的两个为辅助测点；在靠近横梁处设置一个平面轴线测点，也可用作高程测点，为了在测点处安装棱镜，所有测点均为焊接于梁顶的固定点。

e. 对于塔的偏位观测，在桥轴线附近的建有观测墩和强制对中器的平面控制点，索塔变形监测点在两个主塔的顶部，每塔2点，分别布置于横桥面和顺桥面。

③应力

a. 索塔应力测点布置见图 8-5。

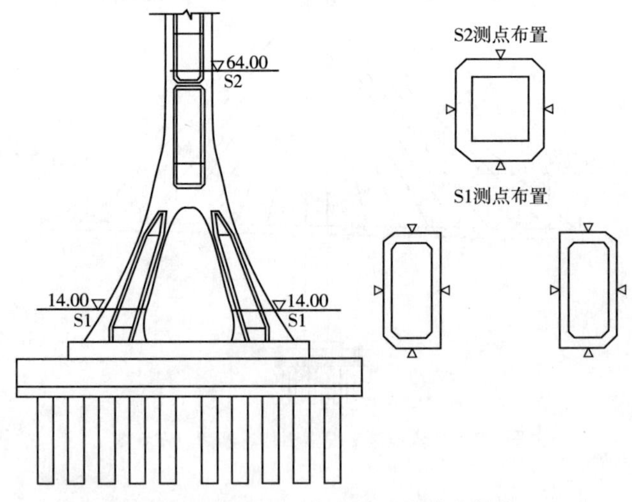

图 8-5　索塔应力及温度测点布置图（高程单位：m）

b. 主梁应力测点布置见图 8-6。

④温度场

环境温度测点设置在下横梁顶部，结构温度场的测点布置与应变测点布置相同，拉索温度监测采用试验拉索。

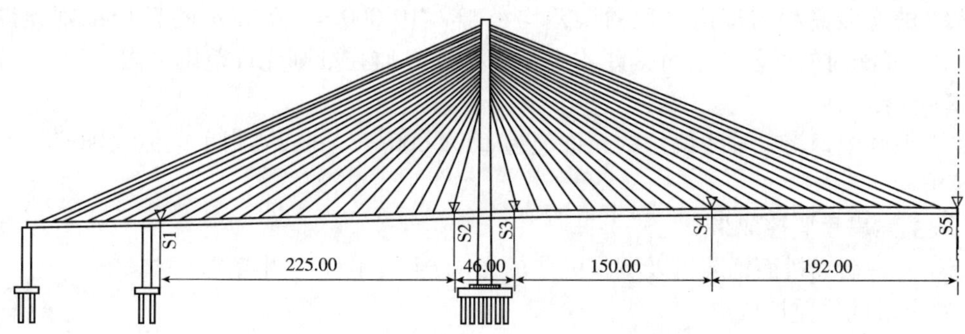

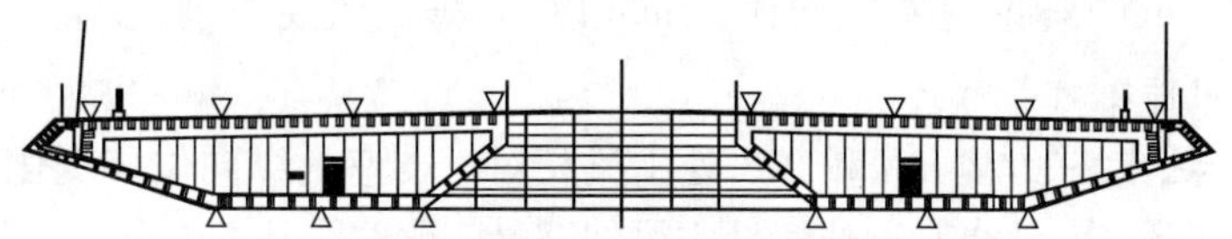

图 8-6　主梁应力及温度测点布置图

(3)各工序监测内容(表 8-2)

工序监测内容汇总表　　　　表 8-2

监测工况	项目	第一次张拉	吊机前移就位	吊机起吊梁段	第二次张拉,精匹配
几何监测	内容	高程、索塔偏位			高程、索塔偏位、轴线偏位
	范围	悬臂端 3 个梁段			悬臂端 5 个梁段
应力监测	内容	主梁应力	主梁应力	主梁应力	主梁应力、索塔应力
	范围	全部测点	全部测点	全部测点	全部测点
温度场监测	内容	主梁、拉索、索塔	主梁、拉索、索塔	主梁、拉索、索塔	主梁、拉索、索塔
	范围	全部测点	全部测点	全部测点	全部测点
索力监测	内容	索力	索力	索力	索力
	范围	悬臂端 3 对拉索	悬臂端 3 对拉索	悬臂端 3 对拉索	悬臂端 5 对拉索
支座反力	内容				辅助墩
	范围				全部测点
监测时间		20:00 后	不作要求	不作要求	20:00 后

五、施工控制的成果

1. 索力监控成果

全桥索力通测结果显示,索力误差在 5% 以内,满足要求;考虑了远期轻轨活载以及远期轻轨的轨道恒载,运营阶段拉索安全系数均大于 2.4,满足设计要求。

2. 线形监控成果

(1)主梁高程

全桥铺装前进行主梁高程通测,绘制高程误差曲线。根据实测结果,主梁铺装前所有控制测点处的实测高程与理论高程的误差均小于 $L/10\ 000=\pm 73$mm,在监控细则允许范围内;合龙后通测时的梁段上下游偏差均小于20mm,在监控细则允许范围之内。

(2)主梁轴线

监控细则中钢箱梁轴线偏位的允许值为 $L/20\ 000=37$mm,实测主梁最大轴偏为12mm,满足要求。

(3)主梁里程监控成果

综合考虑后续桥面铺装以及测量温度的影响,主梁里程控制满足要求。

(4)索塔偏位监控成果

根据南塔和北塔塔顶偏位实测,两塔塔顶均偏岸侧,南塔塔顶纵向偏位324mm,北塔塔顶纵向偏位292mm,与理论值差值均在30mm以内,满足监控细则要求。

3. 主梁纵向伸缩量

根据监测结果,南塔、北塔TA和B23处主梁相对于支座的纵向位移变化曲线与主梁顶板温度变化趋势基本一致,南、北塔对称位置处主梁伸缩量变化曲线基本吻合,说明主梁对称性良好。

4. 主梁应力监控成果

根据监测结果,主梁应力理论值与实测值吻合较好,且各测点断面处的应力值均在应力安全范围内。

第五节　施工控制的监理

一、影响斜拉桥施工控制的因素

大跨度桥梁施工控制的主要目的是使施工实际状态最大限度地与理想设计状态(线形与受力)相吻合。要实现上述目标,就必须全面了解可能使施工状态偏离理想设计状态的所有因素,以便对施工实施有的放矢的有效控制。

1. 结构参数

结构参数是斜拉桥施工控制仿真分析的基本资料,其准确性直接影响分析结果的准确性。但是事实上,仿真分析所用到的结构参数一般与设计所采用的结构参数总是存在一定的误差,施工控制中怎样考虑这些误差,使仿真分析所用到的结构参数尽量接近斜拉桥的真实结构参数,是首先需要解决的问题。

(1)结构材料弹性模量。斜拉桥是高次超静定结构,弹性模量对结构分析影响很大。如斜拉索垂度的影响,使斜拉索的弹性模量减小。对PC混凝土斜拉桥要对混凝土多次取样试验,确定混凝土的弹性模量。

(2)材料重度。材料重度是引起结构内力与变形的主要因素,施工控制中必须考虑实际容重与设计取值间可能存在的误差,特别是混凝土材料,不同的集料与不同的钢筋含量都会对重度产生影响,施工控制中必须对其进行准确识别。

(3)结构构件截面尺寸。斜拉桥施工控制仿真计算中截面尺寸误差,会直接导致截面特性误差,从而直接影响结构内力、变形等的分析结果。所以,控制过程中要对结构尺寸进行动态取值和误差分析。

(4)材料热膨胀系数。对钢斜拉桥热膨胀系数的正确与否将对施工控制产生较大影响。

(5)预加应力。预加应力是影响预应力混凝土斜拉桥结构内力的重要结构参数,从主梁受力上看,预应力起了很大的作用,但其对斜拉桥挠度和索力影响均很小。

(6)索力。斜拉桥的索力直接影响结构变形与受力,由于目前斜拉索控制索力常由油压表读数控制,所以油压表以及张拉系统的误差决定了斜拉索的张拉力误差,另外锚具变形也会影响索力的数值。斜拉索张拉力误差通过现场测试,可以将其减小。

2. 材料收缩徐变

收缩徐变是混凝土结构的基本特性。混凝土的配合比、环境湿度、加载龄期及荷载大小都对混凝土收缩徐变产生非常大的影响,因此在斜拉桥施工控制正装计算中徐变计算所采用的收缩率、收缩终极值以及徐变的一些参数必须进行参数识别,减小理论计算值的误差。

对混凝土桥梁结构而言,材料收缩徐变对结构内力、变形有较大的影响。一方面收缩徐变会使结构的变形增大;另一方面随着时间的增加,对于超静定结构还会产生内力重分布。特别是对于高次超静定的混凝土斜拉桥,还牵涉到梁、塔、索的相互影响和分阶段施工、体系转换以及混凝土加载龄期不同等因素影响,使得这一问题变得更加复杂。

3. 温度变化

温度变化对桥梁结构的受力与变形影响很大,这种影响随着温度的改变而改变,在不同时刻对结构状态(应力、变形状态)进行量测,其结果是不一样的。斜拉桥施工控制应充分考虑温度的影响。在大、中跨径斜拉桥施工制中,主梁高程、斜拉索索力的测量受温差影响较大。对于昼夜温差的影响一般采取回避的做法更直接有效,即测量立模高程和斜拉索张拉力时,均在温度比较均匀的凌晨到日出这一段时间进行。对于连续高温的天气,凌晨温度也不会均匀,这时应修正立模标高,减小温差影响。对于季节温差的影响,应在施工控制仿真计算时予以考虑。

4. 梁段质量误差

梁段质量误差是影响控制精度的重要因素。钢梁由于钢板厚度及焊缝、涂装厚度等因素,常会超重;悬浇梁由于模板刚度有限,在浇筑混凝土时容易造成模板变形,常常导致混凝土超方,导致实际梁段质量比理论计算的梁段质量大。施工可以通过反馈计算来预测梁段质量误差及其趋势或进行梁体称重,减少因梁段施工质量的变化而对控制精度造成的影响。

5. 结构分析计算模型及计算精度

在斜拉桥施工控制仿真中,无论采用什么分析方法和手段,总是要对实际桥梁结构进行简化和建立计算模型,这种简化使计算模型与实际结构的真实情况之间存在误差,包括各种假定条件、边界约束条件的处理、模型化本身的精度等。控制中需要在这方面做大量工作,建立最能反映结构实际特征的模型和分析方法,必要时还要进行专门的试验研究,以使计算模型误差所产生的影响减到最低限度。

悬浇施工的斜拉桥施工控制要求获得精确的斜拉索初始张拉力和主梁立模高程等施工控制参数以指导施工,因而计算精度要求较高。对于中小跨径的斜拉桥非线性因素的影响一般不大,但大跨径斜拉桥的施工控制仿真则必须考虑非线性的影响,否则计算结果将产生较大的偏差。

6. 施工方案

斜拉桥属于高次超静定结构，所采用的施工方法和安装程序，与成桥后的主梁线形和结构恒载内力有着密切关系。在施工阶段，随着斜拉桥结构体系和荷载状态的不断变化，结构内力和线形也随之不断变化。施工方案的改变，将直接影响成桥结构状态，因此施工方案是影响斜拉桥施工控制的重要因素。

7. 施工监测

施工监测包括温度监测、应力监测、变形监测等。因测量仪器本身、仪器安装、测量方法、数据采集、环境状态等方面存在误差，导致监测总是存在误差。该误差一方面可能造成结构实际参数、状态与设计或控制值吻合较好的假象，另一方面也可能造成将本来较好的状态调整得更差的情况。所以在控制过程中，从测量仪器、设备、方法上尽量减小测量误差，而在进行控制分析时，应尽可能计入这一误差的影响。

8. 临时荷载、挂篮刚度所引起的误差

在施工中，如果对临时荷载的大小、位置和加载、卸载时间没有严格的规定，由于其影响较大，则没法进行有效的误差识别和预测。同时悬浇施工挂篮的刚度以及挂篮与混凝土主梁的连接牢固情况也对施工控制的平顺性影响很大，一定要在挂篮试压时准确地模拟挂篮的纵梁、挂钩及止推杆等关键构件的刚度。同时也要在挂篮立模时严格控制挂篮的非弹性变形，以减少施工误差。

9. 施工管理

施工管理好坏直接影响斜拉桥施工质量、进度等。特别是施工进度一旦不按计划进行，必然给施工控制带来一定难度。以悬臂施工的混凝土斜拉桥为例，如果主梁相对悬臂施工进度存在差别，就必然使其中之一悬臂在合龙前等待较长时间，从而产生不同的徐变变形，由于徐变变形较难准确估计，所以容易造成最终合龙困难。同时最大悬臂状态也是最危险的状态。

二、施工控制的监理

斜拉桥的施工控制是斜拉桥整体施工质量控制的组成与补充。在整个施工控制的流程中，监理人员虽然没有介入施工监控的计算和复核工作，但是在监控指令的流转、指令执行的监督以及施工监测等环节上，监理人员的作用非常重要，因此，现场监理机构须高度重视在施工控制过程中的监理工作。

(1)前期准备阶段

①审查承包人的施工控制方案，监督、检查实施情况。在审查环节监理人员必须深刻理解设计意图和要求，针对本项目的特点，充分分析影响施工控制的因素，重点审查施工控制方案内容的全面性。

②审查监控单位的施工监控工作细则，协助业主组建施工监控工作小组，明确监控指令的流程，并在实施中负责设计、施工和监控单位之间的联系。

(2)施工控制实施阶段

①贯彻监控工作小组的施工监控指令，确认施工现场是否具备实施监控指令的条件，并在实施监控指令的过程中旁站监督，监督施工方按监控指令的要求实施；测量监理负责确认

梁线形、塔偏位等测量数据的真实、有效。

②旁站、监督斜拉索的张拉过程,控制张拉力偏差在要求范围内。

③检查并复核各阶段主梁高程测量、塔柱水平变位测量成果。

④检查并复核温度连续观测数据。

⑤监督承包人对监控单位埋设的测试元件进行有效的保护。

(3)悬浇施工的注意要点

①严格控制混凝土浇筑程序,检查每次拉索张拉时的混凝土方量,与监控指令要求值对比,控制最终节段混凝土方量的偏差。

②复核主梁每节段的尺寸,统计重量偏差。

(4)每一梁段完成后将有关监测结果及时汇总给施工控制工作办公室,对施工过程中出现的异常情况,及时分析原因,提出处理意见供监控小组决策。

三、施工控制实施中应注意的问题

1. 施工准备阶段

(1)施工控制实施前须针对项目特点组建合理的监控工作指导小组,小组成员应包括业主、设计、监控单位、监理和施工等参建单位,同时明确各方在实施施工控制过程中的职责和施工监控的流程。

(2)监控单位应对塔梁临时固结、临时支架、桥面吊机等临时设施对主梁的影响进行验算并进行主梁补强设计,验算和补强须报设计方进行复核和确认。

(3)测量设备的选型(放样精度的保证)

主梁线形测量分为放样测量与事后测量,放样测量对测量时间及精度均有较高的要求。放样测量因为存在反复调整的问题,而且新梁段的放样位置受其相邻梁段的位置及转角的影响,因此,放样测量的关键在于确保相对精度和测量速度。事后测量的结果主要用于误差分析和参数识别,因此,事后测量的关键在于确保可靠的测量精度。

考虑到斜拉桥在大悬臂及强风的特殊情况,可能在较多的测量时间内主梁存在较大的颤动,因此,针对这种情况需要制订特殊的测量方案,选择与施工监控要求相适应的测量设备,以确保施工的精度。建议在风速较小或悬臂较短的阶段主梁晃动不大的情况下采用自动安平水准仪;在风速较大或悬臂较长,主梁存在较大晃动的情况下,可采用两台 LeicaT-CA2003 测量机器(0.5″)同步测量两点获得高差的方式来抵消主梁晃动的影响。

(4)所有施工临时约束的实施方案、解除临时约束的顺序和解除时机均须得到设计的确认。

2. 索塔施工阶段

索塔施工阶段应注意水平主动撑杆有效支撑。水平撑杆在千斤顶加载、进行固定焊接后顶撑力是否仍保持在可以接受的水平是索塔施工过程安全控制的重点,监控单位须对支撑系统、索塔应力测点及索塔偏位进行监测以确定顶撑是否有效,否则应割开焊缝重新顶撑。

索塔施工时还应注意修正温度对立模位置的影响。索塔施工立模位置受温度影响大,如果不加以修正将直接导致索塔线形的误差,监控单位应通过对索塔温度场及索塔偏位的连续观测向施工单位提供索塔立模的温度修正量。

3. 钢主梁预制阶段

主梁工厂预制阶段对后期监控影响最大的就是主梁的预拼装线形,主梁梁段加工完成后需要根据预拼装线形在胎架上对多个梁段进行组拼,并对相邻梁段的接缝宽度进行复核或调整,最终安装工地连接匹配件并进行高强螺栓拼接板号孔以及轴线定位标记的刻画。这个工作一旦完成后主梁现场安装新老梁段间的转角关系就确定下来。监控组须对主梁预拼线形进行复核,并指导钢箱梁加工单位进行预拼线形控制。主梁预制线形出现异常将导致现场拼装无法达到预定高程,对于这种情况不宜一味通过焊缝宽度来调整高程,焊缝宽度最大不宜超过设计要求和焊接工艺试验所确定的数据,过大的焊接变形将导致较差的焊接质量及较大的焊接收缩量,如果依然无法完成高程调整则可以考虑牺牲部分高程绝对值以保障主梁的匀顺,而这部分高程误差可以考虑通过索力的调整来修正,即在安全的范围内将主梁的几何误差转换为索力(内力)误差。

4. 混凝土梁的预制和匹配

预制线形要在理论线形的基础上考虑预设由于收缩徐变可能引起的预拱度。同时在工艺中应考虑已浇梁段荷载对整体线形的影响。另外,底模在反复使用过程中,每进入一个新的预制单元,需对底模线形进行检验,及时调整偏差。

预制梁端面的隔离处理直接关系到梁体制造和后期匹配的精度,对于锚槽及其周围易损地方,剪力键、剪力槽棱角混凝土易破坏的地方,一定要注意保护。

梁体预制时应利用在控制线形时建立的梁场平面和高程控制网对索道管的安装调整进行控制。

梁体预制好后应进行称重,称重的目的:一是为了悬拼梁理论计算所需数据;二是控制梁体误差。

预制梁的存放期一定要满足设计要求,施工时如不能保证存梁期,监控单位须重新考虑混凝土收缩、徐变对线形的影响。

预制梁安装设备须具有微调功能,以确保得到理想的匹配线形。

5. 拉索预制阶段

拉索预制阶段索长的控制也是个极其重要的指标,其加工精度将直接影响拉索张挂是否成功。监控单位须对拉索预制长度进行复核,当拉索长度出现过长或过短等异常情况导致拉索无法正常锚固的时候可以通过增加垫片或安装锚杯延伸筒来确保正常施工能够延续。

6. 拉索张挂阶段

大跨度斜拉桥采用平行钢丝索整体挂索时,拉索长度及伸长值均较大,张拉施工困难,索长及拉索弹模误差可能导致拉索无法正常锚固。为了避免这种情况的发生,监控组可以在拉索张挂阶段对牵引力及拉索长度进行一个大致的测试,通过分析来预测张拉端锚头的位置,如果出现无法锚固的风险,可以通过适当调整锚固端锚环的位置来解决。

7. 钢主梁安装阶段

主梁安装阶段放样高程的确定非常重要,考虑温度的变化会影响已成梁段同时也影响放样高程,因此,放样高程应在同时监测已成梁段的基础上确定。

钢主梁安装阶段放样高程的调整可以考虑将新老梁段的顶部部分临时连接预先连接起来以避免被吊梁段的晃动造成的测量困难,但不得同时连接腹板及底板的匹配件(此时高程调整将不再是无应力的调整)。

钢主梁安装阶段还存在新旧梁段接口处顶板凹凸交错的问题,这个问题可以通过马板+千斤顶进行马平。

8. 混凝土梁悬臂浇筑阶段

在主梁双悬臂浇筑施工中,梁段混凝土的浇筑,钢束及斜拉索的张拉,挂篮和机具的移动,均应遵循对称、均衡、同步的原则进行。

模板的立模高程控制是混凝土梁悬臂浇筑的控制重点之一,底模预抬包括主梁底模的预抬和顶板底模的预抬。预抬值的大小,应综合参考挂篮预压结果、仿真模拟计算和施工过程中测量观测值。

影响主梁线形的因素很多,模板的平整度、安装精度,挂篮主纵梁高强螺栓拧固性能,环境温差变化,施工荷载及计量控制(如混凝土方量、拌和计量系统、挂篮及模板重量变化)的精度均影响主梁线形。在施工中尽量做到:模板顶升位置合理、牢固可靠;防止主纵梁锚点高强螺栓松动;测量选择在凌晨或日出前等温度稳定时,规避不均匀温度场的影响;提高计量控制的精度。

混凝土在梁段浇筑时,应在计量系统、罐数记录、模板结构尺寸校核及输送管道耗量大小、挂篮及模板重量的变化等方面严格测算,严格控制。

9. 桥面铺装及二期恒载

桥面铺装及二期恒载阶段监控单位任务相对较少,但仍然应进行以下几个方面的工作:

(1)复核铺装及二期恒载顺序是否有危及安全的情况出现。

(2)监测桥面铺装时钢箱梁的温度,避免局部出现过大的温度应力。

10. 事后调索

悬臂施工过程中节段施工的最后一次拉索张拉为控制工况,由于本次张拉完成后这根拉索基本不需要再进行调整了,所以这次张拉的吨位控制对监控而言非常重要。施工时建议采用常规的弦振式索力仪进行索力监测外,还须采用高精度的穿心式锚索计来精确控制张拉吨位,同时配合高程测量,三者间的结合可以将张拉阶段索力控制到较高的精度。

监控过程如果出现较大误差的时候则需要进行二次调索,二次调索整个过程需要在监控单位的严密组织和监测之下进行。一般而言,如果出现高程低索力小的情况则比较容易作出决定,而出现高程低索力反而大的情况则需要根据具体情况加以考虑,这时可能需要对牺牲高程精度还是索力精度作出选择。

二期恒载施工后,设计应明确如何进行调索(如有需要)。

11. 成桥恒载状态

施工监控组在本阶段的主要任务是完成桥梁零状态的建立以将工作向健康监测转移。

通过施工阶段的仿真跟踪分析及桥面铺装完成后的高程及索力的监测给出桥梁结构的恒载内力及刚度状态,这个状态作为桥梁出生的“零”状态,以后结构内力及刚度改变均基于这个“零”状态。

第九章　斜拉桥施工安全监理

《建设工程安全生产管理条例》(国务院令第393号)是我国第一部规范建设工程安全生产的行政法规,它标志着我国建设工程安全生产管理进入法制化、规范化发展的新时期。该条例首次规定了工程监理的安全责任及相应的法律责任,监理单位的施工现场监理工作由原来的"质量、进度、费用"三控制变为"安全、质量、进度、费用"四控制。

安全监理是一项政策性、技术性、责任性很强的工作。如何做好施工安全监理工作,督促并协助承包人抓好施工现场的安全,避免发生重大安全事故,是监理行业面临的一个重要而崭新的课题。

斜拉桥的施工一般地处宽阔水域设计预留的通航孔处,施工受桥位环境的影响较大,安全隐患多,而且斜拉桥施工的技术复杂程度高,施工时间长,高空作业、大型吊装等高危工序贯穿整个桥梁的施工过程,因此,斜拉桥的安全监理工作就显得更加的关键和重要。

第一节　安全监理的目标和依据

一、安全监理的目标

安全监理的具体目标为:

(1)杜绝重、特大伤亡事故,杜绝重、特大海损责任事故,杜绝重大设备责任事故及火灾事故。

(2)不发生锅炉、氧气乙炔瓶等高压容器爆炸事故,地下管系与电缆损坏事故及水上环境污染事故。

(3)年伤亡率 <6‰(或百万元产值伤亡事故频率)。

(4)不发生有重大社会影响的事件。

(5)创建"平安工地"和"文明工地"。

二、安全监理的依据

1. 相关法律与法规

(1)《中华人民共和国安全生产法》

(2)《中华人民共和国建筑法》

(3)《中华人民共和国劳动合同法》

(4)《中华人民共和国消防法》

(5)《中华人民共和国海上交通安全法》

(6)《特种设备安全监察条例》(国务院令第 549 号)

(7)《建设工程安全生产管理条例》(国务院令第 393 号)

(8)《安全生产许可证条例》(国务院令第 397 号)

(9)《生产安全事故报告和调查处理条例》(国务院令第 493 号)

(10)《公路水运工程安全生产监督管理办法》(交通部令 2007 年第 1 号)

(11)《建筑工程安全生产监督管理工作导则》(建设部 建质 2005 年第 184 号)

(12)《建设工程施工安全监理规程》(DG/TJ 08 - 2035—2008)

(13)《建筑业企业资质管理规定》(建设部令第 159 号)

(14)《施工现场安全生产保证体系》(DGJ 08 - 903—2003)

(15)《中华人民共和国防止船舶污染海域管理条例》

(16)《中华人民共和国水上水下施工作业通航安全管理规定》(交通部令 1999 年第 4 号)

(17)《中华人民共和国内河避碰规则》(交通部令 1991 年第 30 号)

(18)《中华人民共和国船舶签证管理规则》(交通部令 2007 年第 7 号)

(19)《中华人民共和国船舶最低安全配员规则》(交通部令 2004 年第 7 号)

2. 建筑施工安全技术标准

(1)检查标准

①《建筑施工安全检查标准》(JGJ 59—99)

②《工程建设标准强制性条文》(建设部 建标 2000 第 248 号)

(2)基础施工

①《建筑基坑支护技术规程》(JGJ 120—99)

②《建筑桩基技术规范》(JGJ 94—2008)

③《建筑地基处理技术规范》(JGJ 79—2002)

④《建筑工程预防坍塌事故若干规定》(建设部 建质 2003 第 82 号)

(3)脚手架施工

①《建筑施工扣件式钢管脚手架安全技术规范》(JGJ 130—2001)

②《建筑施工门式钢管脚手架安全技术规范》(JGJ 128—2010)

③《高处作业吊篮》(GB 19155—2003)

④《建筑施工附着升降脚手架安全技术规程》(DGJ 08 - 905—99)

(4)高处作业

①《建筑施工高处作业安全技术规范》(JGJ 80—91)

②《高处作业分级》(GB/T 3608—2008)

③《建筑工程预防高处坠落事故若干规定》(建设部 建质 2003 第 82 号)

(5)模板施工

①《液压滑动模板施工安全技术规程》(JGJ 65—89)

②《钢管扣件水平模板的支撑系统安全技术规程》(DG/TJ 08 - 016—2004)

(6)施工现场用电

①《施工现场临时用电安全技术规范》(JGJ 46—2005)

②《特低电压(ELV)限值》(GB/T 3805—2008)

(7)施工机械

①《龙门架及井架物料提升机安全技术规范》(JGJ 88—2010)

②《建筑机械使用安全技术规程》(JGJ 33—2001)

③《塔式起重机安全规程》(GB 5144—2006)

④《塔式起重机操作使用规程》(JG/T 100—99)

⑤《施工升降机安全规则》(GB 10055—2007)

⑥《施工升降机》(GB/T 10054—2005)

(8)相关文件

①《建设工程委托监理合同》

②已批准的《监理规划》

③已批准的《施工组织设计》和《安全专项施工方案》

第二节　安全监理的准备工作

一、收集有关开展安全监理工作所需的资料

工程监理单位和监理工程师应当按照法律、法规和工程建设强制性标准实施监理,监理机构应收集的资料主要有:

(1)有关工程建设的法律法规。

(2)行业或地方政府发布的规章与文件。

(3)有关工程建设的强制性标准。

(4)有关安全技术规范、标准及规程。

(5)监理合同中关于安全监理的工作内容要求。

(6)施工区域所处的不良地质条件(如浅层气)、水文、气象、地下管线、水底障碍物以及海洋渔业保护资料等。

监理机构应建立安全监理文件控制清单,这些文件是编制安全监理规划和开展安全监理工作的依据,应组织有关监理人员学习。

二、设置安全管理机构

在大跨度斜拉桥的施工阶段,承包人、监理机构、业主都应建立安全管理体系,全桥组成以业主为核心的安全管理大网络。

承包人的安全管理网络应以项目经理为第一责任人,专职安全管理人员的配置应符合建设部建质[2004]213 号文的规定。

监理机构的安全监理网络应以总监为第一责任人,专职安全监理人员的配置应符合投标承诺和开展安全监理工作实际需要。

三、编制安全监理方案

监理机构应在监理规划中编制安全监理方案。安全监理方案主要包括以下内容:安

全监理工作的依据和目标;安全监理工作范围和内容;安全监理工作程序;安全监理岗位设置和职责分工;安全监理工作制度和措施;安全监理资料管理;初步认定的危险性较大工程和安全监理实施细则编制计划;其他与新技术、新工艺、新材料有关的安全监理措施。

监理机构应将监理规划中对安全监理方案向监理人员进行交底,并做好交底记录。

四、建立全桥施工安全管理制度与程序

大跨度斜拉桥的建设,多以业主为管理核心,监理机构是在业主的管理框架之下开展工作,因此建立必要的安全管理制度与程序,有利于统一全桥施工安全管理行为,同时也有利于安全监理开展工作。

由于各项目业主的管理深度和准备工作情况存在差异,当业主设置有较为完善的安全管理制度与程序时,监理机构应熟悉这些制度与程序,并在工作中严格执行;当业主没有设置安全管理制度与程序时,监理机构应协助业主完善全桥安全管理制度与程序。

1. 主要的安全监理程序

(1)标段开工报审程序。

(2)分部分项工程开工报审程序。

(3)施工技术文件报审程序。

(4)施工单位项目经理以及专职安全生产管理人员资格报审程序。

(5)工程分包资格报审程序。

(6)大型机械、施工船舶、特种作业人员资格报审程序。

(7)大型临时工程、特种设备以及大型设施等验收程序。

(8)安全生产事故隐患处理程序。

(9)安全生产事故报告与处理程序。

2. 主要的安全监理制度

(1)安全生产检查制度。

(2)安全例会制度。

(3)安全监理实施细则交底制度。

(4)施工安全生产月报制度。

(5)生产安全事故报告制度和报告流程。

(6)防台防汛以及防强冷空气报告制度。

(7)船舶撞击桥梁构筑物报告与处理制度。

(8)施工船舶安全管理制度。

五、建立安全监理工作表式

表式化管理已成为工程管理不可缺少的手段。安全表式应包括承包人用表和监理机构用表两类,目前尚未见有行业统一的安全列式出台,当建设单位提供统一的安全工作表式时,监理机构应遵照执行;当建设单位无要求时,监理机构应自行设计完成相关安全表式,在

与建设方及相关单位协商后使用;当地质量安全监督机构对安全工作表式另有规定的,监理机构应当服从其规定。

第三节 安全监理的实施工作

一、检查承包人的安全生产保障体系

承包人安全生产保障体系是否健全,是否有效运转,是决定工程施工安全的基础,监理人员应高度重视该环节的控制。

(1)专职安全监理应对施工单位安全生产保证体系进行检查,主要检查以下内容:

①检查施工单位的安全管理组织机构。

②检查施工单位项目经理、专职安全生产管理人员是否与投标文件一致。是否具备合法资格;专职安全生产管理人员配置是否符合《建筑施工企业安全生产管理机构设置及专职安全生产管理人员配备办法》(住建部 建质[2008]91 号)要求。

③核查特种作业人员得分操作资格证书。

④核查分包单位的分包协议、资质证书、安全生产许可证、专职安全管理人员安全资格证书。

⑤核查施工单位安全生产管理制度,具体有:

a. 安全生产责任制。

b. 安全生产教育培训制度。

c. 操作规程。

d. 安全生产检查制度。

e. 机械设备管理制度。

f. 安全技术交底技术。

g. 消防安全管理制度。

h. 生产安全事故报告处理制度。

⑥检查施工单位安全生产保证体系运行情况。

⑦督促施工单位检查分包单位的安全管理制度的建立与落实情况。

(2)当专职安全监理检查发现施工单位安全生产保证体系存在较为严重缺陷时,应向监理机构负责人报告;监理机构应及时签发监理工程师通知单或工程暂停令,要求施工单位整改;施工单位拒不整改或不停止施工的,监理机构应及时向建设单位或政府有关主管部门报告。

二、审查安全施工技术文件

在施工过程中,按照《建设工程安全生产管理条例》规定,对于危险性较大的施工作业,要求施工单位必须提前编制安全专项施工方案,经企业技术负责人审批后报监理组、总监办审查,在审查中重点注重程序性、符合性和针对性,经批准后方可进行施工。

(1)在工程施工前,监理机构应要求施工单位列出本项目施工技术文件的编制计划,报

监理机构审查。

(2)在标段工程开工前,监理机构应审查以下安全施工技术文件:

①审查施工组织设计中的安全技术措施。监理机构应审查总体施工组织设计中是否具有安全生产保证体系的相关内容以及危险性较大工程的安全专项施工方案编制清单。

②审查施工现场生产安全事故应急救援预案。

③审查施工现场临时用电组织设计。

(3)在各分部分项工程施工前或恶劣气候来临前,应审查以下施工技术文件:

①审查安全专项施工方案

安全专项施工方案应经施工单位技术负责人审查和监理机构审查,符合专家论证审查条件的,安全专项施工方案还应经施工单位组织专家论证审查。

监理机构应及时组织监理人员对安全专项施工方案进行审查,并提出明确的审查意见。主要进行以下几个方面的审查:

a. 程序性审查。审查内容:方案编制人员的签字;项目经理部公章;施工企业技术负责人审查意见及签字;专家论证审查意见及签名。

b. 符合性审查。审查内容:安全专项施工方案是否符合工程建设强制性标准要求;是否按照专家论证意见进行了修改;是否具有安全技术措施以及必要的安全验算结果等内容。

c. 针对性审查。审查内容:安全专项施工方案是否针对工程特点以及所处施工环境等进行编制。

②审查施工方案中的安全技术措施。

③审查防台防汛等的安全专项应急预案。应急预案的监理要点有:

a. 安全监理应依据《建设工程安全生产管理条例》第四十九条督促承包人及时完成应急预案的编制和备案工作。具体有:防台防汛应急预案、消防应急预案、防冬雾强风应急预案、防人落水应急预案、防构筑物撞击应急预案及为安全专项施工方案制定的其他应急预案。

b. 安全监理应督促承包人做好应急预案的物资准备,并按要求组织相关安全应急预案的演练活动。

三、编制安全监理实施细则

安全监理实施细则是具体指导安全监理开展工作的文件,它研究的对象是专项工程的施工安全,也即凡是需要编制安全专项施工方案的分项工程,在专项施工方案被批准后,就要编制相应的安全监理细则。

(1)监理机构应编制安全监理实施细则。安全监理实施细则应依据已批准的监理规划进行编制,并与批准的安全专项施工方案一一对应。

(2)安全监理实施细则应包括以下内容:

①相应工程概况。

②相关的工程建设强制性标准要求。

③安全监理控制要点、检查方案、检查频率和措施。

④监理人员工作安排及分工。

⑤检查记录表。

(3)安全监理实施细则宜由专职安全监理主持编制，结构监理工程师参与编制，经总监理工程师批准后实施。

(4)编制人应将安全监理实施细则向有关监理人员交底。

四、开展安全准入工作

1. 审查施工船舶准入

(1)船舶国籍证书、吨位证书、载重线证书、最低安全配员证书、签证簿、防油污证书、船舶安全检查、船舶签证簿等相关证书符合相关规则要求。

(2)主要船员的适任证书应符合要求。

(3)一般船员应提供“四小证”(海船)、服务簿船民证(内河)。

(4)船舶概况表中经实船查看消防、救生器材、堵漏器材及卫导齐全有效。通信器材、抛起锚设备、主辅机运行良好。有施工海域相关海图、航行通知。

2. 审查大型起重机械准入

(1)产品合格证。

(2)检验检测机构签发的机械安装验收合格证和建筑机械安装质量检测报告。

(3)建筑机械安装检测报告中保证项不合格的整改合格，资料应齐全、有效并经检测单位验证已消项。

(4)吊车驾驶员的特种作业操作证应合格有效。

(5)查看起重机械的工况、起重安全保险装置(如力矩限位、超高限位、吊钩保险等)。

(6)有随机例保、运行记录卡。

3. 审查特种作业人员的准入

(1)应对电工、电焊工、起重机械工、起重指挥、吊车(塔吊)司机、垂直运输操作工、架子工、潜水员、锅炉工等特种作业人员的资格证书进行检查，确认其特种作业人员的上岗资格。

(2)特种作业操作证应在有效期限内，按时参加复查验证。

(3)作业现场对特种作业人员的持证情况和人证相符情况进行抽查。

五、日常安全监理工作的开展

1. 施工现场的安全监督

安全监理对施工现场的安全监督工作内容，主要包括：①监督承包人遵守国家法律法规和地方规定及工程强制性标准；②监督承包人按照经批准的安全技术文件进行施工；③对容易引发重大安全事故的高危作业进行巡视或旁站监理。监理开展此项工作的依据是《建设工程安全生产管理条例》第十四条。

2. 安全监理的日常巡视重点

(1)施工现场临时用电是否符合规定。

(2)施工现场的基坑、洞口、临边等的安全防护措施是否符合要求。

(3)大型起重机械设备的安全装置是否完后并经过检测。

(4)检查动火的审批手续。

(5)检查特种作业人员是否持有效证件上岗。

(6)对施工现场违章指挥、违章作业、违反劳动纪律(以下简称“三违”)进行日常巡视检查。

(7)检查季节性安全防范工作,包括防台防汛、防暑降温、防强冷空气、防寒保暖、防冻防滑等。

(8)检查文明施工和环境保护等。

3. 强化事故隐患的管理

凡发现安全生产、文明施工中的缺陷,应开具监理工程师通知单或暂时停工令,责成承包人按“三定”要求进行整改纠正。

4. 建立健全内部安全监理工作制度

包括填写安全监理日志及安全监理旁站记录、主持全桥月度安全检查、主持全桥月度安全生产会议、召开安全监理内部例会、编制安全监理月报、推行安全监理工作“横向到边”等制度。

六、开展安全防护、文明施工措施费用监理工作

监理机构应要求施工单位编制安全防护、文明施工措施费用使用计划和建立使用台账;专职安全监理应按照施工合同要求检查安全防护、文明施工措施费用使用情况,做好计量和签认工作,并建立相应台账。

七、开展生产安全事故发生后的监理工作

(1)当施工现场发生安全事故后,监理机构负责人或相关监理人员应迅速赶赴现场,了解事故发生的情况和原因,并向建设单位报告事故情况。

(2)监理机构应督促施工单位立即启动事故应急救援预案,采取措施防止事故扩大、减少人员伤亡和财产损失。

(3)监理机构应督促施工单位向建设单位和相关政府部门立即报告事故。

(4)监理机构应要求施工单位按照“四不放过”原则进行事故调查分析和事故处理。

八、开展监理指令与报告工作

(1)监理指令主要包括监理工程师通知单和工程暂停令。在发生下列情况之一时,监理机构可签发工程暂停令:

①施工单位安全质量保证体系存在严重缺陷,且需要停工整改,以消除缺陷。

②施工出现了质量事故隐患,且需要停工整改,以消除隐患。

③施工出现了安全事故隐患,且需要停工整改,以消除隐患。

④安全专项施工方案、安全专项防护措施未经审查批准,擅自施工。

⑤施工设备、设施未按国家规定进行检测,或虽经检测,但检测结果不合格,擅自投入使用。

⑥发生了质量事故,且需要停工整改。

⑦发生了生产安全事故，且需要停工整改。

(2)监理机构在签发工程暂停令时，应根据停工原因的影响范围和影响程度，确定工程停工范围，明确施工单位在工程暂停期间应开展的工作。

(3)监理机构签发的监理指令应及时抄送建设单位。

(4)监理机构虽然签发了指令，但施工单位拒不整改或者不停止施工，监理机构应及时向有关主管部门报告。

(5)监理机构负责人应每月组织一次施工现场安全检查，编制安全检查情况通报，反映当月安全生产总体情况，发给施工单位，同时抄送建设单位。对安全检查通报中反映的问题，宜以监理工程师通知单形式要求施工单位整改。

第四节　安全监理的现场监控要点

一、临时用电的安全监理

1. 审查施工现场临时用电组织设计

按照《施工现场临时用电安全技术规范》(JGJ 46—2005)第3.1.2条的规定，临时用电设备在5台以上或设备总容量在50kW及以上者，应编制临时用电组织设计，临时用电组织设计应包括以下内容：①现场勘测；②确定电源进线、变电所或配电室、配电装置、用电设备位置及线路走向；③进行负荷计算；④选择变压器；⑤设计配电系统；⑥设计防雷装置；⑦确定防护措施；⑧制订安全用电措施和电气防火措施。

(1)临时用电组织设计由施工单位电气工程技术人员编制，技术负责人审核，经监理机构负责人批准后实施。

(2)监理机构应督促施工工单位对临时用电工程进行验收。施工单位验收合格后，验收记录报送监理机构核查。

(3)监理机构应督促施工单位对临时用电工程组织检查，监理机构也应定期组织检查。发现安全隐患的，应及时要求施工单位整改。

(4)当施工现场实际情况已发生变化，原批准的临时用电组织设计已悄能覆盖时，监理机构应督促施工单位补充编制临时用电组织设计，经监理机构审查后实施。

(5)监理对临时用电的日常巡视和检查要点主要有：

①要制订电气安全操作规程、电气安装规程、电气运行管理规定和电气维修检查制度。做好交接班、电气维修、接地电阻、漏电开关测试记录。

②施工现场的电气设施、电器设备必须符合建设部《施工现场临时用电安全技术规范》(JGJ 46—2005)，电线(缆)必须按要求架设，不可随地拖拉；各类电箱必须符合相关规定的标准电箱，总电箱和挂箱位置要适当并要有重复接地保护措施，重复接地电阻值不大于10Ω；执行一机一闸一箱制；拖电箱电线长度不超过30m，严禁两只拖箱连接使用。

③承包人在施工现场专用的中性点直接接地的电力线路中必须采用TN－S接零保护系统，接地电阻值不大于4Ω。电气设备的金属外壳必须与专用保护零线连接，重复接地电阻不大于10Ω。

④变配电室要符合“四防一通”要求，建立相应的管理制度，用电区域有安全用电的警告、标志牌等；配备相应的消防器材和绝缘保护用品。

⑤现场的手持电动工具和小型电器设备要有专人负责管理；设备进出仓库均要认真检查和验收；做好日常的检查、维修和保养工作，不准带病作业；严禁无证人员操作、维修电器设备；夜间施工必须有电工值班、节假日或工作完毕后要切断电源。

⑥低压线路架设和使用必须符合低压线路的规定。照明线路、灯具离地面或走道要有足够规定高度。食堂、浴室等生活用电必须按标准架设输电线路，并用防潮防爆灯具，并必须安装漏电保护器。其所有易燃易爆场所均要安装防爆电器。

⑦电工作业必须配戴必要的个人防护用品，并严格执行电工操作规程，现场的电器设备、输配电线路的维修、抢修，必须配有至少两名电工，做好配合监护工作。电工作业，必须严格贯彻“装得正确、用得安全、修得及时、拆得彻底”的16字方针并组织职工学习掌握触电抢救措施。

二、水上水下施工的安全监理

1. 施工船舶及船员的准入

监理机构应开展施工船舶及船员的准入工作，应重点做好交通船的准入工作。船舶准入时的检查内容如下：

（1）核查船舶检验证书和船舶登记证书。

（2）核查最低船员配置，核查船员适任证书。

（3）核查交通船载客证书。

2. 核查水上水下施工许可证书

监理机构应督促施工单位向海事管理机构办理水上水下施工许可，并督促施工单位按照海事管理机构的要求，申请发布航行通告、航行警告，设置安全作业区或警戒区，设置有关标志或配备警戒船，采取限航或封航等安全措施。

监理机构应要求施工单位将水上水下施工许可证向监理机构备案。

3. 核查载运或拖带超限物体的手续

超限物体的船运主要是梁体的运输，监理机构应督促办理载运或拖带超限物体的手续，督促施工单位按照海事管理机构核定的航路、时间进行作业，并按照海事管理机构的要求，采取安全措施或向海事管理机构申请护航。

4. 处理船舶撞击已建桥梁构筑物

当船舶撞击已建桥梁构筑物（含临时构筑物）时，监理机构应同时执行事先制定的安全和质量（事故）处理程序。

生产安全事故按照“四不放过”的原则进行处理；质量问题（事故）按照不给永久工程或临时工程留下安全隐患的原则进行处理。

5. 督促施工单位做好施工船舶的防台防汛应急预案

应定期演练，按照应急预案所设定的条件，及时启动应急预案。

施工船舶（包括自航船、非自航船）避风锚地的选择应合理可靠；拖轮的配置（拖带能力与拖轮艘数)应符合实际需求。

6. 督促施工单位报告水上交通事故

当施工现场发生船舶、浮动设施等交通事故时,监理机构应督促施工单位立即向交通事故发生地的海事管理机构报告,并督促施工单位做发现场保护工作。

三、钢护筒施工的安全监理

钢护筒施工的安全监理要点如下:

(1)承包人应严格按批准的钢护筒吊装施工方案实施,当方案在实施过程中需要变更,且危及施工安全时,应书面提前办理方案,变更手续,经审核批准后,按变更方案实施。

(2)方案实施前承包人应办理好水上水下作业许可证并报监理备案,当设备、技术人员到位,检查准备工作充分后,监理人员适时签发吊装令。

(3)钢护筒沉放施工,因钢护筒和护筒导向架重量大,精度高,所以必须保证浮吊的机械设备完好性才能安全完成钢护筒的沉放,因此浮吊起重设备的良好状况是安全施工的关键。

(4)吊索、吊具的安全就是钢护筒的安全,因此经常检查吊索、吊具的安全是重要一环。

(5)特殊工种在钢护筒沉放过程中起重要作用,因此特殊工种作业人员的技术水平和安全意识至关重要,要求特殊工种人员必须经过专业培训,并经考核合格,特别是起重指挥工,还应有丰富的实践经验。

(6)钢护筒沉放均在水上作业,临边防护很重要,同时存在高空作业,正确穿戴好安全防护用品尤其重要。钢护筒沉放还与周围的作业人群产生交叉作业,因此吊装作业区范围应有明显标志,项目部应派安全员进行监护。

(7)钢护筒沉放过程中,其工作范围应放置明显标志,项目部应专人在施工水域进行监护。

(8)钢护筒沉放是多工种联合作业,各工种之间的互相配合,相互协调也很重要,严格执行安全操作规程,做到文明施工。

四、现场拼装的特种设备的安全监理

斜拉桥施工时现场拼装的特种设备主要有电梯、塔吊、龙门吊、桥面吊机等,监理机构应对各项设备的安装、使用、拆除等阶段,开展相应的监理工作。

1. 设备安装前监理机构应开展的工作

(1)审查设备的制造许可证、产品合格证、制造监督检验证明、备案证明。

(2)审查设备安装的安全专项施工方案。

(3)审核安装单位的资质证书、安全生产许可证和特种作业人员操作资格证书。

2. 设备安装中监理机构应开展的工作

(1)安装作业是否按照已批准的安全专项施工方案进行。

(2)特种作业人员是否持证上岗。

(3)安装作业人员是否有“三违”现象。

3. 设备使用前监理机构应开展的工作

(1)审核设备的检测合格证书。

(2)督促施工单位办理设备使用登记证明。

(3)审核使用单位的特种作业人员操作资格证书。

4. 设备使用中监理机构应开展的工作

(1)检查设备使用单位的特种作业人员是否持证上岗。

(2)督促施工单位对设备进行定期检查、维修与保养。

(3)检查设备检测合格证书是否在有效期内。

(4)塔吊等起重设备在使用过程中的检查要点

在设备在使用中，监理人员应要求承包人及设备操作人员进行定期检查(每季一次)、不定期检查及班前检查工作。

①定期检查的内容。塔架结构有无变形；各部位销轴连接有无磨损，各传动部位的润滑情况；附着支架是否牢固可靠；主机升降、塔机回转、小车行走是否正常；钢丝绳、吊钩、限位装置是否符合要求；接地是否可靠；液压系统是否完好，塔吊基础是否松动，移位等。

②不定期检查内容。除上述内容外，应着重检查：各传动机构是否正常；制动装置是否可靠；扶梯、栏杆是否安全可靠；灯光照明有无缺陷；所有连接螺栓(尤其是回转支承、塔身)是否有松动现象；限制、限位装置等安全装置是否有效；有无违章指挥、违章作业现象等(尤其是超负荷现象及斜拉吊现象)。

③班前检查内容。各传动部位润滑是否充分；各动作的制动是否完好；钢丝绳是否符合规定要求，有无磨损情况；起重限制器、力矩限制器是否安全完好可靠；有无上一班发现异常现象且未进行检查、整改的地方。

(5)施工升降机使用过程中的检查

①承包人在电梯使用过程中，必须经常对电梯按照《施工升降机安全规则》(GB 10055—2007)的规范进行检查，发现事故隐患要立即消除，发现危及电梯使用安全的隐患时应立即停止使用，任何人无权指挥使用危及安全运行的电梯。

②监理人员不定期对电梯使用情况及隐患整改情况进行检查。

③监理人员不定期对电梯外部安全防护装置(如防护围栏、照明情况、安全钩、导轨架外观)进行检查。

5. 设备拆除前监理机构应开展的工作

(1)审查设备拆除的安全专项施工方案。

(2)审查拆除单位的资质证书、安全生产许可证和特种作业人员操作资格证书。

6. 设备拆除中监理机构应开展的工作

(1)拆除作业是否按照已批准的安全专项施工方案进行。

(2)特种作业人员是否持证上岗。

(3)拆除作业是否有“三违”现象。

7. 设备使用前的荷载试验

监理机构应督促施工单位对塔吊、龙门吊桥面吊机等设备进行静、动载试验，其试验荷载值应分别按照额定起重量的 1.25 倍和 1.1 倍确定。

8. 特殊情况下的处理

拼装设备遭受大风、暴雨等恶劣天气袭击后，应立即对设备进行一次专项检查，以确保其安全使用。检查中发现的问题,应有书面记录,发现危及安全使用的隐患时,应立即向施工单位负责人汇报(监理人员向总监汇报),监理机构下发隐患整改通知要求承包人限期整改。

五、液压爬模施工的安全监理

1. 设施安装前监理机构审查内容

应审查设施的安全专项施工方案,包括详细的结构计算。

2. 爬模专项施工方案执行情况检查

经审批的爬模专项施工方案应严格按照执行,当方案在实施中承包人认为需要变更,且涉及模板的稳定和操作安全时,应书面提前办理方案变更手续,经同意后方可实施变更。

监理人员对专项施工方案执行情况的检查,采用巡视及爬模施工完毕后参与验收的方式进行,当发现方案变化较大且涉及安全时,应书面向承包人发出通知要求补报方案或整改。

3. 爬模拼装与拆除的安全监理

(1)承包人应在厂家技术人员的指导下实施爬模的拼装、调整和拆除工作。

(2)安装和拆除作业必须严格按国家有关规定,由具有安装资质的施工队伍承担,若无安装资质和拆除资质不得拼装和拆除作业。

(3)承包人在装、拆液压爬模前,必须对作业人员作好安全技术交底,严格执行装、拆作业人员按规定持有效的操作证上岗。

4. 爬模的验收

关于液压爬模的验收,国家目前尚无明确的检测单位对其进行整体验收,监理人员可要求承包人分系统地对爬模进行验收。

(1)爬模的液压体系。由承包人向具有国家规定检测资质的检验机构申请检验,合格后由检验机构颁发合格证。

(2)爬模其他的结构。由承包人组织爬模的设计单位、爬模的制造方、爬模的安装人员、爬模施工的操作人员联合对爬模的安装情况进行检查和验收,监理人员参与该工作,经验收合格,办理签认手续报监理人员备案。

5. 爬模施工时爬升前的检查

爬模爬升前,承包人应明确各项检查内容的责任人,并组织专人检查验收,并有检查人员认真按检查表的内容进行检查,确定完全正常签字后,检查表交于现场监理备案,方可进行操作施工,当发现不安全因素时应查明原因并组织相关人员整改,整改完成后监理人员参与复查验收,使其处于安全稳定状态。

6. 爬模施工时爬升后的检查

爬模的施工周期较短(一般一周左右),验收合格投入使用后不再安排定期检查,以日常巡视及受大风、台风等恶劣天气影响后的检查来确保爬模处于安全、稳定的状态。

每次爬升后检查的重点主要有:

(1)拉杆、锚固螺母与预埋螺栓止动锚筋的紧固到位情况。

(2)操作平台的牢固情况,及使用中的荷载分布。

(3)护栏、踢脚板、密目安全网等防护设施的设置情况。

(4)人行通道及施工照明用电的配置。

(5)液压系统各部件和控制系统技术状况。

(6)电焊作业时四周、下方易燃、易爆物的清除及消防措施。

(7)高处作业安全技术规范的执行情况。

(8)从承台到液压爬模操作平台供电主电缆的设施。

检查内容详见第四章有关内容。

六、挂篮施工的安全监理

挂篮施工的安全监理要点如下:

(1)在设施安装前,监理机构应审查挂篮施工的安全专项施工方案,包括详细的结构计算。

(2)在挂篮的安装中,监理机构应开展以下工作:

①安装作业是否按照已批准的安全专项施工方案进行。

②安装作业是否有"三违"现象。

(3)在设施使用前,监理机构应开展以下工作:

①监理机构应督促施工单位对挂篮进行预压;预压荷载值应该设施承受的竖向恒载标准值与竖向活载标准值之和为准,不应超过该值进行预压;预压荷载的分布应与实际工作中承受的荷载相一致;施加预压荷载应均匀、对称、分级进行。

②挂篮的验收由施工单位组织,施工单位验收合格后,报送监理机构验收核查,并签署施工单位报送的验收核查表。

(4)在挂篮使用中,监理机构应督促施工单位对设施进行定期检查、维修、保养,检查的重点是设施的安全保护装置、吊具、索具、重要连接部位等。

(5)在挂篮拆除前,监理机构应审查挂篮拆除安全专项施工方案。

(6)在挂篮的拆除作业时,监理机构应开展以下工作:

①拆除作业是否按照已批准的安全专项施工方案进行。

②拆除作业是否有"三违"现象。

七、脚手架施工的安全监理

脚手架施工的安全监理要点如下:

(1)脚手架搭设前监理机构应审查施工单位编制的脚手架施工安全专项方案,在脚手架搭设中,监理机构应按照已批准的安全专项施工方案和技术规范的要求,开展巡视检查工作。

(2)脚手架搭设和拆除作业的安全检查

①承包人应按国家法律、法规和相应安全技术规范、规定进行施工。

②脚手架搭设和拆除作业必须由专门的架子工进行,操作人员应按规定持有效的操作证上岗。

③承包人应指派专职安全员现场监护、技术人员现场指导。

④脚手架施工时安全监理须进行巡视检查，当发现违规作业应当场纠正，问题较为严重时，应向承包人发出相关指令整改。

(3)脚手架验收

脚手架搭设完成，由承包人组织自验收，验收时承包人通知监理机构派员参加，监理机构应安排结构监理和安全监理人员参与承包人组织的验收。发现问题时应要求承包人及时整改，整改后进行再验收，验收合格后挂牌使用。

(4)脚手架在使用过程中的安全检查

①定期检查。脚手架在验收合格后投入使用，使用过程中还应定期检查，确保安全。监理机构应要求承包人及时自检(一般为一个季度一次)，监理机构由安全监理进行定期检查(一般为一个季度一次)，检查情况应记录备案。检查的重点内容：杆件是否变形，扣件、螺栓是否松动，连墙件是否稳妥可靠，防护设施是否完好。

②不定期检查。脚手架在遭受大风、台风等恶劣天气后，应督促承包人立即进行检查，检查内容同上，以确保脚手架处于安全状态，对检查情况留下记录。同时监理机构的结构监理、安全监理也应对脚手架的受损情况进行检查，发现存在安全隐患时，及时要求承包人加固处理。

八、斜拉索安装的安全监理

斜拉索安装的安全监理要点有：

(1)督促承包人严格按照批准的斜拉索安装专项施工方案进行施工。监理人员对方案执行情况的检查，采用斜拉索施工中巡查的方式进行，当发现方案变化较大、涉及斜拉索施工安全时，应书面向承包人发出通知要求补报方案并按补报方案实施。

(2)吊装程序是斜拉索安装的主要工艺之一，吊装机械设备的安全性能必须完好。首先检查承包人对机械设备的检查制度是否落实，吊装工具、材料、索具是否符合规范内的有关规定；起重指挥、机械、设备的操作人员是否持证上岗，斜拉索安装前是否进行了安全技术交底，这些检查是确保安全吊装过程中的必要条件。

(3)斜拉索安装属高空作业，要检查施工电梯，作业人员通道，上下爬梯的防护措施是否到位，临边防护及防范措施是否可靠有效。

(4)张拉人员在塔内施工及塔顶部施工是否有可靠的防坠落措施。

(5)斜拉索安装时，所用的挂篮是否符合规范要求，挂篮是否专用，同时必须有专人监护，有无超载或载物情况。所用吊索钢丝绳与绳卡是否匹配，绳卡的卡位及绳卡数是否符合规范要求。

(6)张拉斜拉索的千斤顶是否配备了测力传感器。

(7)操作人员有无违章指挥、违章作业现象。

(8)储放索盘区域必须要有明显的防火警示标志以及防火设施。

(9)为确保斜拉索安装安全，六级以上大风严禁施工。在遭受大风恶劣天气后应对起吊机械设备及安全设施进行一次检查。

九、承重支架的安全监理

斜拉桥的承重支架有：横梁施工支架、架梁临时墩锚固支架、架梁0号块支架和边、辅墩支架。承重支架是施工重要的临时结构,监理人员须高度重视。

(1)在施工前,监理机构应审查承重支架安全专项施工方案,方案应包括如下内容:①专项工程概况;②支架结构设计;③地基处理与基础设计;④支架搭设方法;⑤支架验收;⑥支架使用过程中的检查与维护;⑦支架拆除方法;⑧支架搭设与拆除施工安全措施。

(2)在承重支架搭设中,监理机构应开展以下工作:

监理机构应按照已批准的安全专项施工方案和技术规范的要求,开展巡视检查工作,重点检查以下内容:

①承重支架的基础与预埋件(或平台)的连接是否符合施工方案的要求。

②危险作业区是否已经设置。

③实际使用的钢管材质、横截面尺寸是否与已批准的安全专项施工方案一致,特殊情况下,应检查钢管、扣件的产品合格证。

④承重支架的斜撑、纵横平联、分配梁等是否符合规范要求及安全专项施工方案要求。

⑤搭设、指挥等特种作业人员是否持证上岗。

⑥承重支架搭设作业是否有“三违”现象。

(3)在承重支架使用前,监理机构应开展以下工作:

①承重支架的验收

a. 监理机构应督促施工单位在支架预压之前对支架进行验收。

b. 施工单位验收合格后,向监理机构报送验收核查记录表,监理机构进行核查并签署。

②承重支架的预压

a. 是否需要对承重支架进行预压,监理机构需要预先判别,当与施工单位沟通后仍存在分歧时,应向建设单位报告。

b. 支架的预压荷载值应以支架承受的竖向恒载标准值与竖向活载标准值之和为准,预压荷载值不得超过该值。

c. 施加预压荷载应均匀、对称、分级进行。

d. 预压荷载的分布应与支架实际工作中承受的荷载相一致。

(4)在承重支架使用中,监理机构应开展以下工作:

①监理机构应督促施工单位对承重支架进行日常巡视检查。

②在热带气旋或大风等来临前,监理机构应督促施工单位按照已批准的安全专项施工方案要求,对承重支架进行临时加固或采取其他安全措施;在热带气旋或大风等经过后,监理机构应督促施工单位对承重支架的状况进行巡视检查,发现安全隐患的,应及时要求施工单位整改。

(5)在承重支架拆除中,监理机构应对承重支架拆除进行巡视,重点检查以下内容:

①危险作业区是否已经设置。

②拆除工作是否按照已批准的安全专项施工方案进行。

③指挥、电焊等特种作业人员是否持证上岗。

④拆除过程是否有“三违”现象。

(6)承重支架稳定性监测与预防措施

①对危险性较大支架,监理机构应要求施工单位设置变形和沉降观测点,在预压过程中

进行观测,以便及时发现险情。

②当支架预压接近最大施工荷载时,宜提醒施工单位尽量减少支架上的施工作业人员。

十、起重吊装工程的安全监理

1. 起重吊装前的监理工作

(1)审查起重吊装安全专项施工方案,专项施工方案应包括以下内容:①专项工程概况;②起重设备的选型与布置;③吊装工艺;④吊装施工主要受力计算及相关简图;⑤地基处理或支腿基础设计;⑥吊索具计算或设计;⑦吊装施工安全措施。

(2)起重设备和特种作业人员的准入

用于吊装作业的起重设备应按本章第三节的规定进行准入监理,起重船应按照相应的要求进行准入。

起重驾驶员、信号指挥等特种作业人员应持证上岗。

(3)起重吊装前的检查

在起重吊装作业前,监理机构应按照已批准的安全专项施工方案有关要求对起重设备的布置,地基处理或支腿基础的处理情况、吊索具等进行检查。

2. 起重吊装中的监理工作

在起重吊作业过程中,监理机构应对危险作业区的划定、警示标志的设定、监护人员的配备、高处作业人员的安全防护措施等方面进行巡视检查。

十一、水上船舶的安全监理

(1)监理对船舶的日常检查

①开工前办理《水上水下作业许可证》。

②影响通航的还必须申请发布《航行通告》。

③配备合格的船员,并保证按"船舶最低安全配员"的配置。

④消防、救生器材按规定配置,并合格有效。

⑤"四机一炉"(主、副、锚、舵)处适航状态。

⑥各种记录齐全(航行日志、机舱日志、消防、救生记录、护船值班记录、油类记录簿)。

(2)大潮汐期间,安全监理人员要督促承包人组织对大桥水域锚碇系统全面的检查,督促承包人根据水位的变化情况及时地调整加固船舶的锚索、编缆调整船位,防止因走锚而损坏构筑物的安全。

(3)安全监理人员要督促承包人,必须按规定进行船舶的各种消防、救生等应急预案的演习活动,不断增强船员应急施救的技能,并将活动的情况记录在法定规定的文本中。

(4)承包人要保持船舶24h的随时联系;施工现场应配置适当的医疗点,要落实水上应急医疗救护措施,承包人必须要为各船舶配备常用的医疗药品,并无过期变质的现象。

十二、季节性施工的安全监理

(1)安全监理人员应督促承包人在夏令高温施工时,应做好防暑降温的措施,现场要搭设凉棚，设立茶水供应点；尽量采取"息中间，做两头"的作息时间，承包人要保证风扇、空调等制凉设备的完好，使员工得到足够的休息，真正做到劳逸结合。

(2)冬季寒冻施工时，应在人员通道处铺垫草包、麻袋等防滑垫，严禁在甲板处乱泼污水，防止人员滑跌而造成意外。同时严禁用电炉或大功率的灯泡取暖。

十三、施工现场水下管线的保护措施

(1)为确保水下电缆线的安全，要督促承包人在施工前要及时供电等部门协商，探明水下电缆线确切的位置。

(2)承包人船舶在水下电缆线两侧100m的范围内严禁抛锚，确需可能危及水下电缆线安全的作业前，承包人应与相关管线单位联系，召开公用管线单位施工配合会，提出要求管线监护的书面申请，办妥"水下管线监护交底卡"。切实落实有效措施后，方能施工。

(3)施工前，承包人应按业主、设计提供的具有纵、横断面的公用事业管线分布图，并与施工图纸进行认真核对，组织有关人员现场踏勘，确定进点船舶确切的抛锚位置，并加以明显标志。

(4)在靠近管线水域作业时，项目部必须指派专人现场监督。船舶固锚要选择好锚位，长江锚碇采用长锚链方案，绝对禁止走锚。

(5)随着施工的进展，施工区水域中，船舶将会更加密集，容易造成船与船之间互相压锚，因此要谨防抛锚锚缆的缠绕，为此承包人应合理安排船舶有序地抛锚锚泊，避免造成锚缆缠绕。

(6)在抛、起锚作业中，感到钩住不明的水下障碍物，绞车受力增大时，应停止起锚，应警觉视为钩住水下管线，待查清情况，防止事态的扩大。

十四、工地防火的安全管理

(1)安全监理人员应督促承包人做好施工现场及生活区内的防火工作。要建立防火领导小组和群众义务消防队；建立各级领导责任制和消防检查制；签订消防保卫合同；定期组织进行检查；建立消防档案。

(2)明火作业要按施工区域、层次划定动火级别，办理相应三级动火证、动火必须具有"二证、一器、一监护"，严格管理。

(3)安全监理人员要督促承包人，建立健全危险品、三级动火、木工间防火、油库防火、变电站防火、物资仓库、氧气、乙炔气瓶储运使用等防火制度和夜间巡视制度。油库、危险品库和变配电间要独立设置，要保持与其他建筑物有10m以上的安全距离，露天不准存放油桶和各种易燃易爆物品，危险品必须入库。

(4)安全监理人员要督促承包人，对手持式电动工具、小太阳灯、电箱、氧气、乙炔以及草包、剩余少量柴、汽油、液化气钢瓶等不可堆放一库或带入宿舍。此类物品应有专人负责，归类入库，堆放整齐。

(5)安全监理人员要督促承包人，每个工地要明确重点防火部位，有严格防范措施，定期每月检查一次，做到有隐患及时整改，并有书面记录。

(6)安全监理人员要督促承包人，施工现场消防器材要有专人负责保养，并根据需要配备相应的灭火器材,应写明检查日期和责任人。生产场所每 $50m^2$ 设灭火机 1 只,生活区每 $25m^2$ 设灭火机 1 只,油库及危险品库要重点配备,在距消防栓 15m 内严禁搭建和堆物。

(7)安全监理人员要督促承包人,木工间、油库等易燃易爆场所,不准放置砂轮机、切割轮、焊机等,并悬挂禁火警告标志,要有防火制度,制定相应防火措施,电气作业场所制定电气安全防火措施,不准存放易燃易爆物品,并配有相应的消防器材。

十五、对劳务人员的安全管理

1. 安全教育管理

(1)安全监理人员应督促施工项目经理、安全员等施工管理人员应持证上岗,现场作业人员必须经过安全培训和岗前教育,并建立好“三级教育卡”,新进民工和转岗民工也要经过安全培训教育,方可上岗作业,分包单位人员调动必须报请总包单位,及时做好安全教育工作。

(2)安全监理人员应督促承包人,在每一项目工程开工之前,要根据施工工艺、施工特点对施工人员进行针对性的安全技术综合交底,要有书面记录和双方签字手续。

(3)承包人必须组织班组每周开展一次安全活动;每天作业前要进行针对性的安全班前会,所有活动和会议内容应做好记录。

(4)安全监理人员要督促承包人,认真开展安全教育培训,结合施工特点,有针对性地合理安排职工进行经常性的安全教育培训工作。通过教育培训使所有作业人员熟悉安全作业的基本知识和操作技能以及自我保护的防范技能,提高“自己不伤害自己、不伤害他人、不被他人伤害”三不伤害的意识和防护知识。

2. 特殊工作的人员管理

(1)安全监理人员要督促承包人做好特种作业人员(电工、焊工、架子工、起重工、打桩指挥、吊车驾驶员等)的持证上岗工作,认真审查特种作业人员的操作证件是否有效,并应持有每位特种作业人员的证件复印件,无证或证件过期人员严禁上岗。

(2)安全监理人员要督促承包人加强对特种作业人员的安全教育,在特殊区域特别危险场所工作,要先进行安全交底,使所有的生产作业人员了解其所在工作岗位的危险因素及事故的防范应急措施。

(3)严禁特殊工种作业人员只挂名不跟班现象,或一名特殊作业人员同时兼管若干个工地的现象。

3. 外来劳务工人的安全管理

(1)安全监理人员要提醒承包人充分注意到外来劳务人员缺乏安全知识和自我保护能力的一面,重点加强对外来务工人员的安全管理、安全培训、安全生产教育和劳动保护工作。外来分包队伍和外来民工的选用,必须要进行严格的资质审核,合格者方可录用。对外来包工队伍要做到情况明、点数清、建立档卡、加强教育。

(2)安全监理人员要督促承包人对外来劳务班组必须每周开展一次安全学习交流的活动,每天作业前要有针对性的安全交底,日常的安全自查及整改,均要有书面记录。帮助他们开展创建安全合格班组的活动。

(3)新进外来劳务工或转岗劳务人员必须要经过培训合格后方可上岗,否则将要负违章指挥之责。

(4)外来劳务队伍进场作业前,明确三级教育内容,必须进行"安全三级教育"合格后方可上岗,要有书面记录、双方签字。

(5)安全监理人员要督促承包人不得随意安排外来劳务工加班加点而导致过度劳累,不可放任外来劳务工违章作业,冒险蛮干。外来人员在劳动中应有必要的劳防用品,享受劳动保护待遇,特别危险处要派员进行重点监控。

(6)安全监理人员要督促承包人认真审查外来劳务人员中的电工、焊工、架子工、起重工、吊车驾驶员、打桩船工等人员证件是否有效,严禁无证上岗,随便拆装、修理电器和机具设备。

(7)安全监理人员要督促承包人对外来劳务人员的安全教育,不准在宿舍乱接乱拉电线,不准使用碘钨灯及电炉等电器设备。

4. 个人防护监控要点

(1)安全帽佩戴正确,系好帽扣。

(2)安全带完好无缺,使用时高挂低用。

(3)绝缘靴、绝缘手套、电焊工脸罩应完好并准确使用。

(4)专业施工人员须持证上岗。

(5)危险作业应有保护人员。

十六、可能出现的施工安全风险及对策

施工中可能出现的安全风险因素及对策见表9-1所列。

安全风险因素及对策　　表9-1

序号	风险因素	监理主要监控措施	方　法
1	大型吊装、构件坠落	1."安全专项施工方案"审查,计算复核 2. 起重机械安全准入和动、静载荷试验 3. 有经验的持证人员专人指挥 4. 吊索具的日常检查制度 5. 起重设备布置;显示"R、Y"慢车旗信号 6. 对作业人员的安全交底制度 7."吊装令"的签发 8. 承包人技术人员现场指导和专职安全人员现场监护	1. 监督 2. 审查 3. 巡视 4. 旁站 5. 下监理指令或通知 6. 整改后的复查
2	高空作业、人员和物体坠落	1. 审查大临设施搭设和大型拆除"安全专项施工方案",复核计算 2. 大临设施(各类脚手架、模板等)验收,挂牌施工 3. 作业人员正确穿戴劳防用品 4. 临边围护、防坠物设施和措施到位 5. 作业人员站立位置恰当并有施展的平台或位置 6. 作业区域的安全警戒 7. 对作业人员的安全交底制度	1. 监督 2. 审查 3. 巡视 4. 旁站 5. 下监理指令或通知 6. 整改后的复查

续上表

序号	风险因素	监理主要监控措施	方 法
3	触电	1. 审查“施工现场临时用电施工组织方案”,电箱必须由专职电工安装 2. 分电箱必须接地线良好。箱内漏电保护器参数匹配、熔断丝匹配,接线清楚无杂物 3. 实行“一机、一闸、一漏、一箱”;严禁“一闸多机”使用;严禁用木梗代替插头或桩头接线不拧紧等 4. 电缆的架设或埋设符合要求 5. 有电工巡视维修记录	1. 监督 2. 审查 3. 巡视 4. 旁站 5. 下监理指令或通知 6. 整改后的复查
4	损坏地下管线	1. 将施工区域地下管线分布图分发并张挂到每个施工班组 2. 编制地下管线保护方案,并报管线主管部门 3. 审查施工方案时,指出管线附近施工的安全要求 4. 凡是涉及有地下管线施工前,督促必须与管线主管部门联系,取得同意后方可进行 5. 督促项目部做好对施工作业前的安全交底	1. 监督 2. 审查 3. 巡视 4. 旁站 5. 下监理指令或通知 6. 整改后的复查
5	交通船载客人员溺水	1. 办理交通船安全准入,经常检查“适航证书”、“临时载客证书”,骨干船员的适任和人证相符 2. 配备消防、救生设备并齐全有效,配备堵漏器材 3. 每天收听气象有记录,当遇有恶劣气象时了解避风去向地点 4. 严禁超载人员,认真记录每个航次的时间和载客人员数 5. 驾驶室内张挂施工水域的江图,保证通信设备24h的畅通	1. 监督 2. 审查 3. 巡视 4. 旁站 5. 下监理指令或通知 6. 整改后的复查
6	台风、强冷空气袭击	1. 督促承包人编制“防台、防强冷空气袭击应急预案” 2. 机械设备的加固和撤离的方式 3. 大型临时设施的防风加固(包括生活、办公住房及仓库) 4. 防汛排水设施;防汛物资到位 5. 领导值班和调度人员到位 6. 通信设备畅通 7. 承包人“自查和实施情况快报表”	1. 监督 2. 审查 3. 巡视 4. 旁站 5. 下监理指令或通知 6. 整改后的复查
7	船舶撞击桥梁结构	1. 塔墩平台必须设置警戒灯标志 2. 禁止视程小于1000m时船舶航行 3. 禁止盲目穿越在建的构筑物区 4. 按航行通告范围抛锚施工,停工锚泊时远离桥轴线 5. 大型拖带避免在急涨、急落时间内通过桥轴线的构筑物 6. 防止船舶走锚、断缆,督促船舶监守护船值班 7. 施工必要时设置警戒船舶,及时呼叫、拦截外来盲目穿越的船舶,劝阻无效时及时报告当地海事部门 8. 恶劣气象来临前,船舶全部撤离桥轴线 9. 现场配备大马力保驾拖轮,随时应急 10. 一旦发生桥梁结构撞击后,安全监理除了按事故处理程序开展工作以外,立即通知质量监理人员前往实地探察,提供结构损坏的实情,供设计制定修复方案	1. 监督 2. 审查 3. 巡视 4. 旁站 5. 下监理指令或通知 6. 整改后的复查 7. 提供修复意见

第五节　文明施工及环境保护监理

一、文明施工的监理要求

(1)安全监理人员要督促承包人,施工区域与非施工区域应严格隔离,施工现场必须设立警示标志,非施工人员一律不得进入施工区域。江上段承包人应向海事机关申请设置安全作业区并在其界线处设置标志(必要时配置巡逻艇),防止无关船只误入作业区;对已建的大桥基础桩位水域要设禁航措施,在桥基桩位处设置临时警戒标志,以保证施工和航行船舶及桥梁构筑物的安全。

(2)安全监理人员要督促承包人,平时施工应做到工完、料尽、场地清。材料、机具、设备堆放整齐有序,施工材料与施工废料分开堆放。

(3)保证生活区排水沟的畅通,施工区域无积水,保证施工道路的畅通。

(4)安全监理人员要督促承包人,严格按施工规范施工,施工便道经常洒水清扫,防止尘土飞扬。

(5)安全监理人员要督促承包人,定期按业主的要求对文明施工进行检查、考核,并按考核结果进行奖罚,对不合格者限期整改。

(6)安全监理人员要督促承包人,施工作业前除了将进场的施工机械和大型搭设的设施必须经过安全监理验收外还要落实各项文明施工管理措施,方可开始施工。

二、施工铭牌的监理要求

(1)安全监理人员要督促承包人,必须张挂与文明施工相关的管理网络图等。

①文明施工网络图。

②安全生产管理目标图。

③安全生产体系要素分配图。

④安全生产管理网络图。

⑤劳动保护管理网络图。

⑥“九图二牌”,具体如下。

九图:施工总平面图;施工进度计划网络图;工程施工形象进度图;交通、施工、人行通道图(包括水上航道);临时排水、封启排水管道图;公用管线分布图(包括水下管线、障碍物);消防器材布置图;电气线路布置图;文明施工、质量、安全、综合治理等管理网络图。

二牌:管线连续无事故、安全生产无重大伤亡事故累计天数牌;施工铭牌、施工概况牌、安全生产六大纪律牌、防火须知牌、十大安全技术措施牌、工地管理人员名称牌、施工现场生活区卫生包干牌。

(2)安全监理人员要督促承包人,张挂工程管理相关图。

(3)施工现场内还应设置宣传栏、黑板报或读报栏等宣传阵地及时报道工地内各类信息。加强班组建设,有良好的班容班貌,提高班组素质。

(4)施工区、办公区、生活区应挂标志牌,危险区域应设置安全警示标志。

三、材料设备的堆放管理

(1)安全监理人员要督促承包人,对各项设备材料的堆放应尽量远离操作区域,并不准堆放过高,防止倒塌伤人。

(2)安全监理人员要督促承包人,对进场材料应分类,按场地布置图堆放,堆放必须整齐,过目成数,必须有管理规定及各项有关制度,材料必须限额发放,仓库人员做到收、发、存流水明细账。

(3)安全监理人员要督促承包人,对各项设备材料必须挂牌管理,标明名称、规格,严禁乱堆、乱放、混放。

(4)安全监理人员要督促承包人,对进场材料及设备,不得长期堆放在露天,应及时覆盖或搬运到室内,保证施工现场道路畅通,场地整洁,同时避免材料设备雨淋受损。

四、临时生活设施的管理

(1)安全监理人员要督促承包人,制定“办公室及宿舍卫生管理制度”,每日有轮流值日负责打扫,做到整洁卫生、通风明亮。

(2)安全监理人员要督促承包人,生活区设有浴室,生活区及施工现场均设有男女厕所,并有专人负责打扫,保持清洁卫生。

(3)生活区设置化粪池,食堂及浴室内污水排入池内。

(4)安全监理人员要督促承包人,生活区内设置垃圾箱(站),各种生活垃圾一律入箱,不得随意乱倒,并将垃圾及场内弃土及时外运,保持整洁通畅。

(5)安全监理人员要督促承包人,加强对员工用电安全的教育,宿舍内严禁私接电源、插座或使用大容量电器,组织经常性检查。

(6)食堂的管理要严格按照食品卫生法的要求执行,食堂应张挂卫生部门核发的卫生许可证,食堂工作人员应持有健康证。

五、治安管理措施

(1)安全监理人员要督促承包人,应与有关部门签订“治安承包责任协议书”,服从在社会治安、综合治理、交通管理、水上作业、环境保护及业主方相应的规章制度与管理规定,并与班组签订治安责任协议书。

(2)整个施工场地及生活场地,应用围墙围护。大门口应设立门卫。

(3)作业人员不得在工地酗酒或酒后进入工地,不得携带违禁物品进入大桥作业,以维护财产和人员安全。

(4)安全监理人员要督促承包人,在工地应设置防护设施和报警设备,防止各项设备及物资的哄抢、盗窃和破坏。

(5)安全监理人员要督促承包人,广泛开展法制宣传和“四防”教育,提高广大职工保卫工程建设和遵纪守法的自觉性。

(6)安全监理人员要督促承包人,经常开展以防火、防爆、防盗为中心的安全检查,堵塞漏洞,发现隐患及时采取措施,防止发生问题。

(7)安全监理人员要督促承包人,加强劳务队伍的管理,设专人负责对劳务队伍进行法制、规章制度考试,对参加施工的民工要进行审查、登记造册,领取暂住证,发放工作证方可上岗,对可疑人员要进行调查了解。

六、环境保护的监理

(1)安全监理人员要督促承包人,切实做好防污染保护水域环境的宣传教育工作,提高施工人员的环保意识,并定期开展检查、指导的工作。

(2)施工营地要选择合理、合法的地段,远离周围敏感水系,尽量不用新征土地减少复耕还田及对周边环境的影响。营地布置应科学合理,除满足施工需要外,应考虑与周边环境保护目标之间的位置关系相协调,材料装卸、施工便道、露天物料堆场、物料拌和场地等尽量布置于环境保护目标主导风向的下风向。

(3)所有施工船舶必须遵守有关防污染的规定,严禁向水中抛倒废弃用品,杜绝施工船舶机械设备的滴、冒、跑、漏。强调配有应急的油染收集设施和粪便收集装置。机动船只必须设有定期检查合格的油水分离设备。燃油供应船还应配备应急的围油栏、吸油毡、消油剂等应急用具。陆上建立废油和废弃用品回收站,负责及时处理。

(4)工程对施工水域水质影响主要在施工期,桥梁施工时,严禁将生活污水及生产污水、生活垃圾抛入江中。船上(或水上施工点)应设置污物箱,定期吊运陆上处理。

(5)钻孔桩施工时,为防止环境污染,设置泥浆循环池,水上多余泥浆渣物用专用泥浆泵输送到船上排放到环保部门指定地点,不得向施工水域内倾倒剩余的混凝土和各项施工余料。

(6)试验室的化学试验废液要妥善回收集中处理,严禁随意倾倒,养护用水要达标排放。

(7)为了减少工程区域在施工期内大气环境质量可能受到施工车辆废气排污、扬尘和沥青烟、混凝土搅拌排放的污染物等因素影响,而造成大气环境的污染,承包人应尽量采用低污染的动力设备,如电动机等,并采取洒水降尘等措施。

(8)承包人要采取洒水、遮盖、围挡等措施减少扬尘,加强消防安全检查,避免发生化工产品、油漆等易燃品的着火。对油漆桶类化工包装严禁焚烧。

第十章　斜拉桥施工测量监理

第一节　施工测量控制网

一、施工控制网的建立

桥梁施工控制网分为首级控制网和加密控制网，首级控制网一般由业主委托有资质的相关单位在工程勘测设计阶段布设，主要是为设计服务，同时也作为大桥施工测量控制的基础，由于其布设目的和服务阶段的不同，点位密布很难满足施工阶段的需要，因此，施工单位进场后，在首级控制网的基础上，根据不同的施工阶段对控制网精度要求的不同，分阶段布设加密控制网。布网时，必须考虑到施工的程序、方法以及施工现场的布置情况，可利用桥址地形图，拟定布网方案。

斜拉桥施工控制网的建立，结合施工的场地布置和施工工艺的特点，大体分基础、主塔、主梁三个阶段分别建网。

基础施工阶段，由于水上无固定平台，加密控制点主要布设在临时的钢平台上，受施工和日照的影响，加密点具有稳定性差易变动的特点，因此，在基础施工时临时加密点一般都是短周期的。

主塔施工阶段，该阶段测量定位精度要求高，而且随着塔柱的升高，施工放样也比较困难，作为塔柱施工控制基准的控制点，前期可布设在近岸和附近出水承台上，中后期根据需要，控制点可布设在附近墩身顶部或主塔横梁上，为了减小对中误和水上晃动对仪器放样精度的影响，控制点一般设为带有顶棚的强制归中观测墩，如图 10-1 所示。

主梁施工阶段，为了保证主梁成桥线型和合龙段的顺利合龙，根据施工的需要，结合主塔结构建立专用控制网，一般情况下，有横梁的主塔可设在 0 号块梁段上，无横梁的独塔可在塔壁上距桥面 3m 左右(图 10-2)设置牛腿式的强制观测架，该观测架与塔壁用螺栓连接，螺栓孔应在该节段塔柱浇筑混凝土时预埋锥形螺母。

图 10-1　强制观测墩

图 10-2　塔壁侧观测架

较常用的几种控制网布网图形如图10-3所示，控制网图形的选择主要取决于桥长（或河宽）、设计要求、仪器设备和地形条件。

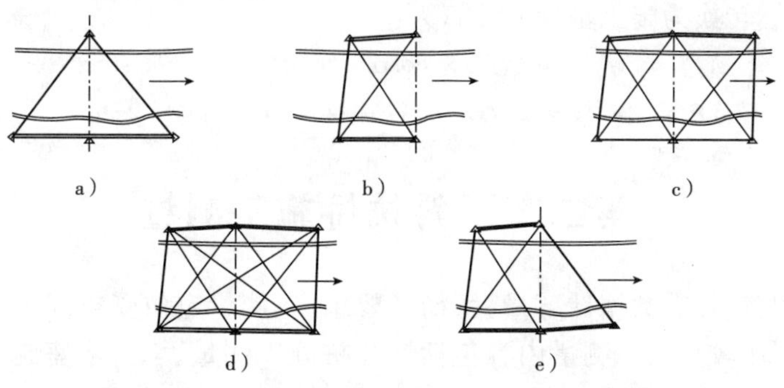

图10-3　常见控制网图

二、控制网的维护与检测

桥梁施工过程中，施工场地布置图的变化、重型施工机械的扰动、地基的开挖、降水等施工措施的综合影响，均有可能造成控制点被破坏，因此，在工程开工前，监理人员应要求各施工单位对施工范围内的控制点提交具体的保护措施，如将控制点绘置到施工总布置图上、对现场施工人员进行技术交底、在控制点附近设置钢护栏、建立警示标志等，提醒施工人员注意或禁止重型车辆的通过。

同时，为提高控制网成果的可靠性、确保施工安全和质量，必须对施工控制网进行定期的复测，频率宜每年一次，对位于地质条件差、施工环境复杂的控制点，应适当的缩短观测周期，复测的精度要求不低于建网时的精度要求。

三、桥轴坐标系在工程中的应用

工程施工中常见的坐标系有：国家坐标系（北京54坐标系、西安80坐标系），区域坐标系（地方坐标系），工程施工坐标系（又称桥轴坐标系）。前两种坐标系适合于国家和地方对工程的整体规划和控制，桥轴坐标系是针对本项目特点建立的坐标系，在施工测量放样中具有数据处理相对简单、现场测量放样直观方便的特点，因此，在工程上使用越来越多。

桥轴坐标系建立方法是以桥轴前进方向为坐标系纵轴、桥轴前进方向的右手方为横轴正方向、坐标原点为两轴相交且最好在全桥构筑物起点上，施工中为了放样方便直观，可用设计里程桩号来定义纵坐标。

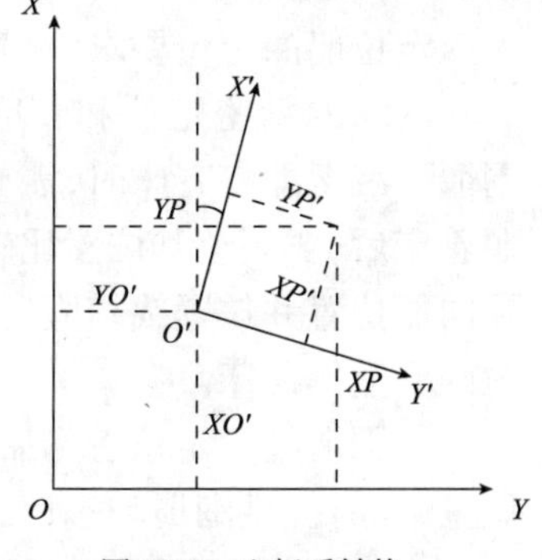

图10-4　坐标系转换

测量坐标系与桥轴坐标系间相互转换关系（图10-4所示）：设 XOY 为测量坐标系（第一坐标系），$X'O'Y'$ 为桥轴坐标系（第二坐标系）。如果知道了桥轴坐标系原点 O' 的测量坐标（XO'，YO'）及方位角 α（纵横的转角），由图10-4知道，P 点由桥轴坐标（XP'，YP'）换算成测量坐标（XP，YP）的转换公式为：

$$XP = XO' + XP' \times \cos\alpha - YP' \times \sin\alpha$$
$$YP = YO' + XP' \times \sin\alpha + YP' \times \cos\alpha$$

或将测量坐标转换为施工坐标的计算为：

$$XP' = (XP - XO') \times \cos\alpha + (YP - YO') \times \sin\alpha$$
$$YP' = -(XP - XO') \times \sin\alpha + (YP - YO') \times \cos\alpha$$

第二节　斜拉桥施工测量

斜拉桥施工测量具有数据计算量大、精度要求高、测量定位受空间位置、场地条件限制等特点，测量控制比较复杂。测量内容包括钻孔桩施工测量、承台塔座施工测量、主塔施工测量、索导管的安装测量、主梁施工测量等。

一、钻孔桩施工测量

水上钻孔桩施工测量定位一般与斜拉桥基础施工工艺结合在一起综合考虑，测量内容包括水上施工平台测量、钻孔桩施工测量。水上施工平台形式可分为双壁钢围堰平台、支架工作平台、浮运船工作平台、钢板桩围堰工作平台等，这里主要介绍比较常见的施工平台测量控制。

1. 双壁钢围堰

双壁钢围堰作为水上大型临时施工设施，受运输、制造、起吊能力的限制，一般采用分片拼装，分节整体浮运吊装，逐节接高焊接成整体。施工测量包括定位测量、下沉过程中的测量、竣工测量、基底测量及封底混凝土测量等。测量方法采用极坐标法和电磁波测距三角高程对围堰的平面位置、高程、倾斜度及扭角进行测定，完成围堰定位任务。

围堰底节在岸上制作浮运到桥墩位置，按设计位置要求进行钢围堰初步定位，使钢围堰在设计位置附近呈悬浮状。此状态一直延续到围堰着床。

双壁钢围堰通过稳定可靠的锚碇系统进行初步定位，该系统由前定位船、后定位船、左导向船、右导向船组成，该系统能够牢固地锚定导向船及围堰，并能够根据需要方便地调整围堰的位置。

定位船的定位要求纵横向限差为 ±5m，导向船的限差为 ±1m，扭角为 ±1°。

围堰的精密定位和着床一般选在风速小于 4 级，无雾无雨，水位、流速均较低时进行。围堰下沉至即将着床时，需要进行围堰精确定位，使围堰位置尽量控制在设计位置。因为围堰着床后，要调整其位置比较困难，只能在有限的小范围内调整，所以，着床前，首先调整好导向船位置并拉紧锚缆固定，同时必须预先进行河床测量，了解河床冲刷情况，以便必要时抛碎石整平河床。

钢围堰精确定位着床后，围堰继续接高并且吸泥下沉，在此过程中，需要经常观测围堰位置，及时提供围堰动态信息，避免围堰偏离设计位置过大而难以调整。

由于围堰除顶面控制基准在水面上以外，其他均在水下，难以测量，因此，围堰定位和竣工测量一般只能测量其顶面数据，利用顶面的测量数据推算围堰顶中心偏移及高程、底中心偏移、底中心高程、扭角、倾斜等数据。测量前在围堰顶面（同一平面内）的纵轴线和横轴线上分别设置两对称点 A、B 和 C、D，采用已确定的测量方法分别测量这 4 点的坐标为（X_i,Y_i）、高程

为 H_i。利用这4点的坐标和高程即可求得以下结果：

围堰顶面中心坐标：$X_{顶} = (X_A + X_B + X_C + X_D)/4$

$$Y_{顶} = (Y_A + Y_B + Y_C + Y_D)/4$$

围堰顶面中心偏位：$\Delta_{x顶} = X_{顶} - X$

$$\Delta_{y顶} = Y_{顶} - Y$$

围堰顶面中心高程：$H_{顶} = (H_A + H_B + H_C + H_D)/4$

围堰底面中心高程：$H_{底} = H_{顶} - H$

根据纵横向基准点坐标可求得围堰纵横向基准点间距离为：

$$S_{AB} = \sqrt{(X_A - X_B)^2 + (Y_A - Y_B)^2}$$

$$S_{CD} = \sqrt{(X_C - X_D)^2 + (Y_C - Y_D)^2}$$

纵向倾斜度：　$\delta_{纵} = (H_D - H_C)/S_{CD}$

横向倾斜度：　$\delta_{横} = (H_B - H_A)/S_{AB}$

纵向底中心坐标：　$X_{底} = X_{顶} \pm H \times \delta_{纵}$

横向底中心坐标：　$Y_{底} = Y_{顶} \pm H \times \delta_{横}$

围堰底面中心偏位：$\Delta_{x底} = X_{底} - X$

$$\Delta_{y底} = Y_{底} - Y$$

平面扭转角：　$\alpha = \pm \frac{1}{2} \times \frac{180}{\pi} \{ \left| \arcsin[(Y_A - Y_B)/S_{AB}] \right| + \left| \arcsin[(X_C - X_D)/S_{CD}] \right| \}$

其中，X、Y 为围堰中心设计坐标，H 为围堰高度。

围堰下沉到位着岩后，须将围堰内基底清除干净，以便进行围堰的封底。为具体了解基底情况，需要详细测定围堰内基底高程竣工图，它是工程阶段性竣工的重要资料。高程测点布设结合围堰内钻孔桩钢护筒的安装定位设计，在钢围堰平台上布置成方格网点。考虑到围堰内是静水，测量高程通常采用测探锤直接测深既简单又有效，最后绘制基底竣工图。

围堰清基完工后已基本稳定，此时必须精密测定围堰的精确位置，即要求更精确的测定围堰顶中心位置及高程，并重新推算围堰的偏移、倾斜、扭角和底高程，确定围堰的竣工位置，纳入全桥坐标系统，作为钻孔桩施工放样的依据，为桥墩基础施工提供基础位置。

2. 钢管桩支架平台

钢管桩支架平台，是指在承台附近，施打临时钢管桩，并将各钢管桩联成整体，铺装桁架或者型钢组成临时施工平台。钻孔桩施工时，将定位用的导向架置于平台上，按钻孔桩设计中心坐标精确定位沉打第一根桩钢护筒，施沉到位后将钢护筒与施工平台联成整体，铺装桁架或者型钢，移动导向架，进行下一根桩钢护筒的沉打。按此步骤完成全部钻孔桩钢护筒的施工，最后形成钻孔桩钢护筒与临时施工平台共同组成钻孔桩施工平台。

在此过程中，临时钢管桩的沉打在近岸处可以采取两台经纬仪交会法、极坐标法定位，并用经纬仪在两个方向上检查钢管桩的垂直度，适时控制钢管桩的下沉。对远岸深水区，钢管桩施工可以采用专用打桩船沉打。目前随着 GPS 定位技术的不断成熟，打桩船上都配置有沉打不同类形桩的专用 GPS 沉桩定位系统，使水上沉桩定位越来越自动化，精度越来越来高。打桩船沉桩测量控制内容有：

(1)沉桩准备阶段。在岸上控制点建立 GPS 基准站,该控制点要求距离沉桩位置不宜过大、点位上空 13°角以上应开阔、无遮挡、周围无强磁场干扰;正确配置基准站仪器高和坐标数据;在打桩船上录入 GPS84 坐标系统与桥梁坐标系之间的转换参数和沉桩坐标数据。

(2)沉桩定位阶段。根据沉桩方案选定要沉的钢管桩坐标数据,按 GPS 定位系统显示的数据,移动打桩船,使其到达指定位置,调整桩架方位及姿态,使桩中心对正设计中心位置,并根据潮流、风向等作适当的抢位,确认数据无误和 GPS 卫星信号的稳定后下桩。在沉桩过程中,注意观察,如有移位,应作出适当的调整,保证沉桩质量。沉桩到位后,应采用全站仪极坐标法对沉桩中心坐标进行复核,以检验沉桩质量,指导后续施工。

3. 钻孔桩施工测量

钻孔桩施工测量主要包括钢护筒定位测量、钻机定位测量、孔底高程测量及钻孔桩竣工测量。

水上钻孔桩施工受水深、水流等因素的影响,护筒的定位采用具有导向和定位固定功能的导向架设备。施工时先在导向架上放样钻孔桩中心坐标位置控制线,标示出护筒顶高程位置。然后依据中心控制线定位调整钢护筒,并用导向架固定装置锁定钢护筒使其只能上下移动,用经纬仪在两个互相垂直的方向上控制钢护筒的倾斜度,满足规范要求后下沉。沉桩过程中应对导向架的稳定性以及护筒的垂直度适时监测。

钢护筒施沉到位后,对其顶面位置、高程和倾斜度进行观测,并在护筒口放样桩位的设计中心十字线,作为钻机定位及钢筋安装定位的依据。钻机在钻进过程中,由于振动、地基不稳等原因可能造成钻机移位和倾斜,因此,应随时观察钻机的变化情况,必要时可用仪器测量钻机位置,避免孔位偏斜。成孔后,孔深测量根据护筒顶口高程用测绳和测锤测量。

钻孔桩竣工测量一般在承台具备干施工条件后进行。测量控制内容包括桩顶标高测量和偏位测量。钻孔桩偏位是以钢筋笼中心为基准,测量方法采用极坐标法实测出钻孔桩钢筋笼中心坐标,然后与桩中心理论坐标比较得出桩位偏差,也可以放样出设计桩位中心后用钢尺直接量取至钢筋笼的偏差值。

二、承台施工测量

承台施工测量包括承台放样、模板安装检查和承台竣工测量。根据工艺的不同,承台模板安装测量内容也不一样。采用先围堰后沉桩工艺时,承台模板一般利用钢围堰等架立(钢围堰安装定位见前述);采用先沉桩后围堰工艺时,承台施工模板一般采用钢套箱或钢吊箱,两者定位方法大体相同,本文以钢吊箱为例介绍安装定位测量。

1. 钢吊箱安装

钢吊箱作为基础施工时的挡水设施,同时也是封底混凝土、承台施工的外模板。测量主要工作内容包括:钻孔桩钢护筒中心坐标测定,钢护筒倾斜度及倾斜方向测定,钢吊箱底板预留孔开孔放样,钢吊箱安装定位控制测量。

(1)钻孔桩钢护筒中心坐标测定

钢护筒中心坐标测量包括护筒顶中心坐标测量和桩顶处护筒中心坐标测量。顶面中心坐标测量以全站仪虚拟圆心法为主,也可采用特制的"十"字架辅助工具,直接测定钢护筒顶中心三维坐标(X_a,Y_a,H_a)。而桩顶位于护筒内,全站仪无法直接测出该位置护筒中心坐标,需先用水准仪加钢尺测量桩顶位置处高程 H_b,然后用"十"字架找出该高程处护筒中心位置，并用吊垂线引出护筒口，最后用全站仪测出引出点坐标（X_b，Y_b）。

（2）钢护筒倾斜度及倾斜方向测定

钢护筒倾斜度及倾斜方向测定，可采用测定的护筒顶面中心坐标和桩顶处护筒中心坐标推算，也可采用吊锤球法测量，测量部位为钢护筒内壁。

（3）钢吊箱底板预留孔开孔放样

钢吊箱底板预留孔开孔放样，应综合考虑护筒放样误差、护筒倾斜度以及吊装误差等因素影响，同一根钢护筒应分别放出设计中心位置 O_1、顶面中心实测位置 O_2、吊箱底高程处中心位置 O_3，然后分别以 O_1、O_2、O_3 为圆心，按比钢护筒外径加大 10～15cm 放样圆形预留孔（图 10-5）。底板预留孔切割时，以 3 个圆形成的最大包络图开孔，并加以“修饰”，即为钢吊箱底板预留孔最终成孔。

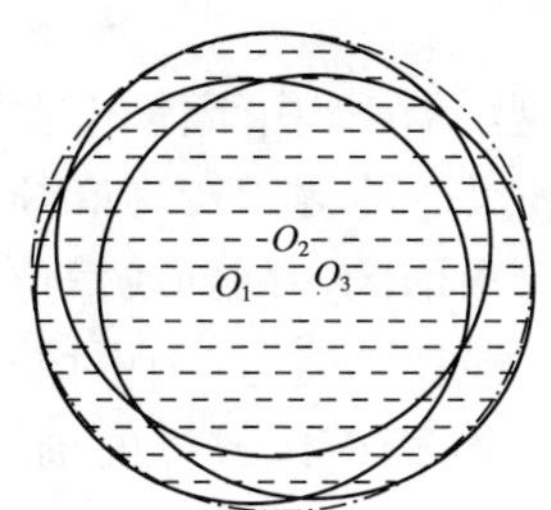

注：
①阴影部分为实际开孔区域；
②虚线为修饰线；
③O_1、O_2、O_3分别为钢护筒设计中心、护筒顶实测中心、吊箱底高程处中心位置。

图 10-5　钢吊箱底板开孔

由于吊箱底标高位于水下，无法直接测量其坐标，常采用护筒顶和桩顶处护筒中心坐标以及吊箱底高程推算出。设吊箱底安装高程为 $H_{底}$，则该高程处的坐标为：

$$X_{底} = \frac{X_b - X_a}{H_a - H_b} \times (H_a - H_{底}) + X_a$$

$$Y_{底} = \frac{Y_b - Y_a}{H_a - H_b} \times (H_a - H_{底}) + Y_a$$

（4）钢吊箱安装定位

钢吊箱安装前，测出承台四角钢护筒理论中心位置，并标示在钢护筒上，计算钢护筒的理论中心位置至钢吊箱内壁的距离，必要时可以在钢护筒上焊接限位装置，以此控制钢吊箱安装时的平面位置。吊箱下沉过程中，采用三维坐标法测量吊箱纵横轴线控制点，适时调整钢吊箱下沉姿态，指导吊箱的精确安装。吊箱基本稳定后，采用水准仪测定吊箱顶标高并用全站仪极坐标法测定套箱平面位置，满足要求后固定。

2. 承台施工

承台施工测量包括水下封底混凝土高程测量和承台模板放样、承台竣工测量。

水下混凝土封底高程测量采用水准仪将高程引测到各封底导管口附近的测控点上，并标记高程，在各测控点上悬挂一测深锤测量封底混凝土高程。对于大型承台施工，测控点的布设密度应能确保对封底混凝土高程的控制及平整度的检查。封底混凝土浇筑临近结束时，全断面测出混凝土顶面高程，对混凝土顶面高程偏差大的测点加密测探，并指导现场采取措施进行处理，确保封底混凝土顶面平整。

承台具备干施工条件后，放样出承台纵横轴线及高程。由于承台距离吊箱顶的施工平台较深，直接放样轴线比较困难，可先将承台设计轴线精确放于吊箱顶面上，然后利用正倒镜投点法将轴线投至承台底面上。高程的传递可利用吊箱顶面的高程控制点用悬挂钢尺的办法进行。

承台竣工按常规方法测量，主要内容：承台轴线偏差及断面尺寸测量；承台轴线坐标测量；承台顶面高程测量。

3. 承台施工控制要点

(1)承台施工临时加密点布设在钢平台上时，应考虑钢结构受温度影响大的特点，在承台混凝土浇筑完后，如果要继续使用加密点，需要重新复核，防止浇筑混凝土的影响。

(2)承台施工时，应注意对后期沉降观测标志的埋设。设计图纸有要求时，按图布设，设计无要求时，应均匀的布设在承台的四角及纵横轴线上，观测标志按永久性高程点设置，伸出承台顶面 10mm。

(3)承台模板一般与围堰、吊箱等结合在一起，这些结构体由于体积庞大，安装定位比较困难，且内部尺寸较承台大，承台竣工后的轴线偏位和尺寸的测量较为麻烦。一是承台尺寸必定要超出规定的允许偏差(±30mm)很多；二是承台顶面的实际轴线偏位就是围堰在承台顶面处的轴线偏位，一般也超过承台轴线偏位的允许值(15mm)，这两项均不符合规范要求。所以承台的轴线偏位不应以承台混凝土的几何轴线为准，而应以放样的轴线为准，因为承台钢筋的定位均以放样轴线为依据。

三、塔座施工测量

承台施工完成后，由于具备了干施工条件，塔座施工测量控制比较简单，施工过程中，除按常规测量方法对塔座放样、模板安装检查外，还应结合施工工艺要求，按塔柱的结构线形，采用极坐标法精确的定位塔柱预埋劲性骨架和钢筋的位置。在承台钢筋网片安装好后，在钢筋网片顶上焊接小铁板放样塔柱底部控制特征点，然后将这些特征点用角钢或悬线连接，组成塔柱底外部轮廓线，指导柱身钢筋预埋，钢筋预埋轴线偏位控制在 ±10mm。

四、主塔施工测量

斜拉桥主塔具有线形复杂、定位精度高、施工条件受限制等特点，施工测量内容包括主塔线形定位、索导管安装定位，而主塔按结构类型分混凝土节段主塔和钢节段安装主塔，索道分无锚箱索导管和有锚箱索导管，由于工艺的不同，测量定位也有一定的区别。

1. 混凝土主塔施工

混凝土主塔柱空间位置控制关键是通过调整塔身模板的三维姿态来实现，所以适时三维坐标测量是控制的关键。而无论是独塔还是有横梁双塔肢主塔，结构线形在纵横方向上都是按一定的线形变化。因此，模板检查时各控制特征点的坐标值可建立塔柱体的几何数学模型按实测高程反算而得。索塔测量的主要方法是精密全站仪坐标法，并以全站仪交会法为辅助；高程测量则以精密全站仪三角高程测量为主要方法，必要时可用精密水准仪加钢尺传递。

为了准确的介绍主塔施工测量定位方法，现以上海长江大桥主通航孔斜拉桥主塔测量控制为实例，介绍主塔施工过程测量控制。

上海长江大桥主通航孔为双塔独柱双索面斜拉桥(图 10-6),塔柱为"人"字型结构,钢筋混凝土箱形断面,并设 1.2m×1.2m 倒角。分下塔柱、中塔柱、上塔柱,塔高 +209.322m。下塔柱横桥向外侧设有半径 R =91.47m 的圆弧,内侧设有半径 R =8.5m 的圆弧,内侧坡比为 1:3.35 的斜面;横桥向中、上塔柱为 1:187.9 的斜面。顺桥向在高程 151.802m 下为1:73 的斜面,该高程以上部分斜率为 1:187.9。

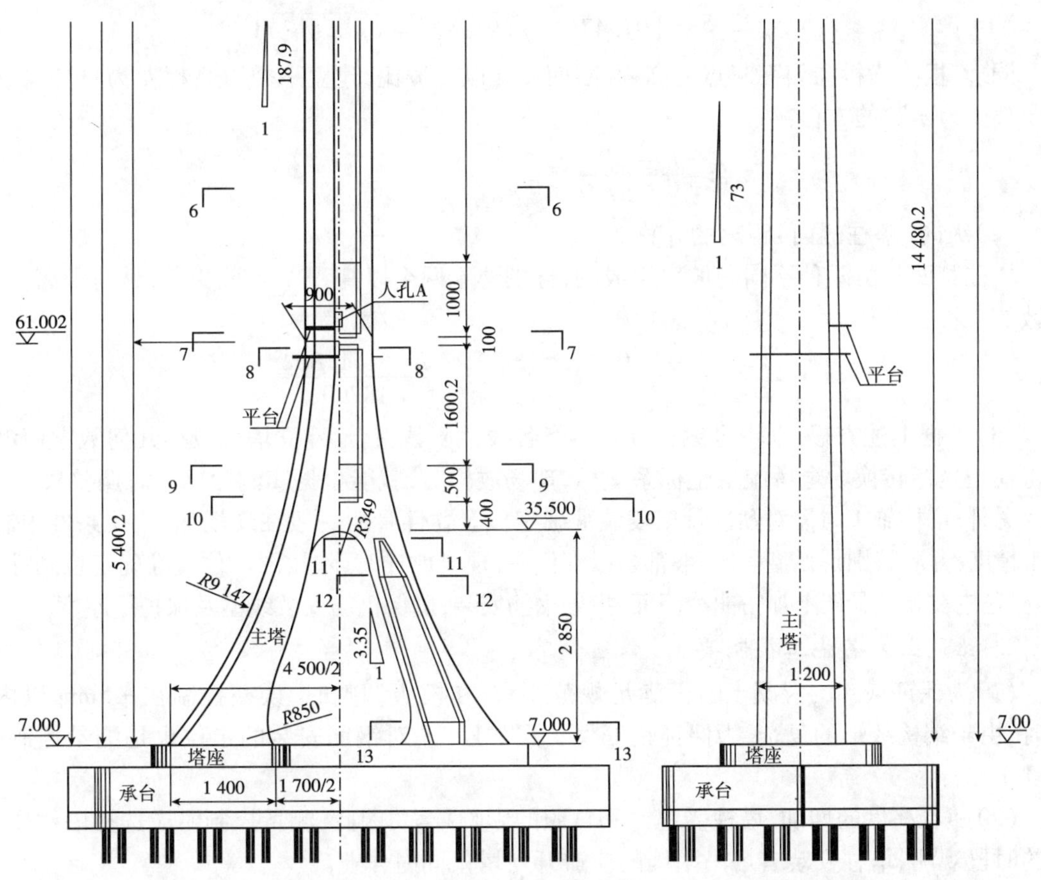

图 10-6　上海长江大桥主塔柱立面图(尺寸单位:cm;高程单位:m)

具体的施测方法:根据塔柱的不断升高,分别在辅助墩、边墩控制点上架设全站仪,实测施工段模板顶四周线型变化点处的三维坐标,然后根据实测的高程,反算该点处的理论坐标,与实测坐标相比较,作为调整的依据。测点布置如图 10-7 所示。

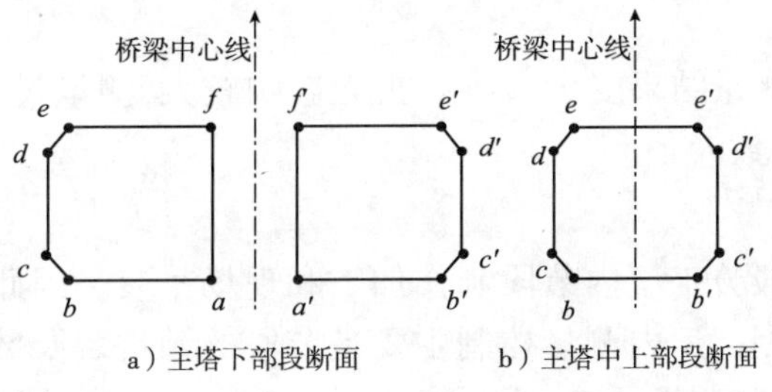

图 10-7　塔柱断面控制点

计算原理：根据设计图纸上主塔纵横向各坡率变化点处高程和断面尺寸，确定一个平面坐标（x,y）随高程变化的函数式，具体的计算方法为：

（1）横向（塔柱立面）距离计算

根据主塔圆弧起点处的横断面尺寸、高程（22.5，7）以及圆弧半径 R，建立一个以高程 h 为自变量，横向距离 y 为函数的方程，解算出函数 y 对应于 h 的函数式：

$$y = 22.5 - \left[91.47 - \sqrt{(91.47^2 - (h-7)^2)}\right]$$

同理，根据横桥向斜面起点处高程、断面尺寸以及坡比，建立一个以高程 h 为自变量、横向距离 y 为函数的方程：

$$y = 4.5 - \frac{h - 61.002}{187.9}$$

（2）纵向（塔柱侧面）距离的计算

塔柱侧面是由两种不同的坡率组成的，分别建立两个以高程 h 为自变量，纵向距离 x 为函数的方程：

$$x = 6 - \frac{h - 7.0}{73}\ ;\ x = 4.017 - \frac{h - 151.802}{187.9}$$

（3）根据上述方程，采用可编程计算器将各线性函数整合，建立塔柱放样几何数学模型，并将模型坐标转换为全桥施工坐标系坐标，现场放样时，就能根据实测数据适时调整模板。

另外，塔柱施工时需对劲性骨架安装准确定位。劲性骨架一般在现场加工，受条件限制，加工精度不高，特别是弧型段，一般都是以直代曲，现场放样时，除按图纸位置准确定位劲性骨架外，还应在劲性骨架上加密曲线断面，指导钢筋安装，确保钢筋安装线型及保护层厚度。

2. 混凝土主塔施工控制要点

（1）为保证最终的混凝土断面满足规范要求，在模板调整时，误差控制在 ±5mm 以内。同时，由于结构线形的复杂，为保证钢筋保护层的厚度，对钢筋安装的定位也是测量控制的关键工作。

（2）随着高度的增加，塔柱受温差和日照的影响越大，因此，测量控制时应选择塔柱变形小的时段观测，塔柱安装有塔吊附墙的应避开与塔吊同时作业。

（3）模板定位好后，应进行复测和检查加固情况，防止加固和施工过程中导致的模板变形。

（4）根据塔柱的不同高度，分阶段在不同位置设置控制点，尽量减小观测时过大的垂直角；对不通视的地方，可用距离交会法放样，所用钢尺需检定。

（5）塔柱施工阶段应根据工程实际情况，确定基础沉降监测周期并进行监测，对每次结果均应认真分析。

（6）EDM 三角高程测量结果受大气垂直折光影响较大，测量过程中除严格按规定操作外，应正确的确定折光系数 K 值。

3. 钢节段主塔安装

钢索塔施工模式一般分工厂内节段制作加工和现场吊装。因此，测量控制分厂内测量控制和现场测量安装控制。厂内测量控制主要是节段的预拼装及数据采集，现场测量控制包括底座、标准节段的安装测量。

(1)预拼装测量控制网

钢索塔厂内预拼装测量,首先必须建立精密测量控制网。控制网建立方法如下:

①网型大小根据拼装胎架大小、一次匹配的钢节段数等因素确定。

②坐标原点为钢结构胎架的几何中心,如图10-8,X轴、Y轴为过坐标原点O且与拼装节段理论中心纵横轴线重合。

③全网在轴线上共设4个控制点,均采用强制归中观测墩,组成大地四边形,按边角网严密平差计算各点相对坐标。

④高程控制网测量采用在胎架几何中心O点处架设精密水准仪,测定各混凝土观测墩对中基座顶面的高差,假设基准点A的高程为1m,推算出各基准点的高程值。

(2)预拼装测量

①胎架水平度检测

预拼装测量的主要目的是要获得预拼装节段的垂直度及其壁板上的测量点坐标,而由于胎架本身的水平度α对测量结果会产生直接的影响,所以每次预拼装测量前都要先测定胎架在预拼装坐标系的X轴和Y轴方向的水平度。如图10-9所示,用检定过的钢尺量取胎架某一边上P_1、P_2之间的距离为S,将铟瓦水准尺立在P_1、P_2点之上,测出P_1、P_2点的高差h,则得到该边在Y方向的水平度$\alpha_Y = h/s$,同理可以测出其余各边的水平度。

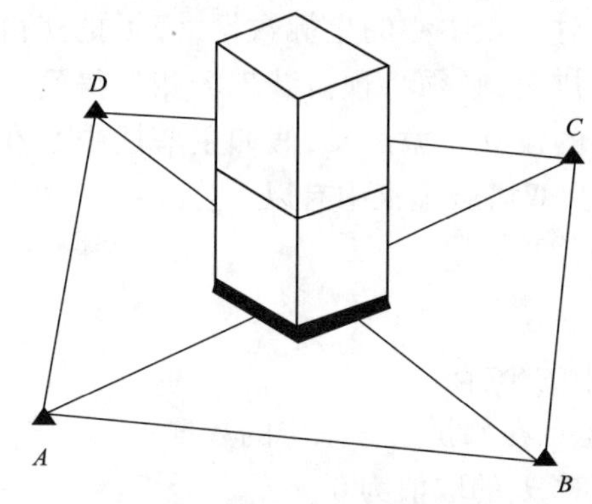

图10-8　预拼装控制网

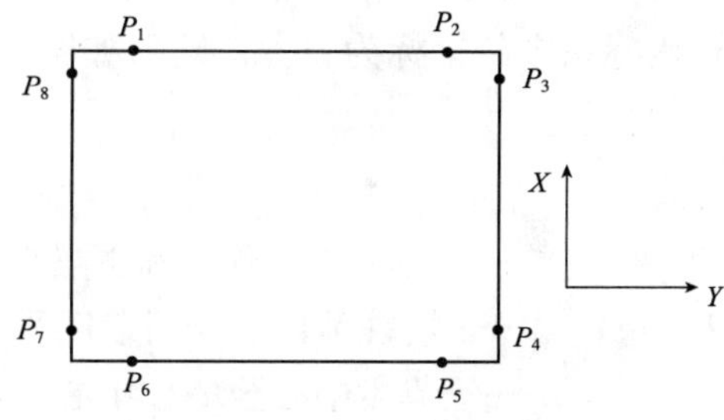

图10-9　胎架水平度测量

②节段断面测量点布设

节段断面测量控制点布设,既要考虑到对节段拼装的有效控制,又要方便现场拼装时快速的识别。因此,布点时一般选在特征点或轴线上,采用洋冲眼作为标记。

③预拼装温度测量

钢结构膨胀系数较大,受温度影响结构变形显著,为了保证钢索塔节段预拼装的精确测量,需对钢索塔节段间的温度、外部环境温度测量控制,确保各部分温差不大(一般不超过2℃),处于均温状态时开始匹配。

④拼接处错边量取

直接采用游标卡尺量取下节段上端面轴线点和上节段下端面轴线点之间的距离。

4. 预拼装测量的数据采集计算

(1)预拼装测量坐标计算

预拼装测量时，采用极坐标测量方法测量得到钢索塔节段壁板上测量点的坐标。如果胎架是完全水平的，则得到的坐标就是匹配坐标，但实际上胎架总是不完全水平的，故极坐标法测得的坐标必须根据胎架水平度进行改正，其改正公式为：

$$\begin{cases}X_{匹配} = X_{测} + \alpha_x H_p \\ Y_{匹配} = Y_{测} + \alpha_y H_p\end{cases}$$

式中：$X_{匹配}$、$Y_{匹配}$——改正后的坐标值；

$X_{测}$、$Y_{测}$——预拼装现场极坐标法实测值；

α_x——X 轴方向的胎架水平度；

α_y——Y 轴方向的胎架水平度；

H_p——测点沿铅垂线方向到胎架顶面的距离。

(2)预拼装测量钢索塔垂直度计算

如图 10-10 所示，利用全站仪的竖丝从上节段的上端口轴线中心点 O_2 作垂线，引至下节段下端口 M 处，量测 Mo_1 的距离 L。设匹配的塔柱节段高分别为 H_i、H_{i+1}，则求出钢索塔阶段的垂直度 $\tau = \dfrac{L}{H_i + H_{i+1}} - \alpha$，式中 α 为胎架水平度。

(3)预拼装坐标系与桥轴坐标系的转换

预拼装测量获得的塔柱各节段加工形态坐标是相对节段中心的坐标数据，为了把获得的资料数据用以指导后续节段的精密加工和桥位现场拼装，必须将预拼装现场测量得到的坐标转换到桥位现场的桥轴坐标系统中。桥轴坐标系的设立见第一章，假如主塔柱中心在桥轴坐标系中的坐标为 $O(X_o, Y_o)$，如图 10-11，在主塔为双塔肢施工中有以下公式：

$$\begin{cases}X_i = X_o \pm X_{i匹配} \\ Y_i = Y_o \pm L_i \pm Y_{i匹配}\end{cases}$$

式中：X_i、Y_i——塔柱节段测量标志点在桥轴坐标系中的坐标；

$X_{i匹配}$、$Y_{i匹配}$——塔柱节段在预拼装时采集的测量标志点在预拼坐标系中的数据；

L_i——节段中心至塔柱中心距离，独塔施工时，L_i的取值为 0。

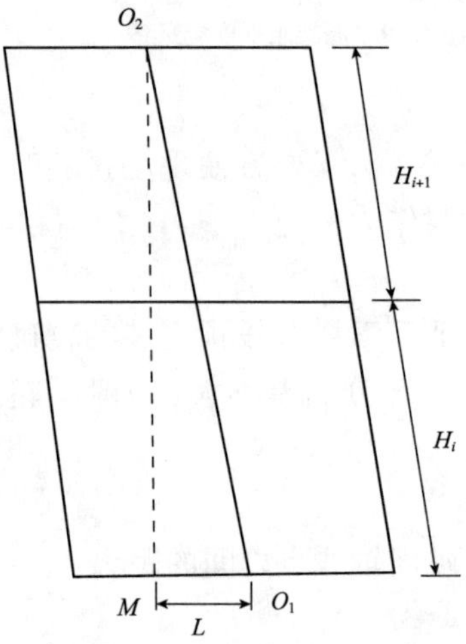

图 10-10 塔柱节段垂直度

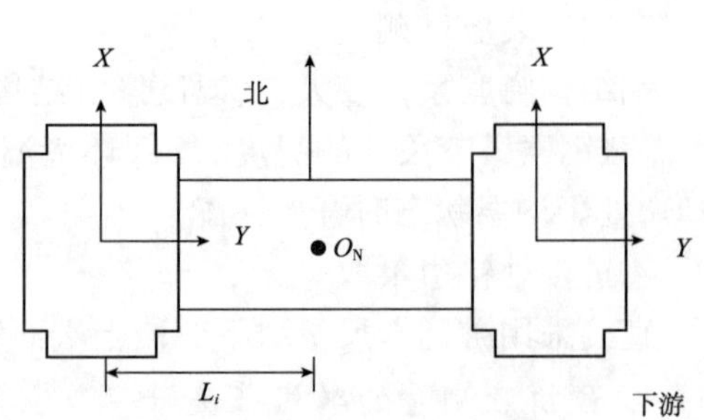

图 10-11 预拼装坐标系与桥轴坐标系

5. 钢索塔节段安装测量

由于钢索塔节段在机加工厂房加工完成后，几何形态已经确定，在现场钢索塔拼装过程中不能对其线形进行局部调整，故钢索塔节段拼装，其重点在于控制钢索塔节段的姿态、整体的垂直度。

(1)钢索塔首节段安装

钢索塔首节段位于钢混结合部，由底座预埋件、底座、锚固箱三部分组成。定位精度的高低直接关系后续钢节段的安装质量，因此，定位测量一般采用内控法，即在塔柱内部或距离塔柱很近的控制点架设全站仪施测。

底座安装定位施工流程：底座预埋件板的定位，精确测量预埋板对位线，底座安装固定。

底座预埋板采用内控法调整并在预埋板上放样底座对位线，精度满足设计规范要求后，吊装、调整底座。底座安装调整过程如下：

①初步调整：在塔内架设精密水准仪，测量底座高程，要求绝对高程偏差≯5mm，四角高差≯0.4mm。

②采用内控法架设全站仪，极坐法测量底座的轴线点（厂里预拼时标出），偏差控制在5mm左右。

③重复上述两步，直至满足设计要求。

底座定位完成并浇筑底座混凝土固定后，进行锚固箱的定位，锚固箱定位方法和底座定位方法相似。

(2)标准节段安装

底座和锚固箱安装固定后，其余各节段采用白天初步吊装，通过与上一安装节段定位匹配关系，在连接螺栓孔内打入一定数量的拼接板冲钉，然后进行塔段间接触率的检查，安装高强螺栓并进行初拧。塔段的测量调整一般选在夜间温度稳定时进行，测量内容如下：

①在主塔附近的控制点上架设全站仪，采用极坐标法测量调整塔段顶口轴线上测量标记点（厂里预拼装时打的洋冲孔），根据测量结果，微调安装塔段，并将轴线偏差控制在设计要求范围内。

②塔段高程控制采用精密水准仪按二等水准要求进行控制，将节段间高程和相对高差控制在设计要求的范围内。

③节段顶面横桥向端面倾角和上下游塔肢节段之间的相对高差测定。测量时，可直接将铟瓦尺架设在塔柱顶面端口的棱边上，不必专门制作高程测量点。

6. 钢塔施工测量控制要点

(1)为了保证预拼装测量过程中的钢索塔节段各部分温差不超过2℃，且环境温差在2℃以内，因此预拼装所有测量工作都应选在夜间进行；同时，钢索塔拼装测量应选在同一时间段进行。

(2)安装测量期间，应减小现场施工挠动对测量定位的影响。

(3)现场安装一个轮次完成后（如5个节段拼装），应将本轮高程平面累积偏差值反馈加工厂，并在下一轮次制作预拼时消除。

(4)钢索塔关键部位定位精度要求特高，大桥首级控制网已不能满足拼装测量的精度要求。在此情况下，根据大桥现场施工条件要求建立相应的钢索塔施工专用控制网，并采取措施提高控制网的精度。

7. 索导管测量

斜拉索是连接主塔和主梁的纽带，而索导管是将缆索两端分别锚固在主塔和主梁上的重要构件，为了防止缆索与索导管口发生摩擦而损坏缆索，影响工程质量，以及保证对称主塔两侧的各斜拉缆索位于同一设计平面上，防止锚固定偏心而产生的附加弯矩超过设计允许值，对索导管锚垫板中心和塔壁外侧套筒中心的三维空间坐标位置提出了很高的精度要求，按斜拉桥设计规定，一般要求缆索、锚具轴线偏差小于 ±5mm。索导管定位测量分两种结构形式：一种是无锚箱的索导管安装定位；另一种是有锚箱的索导管安装定位。前者在劲性骨架上单根安装，测量定位受塔柱空间狭小、铆固焊接、施工干挠等因素影响，定位比较困难；后者在工厂里加工制作，一般同一断面上的索导管固定在同一锚箱上，相对精度比较高，现场施工定位方便快捷。

8. 无锚箱索导管施工

索导管的安装定位是根据设计提供的索导管空间参数，建立空间直线参数方程。现场放样时，在控制点上利用全站仪直接测出索导管特征线上的三维空间坐标，根据与设计坐标的偏差进行调整。

(1)索导管安装前准备工作

①空间直线方程的确定。根据设计提供的锚垫板中心三维坐标 (X,Y,H) 及给定的索导管在顺桥向铅垂面的投影与水平面的夹角 α、索导管在横桥向铅垂面的投影与水平面的夹角 β 可以求出任意标高 H_i 处的平面坐标，计算公式为：

$$\begin{cases} X_i = X \pm (H - H_i)/\tan\alpha \\ Y_i = Y \pm (H - H_i)/\tan\beta \end{cases}$$

其中，X、Y、H 为锚垫板中心设计三维坐标，X_i、Y_i 为实测标高 H_i 处的理论坐标，其与实测坐标的偏差，就是索导管的调整值。一般情况下，设计提供的锚垫板中心三维坐标为相对主塔中心的坐标，因此，现场放样时，需将上式结果转换为桥梁施工坐标。

②索导管锚垫板中心的标定辅助工具制作。利用一定厚度(约 1cm)的钢板加工一个圆形中心标定器。索导管锚垫板中心标定辅助工具如图 10-12 所示。该标定器的直径与斜拉桥索导管内径一致，四周焊接对称的 4 块垫板，精确标定圆中心，并做好标记。使用时只要把中心标定器盖到索导管锚垫板中心，吻合即可得到锚垫板中心位置。

③塔壁外侧索导管中心的标定辅助工具制作。同样，用一定厚度(约 1cm)钢板加工一个半圆形的标定器。索导管出口中心标定辅助工具如图 10-13 所示。该标定器直径与斜拉桥索导管内径一致，精确标定圆心，并做好标记。使用时只要把标定器放入塔壁外侧索导管标记的内径圆上(内径圆在工厂加工时精确标定)，此时盘心即为索导管中心。

在辅助工具制作材料选择上，最好选用具有一定刚度且不易变形塑料板，方便现场操作。

④劲性骨架安装定位，由于劲性骨架是搁置索导管的胎架，因此，除按设计图纸准确定位劲性骨架外，还应在劲性骨架上沿索导管线性方向定位出索导管搁置点位置，使索导管吊装后能基本就位。

(2)索导管安装调整

索导管安装时,应考虑主塔预偏值及主塔预抛高值的影响,索导管安装坐标应根据设计及监控单位提供的预偏值和预抛高值计算出实际的锚固点及出口点中心坐标。调整过程如下:首先将锚垫板中心调整到设计位置并检测,然后调整索导管塔壁侧,由于调校塔壁侧时可能引起锚垫板移动,故应复测锚垫板中心并再次调校。重复上述步骤直至满足定位精度要求。

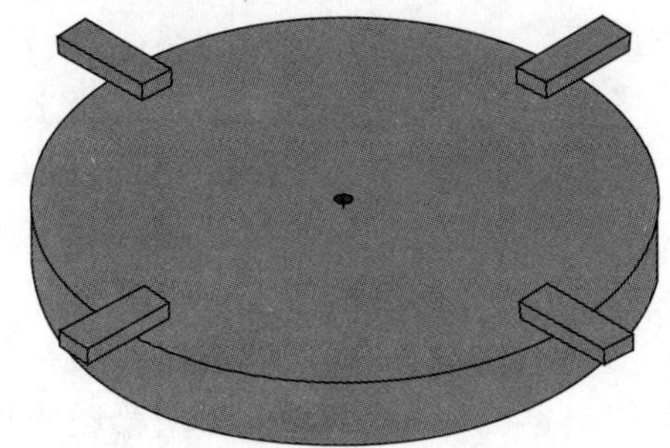

图 10-12　锚垫板中心标定辅助工具

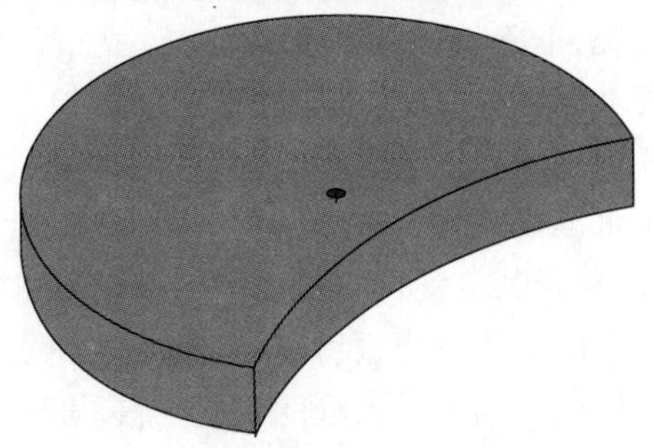

图 10-13　塔壁外侧索导管中心标定辅助工具

9. 有锚箱索导管控制

有锚箱索导管安装测量,分锚箱测量定位和索导管复测两步。锚箱测量定位参见钢节段主塔安装,索导管复测方法参见无锚箱索导管测量方法。

10. 斜拉索桥索导管安装控制要点

(1)辅助圆加工制作应精确,要求误差≯1mm。

(2)高塔柱在日照、温度和风力影响下会发生变形,同时混凝土由于热胀冷缩而影响高程,在塔柱施工过程中应进行观测,从中获取变形规律以指导施工。

(3)搁置索导管的劲性骨架应有一定的刚度、强度,确保在施工过程中不易变形。

(4)索导管加固焊接时,应注意焊接方法,防止焊接变动。加固焊接完后,对索导管应进行复测,如有变动重新进行调整。

(5)钢锚箱安装温度控制应与预拼装温度一致,安装过程中应减小现场施工挠动对测量定位的影响。

(6)钢锚箱安装完一个轮次后(如 5 个节段拼装),应将本轮高程平面累积偏差值反馈加工厂,并在下一轮次制作预拼时消除。

五、主梁施工测量

斜拉桥主梁施工受温度、结构内力、索力调整等因素影响,施工过程实际上是一种动态控制过程,因此,如何结合这种动态施工的特点,对梁段和构件进行测设,以保证全桥中跨及边跨的顺利合龙和理想的成桥线形,是斜拉桥主梁施工测量的关键任务。常见的主梁类型有现浇混凝土梁和钢节段梁安装。

1. 混凝土梁施工

混凝土梁施工,目前主要采用挂篮施工工艺,测量控制内容包括挂篮模板安装、主梁索导管测量定位、主梁施工过程中的监控测量。

(1)挂篮模板安装

斜拉桥混凝土梁挂篮施工，主梁线形控制应从挂篮安装开始，控制内容包括挂篮锚固预留孔的预埋控制、挂篮行走过程控制以及挂篮安装到位后模板检查。

预留孔在前一节段梁体混凝土浇筑时根据挂篮锚固杆的相对位置准确定出，埋设孔形最好在横桥向为长方形，以便对挂篮偏位的调整。挂篮行走过程控制，主要是测量挂篮轴线，根据测量结果调整行走轨道梁距离，适时控制挂篮偏位。挂篮行走到位后再次复测轴线情况，准确就位后锁定挂篮。至此，梁体主肋位置已安装正确，翼板模板及前端堵头模板还要准确放样，以控制梁线形及断面尺寸。控制方法通常有两种：一种是先用仪器在模板上放样出轴线和横向里程线，然后用钢尺、线锤等工具检查模板的结构尺寸、垂直度及平面位置，用水准仪观测检查高程；另一种方法就是直接用精密全站仪观测梁段结构特征点的三维坐标，检查其空间位置是否满足设计要求。

由于挂篮模板后端是与已浇混凝土紧密的咬扣在一起的，因此，模板高程控制主要是针对挂篮前端底模高程的测量。高程数据一般由监控单位根据已浇梁段索力调整、梁段线形以及预抬量等因素综合考虑计算得出。挂篮施工中，日照和温差是影响主梁高程控制的重要因素，故挂篮模板调整一般在夜间温度比较稳定的时段进行，并在日出前调整复核到位。

(2)索导管定位

为了不影响进度，索导管的定位一般安排在空模高程定位完成之后，与钢筋绑扎同步进行。定位时为保证主梁索导管与塔柱索导管的相对线性关系一致，主梁索导管的定位必须以主塔索导管的线性关系为依据。同时，现场放样时，应考虑主梁线形设定的挂篮底模高程、挂篮弹性变形、温差变化、塔柱变位、斜拉索悬垂量的影响，对索导管高程进行修正(该修正值计算比较复杂，一般由监控提供)，然后根据修正的高程，计算主梁索导管顶口和底口的坐标，定位方法参见主塔索导管安装。

(3)梁段施工中的监控测量工作

温度、混凝土收缩徐变，节段梁超重及施工偏差等是影响主梁线形的主要因素，尤其是温度升降至使缆索伸缩带来的影响比较显著。不同时间不同的温度，主梁高程观测值是不一样的，在施工过程中实施有效的监控测量，其目的是为施工设计提供已浇筑段的实时动态数据，确保主梁施工中按设计预定的目标状态向前延伸，直到边跨中跨精确合龙。

主梁的线形监控测量选择在温差小的时段进行，观测前清除影响主梁线形的多余荷载。主梁的线形测量通常按几何水准测量方法，从一个水准点开始，最后闭合到另一个水准点。随着主梁的延伸，观测量增大，必要时可采用两台水准仪同时观测，整个观测过程力求在最短时间内完成；主梁的轴线偏位测量采用极坐标法或轴线穿线法(在梁段轴线控制点上，以全站仪正倒镜投影测量轴线偏位)测量主梁上埋设轴线控制点，整个过程尽量与高程测量同步。

观测主梁线型的同时，进行塔顶位移观测，用固定在塔顶横桥向两侧的棱镜作为塔顶位移观测点，用全站仪直接观测其三维坐标，比较相邻两次工况观测的坐标变化值，分析塔柱的位移情况。在主梁的施工过程中，具体的监控测量内容有：

①灌注中挂篮沉降观测。混凝土浇筑过程中，为了避免因混凝土浇筑不对称以及挂篮受力体系不均匀，必须在混凝土浇筑过程中对挂篮的状态进行监控观测，并作为调整依据。

②塔柱位移观测。塔柱受两侧索力不等、温度、日照以及塔柱两侧主梁实际重量以及施工荷载不对称等影响，将会产生位移，通过观测找出规律，以便指导后续施工。

③张拉过程中主梁线形测量。混凝土张拉后梁轴线高程将可能发生变化，主梁两侧受力及变化情况是否一致，必须通过观测梁面张拉前后的轴线高程变化来确认。

④斜拉索调索控制。斜拉索调索阶段的测量，调整拉索索力时，观测梁面高程及轴线变化，检查实际线形与设计线形和索力是否吻合。

⑤温度线形测量。在施工过程中，观测已浇梁段混凝土随温度变化情况，从中找出规律，整理出温度应力曲线，指导后续施工。边、中跨合龙时，应根据设计监控要求，对全桥线形、合龙段高程、轴线偏位以及合龙段距离进行一定周期的观测，统计出主梁高程、轴线与温度之间的相互关系，确保边中跨顺利合龙。

(4)混凝土梁施工控制要点

①重视挂篮的设计与加工。挂篮作为主梁施工的主要载体，它的设计是否科学，精度和刚度是否满足要求，对于保证主梁的质量起着举足轻重的作用。

②主梁施工中，要重视气温的影响，梁体高程测量、索导管定位等尽量选在恒温时段进行。

③在主梁线形控制测量时，钢筋及其他杂物应按监控单位指定的位置存放，测量数据及时的反馈监控单位。

④主梁索导管安装就位后，采用对称施焊固定，防止焊接变形；钢筋绑扎及混凝土浇筑过程中，采取有效措施，防止索导管碰撞变形。

⑤主梁监控测量中，随着梁段的不断延伸，梁段高程控制测量工作量越大。高程测量除采用多台水准仪同步测量外，在风力较大和长悬臂晃动显著的情况下，可采用全站仪自动照准三角高程测量的方法。现场实测时，由于是单向三角高程测量，因此在高差计算时必须进行地球曲率和大气折光修正。

2. 钢箱梁节段安装测量

钢箱梁节段安装测量是在设计监控的指导下，对梁段各工况下的轴线、里程、高程进行测量控制，并同步观测主塔偏位。测量方法：轴线控制采用极坐标和梁轴线穿线法控制，里程常采用钢尺量距，高程控制采用精密水准仪按二等水准要求控制。

(1)梁节段安装

梁节段安装测量工作分塔柱0号梁安装测量、标准节端安装测量、边中跨合龙测量。

①0号梁安装。0号梁安装一般在支架上进行，支架施工梁段不存在变形不一致的影响，安装测量比较简单，只需将梁的高程和轴线调整到监控数据就可。一般的调整步骤：梁安装到位后，先调整轴线，再调整里程，最后调整高程，直至梁段高程、四角相对高差、轴线及拼缝宽度符合设计及监控要求。

②标准梁段安装。标准节段梁安装是指采用桥面吊机进行的安装，测量步骤分初匹配和精匹配两个阶段。

初匹配阶段是采用已安装梁段对吊装梁段进行安装。匹配前，使吊装梁段略高于已安装梁段1cm左右，然后对齐两匹配梁腹板处的匹配板，并使梁顶面预拼装控制轴线粗略对齐，然后适当落钩，使边腹板接头处高度平齐。打匹配件销子，并将顶、底板拉杆穿好，适当拧紧，完成初匹配。

精匹配阶段是精确调整安装梁段的高程、轴线和里程，并兼顾缝口宽度。调整步骤仍按先轴线、再里程、后高程的顺序反复进行，直至各项指标满足设计监控要求。

轴线调整应最大限度的兼顾拼接板安装,同时考虑前三段以上已安装梁的轴线偏位情况,控制偏位不累积。调整方法为在拉杆位置放千斤顶调整,然后在匹配件之间垫调整件(薄铁皮)。轴线调整到位后,用钢尺测量相邻梁段间的里程控制点距离,确保梁段间两对里程点距离相等。

高程控制根据监控指令数据用水准仪测量调整。根据经验,定位好的当前安装梁段,完成拼装接头焊接后,该梁段的高程位置将下降 10 ~ 15mm,为了使拼装后的高程与理论控制值相符,在当前安装梁段定位时,应预抬高安装梁段前端控制点的高程,使高程偏差接近 +10mm。

梁段拼装完成,应对拼装缝宽以及错缝进行检查,缝宽在梁段轴线、高程到位后,基本能满足设计要求的。而错缝形成原因复杂,除受测量原因引起外,主要还因吊装梁段与已安装梁段受力变形不一致引起。施工中常采取匹配时适当提高吊装梁高程,在焊平码板穿好拉杆后,适当的落钩,使吊装梁段的重量部分传递给已安装梁段,这样既能使高程满足监控要求,又能适当的减小部分错缝。

③边、中跨合龙段安装

a. 边跨合龙

边跨主梁安装特点,在吊装合龙段前,应先将边跨梁吊装在墩顶支架上,并向与合龙相反方向移动一定的距离,待安装边跨合龙段时,再使其复位并调至设计要求。因此,测量控制分两次:一次是合龙段与上节段梁安装匹配测量,方法同标准梁段安装;另一次是合龙段与边跨的合龙测量,由于边跨梁在墩顶支架上处于自由状态,因此,边跨合龙测量不是很困难,合龙过程中,重点做好监控测量工作,并按监控制指令对线形进行调整,确保合龙段与相邻梁段平顺接合。

为防止各相邻梁段焊缝宽度的偏差系统的积累过大,力求合龙时的边跨长度与设计长度相符,安装边跨各梁段时,用检定过的钢尺量距确定其里程,然后考虑它对设计里程的偏差大小,适当调整和控制焊缝宽度。

b. 中跨合龙

中跨合龙安装特点,中跨合龙前,两侧梁段虽然在安装过程中严格按监控要求进行了调整,但两侧已安装梁处于大悬臂飘浮状态,受温度、风等综合因素的影响,两梁端平面位置、高程均在不断的变化,而且梁段安装测量累积误差也可能使轴线和高程偏位不一致,最终都会从合龙口的状态上表现出来。因此,在合龙前,需对合龙口状态进行长时间的动态监测,并根据测量结果选择合宜的合龙时间,确定合龙梁段切割的尺寸和体形,使其在合龙时与合龙口相吻合,就成为中跨合龙梁段顺利安装到位的关键。

合龙口状态的监测项目包括箱梁悬臂端上缘之间和下缘之间的水平距离,箱梁悬臂端上、下缘铅锤线之间的水平差距,箱梁悬臂端受日照影响产生的旁向弯曲(表现为合龙口轴线偏差发生变化),合龙口两端的高差,以及精确温度的测量。

合龙口测点的布设位置,一般根据设计监控要求,在箱梁顶、底板处沿梁中心线对称布设。布设方法:顶板测点设置采用全站仪极坐标法,以桥梁中心线为基准,准确的定出各测点,并以钢卷尺量距校核;底板测点的设置,用全站仪极坐标法,将顶板各测点分别沿铅垂线方向投影到底板上。

合龙口距离测量，采用标定过的钢卷尺布设在合龙口两侧对应的测点上，并在钢卷尺的一端设置拉力计，测量时记录下钢尺在两边测点的读数及拉力计的读数，并根据拉力及测距时的温度按钢卷尺标定修正公式对距离读数修正。轴线偏位测量，使用全站仪，采用正、倒镜投影法。合龙口两侧的高差，使用精密水准仪按水准测量方法测定。测量频率可每隔2h测量一次，每次测量始、末读记温度。

中跨合龙，应根据合龙口观测记录的时间—温度—距离记录，选择合适的时段，并按该时段合龙口底部的距离配切合龙段梁。梁提升到位后，应在合龙段一侧相邻梁轴线控制点上架仪器，以另一侧相邻梁轴线控制点定向，采用穿线法测量合龙段轴线偏位，以水准仪测量合龙段梁与相邻间的相对高差，满足要求后，快速锁定完成梁的合龙。

(2)线形监控测量

钢箱线形监控测量内容与方法与混凝土梁线形测量基本相同。

(3)钢梁施工控制要点

①钢梁在厂里预拼装时，应对轴线、高程控制点应标示清楚，轴线控制位置应准确，以免导致现场安装错误。

②吊梁使用的吊机最好具有纵向调坡功能。如果不具备，梁段起吊时应注意梁段的起吊坡度与桥梁坡度基本一致。

③梁段安装过程中，应根据梁段轴线测量偏位情况，在匹配板接缝处垫薄铁皮对轴线进行反向调整，防止偏位累积放大，一般梁段轴线偏在5mm左右开始调整。

④合龙口梁段间距观测点的布置宜为钢箱梁的全断面，在施工允许的条件下连续观测时间越长越好，建议观测3～5d，观测数据的采集应包括大气温度与箱梁内表温度在不同时间段的差值。

⑤主梁施工中，由于索张拉、主塔承重等综合因素的影响，应定期的对主塔上的专用控制基准点进行复测，确保控制点位的精度满足施工要求。

⑥在节段安装测量控制过程，梁段标高控制测量工作量最大，而且在长悬臂下受风的影响也是比较大的，因此，在小风和长悬臂晃动小情况下，可采用精密水准测量方法。在风力较大和长悬臂晃动显著的情况下，可采用全站仪自动照准三角高程测量的方法。现场实测时，由于是单向三角高程测量，因此在高差计算时必须进行地球曲率和大气折光修正。

六、变形观测

斜拉桥是高度超静定结构体系，它的每个节点坐标位置的变化都会影响结构内力的分配，因此，在施工中需定期的对桥梁进行变形监控，以便了解桥梁状况，指导后续施工。施工中变形观测的主要内容包括塔柱基础的沉降观测、塔柱的变形观测、主梁监控测量。沉降观测常用的方法有几何水准测量法、精密三角高程测量法，塔柱变形观测常用方法有前方交会法、极坐标法等。目前，GPS由于具有精度高、速度快、自动化程度高、操作简单等优点，在变形观测中也得到了极大的推广应用。

1. 变形观测基准网建立

(1)平面基准网

建立高精度的桥梁变形观测控制网是变形观测的基础。为了能直观地反映顺桥向和纵桥向位移量,桥梁变形观测控制网一般采用桥轴坐标系统。控制网的布设应综合考虑主塔高度、施工特点以及周边地形和已建构筑物的影响,布设时以便于使用、网形简单、图形强度好为原则。常见网形有三角网、GPS控制网、导线网,其中三角网具有图形强度、可靠性和观测精度都较高,可满足各种精度的变形监测对基准网的要求;GPS定位技术在变形监测基准网的建立中,正在发挥着越来越重要的作用;导线网以其布网形式灵活见长,但其检核条件较少,常用于困难条件下低等级监测基准网的建立。另外,由于桥梁施工工期较长,基准点的稳定性也是必须考虑的因素,在施工期间要定期进行复测,保证观测量的准确性、连续性。

(2)高程基准网

高程监测基准点分两级布设,即基准点和工作基点。基准点应布设在施工场地外较稳定的地方,即受施工荷载影响的变形区域以外。观测方法采用精密几何水准测量,一般用二等水准测量从国家高程点引测。高程工作基点布设在河岸便于使用且相对稳定的地方,施工期间应经常性的与基准点进行复测。常用的网形有附合水准网。

2. 塔柱基础沉降观测

(1)塔柱基础沉降观测目的。施工过程中及时掌握塔柱基础的变化情况,保证塔柱施工安全。

(2)沉降观测点设置。一般在承台施工时布设在承台顶面上,设计有要求时,按设计图布设,设计无要求时,对称布设在承台的四角和纵、横轴线上;沉降观测标志采用铜或者不锈钢材质的等级水准点标志,标志顶应高于承台10mm。

(3)监测方法。一般选用几何水准测量、EDM三角高程测量。

塔柱基础沉降观测包括绝对沉降观测和相对沉降观测,前者是指观测标志相对于岸上工作基点的高差变化,可按二等或三等水准技术要求实施,后者是观测承台上对称观测标志的相对高程,了解承台是否发生不均匀沉降,按一等水准技术要求实施。

第一次监测应在塔柱施工前进行,以后可根据塔柱的施工高度或荷载变化情况进行重复监测。

3. 塔柱变形观测

(1)观测目的。了解塔柱在不受外力作用时自然状态下的摆动规律,即摆幅大小、摆动平衡位置与对应的时间关系,为后续施工提供资料。

(2)观测点的设置。宜布设在塔顶和塔的不同高度上,观测标志选用具有360°观测功能的棱镜,并在主塔施工过程设置。

(3)观测方法。可采用交会法、极坐标法等。

(4)观测内容。塔柱在水平面的扭转变化及在竖直面的挠曲变化。

变形观测宜在塔柱竣工后和挂索之前的裸塔阶段进行。

4. 变形观测控制要点

(1)使用的测量仪器必须经过检定且符合观测精度要求。

(2)使用的基准点、工作基点应经常性的复测,监测网的数据处理,可采用最小二乘法进行平差计算。

(3)变形监测对观测精度和点位的稳定性要求较高,控制点宜采用强制归中观测墩。

(4)每次观测,宜采用相同的网形和观测方法、使用相同类型的测量仪器、固定观测人员、选择最佳观测时段、在基本相同的环境和条件下观测。

(5)观测频率应能系统反映所测构件体在各工况下的变化过程,当发生变形异常时,应增加观测频率,并及时向有关部门汇报。

第三节　斜拉桥施工测量监理

一、测量监理工作概述

工程测量监理作为工程监理的重要组成部分,是控制工程质量的重要环节,贯穿于工程建设的始终。在桥梁施工测量中,测量监理的基本任务有:督促承包人复测和加密施工控制网;审核承包人的施工测量方案、验算放样数据;复核并签认承包人的放样结果,监督承包人做好施工监控方面的测量工作;对已完工的分项、分部和单位工程按规范要求进行竣工验收。

二、施工准备阶段的测量监理工作

1. 建立健全测量工作质量保证体系

建立健全测量工作质量保证体系,是做好施工测量的基础,是施工测量的一项重要工作。

根据监理招投标文件要求,总监办应配备满足监理工作需要的一定数量的测量监理工程师和测量人员以及满足日常测量工作需要的测量仪器设备,以便保证项目测量监理工作高效正常运作。

检查承包单位测量工程师、测量员、测量工组成比例、职称证书、上岗证书等是否符合施工承包合同要求和满足施工的需要。

检查项目部测量仪器设备配备的品种、型号、规格、数量和精度等是否满足施工合同要求和施工的需要,各仪器是否在标定有效期内使用。

监督承包人建立健全测量工作的各项规章制度,其中主要包括:

①测量仪器设备的保管和使用制度。

②测量放样数据的检验、校核制度。

③测量资料的收集、整理、汇总和保管制度。

④测量人员与其他专业工程师及施工技术人员协调沟通及放样交底的制度。

2. 交接桩和控制网测量

(1)交接桩事项

一般情况下,由业主牵头,安排设计单位向施工单位和监理单位交桩。但也有由业主牵头,安排设计单位先向监理交桩,再由监理向施工单位交桩的情况。其交接桩内容如下:

①交桩人员向接桩人员介绍合同范围同的路线走向,各类桥梁的轴线定位桩位置。

②交桩人员向接桩人员移交平面和高程控制点成果表和点之记,介绍控制网的精度等级等情况。

③交接桩人员共赴现场,查看、确认所移交点的完好情况,并作如实做记录。

④设计、监理和施工三方交桩人员签署交接桩文件。

(2)控制测量

控制测量是测量监理工程师对承包人首级控制网的复测、控制点的加密等进行监督、检查和认可。

控制测量中,监理工程师首先应对承包人提交的控制测量方案进行审查,控制要点如下:

①加密控制点的目的、控制点埋设方式、复测依据以及利用已知点的数量、点名。

②拟定的复测加密控制网的布设方式的合理性,并要求:

a. GPS 加密网应采用网连式、边连式进行布设,一般应少采用点连式布设。

b. 常规的边角网、三边网、附合导线(网)均可用来进行加密控制点的加密;在同等的观测条件下,以边角网的布网方式的网点点位精度最高。

c. 高程控制网加密常采用闭合或附合水准路线。

③拟订的控制网测量等级、测量技术要求(精度指标)以及仪器精度等级要符合相应规范要求。

④加密网最弱点点位精度估算取用的公式(或程序软件)是否正确,拟定的参数(测角中误差、测距中误差、平均边长等)是否恰当。

⑤加密点应稳定可靠,受现场施工影响小,对控制点要有切实可靠的保护措施,便于施工长期使用和保护。

测量监理工程师对承包人控制网测量过程进行监督与检查,控制要点如下:

①选择合适的时间段进行观测。GPS 测量前,应先编制卫星星历可见性报告,并对接收机进行预热处理;常规测量应选择在目标影像清晰而稳定的时段进行。

②配备辅助性的测量设备(如气压计、温度计、小钢尺等),以便随时对观测值进行修正,促进优质观测成果的获取。

③检查外业观测记录是否规范、有无涂改现象发生,抽查检验其计算是否有误,各项限差是否超限。

测量监理工程师对首级网和加密网的复测,复测时应遵循下列原则:

①首级网的复测应在交桩后进行,加密网的复测在承包人递交控制网成果报告后进行,复测原则是"同精度复测"。

②复测使用的仪器精度等级、测量技术指标要符合相应规范要求。

③复测平差后的点位成果应与承包人提交的点位成果报告进行比对。若比对较差值小于 $2\sqrt{2}M$(M 为点位允许误差)即可确认。如有问题,应共同查找原因,必要时重新进行观测。

由于施工环境的复杂性和易变性等因素的影响,施工控制点不仅有被压坏、撞坏的危险,而且会有沉降、位移等不易用肉眼直接观察出来的变化,为了验证控制网的精度和可靠性,监理人员应督促施工单位合理安排切实可行控制网复测频率,一般情况下,规范要求一年复测一次,当施工现场环境复杂的,可适当缩短复测周期。

三、施工阶段测量监理工作

1. 桥梁施工放样测量监理工作

(1)熟悉施工技术规范和施工图设计结合桥梁设计及施工特点,审查承包人提交的施工测量放样方案。重点审核内容包括:

①施工放样精度应符合设计规范规定。

②承包人对采用的放样方法及应用配套仪器进行放样精度分析，算出最不利的放样条件。

③要有健全的内业资料计算复核、外业放样复核制度。复核要由不同的人用不同的方法进行，确保成果的可靠性。一般情况下，点位放样采用一放两复制度，即承包人放样、复核，监理人员复核。

(2)审查并验算承包人的测量放样数据。

(3)复核承包人的放样成果。

对重要的施工放样桩位100%复测，其他桩位不低于30%的抽测；对隐蔽工程量和变更工程量进行复核，复核时应本着实事求是、认真负责的态度，采用合理严谨的测量和计算方法，如实提供可靠的工程量数据。

在施工过程中组织相邻两合同段交界的平面、高程控制点联测，联测的精度应符合规范和设计要求。若联测精度超限，则应积极地查找原因，验证联测双方测量成果的对应性，提出解决问题的办法。

对设计及施工有要求的沉降观测区，检查承包人设置的沉降观测基准点、工作基点以及沉降观测标记点的稳定性、可靠性，观测精度、观测频率应满足规范和设计要求。

对设计有要求的河床冲刷测量，按设计要求的频率采用可靠测量方法观测。具体的方法有：施工前期，可采用专用的测深仪配GPS进行观测，绘制河床断面图，以方便指导施工。当冲刷测量结果与设计提供结果差值较大时应提醒有关部门注意；承台施工后，可在承台周围布设观测点，采用测深锤等手段进行观测。当冲刷值达到设计警界值或有这个趋势时，应报告总监理工程师和业主等有关部门。

2. 桥梁施工监控测量监理工作

(1)审查并批准承包人的施工监控测量方案。

(2)审查并验算承包人为施工监控而准备的数据。

(3)督促承包人具体实施施工监控方案，并检查承包人监控的外业工作。

(4)督促承包人处理好施工监控所采集的数据，以指导桥梁施工。

3. 分项工程验收测量监理工作

对已完成的相应分项工程，应敦促承包人及时做好结构物的竣工测量，同时应独立组织监理的竣工抽测，竣工抽测频率按承包人抽检频率的25%进行，具体的抽检项目按规范要求进行。

四、桥梁交工验收阶段的测量监理工作

桥梁交工验收阶段的测量监理工作主要有：

(1)接受承包人的交工申请报告后，应按规定频率对交工工程各类构造物的平面位置、高程及相互关系尺寸进行交工测量。

(2)交工测量使用的仪器标称精度、测量精度标准，不应低于施工放样要求的仪器标称精度和放样精度标准。

(3)交工测量成果资料的整体表述，视交工工程各类构造物的特征，可采用下列方式表述：

①选用合适比例尺绘制平面图、剖面图(纵、横)，图上应标注测点位置和设计位置。

②编制交工测量成果与设计值比较统计表。

(4)审核批准承包人提交的交工资料、报告,并将以下资料汇总。

①标段工程各类构造物位置或形体交工、竣工测量图表及资料。

②标段工程施工测量技术总结报告。

五、测量监理工作流程

1. 首级控制网交桩复核监理工作流程(图 10-14)

2. 承包人设立加密控制点(包括临时高程和平面控制点)监理工作流程(图 10-15)

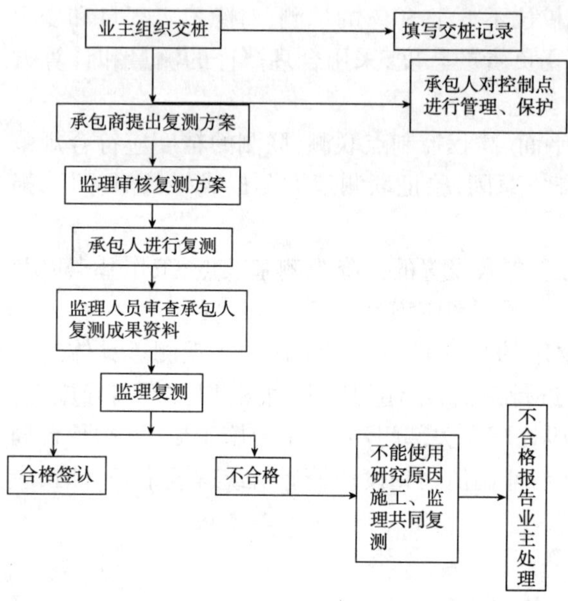

图 10-14　首级控制网交桩复核监理工作流程图

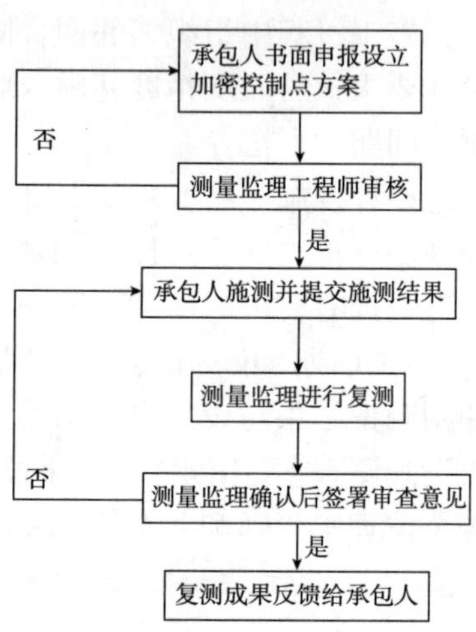

图 10-15　承包人设立加密控制点监理工作流程图

3. 施工放样监理工作流程(图 10-16)

4. 竣工验收测量监理工作流程(图 10-17)

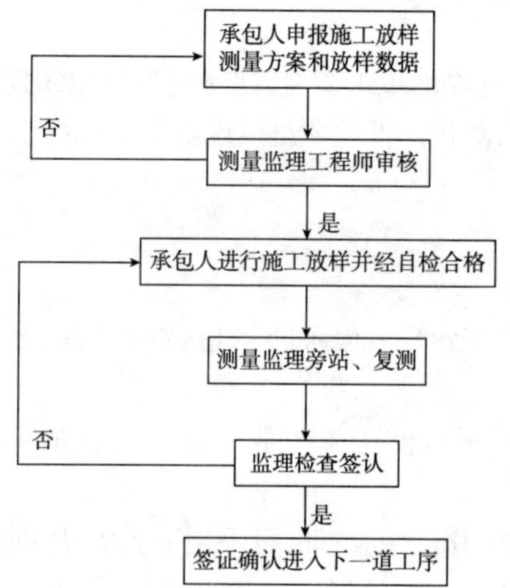

图 10-16　施工放样监理工作流程图

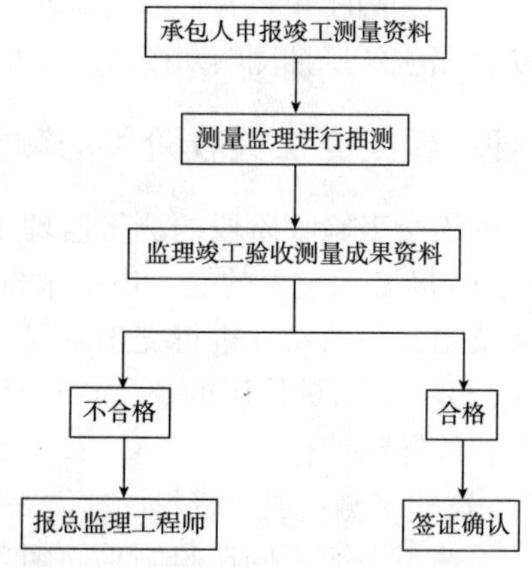

图 10-17　竣工验收测量监理工作流程图

参 考 文 献

[1] 中华人民共和国行业标准．JTJ 041—2000 公路桥涵施工技术规范[S]．北京:人民交通出版社,2000.
[2] 陈明宪．斜拉桥建造技术[M]．北京:人民交通出版社,2003.
[3] 吴胜东．润扬长江公路大桥建设 第四册 斜拉桥[M]．北京:人民交通出版社,2005
[4] 周孟波．斜拉桥手册[M]．北京:人民交通出版社,2003
[5] 徐君兰．大跨度桥梁施工控制[M]．北京:人民交通出版社,2000.
[6] 中铁武汉大桥工程咨询监理有限公司．桥梁工程施工安全监理规程[M]．北京:中国铁道出版社,2010.
[7] 周冬生．海上桥梁施工平台的搭建技术[J]．世界桥梁,2009(9).
[8] 李宗平．上海长江大桥主桥墩钢吊箱施工技术[J]．桥梁建设,2007(5).
[9] 张自荣．拼装浮平台在金塘大桥主通航孔桥主墩防撞钢套箱施工中的应用[J]．公路,2009(1).
[10] 孙振．桥梁防船撞设施的比较研究[D]．同济大学硕士论文,2007
[11] 钟永新．大跨度斜拉桥平行钢丝索扭转问题的探讨[J]．交通科技,2010(2).
[12] 陈林．平行钢绞线斜拉索施工技术[J]．公路交通技术,2008(5).
[13] 瞿晓华．安庆长江公路大桥斜拉索安装施工工艺[J]．预应力技术,2006(5).
[14] 秦顺全．斜拉桥安装无应力状态控制法[J]．桥梁建设,2003(2).
[15] 秦顺全．分阶段施工桥梁的无应力状态控制法[J]．施工技术,2010(3).
[16] 安金星．大跨度斜拉桥施工控制与仿真计算[D]．西南交通大学硕士论文,2006.
[17] 赵剑发．预应力混凝土斜拉桥主梁悬拼施工技术[J]．桥梁建设,2002(3).
[18] 刘远平．大跨度 PC 斜拉桥主梁施工工艺[J]．桥梁建设,2003(5).
[19] 顾安邦．桥梁工程(上、下)[M]．北京:人民交通出版社．2002

参考文献